知行集

刘岚　赫丽萍　主编

北京舞蹈学院思想政治工作成果

中央民族大学出版社
China Minzu University Press

图书在版编目（CIP）数据

知行集：北京舞蹈学院思想政治工作成果 / 刘岚，赫丽萍主编 . —北京：中央民族大学出版社，2021.9

ISBN 978-7-5660-1961-5

Ⅰ . ①知… Ⅱ . ①刘… ②赫… Ⅲ . ①高等学校—思想政治教育—中国—文集 Ⅳ . ① G641-53

中国版本图书馆 CIP 数据核字（2021）第 153618 号

知行集：北京舞蹈学院思想政治工作成果

主　　编　刘　岚　赫丽萍

责任编辑　白立元

封面设计　舒刚卫

出版发行　中央民族大学出版社

北京市海淀区中关村南大街 27 号　　邮编：100081

电话：（010）68472815（发行部）　传真：（010）68933757（发行部）

（010）68932218（总编室）　（010）68932447（办公室）

经 销 者　全国各地新华书店

印 刷 厂　北京鑫宇图源印刷科技有限公司

开　　本　787 × 1092　1/16　　印张：25.75

字　　数　412 千字

版　　次　2021 年 9 月第 1 版　2021 年 9 月第 1 次印刷

书　　号　ISBN 978-7-5660-1961-5

定　　价　88.00 元

目　录

在完成国家重大演出任务中
让党旗高高飘扬（代序）

党委书记　巴图

党和国家重大演出活动以记述时代的艺术气象、恢宏壮美的艺术气度和精致优雅的艺术气韵激发爱国情怀，凝聚民族精神，传递党的治国之策，书写当代中国的历史变革。在承担国家重大演出任务过程中，首都艺术院校把党和国家大局所需、立德树人中心所在与艺术发展所长结合起来，将专业课程与服务国家的实践相结合，将专业能力的发挥与爱党爱国情怀相结合，努力实现党建和思想政治工作、专业教学、艺术演出三方面的深度融合。

一、完成党和国家重大演出任务是艺术院校的高尚使命

一是艺术院校直接服务国家重大使命早有传统。1938年，在革命战争年代党创办“鲁艺”时，毛泽东同志题写校名并在成立大会上要求：“要在民族解放的大时代去发展广大的艺术运动，在抗日民族统一战线方针的指导下，实现文学艺术在今天的中国的使命和作用。”在党的文艺政策引领下，鲁艺以创作《白毛女》《南泥湾》《黄河大合唱》等一大批极富影响力的作品，支撑了当时艺术作品的思想高度和艺术高度。在战争年代，“国破尚如此，我何惜此头”。在民族气节和家国责任面前，在国之所需之时，我们的艺术前辈先贤毁家纾难，弃笔从戎，舍身报国。邹韬奋先生“书生报国无他物，唯有手中笔做刀”；冼星海先生“我们为祖国服务，每个人应该按照资禀，各尽所能”。在和平年代，我们的艺术师生也不能作“旁观者的表达”。艺术家以自己的艺术所长为国家服务，主动参与国家重大艺术活动，是心之所系、情之所

归，亦是特殊责任，观其舞，知其德。

二是艺术院校的发展方向始终同国家发展的现实目标和未来方向紧密相连。2020年，习近平总书记给中国戏曲学院师生回信，要求艺术院校要“在教学相长中探寻艺术真谛，在服务人民中砥砺从艺初心，为传承中华优秀传统文化、建设社会主义文化强国作出新的更大的贡献”。2021年4月19日，习近平总书记在清华大学考察并发表重要讲话，再一次充分体现了党中央对艺术教育的高度重视，突出了德智体美劳“五育并举”的重要性。作为党的艺术教育战略阵地和国家高等教育方阵的重要方面军，顶尖艺术院校有责任代表国家水准，在紧要关头旗帜鲜明、不分地域、不分时间，党有号召、国有需要，责无旁贷、义不容辞，随时听从召唤、应命于党，实现艺术教育“为党育人、为国育才”的办学初心。

三是勇担国家重大演出使命，传递的是中国特色社会主义艺术大学的精神、价值与力量。中国人历来抱有家国情怀，崇尚天下为公、克己奉公，信奉天下兴亡、匹夫有责，凡是不爱自己国家的人什么都不会爱。可以说，随时准备承担国家使命，是每一位师生的基本义务，是艺术院校师生家国情怀的朴素体现，亦是高等艺术院校师生为国家“平时流汗、战时流血”的精神状态和弘扬传统、以艺载道、爱党爱国的价值追求。作为首都高水平特色型艺术大学，北京舞蹈学院（以下简称学院）在践行党和国家以文化复兴助推民族复兴战略中主动承担特殊使命，在实现国家文化发展战略中具有特殊位置。学院党委始终把完成国家重大任务作为年度“一号工程”和重大政治任务谋划跟进。近年来，学院圆满完成了纪念抗日战争暨世界反法西斯战争胜利70周年、“一带一路”国际合作高峰论坛、改革开放40周年、北京世园会开幕式、中华人民共和国成立70周年庆祝活动等重大演出任务，在国家最高艺术实践平台接受了党和人民的检阅，成为首都文化中心建设的重要力量。

二、自觉地将国家重大演出任务纳入艺术院校办学体系之中

《中华人民共和国高等教育法》规定“高等学校应当以培养人才为中心，开展教学、科学研究和社会服务，保证教育教学质量达到国家规定的标准”。国家规定的标

准可以由不同形式进行检验，积极参加国家重大演出任务并在过程中表现出顶尖的思想意识和专业能力，是测度艺术教育水平是否达到国家规定的重要标准。可以说，承担国家重大演出是艺术院校人才培养体系中的必然组成部分，符合顶尖艺术人才培养的规律。既为规律，艺术院校就应当正确认识、主动把握、科学谋划、纳入体系。

1.纳入艺术人才培养的教学体系

艺术教育“国家队”的水平，应依托引导性的教育观念、高规格的培养层次、高标准的专业设置、高精尖的人才培养、高质量的课程内涵、高水准的师资队伍和高效能的教育治理来实现。在关键历史时刻，在国家最高舞台上绽放表达，首先要培养一流艺术人才方阵，这种深厚而显性的专业优势在完成国家重大演出任务时尤为凸显。

一是引导师生形成专业教学与德育资源相结合的动机体系。按照高水平特色型艺术大学的定位要求，在“三全育人”体系中科学设置专业方向、培养方案和教学制度，在人才培养方案、教学大纲、艺术教材和教学过程中渗透家国情怀，科学导入国家重大演出的成功案例，让学生了解这些国家重大演出的背景、动机、主题、结构，深入发掘思想价值和艺术价值，并且结合不同专业方向的学习，熟悉国家重大演出的艺术创作规律，形成具有示范性的专业课程、教材和教学模式。

二是强化民族观念和国家立场教育的内容设计。大学之为大，就是引人以大道启人以大智，为党育栋梁之才。艺术院校立身之本在于立德树人，在于为党和国家培养德艺双馨、又红又专、德才兼备、以德为先的高水平艺术人才。艺术家和艺术学子应有“以家为家，以乡为乡，以国为国，以天下为天下”（《管子•牧民》）的家国情怀。在实践教学中，撷取国家重大演出活动中所形成的经典作品，作为艺术实践的重点作品，学习经典、演绎经典，不断总结艺术院校在历次国家重大演出活动中的艺术创作，挖掘整理改编这些精品力作，以期守正创新，在完成国家重大演出中形成新经典。

三是将专业教学实践与完成国家重大演出排演活动深度融合。完成国家重大演出既是检验学院办学成果的国家平台，也因为其对专业的高标准要求、主创团队的高规格专业能力而成为学生专业学习提升的国家课堂。艺术院校应在课程安排中留有余地，空出随时可能承担国家重大演出的空间，将完成演出的排演作为实践教学的优先内容，虚位以待国家重大演出的实践机遇。避免仓促应付、临时应对，提前安排、减少乃至消弭可能对日常教学秩序的干扰。

学院始终将培养舞蹈表演人才、编创人才的高水平作为办学能力的主要标尺。2019年，学院共有800余名师生参与了中华人民共和国成立70周年系列庆祝活动。作为联欢表演的“主力”，编导人员包括总导演在内90%以上都是学院在职教师或优秀毕业生。在紧张的排练现场，北舞学子主动利用各种排演机会，求学大师，研讨专业，师生共学、互学，台前幕后呈现出一派边演边学、以演促学、学演结合的生动景象，师生的专业水准在一线得以实现、体验和提升。

2.纳入艺术院校艺术研究体系

一是认真研究习近平新时代中国特色社会主义思想理论、政策和最新实践，深刻理解党的路线方针，精心研究以艺术方式表达党和国家政治、经济、文化等各方面发展的艺术立场、艺术观念和艺术方式。

二是将国家重大演出作为艺术院校学术研究的重点内容，组织专门力量对这一特殊演出形态和文化现象进行观察、审视和评论，这是艺术院校人才培养和艺术创作接近时代、讴歌英雄、反映当代美好生活的捷径。

三是组织学术课题，聚焦国家重大演出活动的主题、环境、结构、题材、标准和受众，深入研究国家重大演出任务的定位、任务、组织形态和运行规律，把年度国家文化现象和使命主题纳入学术研究的课题指南，编写成功作品艺术案例，实现学术活动与完成国家重大演出任务的有效衔接。

四是有针对性地组织原创力量，主动承担国家重大演艺活动的创意“供给侧”，对既往重大演出中经典作品进行研究分析，对国内外可以参鉴的前沿作品进行跟踪捕捉和研究，建立学术性研究的“节目库”，以期在重大演出中提前准备，予取予用。

3.纳入艺术院校公共服务和文化传承创新体系

一是努力建构完善艺术院校公共服务体系，谋划战略，明确内涵，优化结构，完善层次，突出重点。对于高水平特色型艺术大学而言，社会服务体系的核心就是主动承担、圆满完成国家和首都的重大演出任务。

二是艺术院校通过输送优秀艺术人才和优秀艺术品质的作品来实现对行业的影

响，实现对艺术教育的引领。通过卓越完成国家重大演出示范国家艺术品质，引领国家艺术教育前行，影响世界艺术教育事业发展，形成党的初心使命在顶尖艺术院校公共服务领域的生动实践。

三是顶尖艺术院校通过承担国家重大演出任务传递大学精神和文化传统，高台教化价值取向、道德规范、学术氛围、治学精神，在前沿、高端、特殊的国家艺术集散平台体现大学文化传承和价值引领的社会责任。

四是艺术院校在完成国家重大演出使命过程中，弘扬马克思主义历史唯物史观，反对历史虚无主义，抵制“纯艺术论”，坚持中华文化立场，反对“以洋为尊”“以洋为美”“唯洋是从”倾向，反对“去思想化”“去价值化”“去历史化”“去中国化”“去主流化”观点，在为国家服务中弘扬正确的历史观、国家观、民族观、文化观。

4.纳入艺术院校艺术创作实践体系

一是抓住参与国家重大演出活动这一契机，在常态化校内艺术实践和创作体系中，将国家重大演出活动的主题、题材在校内进行预热、延伸与深化，对经典演出剧目加以高水平传承和艺术表达，体现高精尖的大学品质及其传承性、学术性和实验性。在理论和实践的紧密结合中教学相长、精益求精，在国家最高平台上展现和检验专业能力，从而在集体主义观念的养成和动作完成度、舞台表现力等技术层面缩短学生到演员的成长之路。

二是坚持以人民为中心的创作导向，坚持艺术创作实践要为社会主义服务、为社会主义文化强国建设服务，记录新时代、书写新时代、讴歌新时代，“文变染乎世情，兴废系乎时序”（《文心雕龙·时序》）。教育和引导师生用正确的立场、观点和方法，去驾驭奔腾激荡的时代，观察风云变幻的世界，认识扑朔迷离的生活，构思出真正大气磅礴、震撼人心的传世佳作，塑造出真正有血有肉、生动感人的艺术形象，摒弃“为艺术而艺术”，不提倡只写一己悲欢、杯水风波，脱离大众、脱离现实。

三是保持和强化顶尖艺术院校的艺术创作视野，努力与国家重大演出艺术需求接轨，铢积寸累优秀艺术作品。2019年，学院党委以习近平总书记讲过的、具有代表性的十大英雄人物事迹为蓝本，创排舞蹈诗《那些故事》，通过中国古典舞、中国民族民间舞、芭蕾舞、现代舞、国标舞、音乐剧等形式集中呈现，凸显了学院顶尖专业特色，受到中央和市级媒体广泛关注。2021年，学院在建党百年的历史时刻，元旦即启动“为人民而舞”庆祝建党百年百部作品展播活动，梳理学院历代前辈先贤原创百部经典剧目作品，向党和人民汇报舞蹈艺术事业的新发展，表达北舞人爱党、护党、为党的情怀，体现北舞人践行新时代文艺使命的责任与担当。

四是整合艺术院校创研力量，动员优秀艺术家参与国家使命，提升对国家重大演出编创实践能力。庆祝改革开放40周年文艺晚会《我们的四十年》，其主题聚焦为改革开放40年所取得的举世瞩目的历史成就。学院学生参演了其中《年轻的朋友来相会》《我们的生活充满阳光》等节目的情景演唱与表演。这些节目的背后，一方面，是基于排练场地的基础动作学习、模拟剧场的初步合成和人民大会堂的整体合成与审查；另一方面，更需要主创团队在排演前围绕改革开放四十多年的历史主题，深入生活扎根人民，把火热的当代生活当作研究素材、现实题材，认真学习、转化、输出为优秀的艺术创意，在国家艺术演出的高地完成、进而二次创作成为优秀的舞台作品。

五是整合艺术院校优质艺术资源，服务国家重大演出需要。2019年，北京世园会开幕式文艺演出，在一曲改编自贝多芬《田园交响曲》的钢琴曲中，北舞学子以充满艺术灵感和精湛优雅的芭蕾舞生动体现春的绿意、夏的缤纷、秋的金黄、冬的晶莹、四季轮回、生命往复的自然盛景，将美轮美奂的芭蕾艺术作品呈献给党和国家领导人及世界各国来宾，在高端国际平台上充分展现高超的芭蕾艺术水准，生动传递了世界文化的中国表达和艺术观念的中国审美。

三、将党旗插在完成国家重大演出任务一线

在完成国家重大演出任务过程中，艺术院校要将党的政治领导落实到实处，将“三全育人”体系覆盖到师生动员、组织、排练、演出、评价、服务和保障等全过程，积极探索保障演出取得决胜的“课程思政”工作点，以党的理论、组织、作风优势推进国家重大任务的实现。

1.在排演一线讲好“大思政课”

习近平总书记指出：“思政课不仅应该在课堂上讲，也应该在社会生活中来讲，‘大思政课’我们要善用之，一定要跟现实结合起来。”在承担国家重大演出使命过程中，艺术院校围绕立德树人根本任务，将党的思想政治工作融入排练阵地和演出团队，把工作做到参演师生的心坎上，抓住排演过程中存在的问题，利用每一个间隙，抓住每一个细节，解决每一个困难，讲好艺术“战壕里的党课”，凝练助推演出的家国情怀、责任担当、集体意识和奋斗精神。

在国家任务的认识理解环节，我们要强调“立志而圣则圣矣，立志而贤则贤矣”。对任务的正确认识、深刻理解、真情投入是确保任务圆满完成的前提。对国家任务的有效说明、解释和动员，是结合演出任务对学生进行思想教育的开始，要以此焕发主体自觉，激发投入激情，积累完成任务的精神、意志和力量。

在演出主题的宣讲环节，我们要强调阐释主题的政治属性、思想属性、文化属性和艺术属性。我们面对庆祝改革开放40周年、中华人民共和国成立70周年和庆祝中国共产党成立100周年等国内重大历史节点，站在纪念抗日战争暨世界反法西斯战争胜利70周年、“一带一路”国际合作高峰论坛、G20峰会和国家重大外事演出等国家舞台，将主题宣讲和角色带入相结合，实现对参演师生的思想引领和演出动员。

在演出角色的认知体验环节，我们强调从思想文化上动员演员研究角色。师生共同思考，挖掘人物，推敲情节，讲好故事。为了演好一部作品、一个角色，师生们体验生活、溯源历史，深入了解、认识、感悟演绎的英雄人物和事迹，从中吸收精神营养，在教育和自我教育的思想升华中提升对角色的理解。

在排演过程中问题解决环节，应强调遵循青年认知规律、教育教学规律、艺术实践规律。依托“动态问题靶”模式，瞄准师生在排演过程中的思想实际之“靶”、关注热点之“靶”、排演困惑之“靶”、阶段性需求之“靶”，以“动态问题”设置“靶”向目标，有预判、有方案地根据排演各阶段的主要任务和师生思想特点，做好思想“解扣”。

在排演文化的培育环节，应站在“为党育人、为国育才”的政治使命高度，实现党的思想政治教育、专业教育的提升，完成重大国家任务“三位一体”的有机融合。

在行前动员中，开展形势政策教育，深化师生政治使命担当；在排演过程中结合专业特点有针对性地将党的教育融入专业教育，实现精准教育，学演共进；在决战时刻结合先进典型事迹开展榜样示范教育，激励师生不畏困难、精益求精，做关键时刻站出来的新时代模范。

在演出团队的凝聚环节，用集体主义精神力保演出决胜。没有小角色，只有小演员，参演师生主动融入集体，将自身所学与党和国家的思想、组织、事业、人民相关联，紧贴时代发展和艺术实践，为艺术教育增添新元素、新思路、新样式，让大道理“接地气”。

在最生动的思想教育中，学院党委鼓励参演师生完成国家重大任务中勇担使命，在无私奉献中砥砺初心。师生们反映每次参加这些重大活动，都特别能激发“爱师、爱校、爱舞蹈”的思想行为动力。国庆70周年活动的参演师生就曾以饱满的热情，在天安门广场和排练场上喊出了“祖国万岁”“为了祖国的光彩我愿意每天晒黑一个色度”“老师，我可以坚持的，我真的想为祖国生日多跳一分钟”的动人表白，形成了北舞在完成国家重大活动一线“课程思政”的生动实践和最美风景。

2. 根据重大演出活动的规律，灵活设置党的基层组织

94年前，毛泽东同志在“三湾改编”中提出将“支部建在连上”，这不仅是一次部队缩编，更是一次通过党组织结构的调整，实现强化党的领导、完成党的任务的深度变革，使党的领导延伸到了最基层、最前沿，直达每一个士兵。结合党的重大任务的有效推进，灵活设置党的组织，这是三湾改编给予我们的重要启发。

在服务保障国家重大演出任务过程中，实现党的组织与排演组织的深度融合、党的工作体系与艺术院校实践体系的深度融合，根据演出节目需要、专业需要、规模需要、人员需要推进党的领导有效覆盖，是解决党建、演出“两张皮”，在大战大考中更好地发挥组织优势的关键。

一是可以根据任务的性质、规格、规模和参与人员的结构，改变传统的党组织设置方式，分层设党委、分党委、党总支、党支部、党小组，使党组织纵向贯穿，逐级引领，自上而下，一贯到底。

二是可以根据艺术活动决策、组织、协调、运行体系，灵活设置党组织，保持小型、移动且组织人员动态调整的组织形态，使党组织横向覆盖，与演出团队、剧组节目等专业具有更好的贴合度。

三是根据艺术活动的阶段、周期和演职人员流动规律，灵活设置党组织，如学院前期筹备阶段、分场排练阶段、正式排演阶段、节目巡演阶段等，有助于就近开展党建和思想政治工作，使服务保障的排演目标更加明确，基层党组织的工作不出现盲目和漏洞。

四是探索建立国家重大演出任务党组织负责人的“双带头人”制度，探索实施党组织领导下的总监制、总导演、总制片人负责制等多种形式，也可以直接任命党员艺术名家、艺术带头人、舞台总监或技术导演等担任演出主创团队各级临时党组织负责人，实现党对艺术排演工作的全面领导。

五是将完成国家重大任务作为难得的政治历练和实践锻炼。在承担国家任务过程中，优先选派党员参加重大演出活动，以共产党员的先进模范作用保证演出任务的完成。在完成重大任务的一线考察党员和入党积极分子，将其对完成任务的态度、担当和成绩作为重要观察点，综合考验入党积极分子和发展对象在平时、关键时、危急时的表现，在“火线”发展党员。

实践证明，艺术院校师生通过承担国家重大演出任务，对习近平新时代中国特色社会主义思想的政治认同、思想认同和情感认同得以强化，“热爱党、听党话、跟党走”更加自觉。2021年，在喜迎党的百年华诞之际，北舞人继续弘扬爱国爱校爱舞蹈的建校传统，再一次站在国家最高演艺舞台上表达对党、对祖国、对人民的赤诚热爱。这是中央和北京市委对学院的充分信任，也是学院广大师生的无上光荣。我们要在时代的主旋律中，以舞为媒，舞出中国特色，舞出中国风格，舞出中国气派。

立德树人　守正创新
践行党的初心使命在北舞落地生根

党委副书记、院长　郭磊

摘要：作为党领导下的中国特色社会主义艺术大学，北京舞蹈学院始终贯彻落实立德树人根本任务，为党和国家培养输送德智体美劳全面发展的时代接班人，在中国共产党成立100周年之际，在“十四五”开局之年，本文聚焦立德树人根本任务，研究如何践行党的初心使命在北舞落地生根，拟分别从坚持正确的政治方向、坚持以人民为中心的创作导向、坚持以师生为中心的发展思想三个方面展开论述。

关键词：初心使命；立德树人；以人民为中心

一、坚持正确的政治方向，全面落实立德树人根本任务，以育人的实际成效践行初心使命

我们党的初心和使命，是为中国人民谋幸福，为中华民族谋复兴。党的初心使命在北舞如何落地落实，最根本的还是要坚守为党育人、为国育才，把立德树人根本任务贯穿到办学治校的全过程、各方面，把党的初心使命转化为培养社会主义文艺事业建设者和接班人的实际行动。

一是明确新时代学院立德树人的顶层设计，牢固树立人才培养核心地位。

人才培养质量是衡量学院办学水平的首要标准，是学院生存和发展的生命线。党的十八大以来，习近平总书记就高等教育改革发展做出了一系列的批示指示，强调高等学院必须坚持以立德树人作为根本任务，把立德树人的成效作为检验学院一切工作的根本标准，努力构建德智体美劳全面培养人才的教育体系，为新时代高等教育改革

发展指明了方向，提供了根本遵循。

高校要深入贯彻落实习近平总书记在全国教育大会上对教育战线提出的明确要求，始终牢记“不管什么时候，为党育人的初心不能忘，为国育才的立场不能改”。坚持立德树人，首先要明确“培养什么人”“怎样培养人”“为谁培养人”这三个核心问题。

培养什么人？这是教育的首要问题。总书记强调，教育的根本任务就是要培养中国特色社会主义事业的建设者和接班人，而且是德智体美劳全面发展的社会主义合格建设者和可靠接班人。北舞作为社会主义高水平特色型大学，要始终坚持党对学院教育事业的全面领导，紧紧围绕基础扎实、素质全面、适应力强、具有创新精神的培养目标，培养和造就为新时代起舞讴歌的高素质舞蹈艺术人才。

怎样培养人？总书记讲，高等教育要适应世界潮流和时代变化，把立德树人融入思想道德教育、文化知识教育、社会实践教育各环节，加快形成更高水平的人才培养体系。我们要完善顶层设计，加强制度建设，把立德树人作为全校工作的主线，围绕学生忙起来、教师强起来、管理严起来、效果实起来，切实融入学院思想道德教育、专业知识教育、社会实践教育的各个环节，贯穿学院教育的不同层面，形成完备的立德树人的育人机制。

为谁培养人？总书记提出，我国高等教育要为人民服务，为中国共产党治国理政服务，为巩固和发展中国特色社会主义制度服务，为改革开放和社会主义现代化建设服务。坚持立德树人，完成好这“四个服务”，这就是高校的根本任务。我们办的是社会主义大学，这就决定了教育必须是培养一代又一代拥护中国共产党领导和我国社会主义制度、立志为中国特色社会主义奋斗终身的有用人才。北舞的发展目标是扎根中国大地办世界一流舞蹈大学，我们的使命非常明确，概括来说就是八个字：为党育人，为国育才。要更加主动地在培养拔尖人才、解决重大难题、引领学术前沿、汇聚一流队伍等方面先破题、作表率。

二是要进一步转变观念、转化思维，刀刃向内、自我剖析，加强内涵建设。

初心使命不是一下子实现的，也不是一步就走完的，是一个历史时期接一个历史时期、一个阶段性任务接一个阶段性任务，接续进行的。北京舞蹈学院由于最初建校的专门化，有其不可逾越的历史发展局限。1954年成立之初，当时的目标很明确，就是为中央及全国文艺团体培养专业演员。1978年升格为大学以后，学院面临着如何培养舞蹈艺术人才的转变。应该说，在专业舞蹈表演人才培养的层面，北舞至今引领着行业的发展。客观地讲，北舞的唯一性，从体量上、传统专业以及深厚的技艺传承我们的优势与特色都非常明显，但从高等教育内涵发展与世界先进舞蹈教育的比较和建设“双一流”的目标要求来看，还有许多不足和差距。

舞蹈艺术如何能对人、对社会、对国家产生深刻影响？我们教师的育人理念、教育方法、教学水平是否能适应不断发展的社会需求？我们如何培养出具有综合素养和创新精神的舞蹈艺术人才？始终强调在以专业为立根之本、强固之基的前提下，要全面深入地提升学生的人文素养、综合素质与创新实践能力，以适应新时代日新月异的社会发展需求。

学院应聚焦自身内涵建设，建立和完善现代舞蹈高等教育制度体系，人才培养从技能上的高精尖向素质型的高精尖转化；学院应搭建起一座既有宽厚的人文基础和学理水平、自身内涵丰满的“基座”，又有专业精英人才的“塔尖”，这样一个“金字塔”结构的教学体系和人才培养模式。“塔尖”上固然风光无限好，但厚实的“基座”才能源源不断地成为高精尖人才的支撑，才能彰显人文的力量。学生只有具备了综合素养与创新能力，才能在专业上更专业，跨界上更多元，从而实现人生发展中的多种可能性。既能够“专”，具有专的扎实根基；也能够“宽”，具有宽的转化思维。在实践的创新过程中对学生进行综合素养的培养、创新意识的激发，这样他将来才有可能去适应极具变革的社会需求，才有可能在若干年后成为艺术大家。

学院是新中国第一所专业舞蹈学院，是国内唯一一所专门化的舞蹈教育高等学府，也是当今世界规模最大、专业设置全面的舞蹈知名院校。北舞的唯一性、特殊性，意味着每个学科专业“起步就要有担当、有引领”，应该具有一流思维、标准和意识，起到示范引领作用。以这个标准来寻差距、找不足，以此来共同完善现代高等教育体系。

培养全面和谐发展的人才，要将人文素质融入艺术类专业是高等艺术教育改革的必然要求。高等艺术院校培养出来的学生不能只有技艺，还应该具有较强的艺术思维、健全的艺术人格和综合的人文素养。“术有穷，艺无止，一个艺术工作者最后面对的是文化。”在教学过程中，学院应转变观念，通过开发课程资源，丰富课程设置，形成了良好的重视学生综合文化素养的氛围。

三是深化教育教学改革，全面提高教学质量。

2015年末，经过多重研讨论证，学院提出了改革目标——“结构要合理、综合重基础、创新强特色、系统建机制”，并提出了相配套的“整合、打通、扩充、完善”的八字原则和举措，正式启动了新一轮备受全国关注的舞蹈教育结构性调整。经过了一个教学周期的运行探索，新建的3个二级学院已见成效，为下一步表演人才的培养提供了值得借鉴的经验，应当好好总结。进入新时代，要以审核式评估反馈意见的整改落实为契机，主动适应社会发展的多元需求，从实际出发，锁定“双一流”建设和争取博士点的目标，围绕“中国特色，世界一流”的核心任务，进一步强化传统优势、促进跨界交叉、力推学科布局在新时期的整体优化、全面升级，为学院的创新发展、可持续发展、国际化发展增强动力，为学院实现“双一流”夯实基础。

“善之本在教，教之本在师”，提高教学质量的关键在于教师。总书记讲道，打造“四个引路人”和“四有”好老师队伍，坚持“四个相统一”。舞蹈是一门年轻的艺术，学院青年教师是推动舞蹈教育事业发展的生力军，学院应进一步建立、健全相关政策和制度，加强教师梯队建设，提高教师教育教学水平，为教师的可持续发展做好相应的支持和保障；进一步打破专业壁垒，为跨学科、跨专业交流提供平台创造机会。深化教育教学改革是对教师们提出的全方面挑战，在这里我也希望青年教师们转变育人理念和调整教学方法，不断加强自身综合素养提升，在创建中国特色世界一流大学的建设中携手共进、努力奋斗，为舞蹈教育事业发展作出新的更大贡献。

在67年的办学历程中，北舞形成了行业排头的办学实力和追求卓越的专业精神，坚持服务国家文化战略和北京市“四个中心”功能定位，坚守舞蹈高等教育的学术前沿，根植首都北京高等教育创新发展的丰沃土壤，解放思想、抢抓机遇、攻坚克难，推动各项事业实现了持续快速健康发展。“建设中国特色世界一流舞蹈大学”这一奋斗目标寄托着北舞人的梦想和希望，寄托着北舞人对舞蹈艺术的执着与追求，这也是学院正在进行教育教学改革的发展方向。

二、坚持以人民为中心的创作导向，贯彻落实正确的艺术观，以繁荣社会主义文艺的责任担当践行初心使命

习近平总书记《在文艺工作座谈会上的讲话》发表以来，学院在人才培养、艺术创作实践等方面取得了可喜成绩。习近平总书记关于文艺工作的重要论述指引我们：

一是要积极讴歌党、讴歌祖国、讴歌人民、讴歌英雄、讴歌时代。

作为舞蹈高等教育工作者，也是艺术工作者，应以弘扬中华优秀传统文化、革命文化、社会主义先进文化为创作源泉，以创作出思想精深、艺术精湛、制作精良的精品力作为总体目标，通过创造性转化、创新性发展的创作方法，加强艺术创作实践。要用文艺振奋民族精神，更加坚定文化自信，保持对自身文化理想、文化价值的高度信心，保持对自身文化生命力、创造力的高度信心。要用有筋骨、有道德、有温度的作品鼓舞人，没有文化自信，我们就无法创作出有骨气、有个性、有神采的艺术作品。

二是艺术创作要与教学和育人紧密结合，展示出人才培养的重要成果。

艺术教育实践性很强，艺术实践作为艺术专业教育中的重要环节，是思政工作的有效途径。将思想政治教育因素融入艺术实践之中，往往能收到良好的教育效果。习近平总书记在文艺工作座谈会上指出，当下我们的文艺创作存在着有数量缺质量、有“高原”缺“高峰”的现象，缺乏精品力作和时代大作。这问题出在大多数作品比较浮躁，或者说是比较功利，很多作品缺乏实际的生活体验，缺乏文化依据。北京舞蹈学院作为一所艺术院校，艺术创作应该坚守两个着力点，一个是育人，一个是创新。既要引导师生追求真才学、好德行、高品位，做到德艺双馨；又要坚持创造性转化、创新性发展，把创新精神贯穿文艺创作全过程。

艺术创作与人才培养、科学研究、社会服务、文化传承创新和国际交流合作等高校职能深度关联。无论是在过去67年办学历程中，还是在当下和未来的教学发展中，都应紧紧围绕立德树人根本任务，围绕人才培养目标，把艺术创作作为学生成长成才的重要平台，让师生在实践锻炼中更加坚定理想信念，感悟党和国家赋予的历史重任，了解国情和艺术文化发展方向，不断提高学养、涵养、修养，努力追求真才学、

好德行、高品位，创作出具有示范型、可复制的优秀教学剧目，以点带面，辐射全国，影响世界。简言之，把经典的作品传承好，把当下的作品实践好，把未来的作品创新好。

三是艺术创作要深入生活，扎根人民。

习总书记说“社会主义文艺，从本质上讲，就是人民的文艺……人民生活是一切文学艺术取之不尽、用之不竭的创作源泉”。一个层面是实地采风体验感受，把当地的风土人情、火热的时代生活当作我们的创作素材，第二个层面是认真学习创造转化，比如排演《子夜》《茶馆》，我们要研读原著观照历史，用舞蹈艺术的表达方式有效转化，这也是一种意义上的“深扎”。这些年来，学院创作了许多弘扬主旋律的作品，比如《井冈·井冈》《红色恋人》《运河船工》《长征》《南泥湾》《黄河》等，唱响爱国主义主旋律。我们对传统和经典致敬，创排了《沉香》《大美不言》《粉·墨》《梁祝》《红色娘子军》《天鹅湖》等大量艺术作品，传承和弘扬中华优秀文化和世界优秀文化。

三、坚持以师生为中心的发展思想，突出问题导向，以服务师生的工作成果践行初心使命

一是要在事业发展前行中真切提升师生获得感，以师生认可的满意度检验主题教育成效。

中国共产党的历史就是一部以初心换得民心、靠民心赢得胜利的历史。回望历史问初心，100年前中国共产党的原初出场，中国共产党人迈出的第一步，便向着中华民族的最迫切需要，向着民族的独立和人民的解放，向着实现中华民族的伟大复兴，这是当时中国人民的共同心声，从而上演了中国历史上开天辟地的一幕，这也是党的十九大报告在描述中国共产党诞生时所称的“应运而生”。起点之后，是波澜壮阔的行程。中国共产党的诞生是历史的选择，中国共产党的历史使命也是历史的选择。中国共产党为什么要成立，为什么要选择以马克思主义为指导思想，为什么要选择社会主义，为什么要选择改革开放？所有这一切都是为了初心和使命。所以党的十九大报

告强调“使命呼唤担当，使命引领未来。我们要不负人民重托、无愧历史选择”。

历史的起点指引着未来，初心意味着对使命的坚守。我们的教育必须充分体现人民性，办好人民满意的艺术教育，尤其是令北舞师生满意的艺术教育，是学院办学本质的回归，要始终把满足师生需要、让师生满意作为衡量办学的根本标尺。师生的需要日益增长，这种增长不仅是内容的扩展，更重要的是质量的提升。实现“双一流”，建立“高水平特色型”不仅意味着满足师生的客观需求，还要注意师生的主观感受，要注重师生的获得感、幸福感、使命感。

学院的领导干部，要把师生当自家人，把师生想办的事当作自己要做的事，聚焦师生普遍关心的成长诉求、利益诉求，出实招、办实事、求实效，使师生的获得感、幸福感、安全感更加充实、更有保障、更可持续。把师生建设北舞的积极性、主动性和创造性充分调动起来，把每一个北舞人的智慧和力量凝聚起来，推动形成共促高质量发展、共享高品质生活的生动局面。

二是增强政治本领，提升治校理教能力。

建设“一流”大学迫切需要对应的是一流的管理治校水平。当前，学院正在进一步深化教育教学综合改革，积极推动学院从教育观念、学科建设、人才培养、社会服务、文化传播国际化发展以及管理服务等方面实现紧跟时代发展需求的转变与跨越。要认真贯彻落实学院章程，以此为实施管理和履行公共职能的基本准则和依据，检视“十三五”完成的目标任务、规划“十四五”发展前景，重点解决学院内部的学术与行政、管理与服务的关系还未完全理清，校院两级治理架构的权责配置及实现方式也还未完全厘清的问题；解决综合管理能力跟不上发展要求，制度建设不适应提升办学层次需要的问题等等。这些方面都需要我们持之以恒的不懈努力。

新时代党员领导干部在坚定理想信念的同时，还要不断提高工作能力和管理水平，在事业、岗位上发挥出中流砥柱的作用。通过调研发现问题、检视问题、整改问题、解决问题。努力建设精致优美、艺术文化、特色鲜明的智慧校园、安全校园；不断完善学院内部管理体制和运行机制，促进学院管理制度化、常态化、规范化和精细化，依法治校，依规办学，构建起艺术管理一体化格局；完善各项工作激励、评价、监督等长效机制；关注师生员工的身心健康、现实需求和长远根本利益，等等，这些都是实现奋斗目标的具体举措。在这个基础上，才能进一步凝聚全校师生的智慧与力量，攻坚克难，信心百倍地迎接学院今后各项事业发展中的考验。

坚守初心，勇担使命。习近平新时代中国特色社会主义思想为教育事业、文艺事业提供了新的行动纲领，为学院各项事业发展、为舞蹈艺术繁荣指明了新方向、绘就了新蓝图、提出了新要求、赋予了新使命。我们要将学习贯彻习近平新时代中国特色社会主义思想作为头等政治任务，不断提高政治站位，增强“四个意识”，坚定“四个自信”，做到“两个维护”并积极落实在学院各项事业发展中。站在67年新起点上，北京舞蹈学院面临着前所未有的发展机遇。我们应该相信，有市委、市政府的正确领导和市委教育工委、市教委的大力指导支持，有北京舞蹈学院全体党员和师生员工的共同努力，在党委坚强带领下，学院教育教学改革的各项任务一定能顺利完成，建设中国特色世界一流舞蹈大学的奋斗目标一定能实现。在这个过程中，“初心”和“使命”体现出来的就是全心全意为师生服务的政治品质和党性修养，为舞蹈教育事业奉献终生的使命情怀和责任担当。

构建新时代艺术院校思想政治工作体系

党委副书记 刘岚

摘要：作为担负着培养德艺双馨人才使命的艺术院校，要自觉对照新时代党和国家的要求提高政治站位，推进思想政治工作提质增效；要以体系化建设为着力点，推进思想政治工作改革创新，抓好教师和学生两类群体，坚持育人和育才双线并进，打造“四位一体”的教师思想政治工作体系，构建“搭模块系链条”式的学生思想政治工作体系；要建设高素质思想政治工作队伍，构筑思想政治工作的“同心圆”；要以思想政治理论课改革和课程思政建设为着力点，建强课堂育人以及校园、社会、网络育人阵地，实现铸魂育人全覆盖。

关键词：艺术院校“三全育人”；思想政治工作体系；课程育人体系；育人工程

党的十八大以来，习近平总书记就高校思想政治工作发表系列重要论述，充分体现了党中央对培养德智体美劳全面发展的社会主义建设者和接班人的高度重视，为高校做好思想政治工作提供了根本遵循和行动指南。艺术院校担负着培养德艺双馨人才的使命，要自觉对照新时代党和国家的要求提高政治站位，推进思想政治工作提质增效。北京舞蹈学院党委深入学习贯彻习近平总书记重要讲话精神，落实立德树人根本任务，围绕思想政治工作质量提升目标，积极实施“八大工程”，探索构建“一个体系、两类群体、三支队伍、四大阵域”融合共筑的特色育人模式，将思想政治工作纳入办学治校各领域，逐步形成了全员、全方位、全过程育人的思想政治工作新格局。

一、以体系化建设为着力点，推进思想政治工作改革创新

习近平总书记在北京大学考察时指出："人才培养体系涉及学科体系、教学体系、教材体系、管理体系等，而贯通其中的是思想政治工作体系。加强党的领导和党的建设，加强思想政治工作体系建设，是形成高水平人才培养体系的重要内容。"总书记的重要论述为艺术院校深化"三全育人"综合改革，进一步完善人才培养体系指明了方向，更为如何发挥思想政治工作"红线贯通"功能，构建高质量思想政治工作体系提出了新要求。

体系化是高校思想政治工作价值实现的目标要求。构建新时代艺术院校思想政治工作体系，根本在于将思想政治工作贯通人才培养全过程，实现全员育人、全程育人、全方位育人。北京舞蹈学院党委将落实立德树人机制作为首要任务，将思想政治工作体系建设纳入学校治理体系和治理结构总体布局之中，完善顶层设计，统筹育人资源，健全育人机制，实施"八大育人工程"，即课程育人、科研育人、实践育人、文化育人、组织育人、网络育人、心理资助育人、管理服务育人，积极构建"三全育人"工作体系，着力提升思想政治工作质量。党委着力整改以往在思想政治工作中出现的"孤岛""条块""隔膜"现象，将立德树人的理念和责任落实到全体干部和教职员工，将立德树人的内涵任务融入工作运行机制、管理制度体系、人才培养方案、学术体系建设和日常工作的各个环节，不断完善思想政治工作的理念标准、政策制度、方法路径、资源配置、督导评价。近年来，全校上下树立起思想政治工作"一盘棋"意识，形成"大思政"格局，构建"一体化"模式，将育人"八大工程"在三个维度上实施见效，即将课程育人、科研育人、实践育人作为第一维度，推动思想政治工作贯穿人才培养各环节；将文化育人、网络育人、心理资助育人作为第二维度，打造思想政治工作特色品牌；将管理服务育人、组织育人作为第三维度，提升专业教师、管理服务队伍的思想政治素质和党团组织育人能力。以此，形成了"三全育人"的实践视域，即在时间维度上全程育人，将思想政治教育贯穿于学生学业各个阶段；在空间维度上全方位育人，将思想政治教育融入"四个阵域"建设；在参与主体上全员育人，构建起育人队伍的强大合力。

二、抓好教师和学生两类群体，坚持育人和育才双线并进

抓住教师和学生两个群体，是增强艺术院校思想政治工作实效性的关键。艺术院校特殊的教育规律及师生关系,强调教师以德为先尤为重要。艺术院校学生文化基础相对薄弱，人文素养不够高，个性追求多样化，感性思维强烈但理性思辨不足，社会经验和人生阅历欠缺，面对意识形态领域复杂性和西方文化渗透，学生缺乏正确鉴别力，容易受到外界各种优劣因素的影响，需要通过思想政治工作进行正确的教育与引导。专业教师言传身教，与学生相处时间长，是学生专业上追求的形象楷模，是学生生活中的师长，对学生的示范性强、影响力大。为此，教师的师德水平以及育人能力至关重要。

1.打造“四位一体”的教师思想政治工作体系

“才者，德之资也；德者，才之帅也。”习近平总书记在与北京大学师生座谈时引用这句古语来强调“人才培养一定是育人和育才相统一的过程”。育人就是要提升思想政治素质，育才就是要夯实专业职业技能。德才兼备，是人才培养的目标，这既是对教师的培养目标，也是对学生的培养目标。艺术院校要把立德树人作为检验一切工作的根本标准，把师德师风作为教师评价的第一标准，使“两个标准”成为思想政治工作向纵深推进的目标依据。北京舞蹈学院始终围绕立德树人根本任务，以教师思政为出发点，以学生思政为落脚点，坚持师德建设和德育工作齐头共促，育人和育才双线并进，构建思想引领、能力提升、创先评优、督导评价“四位一体”的教师思想政治工作体系，打造一支政治素质过硬、业务能力精湛、育人水平高超的高素质教师队伍。学校建章立制，制定《新时代教师行为规范》《教师师德失范行为处理意见》等，完善教育、宣传、考核、监督、激励与惩处于一体的师德建设长效机制；将师德建设融入党建工作责任体系；成立教师工作部，统筹教师思想理论学习，举办暑期师德培训班与师德论坛；搭建思政研究平台，成立思想政治教育研究中心，引导和凝聚教师积极开展思政理论研究；设立青年人才工程、“传帮带”工程，举办教师基本功大赛、最美课堂展示、306青年学者沙龙、青年管理论坛；成立教师发展中心，组织“教与学工作坊”“舞聊客”“大师工作坊”开展现代教育思想和教学能力培训；坚持开展“三育人”评选表彰、党内创先争优树典型；健全以育人为导向的评价改革，将师

德标准贯穿教师工作各环节。近年来，学校不断健全师德评价机制，把师德要求前置到教师聘用环节，加强思想政治审核把关，坚持新入职教师师德宣誓、签订师德承诺书；拓展育人评价内涵，在学年度考核中将完成教学以外的指导学生社会实践、创新创业、社团活动、心理辅导、就业引导等社会工作量作为必要任务，并增设师德专项考核；深化专业技术职务评价制度改革，加强对教书育人业绩与贡献的考察；优化教学评价制度，健全学生评教、教学督导、教学展示等相结合的综合评价体系。学校涌现出一批批新时代“四有”好老师，成为学生锤炼品格的引路人、学习知识的引路人、创新思维的引路人、奉献祖国的引路人。

2.构建“搭模块系链条”式的学生思想政治工作体系

艺术院校学生思想政治工作要遵循因事而化、因时而进、因势而新，围绕学生、关照学生、服务学生，着力在实践育人、心理育人、资助育人、组织育人等方面，健全服务于学生成长的育人体系。北京舞蹈学院在培养德艺双馨舞蹈大学生的实践中，通过健全机制、丰富载体、创新方法、打造品牌，积极构建“搭模块系链条”式的学生工作体系，抓住新生领航、党团引领、心理教育、学业指导、资困助学、就业指导、创业创新、军事训练八个教育模块，通过实施新生领航工程、学生党员先锋工程、“第二课堂成绩单”制度、“青马社”优青培训、“心理+艺术”健康教育体系、供需双选会、创业园项目孵化和德育课程体系建设八条育人路径，使每个模块各自出彩并系成一个完整育人链条。学校着力破解课程育人中知识技能与思想政治教育“两张皮”的问题，破解心理育人中学业教育与心理教育“有隔膜”的问题，破解资助育人中重资助、轻育人的“一边倒”问题，破解组织育人中方法陈旧、实效性不强的“表面鲜”问题。根据新时代学校人才培养目标，改革完善学生综合素质培养与评价体系，凝练出理想信念、诚信意识、文明礼仪、法律素养等学生应具备的十二项素质指标，探索“第二课堂成绩单”制度，构建符合北舞学生成长规律的素质评价体系，引导学生多元成长发展。

三、汇聚三支队伍合力，构筑思想政治工作“同心圆”

艺术院校落实立德树人根本任务，队伍建设是关键。要培养一支思想政治素质过硬、道德品质高尚、理论素养精深、以为党育人为国育才为己任的思政工作队伍；结合思想政治工作的现实需求，充分发挥党政干部的“领头雁”作用、思政工作专门队伍的“主力军”作用、管理服务人员的“向心力”作用，汇聚三支队伍形成育人合力。

1.落实党政干部思想政治工作责任体系

北京舞蹈学院构建起党委统一领导、职能部门分工负责、全员协同参与的领导体系，落实常委会、党政联席会、党组织会定期研究分析思政工作机制，成立跨院系党总支，建立起学校、院系、班级三级联动思政工作体系。坚持“书记键对键”“校长面对面”“领导干部一对一”联系学生党支部和学生骨干等制度，及时发现问题解决思想困惑，找准思政工作的“堵点”“痛点”“难点”做好顶层设计和协调统筹。以落实“第一责任人”“党政同责”“一岗双责”为抓手，建立班子成员抓分管领域育人工作机制，推动育人责任向各领域、各环节延伸；选优配强院系党总支书记、副书记，压实基层党组织及党员的思想政治工作责任，推动院系在教学、科研等重要环节谋划做好育人工作，促进机关后勤部门围绕育人工作改进分管业务。建立党政部门思想政治工作协调联动机制，围绕落实“八大工程”细化任务分工，以责任清单方式落实到校内政治建设专项巡察、党组织书记抓党建述职考核、各级领导班子考核和领导干部述职评议中去，并建立学期督查、专项检查、问题倒查相结合的督查体系。

2.建设高素质思想政治工作队伍

按照政治要强、情怀要深、思维要新、视野要广、自律要严、人格要正的要求选优配强思政课教师队伍，并通过兼任教学督导、团委干部、“青马社”指导教师、思政中心研究员等方式，激发教师跳出思政小课堂、融入思政大格局，准确把握艺术院校思想政治教育的内在要求，将其内化为教育教学的主导观念和自觉意识，坚定“主心骨”、守好“主阵地”、唱响“主旋律”，成为立德树人“主力军”，成为学生信服的“大先生”。提升辅导员和党务队伍的职业化、专业化水平，通过设立“辅导员骨干人才支持计划”“辅导员工作室”“思政专项课题”等提升育人能力，完善辅导员职称评聘体系，单列思政和政工师评聘序列和指标，综合考核理论政策水平、学生工作实绩和业务研究水平等，鼓励辅导员提升学历层次，拓宽职业发展方向。通过共同上好形势政策课、思政实践课、学生党课，共同开展思政专项课题研究、校园文化活动等，形成思政课教师、辅导员、班主任同向同行的育人格局。

3.实现管理服务队伍育人零距离

围绕立德树人中心任务，通过建立教辅后勤团队与师生对话机制、服务信箱，开展岗位练兵、技能比赛等，把解决实际问题与解决思想问题结合起来，把握学生成长发展所要提供精准服务。通过建设文化气息浓厚的优美校园、悦享特色鲜明的图书馆、文明整洁的学生公寓，通过提供个性化的心理咨询、发展型学生资助体系、均衡适度的美味佳肴，把日常管理与引导大学生养成健康行为习惯结合起来，使大学生在优质服务和科学管理中受到教育，实现思政工作队伍联动的零距离。

四、建设课堂、校园、社会、网络“四大阵域”，实现思想政治工作阵地全覆盖

艺术院校构建思想政治工作体系必须突出以人为本的理念，强化以学生为中心的思维，坚持学生在哪里、思想政治工作就延伸到哪里，紧紧抓住课堂课程、校园文化、社会实践、网络媒体“四个场域”做好思想政治工作，实现思想政治工作阵地全覆盖。

1.抓牢思政课程与“课程思政”主阵地

按照“八个相统一”要求，针对艺术院校思想政治工作实际，北京舞蹈学院采用“动态问题靶”方式，从学生成长中理论滋养需要和学习期待出发，深化思政课改革。开设“习近平新时代中国特色社会主义思想概论”课，邀请名家大师走进课堂；形成“思政+艺术”的教学模式，打造“社会主义核心价值观与艺术创作”实践教学课程；采取专题式、启发式、讨论式、翻转课堂、微课、微视频等方式探索行之有效的教学方法。用中华人民共和国成立70周年和中国共产党成立100周年的伟大成就、抗击新冠肺炎疫情的伟大实践，帮助学生坚定“四个自信”；挖掘艺术作品、艺术名家中蕴含的德育资源，在学生喜闻乐见的艺术资源中解答学生关心的理论问题和现实困惑，促进思政课教学接地气、有温度，增强育人实效。课程思政是高水平人才培养体系的组成部分，也是“三全育人”思政工作机制的体现。北京舞蹈学院大力加强“课程思政”建设，打造“最美课堂”，挖掘整合各学科、各类课程的德育资源，形成由

思政课、专业课、人文素质课、社会实践课等构成的思想政治教育课程体系。通过作品赏析、剧目排演、艺术学理论、基本功训练等课程，教师在讲授课程艺术性的同时深挖其中的民族精神和文化底蕴，潜移默化地将思政教育寓于专业教学中，引导学生树立正确的艺术观和创作观。在“不忘初心、牢记使命”主题教育中，党委以习近平总书记讲述的十个红色故事作为素材，创演舞蹈诗《那些故事》，引导师生共同思考和践行初心使命，使舞蹈诗创作成为艺术院校课程思政新探索，实现了“艺术+思政”“舞蹈+思政”的剧目创作课教学新模式，成为课程思政体系中的新亮点，形成“三全育人”体系下学、研、创、演相结合的育人新形态。

2.抓好校园文化隐形阵地

文化育人是大学教育的本质，艺术院校的校史校情在校园中有着得天独厚的文化优势，育人路径包括四个方面：一是精神文化建设，使师生在校史、校训、校歌等体现出的大学精神中，养成健全人格、完善文化修养、提高审美情趣；二是制度文化建设，把精神层面的要求与具体规定结合起来，要求师生加强法制观念，用制度规范学校办学及师生治校治学行为；三是行为文化建设，发掘学科专业优势和办学特色，通过组织“书香舞院读书月”“博物馆日”“社团文化节”如古典舞蹈文化“汉服社”、民族舞蹈文化“源味公社”等大学生喜闻乐见的方式，将思想政治工作融入丰富多彩的校园文化活动中；四是环境文化建设，发挥校园景观文化、“公寓家”文化的育人作用，使学生在优良的氛围中受到启迪。

3.抓实社会实践“行走的课堂”

艺术院校将思想政治教育融入社会实践、志愿服务、实习实训等活动中，创办形式多样的“行走课堂”，挖掘和编制“资源图谱”，构建“实践育人共同体”。北京舞蹈学院始终将实践育人工作摆在人才培养的重要位置，系统设计实践育人体系，积极拓展社会实践与服务社会相结合、与专业特点相结合、与就业创业相结合、与勤工助学相结合的“四结合”实践体系，将志愿服务纳入“第二课堂成绩单”。与政府、艺术院团、企事业单位、社区、军队等多方融合，共同开发课程资源、共同评价人才培养质量，实现人才培养与经济社会发展和用人单位需求无缝对接。近年来，学校建设了包括国家大剧院、中央芭蕾舞团、中央民族歌舞团、广州芭蕾舞团、北京天桥艺术中心、海南省歌舞团、井冈山党校、北汽集团、空军指挥学院等二百多个不同类型的实践教学基地、实习实训基地、就业创业基地、志愿服务基地、爱国主义教育基地、军训基地等，成功搭建实践育人共同体。

4.抓紧“网络+思想”云端阵地

如何利用网络优势提高立德树人实效，是艺术院校做好思政工作的重要问题。要认真分析网络作为育人阵地的新特点和新问题，探索有效对策，破解网络育人中思政工作缺失话语权、自我边缘化的“不在场”问题，抢占以微博、微信、公众号为标志的思政教育话语权和主动权。北京舞蹈学院实施“网络+思政论坛”“大学生网络素养提升计划”“青春北舞引领号”等系列工程，提升校园新媒体网络平台的育人水平。在抗击新冠疫情期间，学校特邀全国53所高校近千名舞蹈艺术硕士以“使命在肩，奋斗有我”为主题，创作云端舞蹈《天使告诉我》，传递舞蹈文艺工作者的担当；举办“宅家跳舞”短视频征集活动，师生们用“手机镜头+舞蹈”的形式创作百余部影像作品，以艺术的形式展现时代精神。庆祝建党百年之际，党委以“为人民而舞”为主题精选建校以来的百部作品进行云端展播，回味经典、学习经典、弘扬经典，让作品焕发出时代光华，发挥强大的思想引领作用。

参考文献

[1]《教育部等八部门关于加快构建高校思想政治工作体系的意见》，教思政[2020]1号。

[2] 沈壮海、李佳俊:《论新时代思想政治工作体系的构建》，大学生思想政治教育评价中心，2019-12-12。

[3] 王林清:《深化“三全育人”综合改革，构建高质量思想政治工作体系》，载《光明日报》2019-12-27。

[4] 邓军:《筑牢新时代高校思想政治工作生命线》，载《光明日报》2018-10-31。

[5] 成洪波:《充分发挥高校思想政治教育协同育人力量》，载《中国高等教育》2020第5期。

01 课程育人篇

上好新时代艺术院校思政课

张艳

摘要： 思政课是高校落实立德树人根本任务的关键课程，不断推进新时代思想政治理论课改革创新，要以推进“习近平新时代中国特色社会主义思想”三进工作为中心，充分发挥思政课在育人过程中的关键课程作用，彰显思政课育人魅力；以建构“动态问题靶”教学模式为重点，推动课堂教学“质量革命”；将思政小课堂和社会大课堂相结合，发挥艺术特色，创新工作载体、拓宽育人阵地；同时建设符合新时代要求的高素质思想政治理论课教师队伍，充分发挥教师积极性、主动性、创造性。

关键词： 思政课；改革创新；“动态问题靶”；教学质量；实效性

在全国学校思想政治理论课教师座谈会上，习近平总书记强调，思想政治理论课是落实立德树人根本任务的关键课程，要理直气壮开好思政课，用新时代中国特色社会主义思想铸魂育人，明确提出了推动思政课改革创新的重大要求，为我们推进思政课建设改革指明了方向、提供了基本遵循。我校党委高度重视，从顶层设计、机制建设、激励保障等多方面进行系统建构，推动深化新时代思政课教学改革创新。

一、充分发挥思政课在育人过程中的关键课程作用

思政课是落实立德树人根本任务的关键课程，在高校育人工作中发挥着不可替代的作用。近几年，学校“三全育人”理念深入人心，工作机制不断完善，为进一步改进和加强思政课教学提供了前所未有的良好环境，我们必须着力推进思政课改革创新，进一步提升思政课教学质量，充分发挥好关键课程作用。

1.以推进“习近平新时代中国特色社会主义思想”三进工作为中心，扎实落实立德树人根本任务

“习近平新时代中国特色社会主义思想”是当代中国的马克思主义，用习近平新时代中国特色社会主义思想铸魂育人，推进科学思想入脑入心是高校思想政治教育的首要工作。我校以新开设“习近平新时代中国特色社会主义思想”概论课为契机，进一步加强课程体系建设，推进课程教学改革。特别是新冠疫情爆发以来，世界形势发生了巨大变化，百年未有之大变局更加复杂，需要教师及时聚焦研究这些热点问题，了解学生困惑和关注点，按照八个相统一的要求，认真设计教学方案，通过线上和线下相结合，艺术名家进课堂等方式，精准施教，正确引导学生，让学生充分理解我国社会主义制度的优越性，自觉融入坚持和发展中国特色社会主义事业、建设社会主义现代化强国、实现中华民族伟大复兴的奋斗之中，增强学生中国特色社会主义道路自信、理论自信、制度自信、文化自信。

2.不断推进思政课改革创新，彰显思政课育人魅力

马克思主义是经过实践检验的科学理论，中国化马克思主义进一步将马克思主义基本原理同中国革命、建设和改革实践相结合，始终引领中国不断从一个进步到另一个进步，具有强大的生命力，是思政课的不竭动力源泉。特别是习近平“新时代中国特色社会主义思想”，从理论和实践上回答了新时代坚持和发展什么样的中国特色社会主义、怎样坚持和发展中国特色社会主义这一重大课题。高校思政课教学的主要任务是科学阐释马克思主义理论，用“习近平新时代中国特色社会主义思想”铸魂育人，展现科学理论的魅力。

我校思政课改革创新始终以“提高教学实效”为主线，密切结合舞蹈大学生思想实际，以培养担当民族复兴大任的新时代舞蹈高等人才为目标，以探索艺术特色的思政课教学模式和方法为核心，通过理论教学与实践活动相结合，努力塑造与培育艺术人才价值观和人文情怀，通过改革，从教学内容、形式上不断创新，教学实效不断提升，日益彰显马克思主义理论的魅力，增强思政课的说服力和影响力。

3.实现思政课程和课程思政相互融合，相互为用

教学是学校教育的中心工作，必须着力发挥好课程育人的作用。一方面要在改进中加强、创新中提升思政课教学质量，满足学生成长发展需求和期待；另一方面“其他各门课都要守好一段渠、种好责任田，使各类课程与思想政治理论课同向同行，形成协同效应”，才能有效解决专业教育与思政教育“两张皮”的问题，提高课程育人的达成度。

在课程育人的工作中，思政课程和课程思政各有分工，侧重点不同。一方面，学校不断推动思想政治理论课的改革创新，凝练教学内容，聚焦动态热点和难点问题，集聚德育资源，增强思政课的思想性、理论性、亲和力和针对性；另一方面，发掘所有课程特别是专业课程的育人元素，探寻这些课程中蕴含的思想政治教育资源，不断提高教师的育“德”意识和育人能力，优化课程育人质量。二者目标一致，同向同行，统一于育人全过程。

二、以建构“动态问题靶”教学模式为重点，推动课堂教学“质量革命”

课堂教学是高校育人的主渠道，2019年，学院党委提出探索建立思政课“动态问题靶”教学模式，即以“动态问题”设定“靶”向目标，聚焦艺术院校学生关注的动态变化的热点理论和现实问题，以“动态问题”组织教学，精准施教的模式。该模式强调“实时”“适时”的特点，坚持八个相统一的原则，突出学生主体，引导学生在发现问题、分析问题、解决问题中把握基本理论，以此增强思政课教学的针对性和实效性，提高教学质量，提升学生思想政治素质和综合能力，提高学生获得感。

1. 聚焦动态问题

国际形势风云变幻，各种矛盾高发频发，国际敌对势力依然猖獗，网络信息烦冗复杂，不同形态的思想文化交流交锋，面对诸种问题，要给青年大学生解疑释惑，思政课教师责任和压力之大不言而喻。

思政课教师不能回避问题，不能只是简单说教和灌输，必须通过定期的课前、课中、课后的学生调研，针对学生的认识误区和成长需要，精准把握学生的思想特点和内在需要，通过分析和研判，找到课程讲授的切入点，提高教学针对性。用科学的理论和深入浅出的分析，回答学生的思想和价值困惑，让学生学会在看到矛盾和问题后能用科学的方法去分析和判断。罗曼·罗兰说："这世上只有一种理想主义，那就是认清生活的真相后依然热爱生活。"因此，通过教学，提高学生对理论和社会问题的深刻认识和理解能力，培养学生判断社会问题的辩证的、全面的、发展的方法和态度，引导学生立德成人、立志成才，树立正确的世界观、人生观、价值观，这是影响学生毕生的可持续发展的素养和能力。

2.优化内容供给

教师在了解学情状况的基础上，还必须优化内容供给，精准设计教学内容，将教材体系转化成适合学生的教学体系，寻找最合适的教学方案，实现教学目标。在内容供给上，一要生活化，选择最能体现教学重点和难点，以及学生关注点的内容，结合学生生活实际，以专业结合实际的方式充分地展开。二要故事化，思政课要讲清宏大理论，还要通过细节故事来展现，细节故事最感人，思政课教师要选好故事，讲好故事。三要数据化，典型数据最具说服力。在以往教学过程中，思政课教师对数据化的资料运用相对较少，应该注重数据资料的收集和运用，特别是运用好新媒体大数据。

3.改进话语体系

新时代00后的大学生，学习习惯、学习兴趣、学习态度、学习方式都有很多新特点，抖音、快手、哔哩哔哩等各类短视频软件是他们获取信息的重要渠道，经常关注微博、知乎、头条等，所以在思政课教学过程中，我们要从话语内容、展示形式等方面对思政课既有的话语体系进行再阐释，不断丰富课堂语言形式、结合网络热点融入时代特色、多种形式交叉、综合运用，以期找到适合的话语频道，产生和青年大学生"同频共振"的效果。

4.不断改进教学方法

需要不断创新改进教学方法。思政课教师要立足学生特点和教学实际，不断创新有效的教学方法，创设多样的教学情境，运用贴近青年学生实际的教学模式，打造"配方"先进、"工艺"精湛、"包装"时尚的思政课，创造机会让学生积极参与课堂，实现师生思维对话、双向交流。坚持"参与式""互动式""案例式""专题式"等教学方式，杜绝教师唱“独角戏”。

5.将思政教学工作和信息技术深度融合

在移动互联时代，互联网加教育是不可逆转的趋势，不论是主动还是被动，学生们获取知识的渠道更加多元，在教育教学的新常态，必须注重将思政教学和信息技术深度融合。“90后、00后大学生被称为‘网上的原住民’，他们对‘互联网+’‘智能+’新时代学习的新特点非常喜爱、容易接受、容易适应”，这就要求我们思政课教学要充分利用智慧课堂等信息技术新手段，发挥点对点的交流互动优势，通过精准设计问题，及时和学生互动，了解学生学习状况，正如2020年 5月14日教育部新闻发布会上，教育部高等教育司司长吴岩讲的：“我们再也不可能、也不应该退回到疫情发生之前的教与学状态，因为融合了‘互联网+’‘智能+’技术的在线教学已经成为中国高等教育和世界高等教育的重要发展方向”。教师必须不断提高教学信息化素养，不断更新信息化技术，将新技术新手段运用到教学过程中，及时通过一些智慧教学平台大数据获取过程性和终结性评价，以OBE教育理念为指导，更有针对性地进行教学设计，提高教学质量。

三、创新工作载体、拓宽育人阵地

中共中央办公厅、国务院办公厅印发的《关于深化新时代学校思想政治理论课改革创新的若干意见》中指出，要“坚持开门办思政课，推动思政课实践教学与学生社会实践活动、志愿服务活动结合，思政小课堂和社会大课堂结合”。我校思政部不断进行教育教学方式的探索改革，整合实践教学资源，拓展实践教学形式，形成了理论教学与实践教学相互支撑，社会实践与艺术实践相结合的具有艺术院校特色的思政课实践教学“4＋2”模式，有效提升了课程教学的针对性和实效性，优化了教学质量。

1.将思政小课堂和社会大课堂相结合，开展暑期社会观察活动

推动思政小课堂和社会大课堂结合，让学生在丰富多彩的社会实践活动中观察社会、认识社会。我校连续8年开展暑期社会观察活动，覆盖每一届的本科生。学生们在思政课教师和辅导员的指导下，利用暑期开展多种主题、多种形式的调研活动，初步学会了社会调研的方法，增进了团队合作的意识，提高了论文写作的能力，加深了对理论问题的认识，增强了社会责任感。学生们提交的社会观察报告体现了强烈的现实关注和鲜明的专业特色，舞蹈素质教育、舞蹈培训、剧场调研等是学生关注较多的选题，同时学生们还关注生态环境、社区建设、扶贫攻坚、抗击疫情等社会热点问题。先后有近百位同学获得北京市委教育工委、北京市团市委组织的大学生暑期实践优秀论文、优秀团队等荣誉。

2.凸显艺术特色，开展“思政+艺术”品牌活动

开展“思政+艺术”品牌活动，“社会主义核心价值观与艺术创作思政实践”课的设立是其中一项主要举措。该课程从2017年开始实施，聚焦社会主义核心价值观教育，将社会主义核心价值观教育与艺术专业相结合，思政实践和专业实践相结合，思政课教师、专业课教师和学工队伍三支力量相结合，先后指导2016级学生完成了60个作品，其中新创作品44个，复排作品16个。各院系推荐优秀作品10个，并在舞蹈剧场展示汇报。2017级学生完成作品91项，其中复排36项，新创55项。这是具有艺术院校特色的思政课实践教学实现形式的一种新探索，也是学院搭建同向同行的平台，促进思政课教学深化改革的重要举措。

3.打造“艺术名家领读经典”特色课堂

为了贴近学生，提高课程教学针对性，我们打造了“艺术名家领读经典”特色课堂。自2017年始，我校依托北京市教工委艺术院校思政课教学改革示范点项目，与中国戏曲学院、中国音乐学院等在京艺术院校联合，开设“艺术名家领读经典”市级选修课，邀请各艺术领域的艺术名家走进课堂，以“文化发展、文化自信和社会主义核心价值观”等为主题，结合艺术家自身艺术成长经历，为学生讲述当前中国文艺发展状况，分享他们的创作表演经验，以进一步增强艺术院校大学生对时代责任和历史使命的认识。这一活动受到学生普遍欢迎，目前已开展艺术名家讲座四十多讲，“思政+艺术”模式受到学生广泛欢迎。光明网、中国教育报、学习强国等都予以报道。

四、建设符合新时代要求的高素质思想政治理论课教师队伍

办好思想政治理论课关键在教师，思政课教师在一线工作，对思政课建设质量负直接责任。建设符合新时代要求的高素质思想政治理论课教师队伍，必须深刻理解新时代思想政治理论课教师政治强、情怀深、思维新、视野广、自律严、人格正的素质要求，发挥教师的积极性、主动性和创造性。

着眼育人目标，要不断增强教师队伍的责任感和使命感，坚定信心，向高质量迈进。有党的坚强领导，有学校的坚强后盾，思政课教师要充满信心，围绕立德树人根本任务，把握好新的更大机遇和更广阔的发展空间，以坚定的信心上好思政课。现阶段，思政课发展的各项保障措施非常有力，最关键的是如何提升教学质量。教师们要积极主动地以高标准要求自己，不负韶华，不负三尺讲台，不断优化教学质量，提高育人实效。

坚持守正创新，思政课教师要攻坚克难，破解制约教学效果的关键问题，不断推进教学改革。习总书记强调，做好高校思想政治工作，要遵循思想政治工作规律，遵循教书育人规律，遵循学生成长规律，不断提高工作能力和水平。当前的思政课教学有了很大改观，但还存在一些制约教学质量的问题，比如教师对学生特点了解不够，对学生关注的热点和难点问题不能及时回应，教学内容不够丰富，教学设计不够合理，教学形式不够灵活，教学手段过于传统等等，需要教师加强研讨，以探索“动态问题靶”教学模式为契机，加大集体备课力度，找准制约效果的关键问题，不断破解难题和瓶颈，以提质增效，满足学生的成长期待。

提升综合素养，思政课教师要不断学习，积累教书育人的深厚功底。打铁还需自身硬，思政课教师本人的理论素养、政治素质、人格品性等无一不对学生产生深刻的影响。作为一名思政课教师，学识渊博，理论功底深厚，视野开阔，关心国家民族大事，待人真诚、热情、友善、富有同情心，对待学习、工作和事业勤奋认真，行为自律，自谦而不自卑，处事公平公正等，都会散发着人格魅力，产生令学生尊敬、爱戴的吸引力、凝聚力。学生亲其师信其道，更容易接受教师讲授的理论和道理。教师需要不断修为，全面提高素养，做好学生成长的引路人。

参考文献

［1］习近平主持召开学校思想政治理论课教师座谈会，中央广播电视总台央视新闻，2019年3月18日。

［2］教育部：《再也不可能、也不应该退回到疫情发生之前的教与学状态》，载《南方都市报》2020年5月14日。

［3］韩宪洲：《聚焦立德树人根本任务 在改进中加强思想政治理论课》，载《思想理论教育导刊》2017年第2期。

［4］薛焱、朱哲：《高校思想政治理论课话语体系建构探微——基于“问题式教学法”的分析与思考》，载《思想理论教育导刊》2016年第7期。

［5］杨晓慧：《高等教育“三全育人”：理论意蕴、现实难题与实践路径》，载《中国高等教育》2018年第18期。

“马克思主义基本原理概论”课“动态问题靶”教学模式探索[①]

管卫华

摘要：“马克思主义基本原理概论”是一门教导大学生科学地认知自然、社会和人类思维发展一般规律，提升马克思主义理论水平和思维能力的课程。“动态问题靶”是为提升思政课教学实效性而提出的一种教学理念。“动态问题靶”教学模式，以学生为中心，强调问题意识，与时俱进地紧密结合学生关注的理论与现实问题，进行教学设计和教学实践探索，以提升学生获得感和教学实效性。

关键词：马克思主义基本原理概论；动态问题靶；教学模式

“马克思主义基本原理概论”是我国高等院校思想政治理论教育的一门必修课程。此课程对于大学生提升马克思主义理论水平和思维能力，树立正确的世界观、人生观、价值观具有积极而长远的意义。在该课程教学过程中，如何让大学生有更多获得感、如何更好地把握马克思主义的精要，探索具有针对性和实效性的教学方式方法至关重要。初闻“动态问题靶”一词，是在北京舞蹈学院思政部的一次调研会上，巴图书记在言及提升思政课教学实效性时提出的一种教学理念。笔者很感兴趣，希望在教学过程中把这一理念加以实践和探索。故本文即以“马克思主义基本原理概论”课教学为例，结合2020年春季学期本课程学习情况的调查结果，尝试探索“动态问题靶”

---

① 本文是北京舞蹈学院校级科研项目“先秦儒道美学思想融入艺术院校马克思主义哲学教学探究”的阶段性成果，项目号0620020/044 。

教学模式。

一、世界变动不居——聚焦大学生关注的理论热点和现实关切

世界变动不居。习近平总书记指出，当前中国处于近代以来最好的发展时期，世界正经历百年未有之大变局，两者同步交织，相互激荡。国际格局激烈动荡，科技发展日新月异，人工智能、机器人技术、虚拟现实以及量子科技等蓬勃发展，将深度改变人类生产和生活方式，对变局产生重要影响。面对时刻变化的世间万象，大学生的现实关切和相应思考也就具有动态的变化性。不同时期、不同院校、不同专业、不同成长背景的大学生，乃至每位个体在人生的不同阶段，其现实关注、人生感悟、理论兴趣点都可能有所不同。及时了解和掌握大学生的关注和关切，适时给予其理论的解析和引领，促进其树立科学的世界观、人生观和价值观，促使其人生发挥更大的作用和价值。

了解学生的相关情况，除与同学直接交流以外，调查问卷也是有效途径。2020年春季学期采用了两种调查方式：直接交流是随机选取的方式，调查问卷则是面向笔者课堂接触到的学生，共276人，其中240位学生有效参与。

1. 了解学生感兴趣的理论章节

调查结果显示，在教材的七章内容中，学生最想深入了解的三个章节按百分比从高到低依次为：第三章人类社会及其发展规律55%，第二章实践与认识及其发展51.67%，第一章世界的物质性及其发展规律48.75%。其他章节虽比例稍小，但均有27%（65人）及以上的选择比例。这给以后教学安排带来很多参考。

2. 掌握学生聚焦的理论热点

调查发现，学生感兴趣的理论主题，按照百分比从高到低，前六位分别是：人与自然的关系47.08%，经济全球化45.42%，唯物主义和唯心主义40.83%，实践观与认识论40.42%，人的意义和价值35%，唯物论和辩证法33.75%。其他的有效主题人数也均在21.25%（51人）及之上。这一方面展现出新冠疫情下，学生对于人与自然的关系更加关注，也展现了他们更关注直观感触到的与现实相关的理论知识。

3. 知晓学生的现实关切

学生的现实关切前三位分别是：国内国际有影响的新闻事件73.75%，专业艺术领域的学者、大师60.42%，专业艺术领域的成果及意义52.92%。其余四项主题按百分比从高到低为：国内国际各领域的杰出人物，如何在专业实践中提升理论水平，奉献社会的无名英雄，娱乐新闻，均在35.83%（86人）及之上。

4. 明晰学生希望融入的主题

课程中学生希望融入的主题，前三位分别是：时事新闻动态63.75%，专业相关的成果、人或事60.42%，中华优秀传统文化56.67%。其余四项按百分比从高到低为：其他艺术形式的内容，美学相关知识，国外优秀文化，比例均在35.83%（86人）及之上。可见，作为艺术院校大学生，对于“马克思主义基本原理概论”这门课程，还是有很多期待的。他们关注国际国内形势、专业领域的成果、德艺双馨的艺术家、美学和中华优秀传统文化等，希望能在更高的理论层面获得认识和思考。授课教师及时了解学生期待，能够促进教学的针对性，提升实效性。

世界日新月异，大学生是多元的、充满创新精神和青春活力的群体，把握不同专业、不同年级学生关注点的异同，以马克思主义科学的世界观和方法论，给予其理论指引，助力其筑梦和远航。

二、把握变与不变——展现马克思主义的强大生命力

时代在变化，社会在发展，马克思主义基本原理依然是科学真理。世界是一个充满矛盾的动态变化的统一体，但变中总有不变的存在。正如习近平总书记2020年8月25日同巴西总统会谈时指出，在这世界百年未有之大变局中有三个“没有变”，即和平、发展、合作共赢的时代潮流没有变，中国、巴西等发展中国家和新兴市场国家整体崛起的势头没有变，中方从战略高度和长远角度发展中巴关系的政策没有变。马克思主义自诞生以来，在世界上产生了巨大影响，改变了世界尤其是中国的历史进程。不管世事如何变迁，马克思主义都日益焕发出愈加旺盛的生命力。

调查结果显示，就学生对于马克思主义的整体认知而言，有的认为本课程加深了

对马克思主义的认识和理解，加强了自己的理论素养；有的说以前一些没懂的现在明白了，而且对马克思主义有了较为系统的新的看法和认识，获得了新知；有的觉得加强了对马克思主义基本原理的了解和学习，系统地了解了马克思主义基本原理的架构与思想，建立了更全面的人生观和价值观；有的认为课程内容丰富结合实际，通过时事学习到更多理论知识。多数学生认为，学习和掌握马克思主义基本原理，是促其成长和长远发展的客观要求，马克思主义理论课对其树立正确的三观具有重要作用，希望能进一步深入学习。

在马克思主义哲学方面，学生各有所获。有学生认为了解很多相关知识很有收获；有的觉得对于高中政治第四册哲学课本有了回馈和更深层次的认识，认识了不同意识形态的社会运行的知识；有的对人与自然界关系有了进一步理解；有的认为学习到许多马克思主义哲学的知识，明白了许多道理，明白了爱党、爱国是中华人民共和国公民的基本行为准则；有的学习到了唯物史观，对资本主义制度有了一定了解，了解到资本主义社会和社会主义社会间的巨大差异，认识到中国特色社会主义优势，增加了对政治多方面的了解。

在科学社会主义方面，有学生认为更全面认识了中国特色社会主义；有的更深入理解了马克思主义在中国特色社会主义道路中的重要作用；有的对共产主义有了进一步了解，认为共产主义方面的知识对自己有很多帮助；有的觉得此课程很好，让其清楚知道中华民族的信仰以及对社会一些关注；有的则调动了自我学习动力，从马克思主义哲学、资本主义、社会主义三大角度认识了人类社会。

对于理论指导实践方面，学生反馈如下：有的认为通过课程学习，在马克思主义的知识和理论方面都有了新的认识和理解，会运用到实际生活和学习中；有的认为本学期课程与时事相结合的内容学习（新冠疫情、国际形势等）收获很大，能引导自己多关注时事新闻，能对时事新闻有自己的思考；有的认为本课程促进了对于自己学科更深的理解；有的觉得自己较熟练掌握了书本内容，并能与实际相结合；有的认为马克思主义基本原理让自己具有更加辩证的思维方式，教会自己思考问题和思考生活的方式，学会了更自律和掌握时间，自己还需更努力，以奋斗追求幸福。

理论关照现实，解答现实关切，理论创新与实践创新相互促进。理论来源于实践，又反过来指导实践，在不断地实践创新中，凝聚出促进社会发展的系统化理论化的经验和思想，促进理论创新与发展。习近平新时代中国特色社会主义思想就是在马克思主义中国化的实践创新中形成的最新理论成果。不管时势如何变换，马克思主义都与时俱进地在社会发展中，呈现着科学性、革命性、实践性、人民性和发展性这些鲜明的理论特征，展现着强大的生命力。

三、有的放矢——以“动态问题靶”提升教学实效性

在识变、应变、求变中守正创新。危机亦孕育新机，变局亦含机遇与挑战，发挥我们的主观能动性，彰往察来，知微知彰，善抓机遇，应对挑战，推动变局向有利方向发展。“马克思主义基本原理概论”课能引导大学生认知自然、社会和人类思维发展一般规律，提升其理论水平和思维能力。作为教师，带着问题意识进行教学设计，结合学生的关注与关切，让教学更具针对性。

1. 以问题为切入点

以学生的关注聚焦作为教学切入点，在理论与实际相结合中，提升其理论水平和思维能力。教材知识结合学生的现实关切和理论热点，教学中融入更多国内国际有影响的新闻事件、专业艺术领域的学者大师和成果等，使大学生在认识时事与社会中，加深对马克思主义、对国家社会和自然界更深更全的理解，科学认知自我、社会和所生存的世界，明确目标和努力方向。这要求教师在关注国家方针政策的同时，亦需关注国内国际新闻事件和新闻人物，关注学生专业领域的大师和成果，对老师在深耕教材的基础上，提出更高要求。

2. 以目标为导向

重视学生的学习需求。调查发现，学生的学习需求主要表现在以下几方面：一是希望课程更多地关照现实，如当前国际形势、新冠疫情、中美贸易、世界经济现状等。二是理论方面希望了解更多更深，提升理论水平。比如，希望加强对唯物主义的了解、哲学方面的学习，深入了解马克思主义政治经济学和经济全球化，多了解马克思主义中国化、马克思主义如何指导中国特色社会主义发展等方面，希望深入学习社

会主义及当代发展状况，对共产主义有更深的理论认知，等等。三是艺术院校大学生希望加深对美学、艺术哲学和专业等方面的认知与理解。希望能与本专业学习相结合，在理论层面得到引领，以加深对专业的学习和理解；希望有更多舞蹈等艺术内容的拓展延伸；想了解马克思主义和艺术的关系。四是希望加深对人与客观世界关系的认知，如个人与自我、个人与社会等，包含对团队协作及社会发展的认识。五是存在考研需求，希望课程中融入考研真题等。

教学目标与学生需求相结合。大学生是祖国的未来，肩负着实现中华民族伟大复兴的光荣使命。通过本课程使大学生学习和掌握马克思主义基本原理，树立和坚定为实现共产主义社会而奋斗的远大理想信念，学习、掌握和运用马克思主义的立场、观点、方法，正确打开世界观、人生观和价值观的总开关，提高其分析和解决实际问题的能力，积极投身中国特色社会主义建设的伟大实践。把教学目标与学生需求有机结合，突出重点、讲清难点、把握热点，理论讲解与案例分析、课内外讨论相结合，课堂教学与学生的日常专业学习、生活实际相结合，深入浅出、情理相融地阐述理论，扩宽学生视野，提升其思维能力和理论水平。帮助大学生学会运用马克思主义的世界观和方法论，认识问题、分析问题、解决问题。在世界观和方法论层面，以马克思主义促进艺术院校大学生对于美学、艺术哲学和艺术专业的认知和理解。从助力考研角度而言，融入考研真题，亦是加深知识点理解的有效途径。

3.教学有的放矢

在“马克思主义基本原理概论”课教学中，以“动态问题靶”为切入途径，以课程调查问卷和学生抽调情况为参考，与时俱进聚焦大学生关注的理论热点和现实热点，深耕教材，做好教材语言向教学语言的转换，在理论联系实际中提升大学生的理论水平和思维能力，促进思政课教学质量、教学效果和学生获得感的提升。

就2020年春季学期来说，学生反馈，“优学院视频”学习时间可缩短，因课下也可完成，这样课上可更多听老师讲解及拓展；也有的觉得春季教学安排合理，即“优学院视频”学习+知识点标记电子版分享+重要知识点和思考题讲解——这种疫情下的特殊模式，以这种特殊的形式上课收获很多；有的希望多些理论知识梳理，认为时事新闻和案例相关的视频、图片能促进其对理论的吸收，印象也更深刻；有的希望除融入美学、艺术哲学外，增加课外经典著作的阅读与讨论；还有的希望增加与自己专业相关的实践活动，有更多实践机会和实践内容。

结合学生反馈，教学注重理论和实际相结合。思政小课堂结合社会大课堂，教育引导学生把人生抱负落实到促进国家社会发展的实际行动中，“把学习奋斗的具体目标同民族复兴的伟大目标结合起来，立鸿鹄志，做奋斗者”[①]。从实践出发引发学生对于马克思主义的理论认同，使其亲近理论、掌握理论、运用理论、知行合一，实现人生价值和社会价值。对于艺术院校思政课而言，本课程教学融入美学、中华优秀传统文化等内容，能让学生更有效地参与到课堂中，收获更多。马克思主义蕴含美学思想，马克思主义美学从人的存在方式出发，从人的实践活动出发来说明和阐释艺术审美问题。要想真正理解艺术审美的本源及其特性，必须从人的存在方式、从人的实践活动出发，只有理解和把握生存，实践活动的本源性根基及其特征，才可能理解和体悟艺术审美的真正奥秘。[②]“以马克思主义哲学的实践观点为根本是中国马克思主义美学的特色和重大贡献所在。”[③]陶行知先生提倡生活即教育、社会即学校，《周易·系辞》说“百姓日用而不知”，都是说在我们的学业和生活中默含很多道理，以这些生活中的道理以小见大、由浅入深（实践 — 理论），或者深入浅出（理论 — 实践），让学生感触马克思主义的魅力，逐渐学会以其指导自己的学业和生活。

发挥多种教学方法的作用。有效的教学方法更能提升学生的思考能力和思维能力。调查发现，学生希望多些视频；希望参与到课堂中，多些讨论互动，例如小组学习或讨论；希望课堂形式更多样化、更生动活跃。结合学生的希望，教学中充分发挥讨论法、探究法、自主学习法等方法的作用，让学生有更多发挥的空间，提升其参与度和获得感。一是设置小组讨论或交流互动，例如通过一些具体例子的探讨，激发思维碰撞，也可组织相应的实践探索。在促进交流沟通、践行理论真知的同时，亦能培养集体意识和团队精神，增强凝聚共识的力量。二是线上与线下相结合。灵活运用

---

① 习近平：《思政课是落实立德树人根本任务的关键课程》，载《求是》2020年第17期。

② 宋伟：《马克思主义美学的哲学基础及其当代理解 —— 关于“实践存在论美学”论争的论争》，载《上海大学学报》（社会科学版）2010年01期。

③ 刘纲纪：《马克思主义美学研究与阐释的三种基本形态》，载《文艺研究》2001年01期。

翻转课堂等方式，利用线上资源作为有益扩充。教师根据具体情况，融入多种教学形式，设置问题、互动环节等引发学生思考和探索，促其理解掌握马克思主义要义、学以致用。这需教师充分“备课”“备学生”，努力让课堂既有理论深度，又有现实温度。

教师与时俱进，不断提升自我。第一，教师要理论与实践并重，不断提升。一方面，关注时事、专业、生活并融入教学，有效导入马克思主义理论、阐释理论；另一方面，以理论指导、引领实践，促学生学以致用、知行合一、行有不得反求诸己，不断完善和成长。真知与践行相统一，才是真正的知行合一，才是理论与实践的有机统一。注重教学体系和知识体系的系统性，让学生更系统和轻松地掌握马克思主义基本原理。既依据教学知识体系，又有所拓展延伸。第二，教学设计以贴近学生的学习、生活和关注点为原则，灵活运动多种教学方式。第三，教学设计结合学生的理论认知和思维水平，努力把世界观与方法论有机结合 —— 授人以渔。另外，教学语言尽量生活化、趣味化。

“动态问题靶”教学模式，让“马克思主义基本原理概论”课更有亲和力和感染力、更有针对性和实效性。“蒙以养正”，在大学生人生“拔节孕穗期”、思维最活跃阶段，充分发挥“马克思主义基本原理概论”等思政课的理论指导和价值引领作用，教育引导他们走正路、守正与创新相统一。“动态问题靶”教学模式对教师提出了更高要求，要求教师备好教材，备好学生的兴趣点、关注点、聚焦点、需求和期望，涉及较广泛的内容。当然，这也要结合思政课教师自身的教研历程、兴趣方向和擅长领域等因素，在此基础上，进行教学、研究和探索，尽量营造通俗有趣易懂、引发兴趣思考为方向的教学氛围，以“针对性”促进教学思想性、理论性和实效性的提升。

行动到认知的转变——具有舞院特色的“思想道德修养与法律基础”

张西惠

摘要：思政课程实践育人是思想政治理论课程育人的重要组成部分，“思想道德修养与法律基础”课程实践教学瞄准舞蹈艺术院校专业特色和学生特点，探索出课堂实践和校内实践相贯通的实践教学模式。实践教学关注的视角由单纯理论性内容逐渐转向学生特点以及艺术元素的融入；实践教学的形式由侧重个体集中展现转向团队集体协作；实践教学的覆盖面由小众参与转向全体参与；实践教学的场域由单纯课堂内部转向课堂内外。实践证明，思政课程实践育人应该与时俱进，拓宽育人路径，开发目标明确、主题鲜明、贴近学生、内容丰富、形式多样、全员参与的实践教学模式，以提高思政课育人实效。

关键词：“思想道德修养与法律基础”；思政课程实践育人；舞蹈艺术特色；课堂实践；校内实践

在构建“三全育人”思想政治工作格局，要求其他课程充分挖掘思政育人元素建设课程思政，与思想政治理论课同向同行，形成协同效应的大背景下，思政课程也需要开拓创新，主动走进专业课程，结合学校特色和学生专业特点挖掘专业课程中可提高思政教育效果的素材和载体，通过理论教学和实践教学不断增强思政课的育人效果。“思想道德修养与法律基础”（以下简称“基础课”）课程依托课堂教学以及学校社团不断探索实践教学路径，深化学生对课堂教学内容的再思考、再运用，使实践教学由“用手用脚的具体行动”转化为“入脑入心的系统认识”。

一、思政课程实践育人的内涵阐释

学界对思想政治理论课实践教学的理解存在广义和狭义之分。狭义上认为，思想政治理论课实践教学是发生在课堂外，学生直接参与的感性的社会实践活动。它侧重于“实践”一词的内涵理解。马克思主义实践论认为：“实践是人类能动地改造世界的社会性的物质活动，具有直接现实性、自觉能动性和社会历史性三个基本特征。”① 然而作为思想政治理论课教学本身就是一种实践形式，教学活动更多地发生在课堂内；所以，广义上理解的思想政治理论课实践教学不仅包括发生在课堂外的直接的社会实践活动，而且还体现在课堂内的在教师指导下发挥学生主体作用开展的一系列实践教学活动。概言之，思想政治理论课实践教学既可以体现在课堂教学之外，也可以体现在课堂教学之中。

二、思政课程实践育人在“基础课”实践教学中的实现

思想政治理论课作为立德树人的关键课程，对当代大学生的人格养成意义重大，然而舞蹈艺术大学生并不能正确认识这门课的意义，他们更喜欢有意思的理论课。如何让“有意义”的理论课变得“有意思”是思想政治理论课教师要思考的课题。在学校思想政治理论课教师座谈会上，习近平总书记提出要“推动思想政治理论课改革创新，要不断增强思政课的思想性、理论性和亲和力、针对性”。② 思政课实践教学不断探索实践育人路径，通过各种场域各种形式的实践教学能够增加理论教学的趣味性、亲和力和针对性。同时习近平总书记提出的“八个坚持”要求思政课“理论性和实践性相统一、统一性和多样性相统一、主导性和主体性相统一、灌输性和启发性相统一、显性教育和隐性教育相统一”的具体要求，为思政课实践教学的改革创新指明了方向。

---

① 《马克思主义基本原理概论（2018年版）》，高等教育出版社，第57页。

② 习近平：《习近平在学校思想政治理论课教师座谈会上的讲话》，新华网，2019年3月18日。

“基础课”实践教学主题紧紧围绕立德树人的根本任务，实践教学目标针对学生进行科学的世界观、人生观、价值观教育，帮助学生筑牢理想信念之基，培植爱国主义情怀，激扬中国精神力量，励志明大德、守公德、严私德，争做爱国、敬业、诚信、友善、守法的社会主义建设者和接班人；坚持理论性和实践性相统一、统一性和多样性相统一、主导性和主体性相统一、灌输性和启发性相统一的基本原则。经过几年的探索，“基础课”实践教学形成了涵盖课堂实践、校内实践和社会实践三种场域，其中课堂实践经历了由单纯理论性主题展示到才艺表演性原创作品展示再到舞蹈专业性元素融入展示的探索路径。

2018年版的“基础课”从整体上分为三大部分的内容：思想、道德和法律。其中前三章属于思想部分的内容，主要对学生进行世界观、人生观、价值观教育，理想信念教育以及爱国主义教育。第四、第五章属于道德部分的内容，主要教学生明大德、守公德、严私德。第六章是法律方面的内容，涵盖了法律的一般性知识以及中国特色社会主义法律体系及其运行、中国特色社会主义法治建设格局、大学生应该具备的法律素养和法治思维等内容，主要教学生知法、守法、用法、普法。

“基础课”课堂实践是理论教学的重要补充和延伸，根据教学内容、专业特色和学生特点以及舞蹈专业课程的思政元素设计实践教学形式，在教师的主导下，发挥学生的主体作用。通过科学文化实践深化对理论知识的认识和理解，激发情感，增加思想政治理论课的趣味，提高思想政治理论课的有效性。总体上，“基础课”课堂内实践教学主要探索出三种实现路径。

1.课堂实践

（1）角色扮演性主题展示

“基础课”实践教学主要依据三大板块的教学内容进行课堂实践教学的设计。思想部分的三观教育、理想信念教育、爱国主义教育以及宪法教育的内容主要采用的是主题演讲比赛的形式。任课教师提前将演讲比赛的打分标准和比赛的具体要求告知学生，设置主持人、评委、记分员、摄影师、大众评审等不同角色，要求学生自主选择角色进行扮演。演讲比赛以班级为单位进行分组，细分为演讲者、课件制作组、气氛烘托组等不同角色，学生可以依据个性禀赋自由组合。演讲比赛的打分由评委和任课教师共同给出，评分标准引导学生从哪些具体方面设计演讲比赛。

比赛开始前各组负责人抓阄确定顺序，摄影师会按照要求拍摄记录整个演讲过程，抓拍精彩瞬间，制作视频留住美好回忆。在演讲比赛结束后任课教师会有总结提升，师生一同观看演讲比赛的视频，一同回味这种实践教学形式带来的美好体验。2017级舞蹈学、舞蹈教育和编导班的同学在视频的最后总结道："无论结果和输赢，至少你们的现在的每一刻的欢乐与羞涩、紧张与动容，定格在了每一张照片上。在讲台上侃侃而谈的你，在观众席努力配合的你，在评委席认真点评的你，在操作台默默奉献的你以及为大家提供表情包素材的你们，因为你们，所有人的努力和参与这次活动才会圆满!"透过实践活动过程的观察和结果的反馈，角色扮演式是非常受舞蹈艺术大学生欢迎和喜爱的课堂实践教学方式。

这种实践教学形式调动起每一位同学的积极性和主动性，每位同学都能承担一定的角色，找到自己的位置，发挥自己的特长。经过几年的探索实践发现，学生选择的演讲主题因专业不同而有差异。由于"基础课"都是合班上，不同专业学生之间会有碰撞，更能激发学生的集体荣誉感、团队协作精神、创新创造能力和竞争意识。课堂展示的角色他们都是精心安排，用心设计演讲环节，使出浑身解数争取将最好的一面呈现出来。课堂气氛热烈而精彩，表现优秀的演讲者更能成为学生学习的榜样和膜拜的对象，有助于发挥朋辈引领作用，在思政课堂上形成一股积极参与、全情投入的热烈氛围。

（2）原创性作品展示

舞蹈艺术大学生不善于研究艰深的理论问题，但擅长将自己对思想性理论性问题的思考用身体语言表达出来。根据学生的专业特点和个性禀赋，"基础课"道德专题专门设计以"道德"为主题的原创DV作品展。任课教师讲解道德的起源、内涵、本质、功能、分类以及社会主义道德建设的核心和原则等一般性知识，让学生在头脑中有关于道德一般和社会公德、职业道德、家庭美德、个人品德等特殊领域针对特殊对象的道德的理性认识。引导学生以道德为主题，以专业为单位，选取感兴趣的具体问题，运用专业特长进行表现。实践证明，学生对社会公德、家庭美德（尤其是其中的恋爱婚姻中的道德规范）、个人品德的关注度较高。在这三个领域中表现社会公德的作品最多。难能可贵的是学生对这类的实践教学非常重视也非常感兴趣。为了能够拍出高质量的片子，他们不惜花费巨大精力和时间跨校合作。古典舞系同学曾经与北京电影学院学生合作拍过一个《道德步步为爱》的优秀作品。该作品是北京舞蹈学院与北京电影学院的学生集体创作的结果，拍摄得比较高级。围绕“公德”这个主题，先是反面呈现各种不道德、不文明行为，然后正面表现遵守社会公德的样子，学生选取不同地点所发生的不讲公德的行为进行专业表现。其中有发生在国家图书馆地铁站里的；着急赶路的行人遇见电梯上不守秩序堵塞通道的场景；有同学出门到公共场所聚餐，恶作剧地将番茄酱当作绘画颜料在餐桌上随意涂鸦并大声喧哗影响其他客人就餐的场景；有在学校电梯里不排队冲撞电梯以及故意关电梯隔离结伴上课的同学的行为；有过马路不看红绿灯凑够一拨人就走的行为；有在学校楼道抽烟，抽完不掐灭烟头随意丢弃在地上的行为；最后一幕是上完厕所不冲厕把同学臭哭然后这位同学无奈地在卫生纸上写“操守何在……”进行质问的，这一幕是作为整个片子的灵魂叩问，引发观看者思考。作品接下来就从正面一幕幕表现道德的行为，道德为爱让一步、收一步、等一步、退一步、踩一步、冲一步等场景表演。整个视频没有配音，每个片段配以不同的背景音，画面分为黑白和彩色两种，演员表演专业，眼神和肢体到位，看完之后在嬉笑中给人以思考和启发，令人印象深刻，很受教育。

中国民族民间舞系同学的《道德那点事儿》也是非常优秀的作品。作品取景全部在校内，聚焦校园内不文明行为，用视频片段的方式进行表达，每位同学都参与了表演。在视频的最后还自编自跳了一段歌舞：“我爱思修，思修爱我，没有道德，专业课算什么；我爱思修，思修爱我，没有道德，打dota干什么。我说思修，你说要，思修！要！思修！要……”“学艺先学做人，修养道德是做人第一要紧的事情。”这是课后学生自己留下的思考。

除此以外，不同专业的学生展现出不同类型的创作型作品。音乐剧同学创作情景剧，古典舞民间舞系同学创作微电影、微视频、新闻播报，创意学院同学擅长用舞蹈用身体表现抽象的道德。这种实践教学形式呈现出的作品表明，舞蹈艺术大学生很善于表演创作，具备很强的创造能力和实践能力。

原创性作品展示类型的实践教学方式让学生在理性认识的指导下重新思考理论性

问题，结合自身专业特色和社会现象观察，将所学专业融进思想政治理论课的内容，用艺术专业表达理论问题，融理论性与趣味性与一身，让学生在思考中、策划中、表演中、制作中、观看中全程受教育，是一种教师教育学生、教师本身也受教育、学生自己教育自己的好的实践教学形式。

（3）专业性故事展示

习近平总书记在全国高校思想政治工作会议上指出："思想政治工作从根本上说是做人的工作，必须围绕学生、关照学生、服务学生，不断提高学生思想水平、政治觉悟、道德品质、文化素养，让学生成为德才兼备、全面发展的人才。"① 围绕学生、关照学生、服务学生，就是要研究教学对象的特点和需求，不断推进"基础课"实践育人因事而化、因时而进、因势而新，尤其是在构建"三全育人"格局，建设课程思政，倡导专业课程与思政课程同向同行的背景下，思政课程应该挖掘专业课程中的思政育人元素，增强思想政治理论课的亲和力和针对性。为了更好地了解学生需求，在课堂上运用大数据对学生期待进行了调研。

当问到"你认为思政课程融入舞蹈艺术资源有没有必要"时，绝大多数学生反馈的结果是"有必要"。当问到"你希望将哪方面的舞蹈艺术资源融入课堂"时，大数据按名词分析的结果是"艺术名家案例"。

通过后台抓取学生答案显示："希望分享一些关于舞蹈名家的故事和启示以及一些名家的访谈视频，分享他们的人生经历"；"让同学上台演讲前一辈老师们的成功事例"。其中"真实事例""真人真事""前辈名人事例"等是出现频率较高的关键词。调研显示，学生倾向于艺术领域中名人真实故事分享。考虑到学习准备讲述名家故事过程中学生会从自身专业领域选择崇拜的对象，各个舞种都不一样的情况，"基础课"实践教学开发了一种新形式，即"舞蹈艺术名家故事分享"，要求学生选取感兴趣的舞蹈名家，通过阅读其人生传记等相关书籍，分享其艺术观、世界观、人生观、价值观、道德观，从名人名家的艺术人生故事中领略其理想信念、家国情怀、道德追求、艺术造诣等。在准备讲述的过程学生自己先要走进艺术名家，自己先受教育。在分享

① 习近平：《把思想政治工作贯穿教育教学全过程》，新华网，2016年12月8日。

给其他同学的过程中又教育其他学生。艺术大家特别是舞蹈名家的从艺经历、人生追求等从舞蹈艺术大学生口中讲述出来，更能激发学生聆听的兴趣，学生更能从前辈身上找到学习的方面和努力的方向。

通过主题演讲比赛、原创作品展示、艺术名家故事分享、情景剧、微电影、社会调研成果展示等形式的课堂实践教学方式，帮助学生深化对课堂教学内容的再思考、再运用，强化学习效果，让思政课“大道理”有效解决学生成长的“小问题”，使实践教学由“用手用脚的具体行动”转化为“入脑入心的系统认识”。

2. 校内实践

“基础课”在探索课堂内实践育人路径的同时，也尝试开发第二课堂实践育人形式，拓展实践育人路径，力图与校园内其他思想政治工作育人平台同向同行，借助校团委的学生社团工作平台构建“课堂实践和校园实践”相衔接的贯通式实践教学体系，以考核评价体系强化实践教学的科学性，采取课堂内量化评分与校园内综合评比相结合的评价考核方式，实践教学1个学分，按平时成绩30分计入学生成绩单。

“基础课”校内实践主要依托“青马社”这个校级学生社团，设计了理论活动和实践活动两个板块的内容。实践活动模块主要开展有关舞蹈艺术与思想政治教育的主题讲座、主题交流活动；观摩经典电影、纪录片、舞剧以及其他艺术作品等；参观红色教育基地、纪念性或艺术类展览活动；开展社团内部大型政治性活动分享会、诗文朗诵会和经典原著读书会等；同时开展支教、义务演出、慰问敬老院等社会实践活动。

青马社举办了原创舞蹈诗《那些故事》交流会，2018级编导系的两位同学赖文彬和谢普凯提分享了原创舞蹈诗《那些故事》的创演情况。赖文彬介绍了他参与的剧目《娘想你们啊》的故事情节，提炼出舞蹈传达的家国情怀和奉献精神。他用亲身经历和实际感受指出舞蹈作品宣传的人物其实是宣传了一种精神，无论是编导还是演员都需要提升思想理论水平，只有这样才能编好作品塑造好人物形象。作为新时代的舞蹈艺术大学生，他还启发同学们思考如何传承民间老艺人的技艺，用舞蹈专业特性、用身体去传递中国精神。谢普凯提对这一问题有自己独到的思考。他指出要用舞蹈语言、用身体去讲述革命历史，展现革命精神。他从舞蹈创作的角度指出学习马克思主义文艺理论和中国共产党文艺思想，把握党的文艺路线、方针、政策的重要性；学习好思想政治理论，把握党的文艺路线才能进行语言转换、明确创作导向，推出讴歌党、讴歌社会主义、讴歌人民的好作品。

通过社团成员的分享可以看出，学生已认识到：要建立自己的审美方式和对舞蹈的思想的方式必须坚持思想文化理论的滋养和引领。社团活动能够更好地发挥朋辈引领作用，更好地聚焦专业课程中的思政育人元素，通过社团“小活动”发挥思政育人“大作用”。

综上所述，“基础课”实践育人通过课堂内的三种形式和课堂外社团活动构建起“课堂实践和校园实践”相衔接的贯通式实践教学模式。其中课堂内实践教学由单纯关照理论性主题向关照学生特点和专业中的思政元素转变。校园内实践教学聚焦社会热点、校园热点和学生关注点举行实践活动。

参考文献

［1］《马克思主义基本原理概论》编写组：《马克思主义基本原理概论》，北京：高等教育出版社，2018年第57页。

［2］习近平：《把思想政治工作贯穿教育教学全过程》，新华网，2016年12月8日。

［3］习近平：《习近平在学校思想政治理论课教师座谈会上的讲话》，新华网，2019年3月18日。

《沂蒙母亲》革命精神化育创演师生

黄奕华　张天阳

摘要：本文对思想政治教育在艺术教育中尤其是与艺术创作关系方面进行分析与研究。通过梳理《沂蒙母亲》创作排演过程中的细节，以及具体的操作方式，表达了创编团队在此过程中对于思想政治成分注入方法论的思考。此外，通过排演节目，以点带面，对于未来思政工作的常态化给予了认识与建构。

关键词：思想政治教育；艺术创作；意识渗透；常态化

思想政治教育，是贯穿于所有教育阶段的一种教育活动。在我国，思想政治教育是精神文明建设首要教育内容。“思想”受社会制度和人类物质生活条件决定，“政治”又是牵动社会全体成员的利益并支配其行为的社会力量。随着当今经济建设的迅猛发展，精神文明建设进程必须与经济建设始终保持一致，在某种情况下，其发展速度还需要优于人们对物质层面的追求，毕竟“人”是推动社会发展的现实主体，而我们对于完美人格的培养，就是建立与健全社会良性运作的重要核心。同样，艺术教育的最高目标是“培养全面发展的人”，通过艺术手段，打造“真、善、美”的完美人格。因此，无论是思想政治教育还是艺术教育，虽在概念上并不是一个相等的量级，不能从平行关系上进行对比阐述，但二者的最终目的，都是以人的“精神”作为教育对象，是针对“精神”方面的完善与改造。

一、对于“间接性”的误判

思想政治，它并不是一个独立存在、独自发展的个体，它是由相应的社会制度与发展程度，所产生对应精神的集中体现。它具有一定的历史性，同样更具有时代特征。以艺术教育为例，北京舞蹈学院从1954年建校至今，已走过67个春秋，在此期间，学校的发展建设与社会进步趋于同步，具有一致性，无论是在学科建设、行政管理，还是艺术作品创作中，都集中反映了当时历史与社会背景下的主体思想，这种主体思想的更新与体现，驱动着北京舞蹈学院从历史走到了现在。

有些时候，当人们提及思想政治教育，会不自然地将它与其他事物割裂来看，或者将思想政治内容的渗透，当作一项硬性指标来完成，在艺术创作领域，有的刻意转化成“锦上添花”的内容，将“政治”与“艺术”进行牵强的嫁接，丧失了其真正的功能。这正是忽略了“人”在各事物中，占据主体地位的结果，纵向上误判了思想政治对于人精神改变的深度与直接性，横向上限制了艺术作品其核心价值体现的影响力与覆盖范围。

1.思想政治教育目的与艺术创作的统一

无论是思想政治还是艺术的教育，皆是针对人格的培养与塑造，艺术创作又是艺术教育过程中，一项重要的教育、教学方式。党的十九大报告指出：新时代高校思想政治教育，需要在工作创新中领会精神实质，开展多形式的教育实践活动。由此可见，艺术创作与思想政治教育可以有着高度的契合。作为艺术创作者，优质的艺术作品是艺术化的历史与当代真实写照，精神核心必然流露出历史与当今社会的主流意识，才能够不脱离群众，发挥其艺术作品的引导性功能。而正确的思想意识，直接决定创作者的创作动机，进而影响作品本身与观众的精神反馈。因此，主流的、正确的思想意识是艺术作品创作的起点，同时也决定了该作品艺术水准的高度和受众的程度。

2.思想政治教育职能与艺术创作的统一

在艺术教育领域中，艺术创作是一项必要的教育、教学手段之一，这是一项由艺术实践者自发地发现美、创造美的艺术教育途径。在这个过程中，对于人精神层面的影响，思想政治教育与艺术创作手段，可以拥有完美的契合点，思政教育与艺术创作共同有着灌输、转变、调剂、凝聚等职能作用，无论是艺术创作者还是鉴赏者，皆能够通过艺术作品，感受其内在精神核心的传情与达意。对于二者职能的共同性分析，并不是一味让思想政治教育仅仅停留在作品的“精神图腾”层面，作为“升华”而存在，而是切实地分析出思政教育在艺术创作中，二者职能上的相似，从而互为载体的可能性。

3.思想政治教育特点与艺术教育的统一

在我国，思想政治教育，无论是在教育的初级阶段，还是高等教育阶段，向来以润物细无声的方式渗透于教育的各个环节。随着我国经济的迅速发展与人们日益增加的物质诉求，更是加快了各行业发展的脚步，在缩短时间提高效率的快节奏下，难免会在某个阶段出现“结果导向”的价值观。在艺术创作领域，同样也难免产生近似的情况，正如前面所说，这正是因为忽略了“人”在事物发展过程中占主导地位的结果。无论是思想政治教育还是艺术教育，二者同样追求在潜移默化的过程中，改变受教育者的认识，同时也注定了这种“软教育”的方式，其教育效果深远且具有延展性，二者并非一味追求教育时效，更加注重由该方面教育而带来人格的塑造，以便增加个人发展的内在驱动，从而推动社会良性的运作。

由此，思想政治教育，无论是与艺术教育的目的、职能，还是特征方面，都有着巨大的关联性。尤其在艺术教育手段之一的艺术创作中，直接决定了该作品的精神核心导向，更确定了“人”是艺术创作的核心，符合社会发展规律的思想认识又是创作核心的内在驱动。因此，对于思想政治教育“间接性”作用的观念，完全是“我们”与被改变对象主体概念逻辑的混淆。

二、“哪一个”与“那一刻”——思想政治教育意识在《沂蒙母亲》创作中的渗透

艺术教育与思想政治教育，可以有效地互通互惠，尤其是在艺术创作实践过程中，可以获得更大的教育空间，以满足相应且适量的思想政治教育内容，从而使艺术与政治，二者毫无违和感地共同出现在一个载体之上。在实际操作层面，能够有大量的可操作空间，让看似并不“兼容”的教育内容，显得尤为和谐。为扎实开展“不忘初心，牢记使命”主体教育活动，2019年11月，北京舞蹈学院结合自身专业特色，

推出了舞蹈诗《那些故事》。中国民族民间舞系承担了《沂蒙母亲》中王换于的排演工作，为我们提供了一次思政与艺术创作实践相结合的工作契机。

作为学校来说，教育是首要任务，决定了我们创作艺术作品，不单纯为了推向舞台，给予观众审美需求，还要在创作、排练的过程中，起到对学生的教育意义。身兼编导与教师双重身份的我们，更需要思考如何“借力发力”，通过具有思政色彩的创作活动，侧重学生在人格层面的教育。《沂蒙母亲》创作组，在工作伊始，就确定了此次创作的主要意图：以节目为载体，过程为重点，在保证创作质量的情况下，通过对历史人物的解读与塑造，提升学生的历史认知与思政意识。思政意识的渗透，不仅仅指节目本身，更重要的是渗透于排练的全过程。

1.对于“哪一个”的思考——提高人物形象的身份意识渗透

首先，提高人物形象的身份意识。这里的人物形象，并不单纯指人物的外部形象，而是将重点放在其所塑造人物的品格、人格等内部精神核心。创作组除了常规与学生一起解读人物素材外，通过深入当地调研、撰写调研报告、开展研讨等第二课堂形式，尽可能挖掘王换于本人、王换于所代表的沂蒙山区女性形象，以及在战争年代，这群母亲所代表的人民群众意识的集中体现。想象与感受毕竟是有所差距的，学生通过对当地的走访与观察，能够有根据地站在历史背景下，塑造与诠释当时的“那群人”。中国民族民间舞系向来懂得“走下去”的重要意义，也懂得如何“走下去”，这是我们的立身之本。当然，深入当地是为了“求真”，为了延续意识的真实性，当我们回归创作和排练本身，编导组会要求学生清晰每个人物形象的定位，无论你演绎的是节目中的老人、妇女、孩童，都必须清晰你是群体形象中的“哪一个”，让每种群像当中的人，都有着自己的理解与真实的表演感受。这里说的真实，并不仅仅指表演，而是通过演绎而获得教育的真实性。往往我们容易在表达人物群像时，为了让群体意识更加整齐、集中，会忽略群体中“哪一个”的概念，因此会间接性丧失学生在群舞中的表演参与和感受度，尤其是带有思政色彩的节目排演中，感受的丧失会直接导致思政教育内容贯彻的“弱化”。《沂蒙母亲》编导组，为了让学生通过节目创排而获得思政教育影响的扎实性，积极引导学生在群像气质中的个性演绎，在建立宏观的红色经典感受与认知的基础上，强调演员对于自己表演的微观把握，也就是强调你是这群人物中的“哪一个”。

2.对于创作中“那一刻”的解读——提高历史条件下的“环境”意识渗透

其次，加强历史条件下的“环境”意识。这里所说的“环境”，指的是造就“沂蒙母亲”事迹的“那一刻”，也就是针对人物事迹空间与时间的分析。正所谓时势造英雄，但并不是说我们社会的安稳环境难以造就诸如“沂蒙母亲”那样的英雄人物与英雄事迹，而是在特殊的年代，在有限的生存与生活环境中，更能激发出人民群众无限的责任与担当。同时，也更能够凸显普通百姓在面对战争时，政治抉择的正确性与典范意义，具有历史唯物主义色彩。

编导组通过查阅相关资料信息，抓住主要人物的关键词，反推这几个关键词所能够表现的故事场景。例如，代表人物王换于，个人事迹中，“战时托儿所”“保护与抚养”等相关词汇高频出现，预示着以王换于为代表的沂蒙母亲先进事迹，从空间上看，多发生于战争的大后方，从时间上看，这些事迹是以一种伴随着战争持续存在的方式同步进行着。“战时托儿所”等词汇，营造出战争笼罩下的“伊甸园”，形成了空间上的反差感。而“保护与抚养”等词汇，造就了动乱时期“为母则刚”的气质与爱的持久，滋润着由战争所带来的创伤。因此，伴随着对“环境”的分析与研究，剧目《沂蒙母亲》的“那一刻”“母爱如水”，似水温柔暖一生的人物事迹精神内核逐步清晰。同时，与舞蹈诗《那些故事》中，另外两位以母亲形象而皆知的“邓玉芬”“龚全珍”自然拉开了舞台形象差异。

讲到这里，也许您会认为，对于“环境”意识的渗透，难道不是每个艺术作品的共有品质么？确实如此，但是，编导组对于故事“环境”意识的严谨态度，才能够将合适的情感内容传达到学生，不夸大，不虚美，特别是以思政与艺术相结合的作品，真实是一切效果的开始。

综上所述，无论是人物形象的“身份意识”，还是历史条件下的“环境意识”，前者多指从学生角度出发，强调群像之中的“哪一个”概念，让表演者的表演过程更具思考性，从而获得更直接的教育感受；后者多指从创作者角度出发，强调历史环境中的“那一刻”，从而凸显人物所在环境与精神内核的独特。对于“哪一个”与“那一刻”概念的思考，同时也是思政题材创作的重要品质体现。

三、《沂蒙母亲》创作过程中“真实性”与“统一性”思考

1.强化历史环境与人物特色的真实性

在此方面，具体的思考前文已有叙述。需要强调的是，强化历史环境与人物特色真实的理念，并不是基于节目创作本身来谈，而是基于教育的目的。由真实的历史环境与真实的人物精神内核作为支撑的创作节目，本身就具有强大的思政教育内涵，我们需要做到的是尊重历史与历史中的人物，不虚美，不隐恶，作为编导，把握再现与演绎的关系，让学生在排练过程中的所有感动，皆从真实中得来，再反哺到表演当中，努力摆脱对于美的修饰，放弃“自我”，追求“他我”。

除此以外，本次的创演活动，编导组依据历史人物事迹，在节目结构中使用倒叙手法，在动作使用上多采用再现方式，故事脉络以真实历史故事为背景不做过分解读，以此还原“为母之爱”衬托下的家国情怀，将剧目表达变得直接而有效。有时候，我们习惯在艺术创作中做加法，但细节设计的冗杂反而影响剧目的整体表达，过渡解读会丧失观众对于作品的真实与整体性理解。通过此次《沂蒙母亲》的排演工作，反而让我们回归到舞台艺术作品最本质的属性：一部说清、道明的作品才能够叫作艺术表达，否则就是在“自我陶醉”。

2.强化节目中思政成分与作品精神核心的统一性

政治是人们现实的社会活动与社会关系的集合，而我们的艺术行为，多数基于我们对现实世界的艺术化想象，二者有着较为紧密的关系。而主流的思想政治意识，它正是当今社会下，群体意识的集中体现，同时也为我们艺术行为提供了大量的优质素材。说到这里，我们就基本清楚了一个概念，那就是优质的思想政治成分，是我们成功艺术行为的开始，从根源上解决了我们为何而创，为何而舞的问题。从历史当中看，“沂蒙母亲”王换于其个人事迹，以及代表的“沂蒙精神”，皆是反映了当时人民群众最为质朴的政治思维，最为正确的政治抉择，最为果敢的政治行为，最为真实地反映出人民群众的政治决心。其精神的体现，并不是战场中的干柴与烈火，而是像乳汁一般甘甜，滋润着那些英雄儿女。因此，“真实”“质朴”“温暖”“感动”就成为《沂蒙母亲》作品内在精神与情感的艺术化追求。

四、思政工作与艺术教育的延展——党建+艺术的工作理念

此次舞蹈诗《那些故事》的成功，是北京舞蹈学院“不忘初心，牢记使命”主题教育活动中，根据自身专业特长，而发起的一项思想政治教育与专业教育相结合的教育形式，是本轮主题教育活动的最高潮。展演虽然结束，但给我们留下的工作经验与思考空间，仍然影响着我们。同时，也预示着我们还需要在工作中，继续挖掘思想政治教育与日常教育、教学的契合度，让两者进行完美的嫁接，从而让思政教育常态化、持久化。排演节目仅仅是以点带面的开始，我们还需要在各个方面，积极有效开展思政与专业相结合的活动，以及形式各样的常态化工作模式。

中国民族民间舞系明确新时期思想政治工作在高校的重要性，围绕中心工作抓党建，建立具有特色的中国民族民间舞系“党建+艺术”的党建工作思路，将党建工作体系化、规范化、艺术化。从“清风正品”“铸魂强基”“看齐中心”“民舞先锋”“党带团建”五个方面32个小点，与专业结合有效开展党建工作。在理论学习的同时，注重通过丰富多彩的特色活动开展党员教育，以强化责任担当，加强党性修养。深入革命旧地参观学习，赴“白洋淀”、焦庄户地道战遗址实地感受，回顾先辈艰辛奋斗历程。积极服务社会，帮扶有困难的人员，赴“太阳村”慰问边缘儿童，主动在新冠肺炎流行初期为困难地区开展党员捐款活动。向先进基层党组织学习，赴房山窦店村参观交流。发挥首都地理优势，积极参观“纪念长征胜利80周年”“复兴之路”“伟大历程、辉煌成就”等各类主题展览，感受国家成就，鞭策党员师生不断奋进。

北京舞蹈学院舞蹈诗《那些故事》的成功上演，开启了我校新一轮思想政治教育和专业教育相结合的思考风潮。对于参加排演工作的师生来说，这样的工作经历会给予我们更加持久的教育意义。我们不能认为带有思想政治成分的作品是一种新的突破，因为二者之间有着紧密的结合点，并且有着大量的可操作空间。通过舞蹈诗《那些故事》，从选材到排练，从台上到幕后，全校通力合作，尽全校之力，为北京舞蹈学院“不忘初心，牢记使命”主题教育活动的最高峰，画上浓墨重彩的一笔，并为我们将来的思想政治工作，留下了大量可思考的空间，毕竟我们要培养德才皆备的“人”，就必须有立德树人的“心”。

参考文献

［1］袁斌:《艺术教育视域中德育创新探索》，中国文史出版社，2015年。

［2］徐虎:《传承红色文化 提升高校思政课教育效果》，载《中共郑州市委党校学报》2019年第6期。

［3］李静、刘鸿畅、朱奕辉:《文化视域下加强高校思想政治工作的时代考量》，载《邵阳学院学报》(社会科学版)2020年第3期。

［4］行甜甜、张利荣:《红色文化融入高校思想政治教育工作的路径研究》，载《教书育人》(高教论坛)2020年第21期。

［5］吴潜涛、李忠军:《用中国精神凝心聚力》，载《人民日报》。

《黄河》：民族精神的身体呈现、表达与外显

胡岩

摘要：本文围绕中国古典舞作品《黄河》的民族精神呈现与表达这一主题，传递出在舞蹈的教育教学过程中，具有自然的身体呈现、艺术的身体表达、精神的身体外显三个层面的递进规律，并由此衍生出教学中如何将课程思政的内核透过肢体、意蕴、精神等多维度层面，渗透到教育教学环节中形成合力。并针对作品《黄河》的教学设计呈现具体的思维导向和操作路径，由此引发更深远的课程架构理念的革新，和学生思维认知的跃层。

关键词：民族精神；黄河精神；自然的身体呈现；艺术的身体表达；精神的身体外显；课程思政

一、民族精神之“黄河精神”

民族精神是一个民族赖以生存和发展的精神支撑。中华民族的精神熔炼于几千年的文化衍变中，也根基于时代发展过程中全国人民共同发展的脚步中。正如习近平总书记在第十三届全国人民代表大会第一次会议上所言：所谓中华民族精神，是“中国人民在长期奋斗中培育、继承、发展起来的伟大民族精神”。这一历久弥新的中华民族精神，涵括“四种伟大精神”，亦即“伟大创造精神”“伟大奋斗精神”“伟大团结精神”与“伟大梦想精神”。中华民族精神已然化为“中国人民的特质、禀赋”，“不仅铸就了绵延几千年发展至今的中华文明，而且深刻影响着当代中国发展进步，深刻影响着当代中国人的精神世界”。也就是说，中华民族精神“为中国发展和人类文明进步”提供了、提供着并必将继续提供“强大精神动力”。在这一凝练的概念中，我

们观其文字却能激起内心的澎湃，想必民族精神对于我们每个中华儿女来说，都有着稳固民心的深刻意义。

在中国古典舞的创建发展过程中，有一部作品被誉为中国舞蹈20世纪经典作品，其创编角度围绕抗日战争那一段苦难的历史，抒发了令人动容的爱国主义情怀，展现了中华儿女不屈不挠的奋斗精神，这部作品就是《黄河》。谈及“黄河”不得不谈到，何为黄河精神？黄河精神主要是指“团结、务实、开拓、拼搏、奉献”的精神，在中华民族的传统文化中强调“团结”是事业胜利的基本保证；“务实”则表明了重实际、说实话、办实事、求实效的态度；“开拓”强调了开拓创新、知难而进、锐意进取的态度；“拼搏”是一股具有拼劲的精神状态，以期调动人的全部积极性和潜力；“奉献”是一种真诚自愿的付出行为，是一种高尚的人生观和价值观。

如此反观作品《黄河》的编创，无一不体现着中华民族的民族精神，彰显着黄河魂、奏响着黄河曲，从动作的排演中，以上挑的胸腰、高扬的下巴凸显着澎湃高昂，英勇赴前的英雄儿女形象；以波浪式传导、此起彼伏的群象，在高低空间的变化中展示了前仆后继的中华儿女团结合作，共赴同程；以紧凑的方形队形，展露着坚实的后背，使每个个体都承载着不甘于人后，全心奉献的精神样貌，而这黄河精神的展露中，我们又能看到文化的意义、舞蹈载体的魅力以及立德树人的教育途径。

二、民族精神之《黄河》文化

古人说：“敬教劝学，建国之大本；兴贤育才，为政之先务。”作品《黄河》在其内隐的创作核心中，凸显了中华民族团结奋斗、求真求实、开拓进取、顽强不屈、甘于奉献的时代精神，并透过不同的舞段段落恰如其分地表现出来，并在动作的编排上利用身体的戏剧性张力、动态的队形变化、集体的震撼力度，呈现出令人振聋发聩的艺术表达。故而，对于作品本体的教学之外，关注其文化性、教育性、思政性，其意义远大于局限于身体塑造本身，这也表明教育是教与育的结合体，其价值不仅在于教、更多的在于育，它们蕴含在整个教育工程之中，将提高全民综合素质、促进全民的全面发展、增强中华民族创新创造活力、实现中华民族伟大复兴具有决定性意义。

从中国古典舞的创建发展的角度谈及《黄河》这部作品，可以说这是一部具有时代特征且不可替代的经典作品，也就是说《黄河》在某一层面来看，呈现了中国古典舞所承载的传统精神、美学要求以及时代审美。而这样一部划时代的作品，其深远意义不仅体现在对于学科体系的完善上，即剧目课程的凝练与构建，也体现在中华民族传统精神的舞蹈创作中，即民族精神的外显中。这也是这部作品经久不衰，长久流传的原因。在教学过程中，学生不仅能够在身体塑造层面感受肌体素质的提升、动作张力的递进、群象之间的配合，也能够透过作品本身感受抗日战争过程中，人物的心理变化，具有凝聚力的精神核心，以此来支撑作品的艺术表达，这一切都是作品《黄河》文化在民族精神中的具体体现。

三、民族精神之《黄河》教学

中国古典舞教学剧目课是通过对教学剧目的学习排练与实践，实现舞台表演形式的呈现，是基本功训练、身韵训练等课程的综合教学成果的集中体现；也是中国古典舞教学由课堂走向舞台的最后一个环节，它承接了基础训练到综合表演的最重要的部分。课程实施过程中，使学生掌握具有典型意义和训练性意义的教学剧目，把握中国古典舞作品的风格、表现方式，通过对不同时代特征、不同形式、不同风格舞蹈作品的学习与实践，让学生学会综合运用中国古典舞语汇、技术以及表演方式。教学剧目课，是中国古典舞经典作品得以不断传承、积累、传播，掌握舞台综合实施、实践，以及中国古典舞系课堂教学与舞台实践相结合的一门重要课程。

作品《黄河》是中国古典舞系教学剧目中从学到排、再到演，始终贯穿于本科四年的经典剧目，同时是本科一年级的教学内容，而其中的“东方红”舞段的排练、实践与分析，是《黄河》的重中之重。教学过程中，必须使学生熟练掌握剧目动作以及高难度技术的完成；表现象征着母亲河惊涛骇浪、波涛澎湃的黄河水，不可阻挡、奔流不息，象征不可扭转历史潮流的意象；同时，更要了解通过肢体动作，如何表达和抒发其背后深层情感的方式方法，进而对学生进行爱国主义教育以及引导学生对中华民族不屈不挠精神的传承。

在课程思政的理念架构中，教学环节的设计上围绕自然的身体呈现、艺术的身体表达、精神的身体外显三个层面的递进规律展开《黄河》的教学，本课程运用动作比较法，引申出自然的身体表现，使学生了解剧目所表现的意象和意义；运用动作递进法，引申出艺术的身体表达，使学生了解舞蹈所承载的中国优秀传统文化的思想理念；运用启发法，引申出精神的身体外显，使学生激发民族自豪感，达到具有集体主义观念以及爱国主义教育的目的。而在这三个教学步骤中，进行严格专业教育的同时，渗透着对作品内涵的解读和分析，达到以舞育人的目标。并通过排练过程中对学生传达黄河作品内涵，了解中华民族顽强不屈和团结奋斗的民族精神，进行爱国主义教育，三个层面相结合，完成课程与思政的有效融合。

《黄河》“东方红”舞段教学排练中，根据自然的身体呈现、艺术的身体表达、精神的身体外显三个步骤展开教学。教学内容分为三个步骤：

第一步骤，教授学生《黄河》“东方红”舞段的内容，并让学生认识自然的身体呈现。通过身体动作比较法，使学生认识到第一个层面的动作就是自然的身体表现，没有任何艺术表达的身体表现，是毫无表现力的，从而引申出剧目《黄河》所表现的战争时期中华儿女们抗争的意象和意义。具体来讲，这一层面也并非是割断了身体与文化的连接，而是从艺术的角度来说，要先解决最基本的工具，那就是我们的身体。自然身体本身在不同的艺术形式中有着不同的展示，比如同为挑胸腰的动作，在广播体操、基础训练和舞蹈剧目呈现等不同形式中，会具有不同的要求，进而也会展现出不同的幅度张力。那如何解决学生的肢体是准确对标中国古典舞、对标中华文化、对标黄河精神的挑胸腰动作，其根本就是要了解我们剧目当中所要传达的内容是什么，这也就需要学生了解，抗日战争的意义在于在那一段民族危亡中，中华民族儿女为了寻找希望，在全民族齐心协力的努力下，中国人民站起来了！这不仅彰显着我们中华儿女在面对危难时奋勇向前、团结合作的民族精神，也提醒着在和平年代的我们，要珍惜如今的幸福生活。虽然时代的衍变致使我们无法真正的感同身受，但经历过这一切的中华儿女，用血和肉的经历，提醒着我们要铭记历史。同样的，在不同时代学习这段舞蹈，都会有着不同的时代意义，但个人的情感体验是互通的、是经久不衰的，所以了解历史，感受历史，展现历史是我们学习的第一步，了解才能更好地表现。

第二步骤：分析《黄河》“东方红”舞段动作的艺术表现，并通过细致排练使学生了解艺术身体的表达。通过动作递进法，不断累加动作元素，增加艺术表达手段，使学生懂得动作语汇背后所承载的中国优秀传统文化，以及中国人对世界独特认识的思想理念，以艺术的身体表达来唤醒自己或观者对民族文化的记忆。剧目所传达的内在积极意义在于可以古为今用、以古喻今，达到育人效果。比如，简单的一个胸腰动作就会映射出我们中国悠久的传统文化内涵，古典舞以穿盘摇晃、拧倾圆曲、形神劲律等特征表达着我们中国人对世界的独特认识，也体现了我们在辩证统一中寻求和谐共生的思维认知。所以在学习如何将自然的身体转换为艺术的身体时，我们要关注与古典舞本身的文化性，因为这就是我们古典舞的立身之本。所以唤起根植于我们身体本身的民族记忆，是应当建构在历史文化之上的，且这是一种身份的认同，作为中华儿女的我们有这样的责任与义务为民族发声、为古典舞发声、为自己发声。

第三步骤：对《黄河》“东方红”舞段的深层表达进行讲解，并要求学生知晓深层的表达是精神的身体外显，精神可能是非显性的，却是有迹可循的，我们所讲的血性，便是一种情感的宣泄，而肢体是表达情感的载体，我们如何透过身体彰显出精神的含义呢？这在表现层面来说是具有个性化和深层含义的情感表达。文章讲求“文以载道”，而舞蹈讲求“舞以载情”，在课程教学过程中，通过启发法，列举和讨论当今崛起中国的优秀事例，激发学生对祖国的无限热爱以及民族自豪感，抒发积极向上、拼搏向前的精神，从而达到爱国主义教育的作用。比如，黄河是一条中华民族的母亲河，母亲河滋养着我们的祖国，对祖国报以深情，而作为中华民族儿女的我们，该以何种情绪传递爱国的心情呢？所谓无技不惊人、无情不动人。

最终使学生熟练《黄河》剧目动作规范的同时，更加注重三个层次的身体表达，强调演绎集体舞《黄河》时，更要关注集体观念，增强凝聚力和互相配合的能力，看似外在散乱的队形变化，实为内在统一的凝聚情感；不仅要对中国传统文化要有敬畏、传承，要有对伟大祖国的深爱，更重要的是要通过《黄河》这个剧目向世人传达这种精神，这才是舞蹈人的使命，更是中国古典舞人的使命。

四、民族精神之舞蹈思政

在不同的历史时期中，涌现出许多经典的舞蹈作品，而这一部部作品都有着不可替代的时代精神，在教育教学过程中如何将思政内容与民族精神的彰显相结合，不仅传授技能知识，更要将社会主义核心价值观的种子深深地埋藏在学生的心里。人的成长建立在不同阶段的渐进引导中，而大学的学子已经在世界观、人生观、价值观上构建了较为成熟的体系，而我们能做的便是将其个人价值的实现同国家的前途命运紧密联系起来，用新时代的思想铸魂育人，引导学生厚植爱国主义情怀，把爱国情、强国志、报国行自觉融入实现中华民族伟大复兴的奋斗之中。

作为一名舞蹈教师，首先应当有信心上好所教授的专业课程，并在守正创新的中国特色社会主义理论体系中，发挥积极性、主动性和创造性。在课程的建构中将传播知识、传播思想、传播真理，塑造灵魂、塑造生命、塑造新人作为课程要务，使课程本身承载思政内容，传承民族精神。所以在教授优秀的舞蹈作品的同时将育人与教学并驾齐驱，为学生引领出一条具有政治正确、情怀深远、思维创新、广阔视野、自律严己、人格正派的发展之路。

舞蹈作为舞台表演艺术，有着言传身教的独有属性，课程的教授不仅在于言表，更在于身教，故而作为一名人民教师，对学生的影响力不仅仅在于技艺的传授，专业的引领，更重要的是使学生明晰为人之根本，立世之要义。所以在教学过程中，每一个环节都应具有显性或隐性的价值体现，或许是在经典剧目的解读过程中使学生感悟到传统文化的魅力，或许是在言语传递过程中呈现出有涵养的文化素养，或许是在行为举止中传递出职业态度与职业礼仪，或许是在与学生接触时传达的殷切关怀，而这些环节都与学生有着切身且紧密的关系。所以说，若课程思政在宏观方面所传递的是精神引领，那在底层建设上便是一言一行。毕竟学生的言行、穿衣、处事、尊师等态度与价值观的形成，并非是道理的讲述，而是时间的浸润，长期的影响。所以，舞蹈课程的思政内容，特别是中国古典舞的课程思政具有强烈的文化内隐性，需要在长期的教学过程中润物细无声地影响学生、培养学生，并需要不断梳理，不断反思，不断提升。

《半条被子》中的鱼水情深

陈琛

摘要：本文从“不忘初心、牢记使命”主题教育的特色成果——舞蹈诗《那些故事》之中的一个故事《半条被子》谈起，主要阐述思政教育与艺术实践相结合所贯穿教育的全过程。通过结合芭蕾舞系学生的专业背景，将思政教育融入艺术教育、创作、排练、表演过程中，用艺术舞台的形式促进思政教育发挥作用，有利于培养青年学子在追求艺术的征途中不忘理想信念、家国情怀与责任担当。

关键词：思政教育；艺术实践；使命担当

习近平总书记在全国思想政治工作会议上的讲话中指出：“要坚持把立德树人作为中心环节，把思想政治工作贯穿教育教学全过程，实现全程育人、全方位育人。”艺术类高等院校的思政教学任务不仅要靠思政部门来完成，更需要打通思政课与专业课之间的壁垒，发挥学校各管理人员、各专业教师的协同联动作用，搭建思政课教学与艺术实践之间的有机联系，凸显实践教学的重要性。2019年11月29日晚7点30分，随着舞蹈剧场的大幕徐徐拉开，作为“不忘初心、牢记使命”主题教育的特色成果，北京舞蹈学院原创舞蹈诗《那些故事》成功上演了。这台在巴图书记的领导下，举全校师生之力完成的舞剧，一经上演就引起了强烈的反响。整台舞剧以10个截然不同的作品组合而成，分别演绎了发生在中国革命与建设不同历史时期的10个英雄故事。笔者也有幸参与其中，创作排练了其中一个故事《半条被子》，在整个创作、排练、演出的同时，也利用了课堂教学与艺术实践的渠道为学生们上了一堂思政教育课。

一、讲故事：艺术热度与思想深度统一

中国故事是中国精神的重要载体，舞蹈艺术需要弘扬中国精神，需要一批思想性与艺术性统一的优秀作品。舞蹈诗《那些故事》的创编不仅是对10个红色故事的经典演绎，也呈现出了主题教育的特色教育形式，拓宽了主题教育的舆论宣传，增强了直观性和感染力，是一场艺术热度与思想深度兼具的思政课。“什么是中国共产党？共产党就是自己有一条被子，也要剪下半条给老百姓的人。”2016年10月21日，在纪念红军长征胜利80周年的大会上，习近平总书记深情地讲述了“半条被子”的故事。故事讲述的是：在1934年11月湖南汝城县沙洲村，3 名女红军借宿徐解秀老人家中，临走时，为了不让老百姓受冻，把自己仅有的一床被子剪下一半给老人留下了。舞蹈《半条被子》就是以发生在湖南汝城沙洲村的这个红色经典故事为原型创作而成的。习近平总书记说：“一部红军长征史，就是一部反映军民鱼水情深的历史。同人民风雨同舟、血脉相通、生死与共，是中国共产党和红军取得长征胜利的根本保证，也是我们战胜一切困难和风险的根本保证。80多年前，一条棉被，剪成两半，永远相连，记录了红军与百姓间的亲密情感，也象征着中国共产党和人民群众之间不可分割的鱼水深情。”

《半条被子》以芭蕾舞蹈为元素，描述长征时期，三个女红军战士与大娘徐解秀之间发生的感人故事。为了让作品更好地诠释鱼水情深的军民之情，帮助学生更生动地表现出作品所传递的红军牵挂老百姓的情深意切，巴图书记给出了很多宝贵意见。亲自为故事谱写了短诗：“一名老大娘，三名女红军战士，屋内风霜，窗外雨雪，一进一送，却是棉被暖身，红烛暖心。革命年代，军民同心，一条棉被，一边送，一边推，都是真情；军号响，军令亮，一剪声响，一被两半，双行热泪，满心挚诚。”精炼的诗句着实起到了点睛之笔的作用，生动地把整个故事总结出来，舞蹈结构也随之呈现。在创作的间隙，笔者亲自走访了原中央芭蕾舞团著名编导、经典芭蕾舞剧《红色娘子军》的编导之一——蒋祖慧老师，吸取蒋老师对于革命题材的芭蕾舞作品创作的丰富经验，对情节设计、作品结构、人物塑造等方面展开讨论。

《半条被子》这个发生在长征期间的革命故事虽然已经离我们的年代很远，但其

中所蕴含着的丰富的红色基因却历久弥新，值得我们这一代人去不断地深入挖掘。我们可以从影像资料中进一步了解原型人物徐解秀的生活环境与温暖故事，看了那半条薄薄旧旧的被子，也看到了当地纪念馆中的红军给徐解秀送被子的人物雕像，这些都对舞蹈人物形象的刻画起到至关重要的作用。同时，整个创作过程在情感上主要把握两条脉络：一是红军对群众疾苦的感同身受的关切之情，二是群众对红军的感激之情。作品首先应体现红军长征时的艰难，刻画出"冷"的状态，来突显"被子"的重要性。从动作细节上应突出表现开始的"冷"，再到后面的"暖"。共产党带给老百姓的不仅是身体上的暖，还有更多的信任感和安全感，让老百姓从外到内地感受到亲人间的温暖，既暖身更暖心。只有演员们能理解感受到这份情感，才能在舞台上表现出来，使观众也能体验到这份鱼水情深的感动。

二、学故事：专业教学与思想共振统一

习近平总书记在颁发"中国人民抗日战争胜利70周年"纪念章仪式上讲道："一个有希望的民族不能没有英雄，一个有前途的国家不能没有先锋。包括抗战英雄在内的一切民族英雄，都是中华民族的脊梁，他们的事迹和精神都是激励我们前行的强大力量。"天下艰难际，时势造英雄。在14年反抗日本军国主义侵略特别是8年全面抗战的艰苦岁月中，全体中华儿女万众一心、众志成城，凝聚起抵御外侮、救亡图存的共同意志，谱写了感天动地、气壮山河的壮丽史诗，涌现出一批抗日英烈和众多英雄群体。他们的事迹和精神都是激励我们前行的强大力量。 当今，历史的接力棒传到我们这一代的手中，每个人都应该不忘初心，从历史中汲取力量，担负起我们这一代人的责任和担当。

创排《那些故事》是学校以立德树人为目标的"课程思政"新探索、"三全育人"体系下学研创演相结合的实践教育教学新形态。笔者在创编与排练的过程中，深深地感受到思想政治教育对于当代大学生的重要性。当代青年学生没有经历过战争与艰苦的生活，对于战争年代的生活，了解甚少。除了在影像与图片上了解到的，并没有太多的感同身受。怎样能够让她们在表演时更加真实地体现出英雄人物的特征是一个相

当大的难题。所以，在排练过程中，不断指导学生去深刻体会革命精神的传承，在作品中，红军与群众的情感如何递进，如何使感情交融得更加贴合，如何用舞蹈动作来更准确地表达红军长征的“累”与“冷”，突出体现中国共产党人在极其艰苦的环境中，依然保持着顽强的意志和精神。通过舞蹈作品将革命情感渗透进学生的身体当中，用芭蕾舞的艺术形式把爱国主义思想展现出来，加强并弘扬强烈的爱国主义精神，这样的创作与排练不仅是中国原创芭蕾舞蹈作品的积累，同时也是思政课程的生动范例。

在《半条被子》的创作排演中，笔者力求将专业学习与思政内容巧妙结合，将“聆听经典语录、讲好自己故事、演好中国作品”的组织理念呈现出来。芭蕾舞专业的学生接受的信息更多的来自西方文化，对于塑造一位中国农村的大娘形象难度很大，生活环境的不同，年代感的差距，对于一个现代大学生来说，在体现人物上都是巨大的考验。为了能让学生们更快地融入角色，缩减这些差距，我们在排练中查阅各种文献资料、文字记录、观看视频，深化学生们脑海中英雄人物的光辉形象，从而树立起对英雄的崇敬之心与追随之意，让“红军精神”“长征精神”在舞蹈表演中得以延续。《半条被子》的创排作为实践教学的重要环节，也起到了教育和鼓舞学生们铭记历史的作用，思政课的实践教学与艺术专业实践有机地结合起来，使思政课由单一书本理论知识传授变成理论学习和实践体验的有机结合，学生们主动、积极地接受爱国主义洗礼，思政教学充满了感染力、凝聚力和说服力。

三、舞故事：用舞蹈实践诠释使命担当

舞蹈中扮演徐解秀老人的我系大三学生李昕洋感受颇深：《半条被子》的演出虽然已经结束了，但是，那份沉甸甸的军民情感仍然使我记忆犹新。徐解秀这个角色有着朴实而高尚的灵魂，她在红军战士最需要帮助的时刻，伸出了温暖的援手，让3名女红军战士借宿在老人家里。然而，她们在临走时却把自己仅有的一床被子剪下一半留给了老人。在那样一个特殊的环境、那样非常的时期，这样一床被子对她们来说是多么的重要。女红军战士为了不让老人家挨冻，毅然地剪断了那“仅有”的棉被，送

到老百姓手中。剪断的是被子，剪不断的是那永远相连的红军与老百姓之间的亲密感情，更是中国共产党和人民群众之间不可分割的鱼水深情。

扮演红军女战士的王照丹同学说："在大学毕业前，我有幸能够参加我院以'不忘初心，牢记使命'为主题的原创舞蹈诗《那些故事》里《半条被子》里女红军的角色。在排练的过程中，我们与编导老师一起，深入地了解了《半条被子》的故事，从中深切地感受到军民共济的鱼水情深，更是通过编创和排练的过程，不断地走进角色，体会角色，与女红军们产生共鸣，走进她们的精神世界，从而真切地感受到那句'什么是共产党？共产党就是自己有一条被子，也要剪下半条给老百姓的人。'所表达的真正含义。"

"身为一名学生党员，我非常荣幸能够在毕业之前用自己所学的专业去真正做一件有意义的事，去体现红色题材的作品，让我能在大学四年中能够有机会去思考，去体会，并且去践行如何在新时代守初心，担使命。这次排演，不仅让我更真切地理解了'为中国人民谋幸福，为中华民族谋复兴'的革命初心，更是让我清楚了作为大学生党员，在自己的专业领域应该承担的党员责任。在这个作品中，我们用芭蕾的舞蹈语汇去体现我们自己的中国气派和民族复兴精神，是非常具有意义的事情，我们用芭蕾这样世界性的艺术去表达强烈的爱国主义色彩，将社会主义核心价值观润物无声，内化于心，去弘扬和坚守中国精神，打造极具中国特色的芭蕾艺术，创造能够代表'中国精神'的高水平芭蕾作品，使中国人有更多属于自己的芭蕾作品，让世界各国能通过芭蕾这门艺术，深入地了解中国特色社会主义文化和伟大的民族精神，在世界舞台上树立国家形象，坚定文化自信，推动文化繁荣。我想这是这部作品最重要的意义。"

参演红军战士的群舞演员们也有自己的感悟：作为2019级的大一新生，有机会能够参加舞蹈诗《那些故事》的演出，我们感到十分的荣幸，这也是我们入校以来，参加的第一场大型演出。对我们而言，不仅仅是增长了一次舞台实践的经验，更是在无形之中给我们上了一堂深刻的思政课。通过深入学习了解了女红军战士和徐解秀老人之间发生的感人故事，使我真正理解了军民之间的鱼水情深，也更加深刻地认识到如今美好生活的来之不易。通过排练，真正感受到舞蹈中表达的情感，用更多的生活体验来丰富自己对人物形象的塑造，感悟到作品中所传递出的中国共产党人永远牵挂老百姓的情深意切，从而更加珍惜现在来之不易的美好生活，怀揣感恩的心，爱国爱党爱校，努力学习，尽快成长为中国芭蕾舞蹈事业发展的中坚力量。

习近平总书记指出，做好高校思想政治工作，要因事而化、因时而进、因势而新。从实践的角度来看，《半条被子》的排演增加了思政教育的吸引力和实效性，有助于实现教育资源的整合利用；从理论的角度来看，这种艺术实践方式是我校对“立德树人”根本任务的贯彻落实，是新形势下对思政教育工作“三全育人”科学机制的积极探索，可以让我们更好地探讨、完善思政教育体系。既拓展了教育路径，提升了教育的内涵；又是艺术人生与家国情怀的统一，凝聚了更多共识，学生在艺术实践的过程中振奋民族精神的责任与担当。

参考文献

[1]《习近平在颁发“中国人民抗日战争胜利70周年”纪念章仪式上的讲话》，2015年9月2日。

[2]《习近平总书记在全国高校思想政治会议上的讲话》，摘自新华网，

http：//www.xinhuanet.com//politics/2016-12/08/c_1120082577.html

舞蹈史育新人：中国舞蹈史课程思政教学改革初探

杜乐

摘要：将思政教育融入专业课教学，是新时期贯彻“立德树人”思想观念的要求，也是中国特色社会主义人才培养和国家发展建设的需要。通过对中国舞蹈史课程思政教学改革，以达到培养有知识、有能力、有思想的专业舞蹈人才的目的的同时，深入探索并挖掘中国舞蹈史课的育人价值是本课程在教学改革中的重要课题。本文从中国舞蹈史课程思政教学目标入手，深入探索该课程的育人价值，以润物细无声的方式开展学生的思想引导，以期为专业课程的思政教学改革提供参考。

关键词：中国舞蹈史；课程思政；教学改革；教学目标；育人价值

一、中国舞蹈史课程思政教学改革的时代背景和教学要求

2016年12月，习近平总书记在全国高校思想政治工作会议上强调指出：“高校思想政治工作关系高校培养什么样的人、如何培养人以及为谁培养人这个根本问题。”[①]所以，“做好高校思想政治工作，要因事而化、因时而进、因势而新。要用好课堂教学这个主渠道，思想政治理论课要坚持在改进中加强，提升思想政治教育亲和力和针对性，满足学生成长发展需求和期待，其他各门课都要守好一段渠、种好责任田，使各类课程与思想政治理论课同向同行，形成协同效应。”[②]

---

① 《习近平总书记在全国高校思想政治工作会议上的重要讲话》，载《人民日报》2016年12月9日1版。
② 《习近平总书记在全国高校思想政治工作会议上的重要讲话》，载《人民日报》2016年12月9日1版。

2017年12月，教育部党组印发了关于《高校思想政治工作质量提升工程实施纲要》的通知。《纲要》中明确提出“要坚持育人导向，突出价值引领，建立健全系统化育人长效机制，特别是统筹推进课程育人，以此推动以‘课程思政’为目标的课堂教学改革，优化课程设置，修订专业教材，完善课堂教学设计，加强教学管理，充分挖掘和运用各门课程所蕴含的思想政治教育元素和所承载的思想政治教育功能，融入课堂教学各环节，实现思想政治教育与知识体系教育的有机统一”①。

2018年6月21日，陈宝生部长在“新时代全国高等学校本科教育工作会议”的讲话中，特别强调了课程思政、专业思政的问题。他指出：“高校要明确所有课程的育人要素和责任，推动每一位专业课老师制定开展‘课程思政’教学设计，做到课程门门有思政，教师人人讲育人。”

“各类课程与思想政治理论课同向同行”，“以‘课程思政’为目标的课堂教学改革”，国家对专业课程思政建设给予了明确的要求。作为专业课教师，在完成专业知识教学目标的同时，要努力探索将思想政治教育融入教材，融入日常的课堂教学设计，将育人与育才相结合，将思政元素与专业内容有机融合。每一门专业课的教学内容都与青年学生世界观、人生观和价值观的形成息息相关，作为专业课教师，要树立全过程育人的教育理念，注重对青年学生予以社会主义核心价值观的积极引导和熏陶。

为此，将课程思政融入中国舞蹈史课程教学，在教学目标、教学内容和教学手段等方面进行教学改革，是新时期贯彻“立德树人”思想观念的要求，也是中国特色社会主义舞蹈人才培养和民族文化事业发展的需要。通过课程思政的教学改革，带领学生了解中国舞蹈五千年发展的历程，认识每个时代舞蹈独有的艺术特征。在坚定学生对于中华民族悠久舞蹈文化的自豪感与自信心的同时，引导学生对当代中国舞蹈文化事业的发展和建设形成思考和思辨，为当代民族舞蹈文化的继承和弘扬，树立舞蹈专业大学生应有的责任感和使命感，具有重要的现实意义。

---

① 中共教育部党组：《高校思想政治工作质量提升工程实施纲要》，载《教党》，[2017] 62号。

二、中国舞蹈史课程思政教学改革的教学目标

中国舞蹈史课程思政教学改革，是在对学生进行知识讲授的同时，还应通过教师对史实的讲解和分析，向学生传递视野、价值、思想和使命感。在注重培养学生对于史实认识、判断、思考和分析能力的同时，帮助学生理性客观地认识古代舞蹈文化的继承和创新的问题，为学生未来舞蹈职业的发展奠定基础，同时也为培养坚定中国舞蹈文化事业的舞蹈人才提供保障。

青海省大通县上孙家寨遗址出土的舞蹈彩陶盆① 为我们清晰地刻画了原始先民连臂踏歌舞蹈形态，由此可知，中国舞蹈的发生可以明确的是至少有五千余年的历史。而后，历经汉唐、宋元、明清各个时代，以及近当代舞蹈的建设、发展，中国舞蹈积淀了丰富的形式与形态，与此同时，也造就了中国舞蹈独有的风格与气韵。

历史发展到今天，古代舞蹈虽然早已随着时间的流逝而渐行渐远，但通过现存史籍文献资料，为我们翔实地描写并记录了古代舞蹈的形式与盛况。透过考古出土的石窟壁画、墓葬画像石（砖）、陶俑以及其他文物，让我们可以清晰地看到历代舞蹈的姿态与造型，也由此感受到古代舞蹈的气势与韵味。“中国舞蹈史的研究对象是中国舞蹈从原始社会直到当下的发展过程及其规律。…… 通过对每一个历史阶段舞蹈的实践活动及各种现象的分析，最终揭示舞蹈所反映的时代意识、社会风尚、思想情感、艺术规律、审美趣致和价值意义。”② 中国舞蹈史，为舞蹈专业的学生提供翔实而又生动的发展历程和脉络。

然而，舞蹈不同于文学、雕塑、绘画、工艺，虽然有一些形迹可征，现在也依然很难弄清楚某个朝代的某个舞蹈是怎么跳的。因此，即使学生能将隋、唐“九部伎”“十部伎”的名目背得滚瓜烂熟，还是有可能不清楚、不理解那个时代艺术的形式、风格、审美特色。舞蹈不是脱离每个时代文化形态之外的事物，必然受到同时代社会思潮的影响和制约。舞蹈作为文化形态的一个层面，也并不单纯只是动作、舞

① 大通县出土的舞蹈彩陶盆，记录了公元前3200年 — 公元前2700年原始人类舞蹈的场景，是迄今发现最早的反映原始社会舞蹈场面的图画。

② 中国舞蹈史编写组：《中国舞蹈史》，北京：高等教育出版社，2019年版，第3页。

姿，技术、技能。由此，中国舞蹈史的教学，不能仅仅停留在史实的讲解，不能止步于督促学生背诵史书辑录的资料；还要在中国舞蹈史教学的始终，引导学生将舞蹈史的学习、研究还原到中国文化的母体之中，带领学生深入探索每一个历史时期舞蹈的形式传统和审美传统，从而让学生真正做到“知其然”，亦要“知其所以然”。

这样的教学过程，既是教师对舞蹈史知识的讲授，亦贯穿着舞蹈史学习方法的指导，与此同时，在教学中潜移默化地引导学生积极走进中国传统文化，熏陶和培养，他们立志挖掘、弘扬中国文化的责任感和事业心，因此，中国舞蹈史课程思政的教学目标包括学生的知识培养、能力培养和思想培养。

知识培养：要求学生掌握中国舞蹈发展的基本历程；熟悉每个历史阶段舞蹈的基本史实；掌握形成每个时代舞蹈的形式特征和审美特征；熟悉造就每个时代舞蹈特征的历史背景和原因；掌握中国舞蹈发展的主要特征和审美风范。

能力培养：引导学生掌握学习和研究中国舞蹈史的基本思路和方法。在舞蹈史学习的基础上，将舞蹈史的学习返还于中国文化的母体之中，在学习每个时代舞蹈特征的同时，从每个时代舞蹈生成的人文背景入手，立体而全面地了解舞蹈所处时代。让中国舞蹈史成为“活”的思想和文化，在传统舞蹈的现代性转化中，为今后深入开展相关的舞蹈研究、表演和编创奠定基础。

思想培养：中华优秀传统文化是中华民族的文化根脉，其蕴含的思想观念、人文精神、道德规范，是我们中国人思想和精神的内涵。中国五千年的舞蹈历史，是中华优秀传统文化的组成部分。因此，学习中国舞蹈发展演进的脉络，认识中国舞蹈蕴含的精神，这个过程本身就是对于舞蹈专业学生开展思想政治教育的重要入手处。

中国舞蹈史课程思政教学改革要在知识培养的基础上，积极融入能力培养和思想培养的教学内容和教学设计，努力落实并践行三位一体的整体的教学目标，才能将新时期国家“立德树人”教育理念在教学中合理有效地落实。

三、中国舞蹈史课程思政教学改革的育人价值

“课程思政”是“将马克思主义理论贯穿教学和研究全过程，深入发掘各类课程

的思想政治理论教育资源，从战略高度构建思想政治理论课、综合素养课程、专业教育课程‘三位一体’的思想政治教育课程体系”[①]，这其中强调了要将思想政治理论教育同专业知识教育紧密结合，同步协调，使“立德树人”贯彻在专业教学的全过程、全方位。由此，作为中国舞蹈史课的授课教师，深入发掘中国舞蹈史课的育人价值，是深化教学改革的重要内容。

中国舞蹈史课作为北京舞蹈学院舞蹈专业学生的基础理论课，是舞蹈专业学生认识中国舞蹈文化、了解中国舞蹈历史的普及课程之一。教师在进行舞蹈史教学的过程中要将思想引领贯穿于知识教学的始终，将育人与育才相结合，将思政元素与专业内容有机融合。

1. 通过中国舞蹈史的教学，将舞蹈艺术的学习成为提升学生道德修养的重要途径

《礼记·学记》开篇就提到“君子如欲化民成俗，其必由学乎”。中国这个文明古国，自古以来以“人文”教化大众。“人文”的具体内涵可以理解为，以礼乐来教化天下。礼乐，简而言之，就是古人通过诗、乐、舞来实现内在道德和外在礼仪的熏陶和教育。由此，以乐舞作为教育的重要途径之一，既是人们喜闻乐见的形式，亦契合中国以乐舞提升人格修养的传统。

孔子以“六艺”作为乐教的具体形式和载体，通过诗、舞、乐的学习，在潜移默化中引导君子士大夫的品行。通过诗、舞、乐的实践，培养君子士大夫的情操。由此，礼乐教化成为形成中国礼仪之邦的重要组成部分，也成为中化人文精神的体现和代表。

古人在通过乐舞“反情以和其志”，达到内心清净而光明的境界[②]的同时，又从每一个个体的清净广大，拓展至整个社会，从而在乐舞的教化和实践中形成“移风易俗，天下皆宁”的社会功效。这体现了中国传统舞蹈艺术本身就具有的育人功能和价值。

---

① 高燕：《课程思政建设的关键问题与解决路径》，载《中国高等教育》2017年第3期，第11页。

② 《礼记·乐记》：“君子反情以和其志，比类以成其行，奸声乱色不留聪明，淫乐慝礼不接心术，惰慢邪辟之气不设于身体，使耳目鼻口心知百体皆由顺正以行其义。”

冯友兰先生曾说："儒家把艺术看作是道德教育的工具。"① 徐复观先生也提出："由孔子所显出的仁与音乐合一的典型，这是道德与艺术在穷极之地的统一。"② 他们的论述都揭示了在中国传统文化中，艺术与品德相关联，艺术实践伴随着个人品德修养的不断提升。

因此，作为舞蹈专业的大学生，通过中国舞蹈史的学习，在了解中国舞蹈历史、艺术精神和舞蹈在社会生活中所发挥的作用的过程中，也应该在舞蹈学习、实践和生活中践行中国传统舞蹈艺术的精神，将舞蹈艺术的学习同自我道德品格和人生境界的提升相联系，并以创作出优秀的作品服务人民为己任，让艺术在当今的教化中发挥应有的价值和作用。这也正与北京舞蹈学院"遵道崇德，天地人和，文舞相融，德艺双馨"的校训相互契合。

2.通过中国舞蹈史的教学，增强学生的民族自豪感和自信心，树立学生传承民族文化的责任感和使命感

中国的舞蹈有着悠久的历史和灿烂的文化，作为中国古老文明中的一个文化层面，承载着中国的民族传统，传承着中国的民族精神。中国传统的舞蹈艺术，作为民族艺术的结晶，体现着古人的智慧和创造才能。因此，作为授课教师，在讲授舞蹈史实的同时，对学生的民族情感的培养、爱国精神的弘扬，要贯彻于中国舞蹈史课教学的始终。

通过中国舞蹈史的教学，要让学生"感受到整个中国传统艺术的根本特征，并了解远去的历史和当下的社会，了解民间的习俗和国家的气象，了解民族的精神和审美风尚，了解中国文化的博大和礼乐之邦的风采。一句话，通过舞蹈，可以感悟我们伟大的民族的精神。"③

习近平总书记指出："历史是一面镜子，从历史中，我们能够更好看清世界、参透生活、认识自己；历史也是一位智者，同历史对话，我们能够更好认识过去、把握

---

① 冯友兰：《中国哲学简史》，北京：新世纪出版社，2014年，第20页。

② 徐复观：《中国艺术精神·自叙》，上海：华东师范大学出版社，2004年，第4页。

③ 中国舞蹈史编写组：《中国舞蹈史》，北京：高等教育出版社，2019年，第2页。

当下、面向未来。”① “没有历史感，文学家、艺术家就很难有丰富的灵感和深刻的思想。文学家、艺术家要结合史料进行艺术再现，必须有史识、史才、史德。”②

中国舞蹈史课，一方面有助于对学生进行民族审美情感和文化心理的熏陶和教育，激发学生对中国历史文化的热爱，坚定学生对自己所从事中国舞蹈事业的信心。另一方面，了解中国传统乐舞艺术的精神和价值，亦能帮助舞蹈专业大学生树立正确的艺术观和对于舞蹈事业的责任感。舞蹈创作“不仅要有当代生活的底蕴，而且要有文化传统的血脉”，③ 要让学生在传统舞蹈的现代化转化中，引导学生树立让舞蹈艺术真正为人民服务、为社会主义服务的思想。在舞蹈艺术创作、表演的实践中，着力引导学生践行社会主义核心价值观的理念。

3.通过中国舞蹈史的教学，将育人和育才相结合，为民族舞蹈事业的现代性转化和当代发展积蓄人才

司马迁撰写《史记》，其意旨在于“欲以究天人之际，通古今之变”。司马光编撰《资治通鉴》，一定程度上也是在叙沿革、稽成败的社会认识基础上为统治者提供资政与借鉴。《旧唐书·魏徵传》记载：“夫以铜为镜，可以正衣冠；以史为镜，可以知兴替；以人为镜，可以明得失。”中国自古就有“以史为鉴”“以古为鉴”的传统。“鉴”，通“鑑”，本义为大盆，后引申为镜子。古人以水当作镜子来正衣冠，后来就发展成为借历史上的成败得失作为鉴戒，发挥治世、治人的作用。

中国舞蹈史作为史类的课程，其学习的过程，必然要发挥以史为鉴、以古为鉴的社会功能和作用。课程思政教学改革，通过教师对史实的讲解和分析，要积极地向学生传递视野、价值。在注重培养学生对于史实认识、判断、思考和分析能力的同时，也要帮助学生理性客观地认识古今之间的延续性和断裂性。在引导学生自觉接近民族舞蹈历史，探索舞蹈文化的同时，也要不断引导学生反思古代历史文化与现代社会生

---

① 习近平：《在文艺工作座谈会上的讲话》（2014年10月15日），载《十八大以来重要文献选编》（中），北京：中央文献出版社，2016年。

② 习近平：《在中国文联十大、中国作协九大开幕式上的讲话》（2016年11月30日），北京：人民出版社，2016年。

③ 习近平：《在文艺工作座谈会上的讲话》（2014年10月15日），载《十八大以来重要文献选编》（中），北京：中央文献出版社，2016年。

活的关系。唯其如此，才能让这门学科更广泛、长久地发挥影响，才能让学生通过这门课的学习树立起思辨意识，才能让古代舞蹈的研究与当代舞蹈的复现有效连接，让掌握中国舞蹈史文化和思想的学生在未来舞蹈事业的发展和建设中发挥更大的作用。

中国舞蹈史课程思政教学改革围绕“立德树人”的教育目标和根本诉求，“立德”就是要在教学过程中秉持德育为先，以持守唯物史观教育学生；“树人”就是要以学生为本，以蕴含家国情怀的情感感化学生。由此，树立学生客观理性的认识历史，增强学生的爱国情感，是教师应该传授给学生的基本价值观念，也是中国舞蹈史课将育人与育才有效结合的基础。

结语

习近平总书记在十九大报告中，对青年人提出了鼓励与期望：“青年兴则国家兴，青年强则国家强。青年一代有理想、有本领、有担当，国家就有前途，民族就有希望。…… 全党要关心和爱护青年，为他们实现人生出彩搭建舞台。”作为高校教师，在新形势下如何做好当代青年的社会主义核心价值观的引领和教育，尤其是在专业教学中深入贯彻课程思政的教育理念，是亟须完成的重要课题。

中国舞蹈史课程思政教学改革和探索才刚刚起步，还有很长的路要走。未来还要通过教材建设，编写更多体现价值引领、兼具思想性时代性科学性的好教材，实现学科育人和课程育人水乳交融。作为中国舞蹈史的青年教师，我们要积极投身课程思政的教学改革和探索实践中，为“最美课堂”的建设，为更好地培养中国特色社会主义舞蹈文化事业的建设者和接班人，培养担当民族舞蹈文化复兴大任的时代新人，贡献应有的力量。

参考文献

[1]《礼记·乐记》

[2] 冯友兰：《中国哲学简史》，北京：新世纪出版社，2014年。

[3] 徐复观：《中国艺术精神·自叙》，上海：华东师范大学出版社，2004年。

[4]《习近平总书记在全国高校思想政治工作会议上的重要讲话》，载《人民日报》2016年12月9日1。

[5] 中共教育部党组:《高校思想政治工作质量提升工程实施纲要》，载《教党》[2017] 62号。

[6] 习近平:《在中国文联十大、中国作协九大开幕式上的讲话》(2016年11月30日)，北京：人民出版社，2016年。

[7] 习近平:《十八大以来重要文献选编》(中)，北京：中央文献出版社，2016年版。

[8] 中国舞蹈史编写组:《中国舞蹈史》，北京：高等教育出版社，2019年。

[9] 高燕:《课程思政建设的关键问题与解决路径》，载《中国高等教育》，2017年第3期。

传统文化交织爱国情怀:《荷花舞》的思政价值输出

栗立　贾晓泽

摘要: 在构建课程思政的育人大格局之下，本文主要探讨中等职业舞蹈教育如何潜移默化地挖掘思政基因，实现润物无声、源远流长的思政教育，以提升学生的艺术文化审美水平。本文以戴爱莲先生创作的经典剧目《荷花舞》教学过程为例，以笔者的教学实践为基础，分别从教研准备、课堂实践、教学反思三个方面探究在《荷花舞》专业课程教学过程中思政教育的血脉激活，以实现如盐在水般自然的教学效果，践行培养具有文学底蕴、文化自信的人民艺术家的艺术文化审美教育。

关键词:《荷花舞》；课程思政；舞蹈专业教育

“要用好课堂教学这个主渠道，各类课程都要与思想政治理论课同向同行，形成协同效应”，这是习近平总书记在全国高校思想政治工作会议上所强调的，在专业教育中挖掘课程思政基因，提升舞蹈教育的审美内涵和文化底蕴是值得关注的问题。

在北京舞蹈学院附中的传统教学剧目中，凝练着厚重的文化积淀、理想情怀与育人内涵，笔者通过中国古典舞《荷花舞》的教学实践，使蕴含在传统剧目中的“思政基因”得以激活，以课程思政的落实来提升学生在专业领域的艺术文化追求。从而践行以“课程思政”为目标的教学转变，在坚持“立德树人”为根本任务的宗旨上，落实“为谁培养人，培养什么样的人，怎么培养人”的问题。

一、思政入教研

教师要了解学情，才能因材施教。中专阶段是培养理想信念、思想情感的最佳年龄阶段，且艺术学习过程具有以感染带动灌输的特点，因此中专的课程思政教育更侧重于对学生人文性的培养、价值观的引领和情感态度的升华，这与课程思政的核心“育人为本、德育为先”的核心是一致的，因此情感目标的设置尤为重要。所谓“情动而言形，理发而文见”，只有教师与课程具有情感的共鸣才能将课程转化成具有感染力的教育语言与教学文本，从而引起学生的共鸣。

《荷花舞》是戴爱莲[①] 先生创作的经典剧目，是北京舞蹈学院附中中国舞专业二年级学生的必修教材，从1953年创作至今，该作品已被我校一代又一代的中国舞人学习、传跳。作为《荷花舞》的传承者，笔者在《荷花舞》的教研过程中对于作品的内涵做了更加深入地挖掘，在此基础上把握育人方向，生发出深厚的情感共鸣。

1. 爱国情怀的共鸣

《荷花舞》的创作者是被誉为“中国舞蹈之母”的戴爱莲先生。戴爱莲先生也是我校第一任校长，直至2004年仍不辞辛苦地指导我校附中学生在校庆晚会中《荷花舞》和《飞天》[②] 剧目的排练。笔者作为亲历者曾目睹戴爱莲先生给师妹们排练《荷花舞》的场景。戴先生一边讲一边用手不停地示范，眼睛中饱含的那种敬畏艺术、热爱舞蹈的光到现在都照耀着一代又一代的舞蹈人。戴爱莲先生最令人敬佩的是她作为一名华裔，在1937年抗日战争爆发后，毅然决然回到祖国，多次为抗日集资义演，用艺术的形式激励着中华民族的抗战决心。中华人民共和国成立后，她担任起推动新中国舞蹈教育发展的重要角色，为新中国培养了一批有相当水平的舞蹈人才。无论何时戴爱莲先生从未停止为人民创作的脚步。在中华人民共和国初期，在周总理鼓励下，为参加世界青年学生和平友谊联欢节，戴爱莲先生以陕北民间舞“走花灯”这一民间艺术为基础创作了《荷花舞》，它展现了一群拟人化的荷花姑娘在舞台上以圆润流畅的舞步，徐缓移动，营造出涟漪层起的意境，塑造出亭亭玉立的高洁形象。在伴

---

① 戴爱莲：（1916—2006）女，舞蹈艺术家、舞蹈教员、编导家，中国当代舞蹈先驱者之一，被誉为“中国舞蹈之母”，祖籍广东新会县，出生于西印度群岛的特立尼达。12岁考入当地舞蹈学校，14岁赴伦敦，先后师从著名舞蹈家安东·道林、玛格丽特·克拉斯克及玛丽·兰伯特学习芭蕾。

② 《飞天》：1955年，戴爱莲先生继《荷花舞》的创作后，又一被评为“20世纪经典”的作品。《飞天》是中国舞坛上第一个展现唐代敦煌艺术珍品的双人舞，并在世界青年学生和平友谊联欢节上获奖。

歌的陪衬下，用荷花的向阳开放比喻祖国的欣欣向荣的生活即将到来，无限深情地表现出戴爱莲先生对祖国新生的热爱和歌颂。

这样的爱国情感是非常难能可贵的，笔者在挖掘《荷花舞》的厚重创作背景的同时也被戴爱莲先生的一颗赤子之心感动，而戴爱莲先生“以舞报国”的一生正是思政教育中最深厚的社会主义核心价值观——“爱国”的生动实践。因此爱国主义的教育自然而然地成了情感目标设置中的关键一环，将课程思政要求的以“政治认同、国家意识”为重点的顶层内容体系构架潜移默化地渗透在教学中。

2.传统文化的积淀

众所周知，中国古典舞蹈的审美意蕴植根在深厚的中华文化的沃土之中，中国古典舞蹈的精神气质和格调风韵经常从中华传统文化之中汲取营养。《荷花舞》以“荷花”这一中国传统花卉作为舞蹈意象，笔者在对此意象的解读中也感受到了厚重的文学内涵和文化力量。

首先，笔者提炼了“高洁”的荷花精神来融入教学。“荷花”的别称有“莲花”“芙蕖”“水芙蓉”等，自古以来就是文人墨客笔下的娇宠，自北宋文学家周敦颐的“出淤泥而不染，濯清涟而不妖”咏叹名句问世后，荷花高洁的象征意象逐渐定型。《荷花舞》主要塑造出一群亭亭玉立、不染尘俗的高洁舞者形象。是高贵清雅、美好情态的写照，同时象征着舞者对高洁理想和美好幸福的向往，这种“出淤泥而不染”的高贵品质正是中国传统文化中一颗璀璨的明珠，也是作为文艺工作者所应当追求的精神状态。且笔者认为附中学子在中专阶段正是树立人生价值、职业理想的关键成长时期，应当首先培养学生如荷之高洁的品格，成为一名高尚纯洁的文艺工作者。

其次，笔者挖掘了以“和”为主的荷花文化来渗入教学。“荷”谐音“和、合”，传递着中华传统文化中一个重要理念，那就是“以和为贵”的“和”文化，这正是中国文化中最具生命力的组成部分。就这一层面来说，“荷”又象征着和美、和谐、合力与合作。孔子说：“君子和而不同，小人同而不和。”（《论语·子路》）求同存异、对立统一才是平衡和谐。《荷花舞》中，戴爱莲先生运用拟人化的形象塑造白荷仙子与粉荷仙子们的聚散摇曳、交织映衬，使舞台呈现出一片粉荷盈盈、白荷皎皎、各美其美、美美与共的和谐之美，多姿多彩的荷花是各不相同，但又共同成就了这番荷塘美景，将中华“和”文化中的“以和为贵”和“和而不同”的美表现得淋漓尽致。笔者认为“和”文化在舞蹈上的内在体现即要求学生在表演时要“不蔓不枝”“不骄不躁”“不媚不僵”。“和”是恰如其分之美，无论是气息、神情、动作、调度，都应该磨砺得恰到好处，以此助力学生理解人与舞蹈、自然、社会的“和谐”，以求达到一名舞者“遵道崇德、天地人和”的思想境界。

因此，不论是荷花的高洁象征还是“和”文化，都是中国的传统优秀文化。习近平总书记强调我们要坚持文化自信。中国优秀传统文化应当融合在教师的教学中进行弘扬，它是教育的灵魂，也是思政的重点。这种文化自信沉淀在学生的气韵和品格之中，融入塑形、塑魂之中，让学生获得坚持坚守的从容，鼓起奋发进取的勇气，焕发创新创造的活力。

二、思政入课堂

作品的情感基础和文化积淀所形成的德育因素会贯穿在日后的整个教学，成为教学的有力支撑。与此同时，在无形中也会潜移默化地影响教师对作品的深层认知，甚至会引导教师重新审视对《荷花舞》中具体舞段动作的指导方式，这也是一个重要的“再思考”过程。在教学过程中，知识的传授、能力的提升和价值的引领，这三者密不可分，要同步进行提升和实现，缺一不可。舞蹈专业教育的课程思政凝练德育元素，糅合在专业教学之中，以如涓涓细流般灌输在学生的身体和思想之中。

1.感知形象，由心起舞

剧目排练最重要的就是塑造形象，所有的舞蹈动作都是刻画形象、抒发情感的载体。只有外在的“形”，而没有内在“情”的支撑，那舞蹈动作就毫无意义，而要达到“形神合一”的表演境界，有感而发的起舞是关键。因此，帮助学生建立“感觉”是非常重要的教学过程。在剧目排练中，要坚持“立德树人”的理念，使学生通过学习舞蹈，身体力行地去体会和吸收舞蹈中所传递出的思想与精神，达到“由心起舞”的目的。

在《荷花舞》排练的初期，笔者以《荷花舞》的社会主义建设创作背景为导入，介绍戴爱莲先生的爱国主义情怀。当学生们了解了戴爱莲先生以舞报国的精神后，再通过多媒体播放《荷花舞》经典舞蹈片段，使学生初步感知舞蹈的形式和变化，指导学生赏析《荷花舞》的风姿雅韵，感受中国古典舞蹈的意蕴。此外，笔者还搜集了许多图片和视频资料，比如1953年中央歌舞团第一版《荷花舞》的原版视频。在原版的视频中，舞台是镜面的，舞美的设计中有蓝天、绿树等等，非常有大自然的气息。演员们在台上舞蹈就像荷花在水中摇曳一样，很容易将学生带入到舞蹈所需要的情境中。另外，笔者还搜集了叶浅予先生为戴先生所创作的荷花舞的画，通过画中舞者那婀娜的身段和飘逸的衣衫，可以帮助学生感受荷花仙子的古典美感，丰富学生对荷花的想象。教师在排练中利用多媒体的手段和丰富多样的课程材料，可以加速学生进入作品情境、捕捉作品形象的过程，同时也可以充分调动和发挥学生自己的想象力，启发学生独立思考的能力，为其日后的“由心起舞”起到了铺垫的作用。

2.专业为本，思政交融

在《荷花舞》的具体排练过程中，笔者教学的难点在于学生缺乏舞蹈技巧与思想政治的结合体验。而德育元素必须附着在专业技巧的落实上才能自然而然地生发，因此，教师需要在具体的身体语言的表达技法中，在作品中的人、境、情三者的关系里，再对应中国古典舞的形、神、韵，加以引导学生感知作品中的意象和精神。

《荷花舞》一直是我校学生进入专业舞蹈学习的第一个中国古典舞剧目，它之所以能够作为“开门戏”被固定为必修教材，是因为《荷花舞》中蕴含了许多中国古典舞典型的身体运动规律和表现方法，比如提、沉。提、沉在角色塑造和剧目运用中具有不同的运动方式，在体现微风拂面、水面微波荡漾的意境时，提沉要自下而上将呼吸韵化全身，注意腿部提的抻劲儿和沉的稳，使得步伐在画面的流动中呈现出祥和之感；当体现荷花在水中摇曳的韵姿之美时，提沉在躯干的弧线运动和手臂的三节运动中，由根至梢，将气息有层次地延续到头梢和手梢的外延，并且在提、沉之间的接口处，由呼吸作为引领，将身体的节节传导与气口的转换相错落，形成此起彼伏的效果，手臂和薄纱之间的飘逸感也就此产生，以渲染出荷花在水中的飘然仙气与摇曳之美。

作品中，戴爱莲先生通过多种步伐（圆场、云步、花邦步）的运用来展现荷花在微风吹拂下水上漂浮的流动状态，其中“粉荷”与“白荷”的聚散交织，渲染出一片阳光普照的祥和意境。笔者在教授过程中，重点强调身法在步伐流动中的转换方法，在保证学生脚下圆场平稳的基础上，利用弧线动律的转换来体现荷花摇曳变化的动态美感，将身体的“主随关系”和“身手关系”进行重点讲授，注重“粉荷”与“白荷”之间的队形变化与配合，力求在空间流动中呈现出剧目中风吹荷花的摇曳和谐之美。笔者通过学生对“意、气、力”的虚实运用和掌握，来呈现荷花的高洁形象，将优秀的中国传统文化落到具体的舞蹈表演的技法上。

除此之外，在教学中还有许多具体技巧可以引导学生感知其中的思政内涵。比如，笔者强调舞蹈中的凝神屏气，通过眼神的运用流露出对新生活的向往和幸福感，可以传达出建设新中国的信念与决心；笔者在“白荷出水”的教授过程中，突出由蹲到直的力量感，除了向上更强调向下的反力，以衬托出中国人民站起来的艰辛和新生活到来的不易，呈现出中国人民经历困苦仍然顽强的毅力，等等。以上表明，在教学中要时刻将这些诸多的育人因素与具体的专业教学有机结合，通过具体的知识点将思政内涵真正地体现出来，这才是建立在专业课程落实基础上循序渐进、和合交融的课程思政理念。

三、思政入反思

舞蹈专业教育落实课程思政的探索给予了笔者新的教育理念和模式，在教学反思中笔者也兼备收获和问题。对于中专的教学而言，课程思政看似是一个新的名称，但实际上，教书育人的过程自古以来便饱含着浓厚的“思政基因”。因此，沉下心来品味传统舞蹈剧目中的“思政基因”并给予提炼，溶于舞蹈教育教学中，使学生能够在专业舞蹈的学习中进一步了解舞蹈作品深层的情感，将情感态度和文化理念融入舞蹈技巧本身，从而树立更有文化内涵的艺术审美。

1.“润物无声”的教授方式

在教学中，思想政治的教育从来就不是孤立存在的，要在教材中深挖思政基因，将具体的教学内容落为载体，通过生动感人的语言，启发学生的想象力，便于学生理解、捕捉和感受作品内涵，在舞蹈和思想层面有所收获，用自然而然的教学方式达到以舞育人的教学目的。笔者认为，根据具体教材寻找符合其语境的教学方式一定是比较自然的，不能生搬硬套或者割裂讲授。

例如，笔者在教授《荷花舞》的过程中，为了使学生们体会到新中国正在冉冉升起、人民对和平生活的美好期盼之情，笔者运用边舞边唱的方式，让学生们在主舞段的部分，边舞边唱音乐中的唱词。主舞段音乐中的唱词“蓝天高，绿水长，莲花朝太阳，风吹万里香。祖国啊，光芒万丈，就像莲花正开放”，歌的词义当中承载着非常明确的内涵主旨，学生们在体会歌词中所传递的思想情感的同时，边歌边舞，不自觉地把对祖国的深情融入其中。在乐感的带动下，加强学生的舞感和动作的歌唱性。另外，歌唱时的呼吸也加强了学生对动作气力变化的捕捉，具体来说，音乐高昂一点的时候，学生的气力一定是足的，是饱满的；在音乐柔和转换和气口的小节奏当中，即可对应学生动作的松紧转换，便于学生在动作中寻找起承转合和轻重缓急。在整个载歌载舞的过程中，学生更深入地感受到了作品的内涵，不知不觉中身心受到熏陶，自然地接受了爱国主义教育和社会主义先进文化的洗礼。在歌声中，白荷与粉荷一齐翩然舞动，喻示着中国共产党和全国人民共同努力，为新中国的建设添砖加瓦，处处充满着活力与朝气，人民的幸福感油然而生，呈现出一片生机勃勃的景象。再例如，学生们在搜集资料和感知“荷花”高贵形象的同时，也是在不断地受到中国古典审美的熏陶，以古典诗词和文章融合舞蹈教学，体会中国优秀传统文化的意蕴，提升舞蹈教育的内涵。

如盐在水、如春在花、如无却有、“润物无声”的教授形式不着痕迹却有味，能够有效帮助学生建立对作品即时的情境体验，达到舞蹈教育塑形塑魂的教育目的。

2.“不忘初心”的教育传承

初心就是本意和本真。北京舞蹈学院附中建校六十多年，每一名中国舞专业的学生入门古典舞一定是《荷花舞》，能作为中国古典舞的“开门戏”足见其地位之重。对于进入专业舞蹈学习初期的学生来说，《荷花舞》是比较适合掌握中国古典抒情舞蹈基本表演方法的教学剧目。另外，这样一个传统教学剧目能够传承至今，这其中还蕴含着更具教学意义的德育元素和思政内涵。

作品中值得后人传习的有戴爱莲先生创作初衷所蕴含的那一份深厚的民族精神、人民意识和爱国情怀的“初心”；有通过荷花所寓意的中华“和”文化，这不仅是和谐的象征，也是当今中国进行国际交流的“初心”，维护世界和平、构建和谐家园，构建人类命运共同体；也有凝练着中国古典文化的“荷花”审美意象作为滋养艺术的土壤，帮助学生在传统审美和时代价值的碰撞中擦出思政的火花，使学生由心起舞，坚守文化“初心”和自信。

学生通过对《荷花舞》的学习，感受中国古典舞这个民族艺术特有的美和它传递美的那种特定的表达方式，这本身也是一种艺术的传承。帮助学生从小建立起对民族艺术的热爱，在学习成长的过程中再逐渐建立起民族自信和文化自信，这实际上就是对“初心”的延续和升华。

秉承戴爱莲先生对中国舞蹈事业的那一份赤诚之心，继承和发扬中国舞蹈文化，传承经典和老舞校的时代精神，也是笔者结合自身工作对“不忘初心，牢记使命”的精神理解。在《荷花舞》课程思政“最美课堂”的实践中，笔者意识到舞蹈艺术教育要正确引导和树立学生的职业理想与信念以及艺术审美，努力为新时代的中国培养具有文化底蕴、先进思想、社会主义理想信念、传承中华民族文化的文艺工作者。

【参考文献】

[1]陈光:《追思〈荷花舞〉》，载《舞蹈》1996年3月。

[2]戴爱莲口述，罗斌、吴静姝整理:《戴爱莲－我的艺术与生活》，北京：人民音乐出版社，2003年3月。

[3]中央芭蕾舞团:《我们心中永远的戴先生－纪念戴先生诞辰一百周年》，北京：中国大百科全书出版社，2016年4月。

02

科研育人篇

优化科研管理机制　提升三全育人实效

温柔

摘要：“科研育人”是我校“三全育人”体系的重要组成部分，而管理机制是保障科研育人成效的重要因素之一。本文从提升我校科研育人成效的角度出发，分析了科研管理与育人间的相互关系，探讨了舞蹈科研工作的规律，分析了舞蹈科研育人的特点，并分别从科研评价、科研奖励、打通与联动等方面，针对提高科研育人成效的管理机制的完善提出建议与对策。

关键词：舞蹈；科研育人；成效；管理

习近平总书记在全国高校思想政治工作会议上指出：“要坚持把立德树人作为中心环节，把思想政治工作贯穿教育教学全过程，实现全程育人、全方位育人，努力开创我国高等教育事业发展新局面。”[1] 2017年教育部印发了《高校思想政治工作质量提升工程实施纲要》，提出着力加强科研育人。发挥科研育人功能，优化科研环节和程序，完善科研评价标准，构建集教育、预防、监督、惩治于一体的学术诚信体系，健全优秀成果评选推广机制，实施科研创新团队培育支持计划、科教协同育人计划、产学研合作协同育人计划，培养选树一批科研育人示范项目、示范团队。引导师生树立正确的政治方向、价值取向、学术导向。[2] 科研育人是“三全育人”的重要组成部分。进入新时代，中央高度重视科研育人，强调科研育人是思想政治工作的重要途径。为落实立德树人根本任务，我校提出了建设课程育人、科研育人、实践育人、文化育人、网络育人、组织育人、管理服务育人、心理资助育人八大育人工程，全面推进“三全育人”工作，以培养德智体美劳全面发展的社会主义建设者和接班人。在我校“建设科研育人质量提升工程”中，明确提出发挥科研育人功能，优化科研环节和程序，完善科研评价标准，改进学术评价方法，促进成果转化应用，培养师生敢为人先的科学精神、开拓创新的进取意识和严谨求实的科研作风等建设任务。

科研育人，是指在我国高等教育中，通过让学生参加科学研究活动，并在指导他们开展科学研究的过程中，培养和提高学生的思想品德和科研能力，以实现高校育人的目标。[3] 教师通过科研活动培育学生正确的人生观、价值观和世界观，在提高学生科研水平和能力的同时提高学生的政治、思想与道德素质，是大学“立德树人”的应然所在，也是中华民族伟大复兴的时代呼唤。科研管理工作对于科研育人的成效具有一定的影响，不断完善科研管理机制，为科研育人提供良好的制度保障，对于促进科研育人成效的提高具有重要作用。因此，为把科研育人落到实处，必须建立健全完善的科研育人制度，不仅使科研育人有章可循、有章可依，而且通过规章制度引导教师开展科研育人工作。本文结合我校的科研育人实际，分别从强化教师的科研育人意识、教师科研工作评价与奖励、科研育人的平台构建、科研与教学的联动机制等方面，针对如何使高校科研评价体系的不断改革优化，来提高科研育人成效问题进行了探讨。

一、加强教师科研育人的意识，提高科研育人的成效

科研是立德树人的一个重要载体，是三全育人过程中不可忽视的重要环节。而科研育人的主体是教师，所以，增强教师科研育人的意识，使教师明确自身在科研工作过程中发挥育人的作用，主动行驶应承担的育人责任和任务，将对科研育人的成效产生直接的影响。

科研育人是一种新型育人模式，它倡导科研与教学深度融合，集实践性、创新性、综合性于一体。科学研究活动为提高学生的实践能力、激发学生的创新思维、促进人格健全提供了优质的训练机会和条件。科研育人的作用在于对学生的知识技能的培养、社会技能的培养、创新思维和创造力的培养、科学精神与学术品格的培养。

教师以科研项目为重要科研育人载体，让学生们潜移默化受到科研的熏陶，让严谨治学的态度、艺术创新的活力渗透到每一位学生的学习、生活中。教师是学生观察

社会了解社会和学习社会的一个重要窗口，教师在带领学生进行课题研究工作过程中，与学生会有更多时间的接触和交流，这一过程中教师不仅要培养学生的学术研究能力，成为其学问之师，同时其自身的行为举止也将影响着学生。在科研实践过程中，教师高尚的道德品质，严谨的学术态度，寻求真理的探索精神，直接影响到学生的人生观、价值观和视界观，是学生的信仰之师和品行之师；在科研活动中，教师主要通过“行为示范”对学生进行思想道德教育。因此，教师应充分认识到自身的科研育人作用与责任，在科研工作中不仅要发挥严谨求实的学术诚信、建立勇于创新的榜样作用，还要关注学生的成长，加强对学生的主动教育和引导，培养学生集体主义及团队合作精神，创新思维和创造力的培养，科学精神与学术品格的培养。教师要以自身努力拼搏、求真务实、积极探索的良好品性，培养学生的科学的科研方法和崇高的科研精神、优良学风、科研诚信、科研作风，为学生做出表率。

然而，教师在科研过程中，对于参与科研的学生往往更加注重对其学习和学术研究能力的培养，容易忽视对学生思想状态的关注和引导。学校在制度上为强化教师的科研育人意识提供保障，培养科研素质的同时注重育人，规范和要求教师的科研工作，引导我校教师在科研过程中加强科研育人意识，提高科研育人的成效。

二、强化学术评价的思政标准，构建科研育人的评价体系

高校科研评价是指在一定科研目标的基础上，运用科学的方法对学校内科研活动及其投入产出情况进行价值判断，从而对科研活动进行管理、监督、预测和调控，并为决策提供依据的一种认识活动。大学的核心任务是育人，所开展的科学研究活动必须与培养人才的第一使命相结合。科研评价是高校科研管理的重要手段，能有效引导高校科研发展方向。因此，高校科研评价体系在构建过程中应充分考虑“育人”标准。[4] 建立科学合理的科研评价体系对实现科研评价育人极其重要。在学校课题立项、过程管理、结题及成果评奖等环节，强化科研育人的监督与引导，将思政标准作为课题评审的重要评价指标，引导师生树立正确的政治方向、价值取向、学术导向。

一是，将科研育人计划纳入课题绩效目标中，作为课题申报立项的评价要素之

一。要求教师在立项论证过程中，结合课题的研究以及参与的学生情况，制定相应的科研育人计划，明确课题研究过程中对学生的培养任务，其中应包括对学生的科研训练和思想教育两个方面，并制定具体可考量的指标内容。

二是，将科研育人成效纳入到课题结题验收的评价指标体系中。在教师课题结题评审过程中，更多关注课题学术成果的质量和水平，而往往忽视其育人的成果，而科研育人的效果往往容易被忽视。因此，应以对应课题立项时的绩效目标，进行结题时的依据，评价课题完成科研育人的情况。

三是，科研评价是科研管理的重要手段，对教师积极开展科研工作具有引导作用。目前的科研评价指标一般主要有论文、著作、研究报告，以及出版、发表、获奖等指标。而这些指标并不能直接反映科研育人的标准。因此，应在科研评价体系中纳入“育人”的标准，如将科研育人情况作为教师工作量考核的一项内容。目前对于教师的工作考核主要包括教师教学工作和科研工作大部分，为鼓励教师开展科研育人工作，提高科研育人的成效，增加科研育人的考核内容，并对于在科研育人工作中取得突出成效的给予相应的奖励，激励教师更加积极、主动地开展科研育人工作，激励教师真正做到立德树人、科研育人。

三、构建育人科研平台，提高科研育人成效

科研平台是体现学校学术意志、贯彻大学管理理念的有效组织形式，通过这一组织形式引导科研方向、为学科交叉和学术交流提供条件，是高校研究人员的归属地，也是高校及政府实施项目管理和研究生培养的基本单元[5]。

深化科研机制改革，激发学术研究活力，进一步创新科研组织模式，构建育人科研平台，是我校提高科研育人成效的有力举措。通过平台建设，引导科研方向，打破教师“单兵作战”的局限，加强教师间的科研交流与互补，合力攻关，将有助于拓展科研空间，产生更多的交叉点，提高学术科研创新能力。近年来，我校教师依托科研项目、研究中心和科研基地等平台，通过打破壁垒、优势互补、整合资源、凝练重点，组建科研团队，加强合力攻关，针对重点前沿性学术问题进行科学研究，提高了

科研的创新性，产生一些突破性的成果。如何加大科研平台的支持力度，为提高科研育人成效提供支撑，充分挖掘科研育人资源，拓展科研平台，进一步提高科研育人的成效，则仍是需要继续研究和探讨的问题。

首先，支撑科研平台成效的机制应具备在学校层面的统筹、联动管理机制。学校成立由校长任组长，科研、人事、财务、资产、教务、研究生、学科规划办等职能部门组成的科研平台建设领导小组，协调解决涉及跨部门、专业学科的联合、打通等科研机构发展建设中的重大问题，以此保证平台的资源整合、打破壁垒、突出“团队”、人才培养等功能的顺利实现。

其次，加强思政教育的专项课题研究。目前我校设有“思政教育专项课题”，主要任务在于培育思政科研骨干，提高教师思政教学和科研水平，鼓励教师围绕舞蹈艺术院校思政教育特色、公选思政课程与教材等开展研究，并将科研成果转化应用于教学工作中，提升科研育人实效。其次，着力搭建专项研究平台，推进“北京舞蹈学院思想政治教育研究中心”的建设，依托该思政研究平台，整合全国艺术院校的优势资源，形成合力进行研究，及时总结新时代高校思想政治教育的新经验，研究新时代艺术院校大学生思想特点，探索新时期大学生思想政治教育工作的规律，为艺术院校的思想政治教育工作寻求新的思路、创造新的理论成果。再次，构建科研与教学联动平台，形成相互促进的机制。科研育人通过整合科研、教学资源优势，促进教学相长，是一种更高级有效的育人方式，而且科学研究的育人作用是不可替代的。但是服务于教学和专业人才培养，也是高校科研的重要任务。教师在教学中发现问题，通过科研加以解决，又将科研成果反哺教学，作用于教学，形成教学与科研的相互促进。教师只有亲身参与科研，将科研成果运用于教学，丰富优化教学资源，才能使自己的教学内容符合知识发展的现状，才能保证教学内容的先进性与前沿性，通过教学新内容、新教材、新课程来不断丰富教学和提高教学效果，激发学生学习的兴趣。思政课程和课程思政建设是落实立德树人根本任务的重要举措，完善教学模式，集聚德育资源，完善与改进课程教学内容与教学方法，则是确保课程见功见效的重要基础。因此，建立教学管理和科研管理的联合机制，充分发挥和利用教学与科研的联动效应，共同推进科研育人工作。另外，打破专业壁垒，建立各专业间的科研合作，发挥资源优势互补，提高育人成效。

结语

“科研育人”是我校“三全育人”体系的重要组成部分，科研管理机制的优化与完善，是保障科研育人成效的重要因素之一，进而影响着立德树人的三全育人成效。不断加强教师科研育人的意识，构建科研育人的评价体系，构建育人科研平台等措施是提高我校科研育人成效的重要保障。我们应引导教师树立正确的科研育人观，构建强化科研育人的科研评价体系，搭建多样化的科研育人平台，以更好地完成培养高素质舞蹈人才的教育使命。

参考文献

[1]《习近平谈治国理政》(第2卷)，北京：外文出版社，2017年第376页。

[2] 中华人民共和国教育部官网：http：//www.moe.gov.cn/srcsite/A12/s7060/201712/t20171206_320698.html

[3] 刘建军:《进一步重视科研在高校育人中的地位和作用》，载《中国高等教育》，2015第6期第34−37页。

[4] 汪静:《高校科研评价体系的现状及对策》，载《中国高校科技》2012第10期第10—11页。

[5] 刘波:《加强科研平台建设，提高大学科技创新能力》，载《复旦教育论坛》2004第6期第36页。

双线并行：推进研究生导师思政思维与专业思维有效融合

苏娅

摘要： 本文从导师在研究生培养过程中注重发挥立德树人主体作用思考，主要阐述了导师作为高水平艺术人才培养目标达成的重要一环，须注重从培养的各环节、全过程，坚持“专业思维”与“育人思维”的双线并行、有效融合；须注重在研究生“分类培养”下的主体作用发挥，以更好地为研究生提供方向性的价值引领；须注重在研究生“课程育人”质量提升下的主体作用发挥，以更好地将职责担当、文化自信等价值引领性的内容融入教学，从而调动学生融入其中的家国情怀与行业理想。

关键词： 导师育人；思政意识与能力；研究生教育；高层次艺术人才培养

近期，习近平总书记对研究生教育工作作出重要指示。作为中华人民共和国成立以来的第一次有关研究生教育的专项会议，会议不仅为推动研究生教育改革发展指明了方向，开启了新时代研究生教育改革发展的新篇章，也为我校研究生教育加快向高水平艺术人才培养方向的转变，突出立足自身学科专业的本位意识、特色意识奠定了根基，指明了方向。启示着我们工作需要从各方面、各环节、多角度，深入思考，将立德树人背景下的高水平艺术人才培养目标有效落实到实践路径。导师是培养研究生的“第一负责人”，也是高水平艺术人才培养目标达成的重要一环，如何充分发挥导师在育人过程中的主体作用，提升导师的思政意识与能力，让研究生更好地在专业学习与专业实践成果的产出中，进一步凸显“知识传授与价值引领同步并行”的育人效果和研究生培养特色，而这一核心思想也是管理工作者值得思考的重要问题。

一、注重导师在研究生培养过程中立德树人的作用发挥

《教育部关于全面落实研究生导师立德树人职责的意见》的文件指出："研究生导师是我国研究生培养的关键力量，肩负着培养国家高层次创新人才的使命与重任。为贯彻全国高校思想政治工作会议精神，努力造就一支有理想信念、道德情操、扎实学识、仁爱之心的研究生导师队伍，全面落实研究生导师立德树人职责……"

《意见》对导师立德树人作用发挥提出了明确的要求，也就意味着导师除了在具体学业方面担负着研究生的专业学习、学术成果、专业实践成果等方面的指导任务，更要作为研究生成才道路上的"指导者"和"引路人"，对其"以德立身、以德立学、以德施教"的具体要求提出导师不断加强自身师德师风建设的同时，还要注重和坚持"专业思维"与"育人思维"的双线并行与有效融合。正如习近平总书记在学校思政课教师座谈会上的讲话，"坚持显性教育和隐性教育相统一"。导师作为高水平艺术人才培养目标达成的关键点，需从自身培养的各环节、全过程，深入挖掘能够与知识传授、技能培养等"显性"教育紧密结合的"隐性"教育，即对研究生的价值性、方向性的引领与思政意识贯穿其中。这既是对导师育人职责的明确与强调，也是一直以来结合艺术人才培养的特性，对艺术人才的专门化培养应该遵循怎样的发展方向与目标定位提出的具体贯彻要求。需意识到相比其他学科门类，艺术人才的专门化培养不能仅仅停留于专业技术技能层面的"专"，而是需要充分挖掘自身内涵、提升自身价值、立足自身本体特性，不断深入探索立德树人背景下符合自身学科专业特性的育人模式与有效路径。

正如回顾新中国舞蹈艺术的拓荒者、奠基人及老一辈的著名舞蹈表演艺术家、教育家、编导家、理论家的突出事迹，他们在育人过程中，除了对自身专业实践领域的不断耕耘，最为重要的便是他们始终秉持着不忘使命的责任担当、严谨求实的治学态度、深厚积淀的学识素养、"爱一生便为之而奉献一生"的艺术追求，自觉践行教书和育人相统一、言传和身教相统一、潜心问道和关注社会相统一、学术规范和学术自由相统一，为推进形成中国特色、中国气派、中国风格的舞蹈学科体系、学术体系、话语体系，作出了不可忘却、且永需后辈爬梳的重要贡献。所以，如何在自身专业实践领域内始终坚持"专业思维"与"育人思维"的双线并行与有效融合，便是导师在

研究生培养过程中更好地发挥自身立德树人作用的重要思考立足点。

二、注重导师在研究生“分类培养”下的主体作用发挥

注重导师在研究生“分类培养”下的主体作用发挥，指的是导师在育人过程中，一方面要注重对研究生的专业学习指导，不能仅仅只是考虑如何给予学生专业性的知识技术技能，更重要的是在这专业知识技术技能习得的背后，导师需要不断强化自身究竟能为学生提供一种怎样的贴合于当下现实所需、专业自身实践领域拓展所需、学生个人专业实践能力拓展所需的价值性、方向性引领。另一方面要注重对研究生的学术成果和专业实践成果指导，明确学生成果的产出不只是衡量研究生培养成效的“指标”，更是能从中渗透出直接有效的价值引领，深层激发学生探索其与学术研究、专业实践之间紧密关联的重要“突破口”与有力抓手。

导师在这些过程中需要不断强化自身的主体作用发挥，明确对于学术型的研究生在学术研究和学术成果产出的过程中，如何在学科本位意识、特色意识“中国舞蹈学”与“中国舞蹈学科理论”中始终体现出学术自信的彰显和学术立场的坚守，是其不论是做基础理论研究还是做应用实践理论研究都要一直明确的，从而更好地促使自己在学术钻研的过程中能一直以此为导向，不断将研究深入至“中国舞蹈学”与“中国舞蹈学科理论”搭建的纵深处。针对专业型不同研究方向的研究生来说也是同样，表演方向的研究到了研究生这一高层次人才培养的阶段，就已然不能仅仅停留于本科阶段的身体技术技能习得与掌握，对于他们而言，相比身体技术技能，更为重要的则是他们如何通过自身的身体表演，去不断探索和领会内蕴于中国传统文化的“中国式”身体表达的内在经验与内在规律；对于教育方向的学生来说，他们教学核心能力的提升就不能仅仅停留于“学动作”和“教动作”的层面，而是需要充分意识到在这教学的背后，更为重要的是他们对身体的认知能力的核心体现，所以与表演方向的学生一样，他们最终达到的目标也是进一步对“中国式”身体表达于身体体现上的内在经验与内在规律挖掘，才能更好地反作用于自己的教学本身；而对于编创方向的学生来说也就更是如此，他们的作品编创不能固然停留于自我个体情感的“小我”表达，而是需要在坚定理想信念的导向价

值、爱国主义情感的凝聚价值、高尚道德情操的教化价值中，找准自己的破题方向，凸显自身不论是作品选题还是形式建构，都与自身所处的这个时代境遇、与当下有着紧密关联……这些都是知识技术技能本身更为重要的价值性、方向性引领，这样才能有助于学生占据在更高、更广的认知视野，明确自身在专业学习和学术研究/专业实践成果的产出中应该秉持着一种怎样的目标导向，从而能更好地作用于自身以及自身所处的专业实践领域，同时又真正地将思想教育的价值引领与专业教育之间实现了无缝隙的“嵌入式”融合，很好地体现了导师对其在专业学习和成果产出过程中的主体作用发挥。

三、注重导师在“课程育人”质量提升下的主体作用发挥

这一点主要是针对导师的具体课程建构。因为课程是导师在育人过程中的核心支撑，它不同于前述对研究生的指导性过程，而是代表着一种示范性引领，直接渗透和彰显着导师自身的学术研究和专业实践能力，以身示范能够对研究生的学术研究和专业实践起到非常重要的参照价值。所以，如何在课程本身的建构上，于兼顾自身学术研究导向的同时，深入挖掘其中内含的思政元素，着力强化思政教育的内涵与导向，是研究生导师需要在其课程建构中不断强化和有效引导的。

之前我们有一门研究生课程叫“西方现代舞研究方法”。这门课程看似是针对西方现代舞乃至其学术研究方法习得与操练的一门课程，但实际上老师在教授的过程中并没有仅仅停留于这一层面，而是“反其道而行之”的以西方为参照，坚定地立足于中国现有舞蹈学研究方法的有效补充，是希望通过“他者”之研究方法的谙熟与内在规律能更好地反观我们自身。其中内含的互视互鉴，正如课程老师自己所言，“也是坚定我们探索基于文化适用性的、中国特色和文化自主的舞蹈学研究系统的及时提醒”。“只有在积极互动的正面交锋中，才能彰显中国舞蹈学的学术立场与策略。”也就是说，在这门课上，作为老师她不仅在给予学生一种知识性的补充与摄入，更为重要的是以自己对“他者”的吸收、借鉴与重新审视自身的亲身示范，来教学生如何立足学术自信、坚守学术立场。因此，这就是一个很好的导师如何在课程中强化思政教育的范例，从而使得学生通过老师的以身示范，清晰地认识到自己在今后的学术研究

中应该遵循一种怎样的开阔视野、思路与研究立场。

包括舞蹈领域的专业实践课，比如舞蹈编创课。有的研究生课程就专门针对传统文化和革命历史题材类的舞蹈编创方法进行探索。这就从中可见老师其实正是以自身对这类题材形式建构的实践探索，在有意识地引导学生将编创的目光视线转移到对“这一类”亟待开掘的题材编创的同时，希望学生能够从中越发明晰自己未来实践探索的方向，是以舞蹈编创中的“中国式”身体表达与思想的高度自觉为一己之任，才会进一步影响他们在之后的专业实践成果产出中，在相关编创经验累积与不断试错的基础上，能够进行“这一类”题材的独特艺术表达方式探索。所以，从这个角度上讲，课程其实是导师可以尽可能充分发挥自身主体作用的有效路径之一，从而使得课程最终达到的效果其实是既成功地将职责担当、文化自信等价值引领性的内容真正融入了教学，同时又大为改观了思政教育以单向灌输方式的刻板与融入其中的生硬、割裂之感，从而很好地调动起了学生融入其中的家国情怀与行业理想。

当然，通过以上课程的举例参照，并不是说所有的课程开设都应该遵循一种怎样的指向和相同模式，而是从中我们可以看到对于导师的思政意识提升而言，其实可以完全在不依托单一外在形式的“照本宣科”基础上，充分立足导师自身的“立身之本”——课堂，激发他们对课程中思政意识的有效融入与元素挖掘，从而对研究生起到重要的示范引领作用。

“立德树人工作是一项系统性育人育才活动，研究生导师立德树人实际效果的检验是评价导师立德树人工作的重要维度 。”[1]守初心、担使命，相信在未来的前进征程上，导师立德树人的成效不断提升，将会不断有助于研究生以做有信仰、有情怀、有担当的新时代文艺工作者为根本遵循，以高度自觉的使命担当为己任，以“中国精神”为引领，努力把自己未来的艺术表达放置在艺术与国家命运共振、共存的高度，去不断寻求更加深刻的情感共鸣、内涵深度和精神高度！

参考文献

[1] 刘志、刘健康、许畅：《研究生导师立德树人评价需要平衡三对矛盾冲突》，载《学位与研究生教育》2019年第2期第8-9页。

价值与路径的探索——科研育人的舞院实践

刘洁　苑媛

摘要：科研育人作为“三全育人”十大育人体系之一，对于积极推进艺术院校“双一流”建设，提高艺术院校人才培养质量具有重要的意义和价值。本文以北京舞蹈学院“十三五”期间科研育人的实践探索为切入点，在分析科研育人在时代需求与人才素质提升方面意义与价值的基础上，梳理出艺术院校科研育人在规划制定、实施路径与特色建设方面的问题，基于北京舞蹈学院在科研育人方面的具体实践，探索适合艺术院校科研育人的途径与方式。

关键词：科研育人；艺术院校；实施路径

引言

早在2015年中共中央办公厅、国务院办公厅印发了《关于进一步加强和改进新形势下高校宣传思想工作的意见》，并首次提出“五育人”机制，文件中较之以往新增了“科研育人、实践育人”，形成“五育人”的理念。这是“科研育人”理念第一次正式出现在中央关于高等教育的重要指导性文件中。[①] 2017年教育部印发《高校思想政治工作质量提升工程实施纲要》，提出着力加强科研育人。发挥科研育人功能，优化科研环节和程序，完善科研评价标准，构建集教育、预防、监督、惩治于一体的学术诚信体系，健全优秀成果评选推广机制，实施科研创新团队培育支持计划、科教协同育人计划、产学研合作协同育人计划，培养选树一批科研育人示范项目、示范团

① 中华人民共和国中央人民政府官网：http：//www.gov.cn/xinwen/2015-01/19/content_2806397.htm

队。引导师生树立正确的政治方向、价值取向、学术导向。[①] 2020年教育部等八个部门发布的《关于加快构建高校思想政治工作体系的意见》当中提出要充分发挥科研育人功能；构建集教育、预防、监督、惩治于一体的学术诚信体系；提高研究生导师开展思想政治教育意识和能力；持续开展全国科学道德和学风建设宣讲教育、“共和国的脊梁——科学大师名校宣传工程”等系列活动。[②] 从整个政策制定的脉络和逻辑上看，科研育人在高校思想政治工作当中不断向科学化、制度化、体系化发展，科研育人所发挥的积极作用日益凸显。

从狭义上讲，科研育人是指学生直接参与到科学研究工作当中，通过参与项目研究和项目管理培养学生至诚报国的理想追求、敢为人先的科学精神、开拓创新的进取意识和严谨求实的科研作风。从广义上讲，科研育人是高校通过科研项目、科研平台和科研活动，推进高校科研育人体系的构建，从教学、实践、管理等多方面充分发挥科研育人的功能和作用，有针对性地培养新时代所需要的高素质创新型人才。针对艺术院校的科研育人来说，最重要的是要通过科研育人体系的建设，培养出有情怀、有信仰、有担当的新时代文化艺术人才。在艺术教育、艺术创作、艺术实践、艺术研究和艺术传播等各个方面注重培养人才的创新性、专业性和实践性。

一、科研育人对艺术院校人才培养的意义与价值

首先，科研育人是艺术院校人才培养的时代需求

习近平总书记在2016年中国文联十大、中国作协九大开幕式上的讲话中提到“盖有非常之功，必待非常之人”。文化艺术领域是思想活跃的地方，也是创造力充沛的地方。我国文艺事业要实现繁荣发展，就必须培养人才、发现人才、珍惜人才、凝聚人才。艺术院校作为我国艺术人才培养的主要阵地，担负着为国家文化艺术的繁荣发展和输送优秀人才的使命。

---

① 中华人民共和国教育部官网：http：//www.moe.gov.cn/srcsite/A12/s7060/201712/t20171206_320698.html

② 中华人民共和国中央人民政府官网：http：//www.gov.cn/zhengce/zhengceku/2020-05/15/content_5511831.htm

科研创新能力是一个学校学术水平的重要指标，与一般综合类大学“重科研、轻教学”的现状相反，艺术院校更加注重教学与实践，呈现出“重教学、轻科研”的现象。创新能力同样是艺术院校整体水平的直接体现，也是教学研究型高等艺术院校需要着力发展的方向。艺术院校应在充分研判当前文化艺术发展趋势和国家社会对艺术人才客观需求的基础上，以科研育人为抓手，着力培养新时代亟须的文化艺术人才，推动我国文化艺术事业的长足发展。

其次，科研育人是全面提升艺术人才培养质量的必由之举

结合当前艺术人才培养中存在的精英教育导向问题、创新能力不足问题、人才社会适应性不强等问题，科研育人成为新时代艺术院校全面育人工作的有力抓手。通过使学生直接或者间接地参与到科研工作当中，可以提升学生在学习阶段和未来工作当中思考问题的前瞻性、探索实践的严谨性和把握全局的贯通性；通过科研育人使师生从研究的视角和艺术发展的规律入手，带着创新性和前瞻性的思维去思考艺术的发展，开展艺术实践。

“中国艺术教育大多继承了以技术训练见长的西方学派，抛弃了以人文方式培养艺术人才的中国传统艺术教育模式。随着对苏联艺术教育体系的引进，各艺术学科门类、专业越分越细，专业性越来越强，综合性越来越弱，学生的技术越来越高，而其人文素养越来越低，没有建构起新时代所需的创新型、复合型、应用型人才培养模式。”① 针对这种现状，通过科研育人体系的构建，可以打通专业和学科壁垒，开展跨专业、跨学科的理论与实践研究，培养学生科研诚信的品质、严谨规范的学风，提升学生学术研究的能力与水平，有规划地将艺术院校学子培养成为国家和社会需要的复合型人才，为满足人民对美好生活的向往不断注入文化创新的活力。

二、艺术院校科研育人实践的瓶颈与困境

在艺术院校的科研育人工作当中，既有与一般综合性院校遇到的同样问题，也有

---

① 刘岚：《高等艺术教育在新时代文化建设中的使命担当》，载《艺术教育》2018年24期 第14页。

艺术院校在科研育人当中的个性化问题。在梳理艺术院校科研育人瓶颈与困境的过程当中，需要紧密围绕国家关于文化艺术事业发展的核心，尊重艺术发展规律、尊重科学研究规律，客观分析科研育人在艺术院校人才培养当中发挥的实际作用，努力寻找艺术院校思想政治工作当中科研育人有待提升贡献率的空间。

首先，科研规划中科研育人理念有待进一步强化

高校开展科学研究的主体是教师，教师通过项目研究和科研活动直接或者间接地将学生带入到科研工作与科研氛围当中。开展项目研究需要遵循科研规划和指导选题方向，因此，若要在科研工作当中更好地实现科研育人的目标，需要在科研规划层面充分体现出科研育人的理念和导向。

目前，艺术院校在科研规划当中更多关注的是国家文化艺术事业的需求和自身学科专业的发展，加之，从国家政策层面“科研育人”的概念在2015年才被提出，因此在科研规划层面对于“科研育人”理念的体现还有待于进一步强化。

其次，项目管理中科研育人的实施路径有待进一步拓展

目前，学生在参与教师科研项目研究和项目管理工作的过程当中，培养科研精神和提升科研素养是科研育人的主要实现方式。学生作为整个科研工作流程中的一枚“螺丝钉”，完成科研工作当中的某一个环节的工作，且大多数为研究过程中的问卷调研、田野采风、数据采集和管理过程中的材料填报和经费报销等。

这些基础性的工作对于学生科研能力的提升奠定了扎实的基础，但是要想达到科研育人目标，构建科研育人的体系，培养创新型、复合型的人才，通过科研育人全面培养学生的科研精神与科研素养，还需要探索更加多元的实施路径，从各方面调动学生自主创新的主观能动性。

再次，艺术院校科研育人需树立鲜明的学科特色

综合类大学在开展科研育人的实践过程中，依托“大而全”的学科专业设置，便于开展跨学科的理论与实践研究，充分激发教师和学生的科研创新能力，培养跨学科跨专业的复合型人才。但是对于艺术院校而言，其所依托的艺术门类就是研究的“中心”和“主体”，不论是基础研究、应用研究还是对策研究都是紧密围绕着本艺术门类展开的，因此在开展跨学科研究方面有一定的局限性。

然而，作为艺术院校来说艺术实践是非常重要的育人方式，如何通过搭建平台打通科研与艺术实践的壁垒，通过艺术作品的研创，有特色地探索科研育人的新途径，是值得进一步的思考和探讨。

三、艺术院校科研育人的实践探索——以北京舞蹈学院科研育人实践为例

首先，在科研规划中强化科研育人的理念，积极搭建学术平台

北京舞蹈学院作为国内唯一一所专门化的舞蹈高等学府，在教育教学、人才培养、科学研究、社会服务和国际文化交流与传播等方面对全国舞蹈艺术的发展具有举足轻重的引领示范作用。北京舞蹈学院为更加全面系统地构建“科研育人”的体系，在制定科研规划的过程中，强化凸显科研育人理念，积极推动科研育人工作的有效落地。

在北京舞蹈学院“十三五”规划科学研究分规划中，充分体现了“科研育人”的导向。2018年校级科研项目库建设方案当中，针对科研育人与艺术院校思政理论研究等方面，从宏观的规划制定层面进行了充分的体现。与此同时，积极搭建学术平台，2019年12月成立了“北京舞蹈学院思想政治教育研究中心”，通过整合全国艺术院校的优势资源，形成合力进行研究，及时总结新时代高校思想政治教育的新经验，研究新时代艺术院校大学生思想特点，探索新时期大学生思想政治教育工作的规律，为艺术院校的思想政治教育工作寻求新的思路、创造新的理论成果。

其次，在项目研究方面加强科研育人的引导与扶持

第一，加强科研道德和学风建设方面的引导。要建立科研育人体系，发挥科研育人功能，首要的是引导师生树立正确的政治方向、价值取向、学术导向。因此，高校需要加强科研道德和学风建设方面的引导。北京舞蹈学院结合学校自身的艺术特点，自2016年，开展了北京舞蹈学院科研专题讲座。邀请知名专家围绕科学研究精神、科学研究方法面向全校师生开展专题讲座。本科生和研究生通过聆听专家执着奉献的学术经历、宏观前沿的学术思路、专业严谨的研究方法，为自身树立个人的学术

志向、更好地参与到学术研究当中奠定了一定的基础。

第二，鼓励教师围绕艺术院校思想政治工作开展相关理论与实践研究。在各级各类科研项目的申报过程中，加强选题与申报的指导，鼓励教师带着理论性与前瞻性的思路，探索艺术院校思想政治教育工作的规律与特点，形成北京舞蹈学院科研育人的理论研究阵地。“舞蹈特色德育资源开发与思政教学研究”“艺术院校思政课系列辅学教材”“新时代红色艺术作品价值引领研究”等科研项目紧密围绕着艺术院校教育教学、艺术创作、社会实践等方面的特点，有针对性地进行专题研究。

第三，鼓励教师通过科研项目培养学生的科研精神与科研素养。在校级科研项目的申报当中鼓励教师在人才培养方面进行具体规划。通过项目研究带动本科生和研究生参与到项目研究当中，通过基础性的研究与项目执行过程工作提升学生对于科学研究的认识，锻炼学生的科研工作能力，从科研管理的层面加强对于学生参与科研工作过程当中的指导与服务。

最后，加强艺术院校科研育人成效分析，优化科研育人实施方法。

通过毕业生的反馈情况来看，大多数在本科和研究生期间参与过教师科研项目或者独立承担过学生项目的同学，在进入用人单位以后能够更好地融入工作当中，在工作中体现出创新性和规范性，并具有一定的管理思维和管理能力。

随着国家对于科研育人工作要求的不断提高和科研育人工作的逐渐深入，艺术院校需要结合自身特点对于已经开展的科研育人实践进行系统性、理论性的梳理总结，针对艺术院校科研育人的成效，梳理出适合艺术院校科研育人的有效方法，加强规律性和特色化的探索与实践。

结语

科研育人是一项长期持续的系统性工作，作为科研主体的高校教师肩负着为社会培养、输送人才，把科学研究转化成社会成果的社会服务职能。艺术院校需要紧密围绕自身艺术发展的规律，积极探索适合艺术院校科研育人的有效工作模式。因此，从学校层面，要强化科研育人的规划意识，加强学术引导，树立良好学风，积极搭建学术平台，依托项目研究的实践，结合艺术院校科学研究的特点和规律，有规划、有步骤地开展科研育人的实践。从教师层面，要坚持教育者先受教育的原则，严守学术道德，强化科研自律，严谨治学、求真务实、诚信敬业，带着研究的思路和研究的最新成果进入到教学实践当中，实现科研反哺教学的目标。对本科生和研究生要有意识地进行学术培养，在学生的思想政治水平和学术能力提升方面下功夫，在教学科研的一线做好艺术院校创新人才的培养工作，将艺术院校的科研育人落到实处。

随着时代的发展，社会对于艺术人才的需求发生了深刻的改变，艺术人才的培养模式也应与时俱进。创新型艺术人才的培养是一个系统工程，也是循序渐进的过程，相信通过艺术院校科研育人的探索实践，必将对创新型高素质艺术人才的培养带来长足的效益和深远的影响，科研育人也必将成为未来艺术院校创新型、复合型人才培养的重要方向和举措。

参考文献

[1] 刘岚:《高等艺术教育在新时代文化建设中的使命担当》，载《艺术教育》2018年24期。

[2] 杨萍:《新时代高校科研育人问题与途径探析》，载《宁波教育学院学报》2018年第4期。

[3] 高玄:《高校科研育人探析》，载《科教导刊》2020年第1期。

[4] 夏燕靖:《对我国高等艺术院校人才培养问题的分析与探讨》，载《艺术教育》2014年11期。

建设学术生态　化育舞蹈学子

毛毳

摘要： 健康的学术生态是高校建设和发展的基础，而学术委员会是学术生态系统中的重要构成部分。学术委员会是高校最重要的学术人集体，也是学术生态系统中学术主体的重要组成部分，其对学术研究、学术道德的影响举足轻重，也影响着学术生态的平衡和良好运行。我校学术委员会通过强化责任意识、引导学术道德、营造学术风气等具体措施，在规范学术环境和优化学术生态方面，为我校学术生态的建设做出了实际工作，发挥了重要作用。

关键词： 学术委员会；学术生态建设

高等教育重视学术建设，需要健康有序的学术生态。“学术生态”是借助生态学认识事物的方法来认识学术建设和发展。生态学关注生物与生物、生物与环境之间的互动关系，将其视为一个整体。这为人们认识学术行为及其影响因素提供了一个视角，“学术生态”的概念由此出现。“学术生态”是“学术生态系统”的简称，它是“学术与学术、学术与其环境之间相互作用而形成的复杂统一体”。[1]这个统一体当中的各部分互相影响、互相塑造，其互相之间的作用力对整个学术生态系统产生重要的乃至决定性的影响。学术生态主要由两部分构成，一部分是学术人及学术对象和方法，另一部分是学术所处的生态环境，包括物质、精神、文化与制度。（见下图）

学术生态系统
- 主体：学术人（学术研究创造者、传承者、应用推广者、学术管理者）
  - 学术对象和方法
- 环境：物质（学术行为依赖的物质条件）
  - 精神（学术道德、学术风气等）
  - 制度（与学术相关的各种制度）
  - 文化（学术行为所处的文化环境、社会环境）

在展开学术行为的过程中，主体和环境各要素之间的互动情形是非常复杂的，任何两个构成因素或几个因素之间都可以产生互动关系，最常见的例子是，一个学术研究者的研究行为，不但受到学术管理者、学术对象等其他学术主体的影响，还将受到环境中所有因素的影响。就是这种主体各要素之间、主体和周围环境要素之间产生的复杂而具有自组织功能的互动，形成了一个学术生态系统。因此，学术生态建设要涉及多方面的工作。

学术委员会是大学学术生态系统的主体之一。学术委员会是一所大学的学术旗帜，代表着一所大学的学术水平和学术品格，在大学学术生态建设中具有至关重要的意义。我校的学术委员会依据《高等学校学术委员会规程》《北京舞蹈学院章程》《北京舞蹈学院学术委员会章程》等制度，进行学术事项的决策、审议、评定、咨询等工作，这体现着现代大学“教授治学”的理念。

学术委员会的工作，不但包括学校交办的学术工作，也包括自主开展的学术工作，这两部分工作均涵盖在学术生态系统的运行之中。通过开展学术工作，我校学术委员会在规范和优化学术生态方面均做出了实际工作。

一、规范学术环境

1.制度环境和相应学术机构的建设

迄今，我校学术委员会已历经六届，第六届学术委员会于2017年初就任。本届学术委员会除了保留原下设的学风建设委员会，还新设了教学指导委员会和艺术实践指导委员会，这三个下设专委会均制定了工作制度，根据制度运行，但新设的两个专委会在此之前没有运行经验。开展工作两年后，学术委员会及时发现问题，分析原因，并开始着手修订《北京舞蹈学院学术委员会章程》，并于2020年通过学校校长办公会批复，随后发文。《北京舞蹈学院学术委员会章程（舞院字［2020］16号）》进一步细化了各个专委会。根据这份章程的内容，学术委员会继续下设学风建设委员和教学指导委员会，将艺术实践指导委员会调整为艺术创作专委会，并新设了科学研究专委会，同时将艺术创作专委会和科学研究专委会的章程讨论稿也编制出来。这个调整学术机构、制定相应制度的过程，体现出了学术委员会在营造学术环境上的努力。

学术生态失衡与多方面原因有关，其中一个重要原因就是制度不完善，也就是所谓“外源性失衡”的表现之一。我校是一所具有自身教育特点和人员构成特点的专业艺术院校，根据自身特点对学术委员会工作做出动态化的调整，在工作过程里及时对制度进行修订，对内部机构进行与制度相匹配的微调，这些调整都将使学术委员会今后的运行更加顺畅，也是在营造我校良好的学术环境、维护学术生态的平衡方面落实的有效措施。

2.加强学术主体自律性

开展学术批评，可以有效地使学术主体增强自律性，规范学术行为。在第六届学术委员会的积极建议下，我校于2018年11月下旬举办了“首届中国舞蹈创作讲坛”，由学术委员会制定了发言专家名单，上报学校得到批复后，由科研处（学术委员会办公室归口部门）具体负责这次学术活动。在专家发言中，我校吕艺生教授以《抄袭模仿——舞蹈创作的大忌》为题，对国内舞蹈作品千篇一律的现象进行了强烈批评，其直率诚恳的言辞和态度，无疑对舞蹈创作者应加强学术自律性提出了要求。专家道尔吉则在发言中反思了当前蒙古传统舞蹈跟西方现代舞嫁接的创作现状，并直言目前在内蒙古地区非常普遍的这种创作方式是不妥的。他对本土传统与西方文化之关系的思考，对舞蹈创作是非常有意义的。我校是重要的舞蹈创作机构，创作批评的声音将促进我校的艺术创作活动。

我校科研处近年来在邀请学术委员会担任项目评审专家的工作中，采取了评审专家和项目负责人面对面交流的形式。在评审过程中，学术委员会委员常常直面研究中的要点，对项目负责人提出问题，在交流过程中，也曾出现学术上的不同观点，这种方式也是开展学术批评的一个具体体现。

我校学术委员会通过建议举办学术活动、开展学术批评，促使舞蹈学相关的学术主体增强自律性，利于规范学术行为，有效维护了学术生态的有序运行。

二、优化学术生态

1.强化委员作为学术管理者的责任意识

第六届学术委员会共21名委员，其中15名是新任委员，工作经验不足，通过业务学习强化委员的责任意识，同时提高业务能力。在就任之后，学术委员会分期集体学习了国家教育发展总体要求、教育部《高等学校学术委员会规程》《北京舞蹈学院学术委员会章程》、中共中央办公厅和国务院办公厅印发的《关于深化教育体制机制改革的意见》《习近平在文艺工作座谈会上的讲话》《习近平在哲学社会科学工作座谈会上的讲话》《陈宝生部长在教育大会上的讲话》《“双一流”建设高校和建设学科专家谈》《上海音乐学院“音乐与舞蹈学”建设世界一流学科方案》等学术委员会工作内容相关的文件和材料，并及时了解我校每年的重点工作等内容。无论是国家教育发展的战略目标，还是具体到学科建设的思路方法，这些学习内容都为学术委员会履职打下良好基础，在强化委员们的大局意识和责任意识的同时，也为委员们在工作中评判学术内容，提供了重要的参照和依据。

自成立以来，学术委员会始终将学习作为自身队伍建设的一项重要工作，不断对委员们的履职意识和履职质量提出更高的要求，不断强化委员的责任意识，不但要熟知国家文化建设和教育发展的方针政策，关注高校学科发展，要自身站位高、责任重，而且在实际工作中不断强调要严守学术标准，严把学术质量关。

2.以树立学术榜样和师德榜样来营造优良学风

2018年和2019年，学术委员会和学风建设委员会均组织了我校师生观摩学习“全国科学道德和学风建设宣讲教育报告会”，委员们和师生们一起进行了集体学习，黄旭华、施一公、怀进鹏等国之栋梁所表现出的勇于创新、执着求真的学术精神和品格，为我校师生树立了良好的榜样。此外，学术委员会还邀请师生们敬重的老教师来校交流，身边的榜样往往更具有强大的力量，他们是师生熟悉的人，他们关注的事情就是我们这个校园里的日常，因此在情感上会有更充分的交流。2019年6月，学术委员会邀请我校原院长，著名舞蹈教育家、理论家吕艺生教授，为学术委员会和学风建设委员会做专题讲座，题目为《我的治学之路》。吕艺生教授首先从分析自身的知识结构开始，讲述了自己主动补充人文知识的过程；接着从学与用的关系切入，讲述了知识与实际工作是如何结合的；最后讲述了自己在研究选题上的经验和方法。吕艺生教授通过具体例子，将自己读的书、做的工作和思考的理论点结合为一体进行生动讲述，展现出深厚的学养，委员们被吕艺生教授终身学习的积极态度所感动，大家认真听讲，记录要点，在不知不觉中完成了一次有意义的交流学习。吕艺生老师已是耄耋之年，是我校发展过程中重要的建设者，他不但把毕生心血奉献给舞蹈教育事业，而且至今仍然在学习，他终身学习的精神对学术委员们产生了重要影响。

除了学习交流，学术委员会在各类学术事务的审议、评定方面，也始终以高标准严格要求自身工作。委员们在书面评议中，常常在意见表中写满文字，甚至超出表格边线，详细的表述中处处充满真诚的学术态度。有时委员们会和创作者就创作情况进行当面交流。委员们都是倾听创意、观看作品之后，与创作者的交流具体到某一个动作、某一个节奏处理，以精益求精的艺术创作态度引导年轻的创作者。

在一所大学里，学术主体的道德教育可以通过组织专题教育活动来开展，但更有效、也更重要的是，学术榜样的言行会在整个校园里对师生们起到耳濡目染、润物无声的作用。学术委员会既进行学术道德的专题学习，主动使道德的更高标准内化为自身的一部分，同时也以身作则，营造校园学术风气，这都是维护学术生态平衡的有力措施。学术生态之所以失衡，很多情况下都是学术人的学术道德出现问题，学术道德一旦出现问题，必将违背学术行为要遵守求真创新、独立思考等规则，从而造成负面结果，使学术失去了可持续发展的基础和前提。

三、以优良的学术生态化育学子

高校在努力构建优良的育人生态，这项工程涉及学术生态的建设。学术生态建设既是育人生态建设的一项内容，又具有自身的独立性，它和育人生态建设互动互溶，优良的学术生态是育人生态建设的必要基础。健康的学术生态不但会促进高校的育人生态建设，而且会形成一所大学的精神气质，这种校园氛围上的无形影响，正是化育学子、立德树人最好的雨露。

2019年9月，学术委员会和民族舞蹈文化研究基地共同举办了“‘不忘初心、牢记使命’——听李正一教授讲舞蹈教育”学习交流活动。本次活动对校内师生开放，小剧场座无虚席。李正一教授回忆道：1984年中国古典舞教育专业首个本科班的教学过程刚完成，当时中国古典舞教学理念是要继承传统，再有新的发展。为了达到这个目标，李老师和唐满城老师、部大琨老师等一批教师，重新从戏曲、武术当中广泛走访学习，提高认识，在重新学习的过程当中确定了指导思想。他们带着研究的目的、带着问题去考察和学习，最后在中国古典舞的教学理念上，是超越了圆场、云手、翻身等具体动作，在审美和艺术规律上对中国古典舞教学进行了更深一步的有益探索。李老师当时认为，仅仅几年的教学探索时间尚短，教材还不成熟，但同时又觉得，编教材也是对首个本科班教学的一次重要梳理，对教学建设会起到积极的作用。前辈们就是在这样艰难的探索中，凭着崇高的责任感完成了中国古典舞教材的编写，为后来的教学留下了极为重要的资料。她最后还朗诵了“传统是一条河”的诗句。现场听众当中，有李正一老师的学生，也有学生的学生，还有隔两辈的学生，一代又一代学子们无不为李正一老师的讲述所打动。这种有意义的座谈活动，既带着我校舞蹈文化传承的特色，又具有深入人心的情感力量，在学生的学风教育方面真正达到了入脑入心的效果。

我校的建设目标是中国特色、世界一流舞蹈大学，而一流舞蹈大学的建设是以健康的学术生态为基础的。有学者认为，国际一流大学的学术生态有几个特征，即卓越的学术人、顶尖的学科群、和谐创新的生态环境、充足的物质基础、创新的学术成果、开放的信息交流、良好的学术声誉。[2]对照于此，我校已具备了良好的学术生态基础，其中，学术委员会是我校学术声望最高的学术人集体，是学校宝贵的学术资源，在学术生态建设中具有举足轻重的作用。今后，学术委员会仍将自身队伍建设作为常态化工作的重要部分，以高尚的学术品德为学生树立榜样。学无止境，学术生态育人亦无止境，亦需要投入不断、努力不息，这是学术委员会的职责，也是我校“三全育人”的有力保障。

参考文献

[1] 刘贵华:《建设高品质的“学术生态”》，载《大学·研究与评价》2008年第1期，第8页。

[2] 刘贵华、李青合:《世界一流大学的学术生态特征研究》，载《大学·研究与评价》2008年第3期，第12页—16页。

03

实践育人篇

“高水平特色型”定位下的特色艺术实践体系

胡淮北　李苗

摘要：艺术实践肩负着启迪思想、陶冶情操、温润心灵的重要职责，承担着以文化人、以文育人、以文培元的使命。北京舞蹈学院艺术实践始终坚持爱国主义教育，并和育人紧密结合，以“立德树人”、“高水平特色型”是艺术实践定位目标，贯彻落实学校提出的“表演－编导－理论－设计－管理”实践教学体系，实现“跨专业”、“一体化”，不断完善全校艺术实践的角色层级，构建出科学规范、运行有效的艺术实践管理体系。

关键词：“立德树人”；“高水平特色型”；科学规范；运行有效

北京舞蹈学院是以“坚持高层次的文化追求、坚持高质量的人才培养、坚持高水平的普及教育”为工作目标，旨在培养“基础扎实、素质全面、适应力强、具有创新精神的舞蹈文化人才”。艺术实践是人才培养必不可少的重要环节，更是检验教学质量的必要手段和提高人才质量的重要途径。

近年来，在学校党委的正确领导下，中心积极发挥引领艺术实践创作导向的职能，坚持以人民为中心，通过搭建校、院两级艺术实践项目平台，支持包括大型主题创作、创演实践项目在内的多种平台，鼓励师生创作讴歌党、讴歌祖国、讴歌人民、讴歌英雄、反正时代精神的作品，推广思想精深、艺术精湛、制作精良、意义深刻的优秀作品。

贯彻落实学校提出的“表演－编导－理论－设计－管理”实践教学体系，实现“跨专业”“一体化”。教学实践中心搭建“秋冬演出季”“学院奖”“优秀剧目引进来”等校内实践平台，拓展各类赛事演出，服务国家、服务社会、服务首都四个中心建设，“精品剧目走出去”等校外实践平台。以北京舞蹈学院“舞蹈剧场”为中心，打造专业领域内最具影响力的艺术展示平台和实践创作基地。

一、“高水平特色型”指导艺术实践，“立德树人”检验艺术实践

追求有特色的“高水平”和有高度的“特色型”，以特色发展夯实高水平艺术大学的内涵根基，以辩证思维实现高水平艺术大学的守正创新，应是中国特色社会主义顶尖艺术大学的办学倾向。当今北京舞蹈学院舞蹈高等艺术教育分工体系中，“高水平特色型”是艺术实践定位目标与学校分类指导相关联的重要指导，以艺术实践托举的舞台呈现是我校“特色型”办学主要本体特征，各专业方向的舞台呈现“高水平”是主要本体发展的核心目标。

习近平总书记指出：“要坚持把立德树人作为中心环节，把思想政治工作贯穿教育教学全过程，实现全程育人、全方位育人。”抓住立德树人的根本，开展思政教育，是当下高校的重点工作。实践创作作为我校的特色，要充分与思政教育相结合。

近年来，学校结合艺术教育实践性强的特点，将思想政治教育因素融入艺术创作、艺术实践。学校师生通过创作和表演的革命题材舞蹈《井冈·井冈》《长征》《黄河》，弘扬中华优秀传统文化的舞蹈作品《傩·情》《国韵》，以及为纪念党的生日开展的创意快闪活动等，凸显艺术院校课程思政化的育人特色。

时代在变化，创作的思路也要不断创新，要关注社会的新思想、新动态，关注业界的新作品，关注国际的新思潮，不断开拓我们的眼界，不断丰富我们的头脑，不断创新我们的创作理念，不能一直停留在传统的创作思维里。要关注大众的欣赏层面，倾听观众的反馈意见。备受欢迎的上海歌舞团舞剧《永不消逝的电波》就以他们独特的创作理念获得了大众的欢迎、市场的认可、专业的认可。

“敬教劝学，建国之大本；兴贤育才，为政之先务。”为落实“立德树人”的根本任务，深化教育教学改革，在实践体系构建上，须继续强化对项目的意识形态管理，加强政治监督指导。坚持以马克思主义文艺理论为指导，坚持以人民为中心的创作导向，体现社会主义核心价值观，引导思想观念、凝聚政治认同、推动文化传承。全面

提升我校专业教育内涵发展，提升艺术创作的政治境界、思想境界、道德境界的指向标。

在现有良好的基础之上，提高学院艺术创作的整体水准，其中最重要的就是人才培养，依托人才搞创作，打造出健康的艺术创作氛围，让人才在党的文艺政策指引下，创造出更有水准的艺术作品。提升学校整体的创作选材水平，在更开阔的视野当中，提升学院的艺术创作的胸怀和高度，让年度的艺术创意有规模、有把握、有智慧；对于新创作的艺术作品进行绩效评价，力求思想精深、艺术精湛、制作精良。

二、加强制度建设，实践成果累累

首先，制订管理政策，科学统筹安排项目资金，建立起完善的艺术实践资助体系。教学实践中心制定《北京舞蹈学院艺术实践项目管理办法（修订版）》《北京舞蹈学院艺术实践成果奖励办法》等管理办法从项目申报、项目平台设置、项目创作方向、项目评审、项目批复、监督执行、资金使用、中期审查、成果展示、项目评审及奖励等方面落实管理细节，不断提升管理效能。制订了分类分层的政策，设计出具有差异化的艺术实践类型，完善全校艺术创作的角色层级和体系。

自2015年学校成立教学实践中心以来，积极搭建校内外实践平台，整合、调配学校实践教学资源，引导、推动学校艺术实践与艺术创作，完善艺术实践管理和指导机制。学校设立艺术实践项目和大学生科研训练项目，提高师生的艺术创新和艺术实践能力，支持毕业创作、教学实践周、秋冬演出季、各类演出赛事等艺术实践项目和大学生科研训练项目数百个。

在习近平总书记文艺工作座谈会精神的指引下，学校坚持以人民为中心的创作导向，鼓励师生深入生活、扎根人民，创作反映时代精神的优秀舞蹈作品，推出了一批高质量的艺术实践成果，取得了丰硕的成果。为实现“跨专业”“一体化”的实践体系，我校的艺术实践项目设立了“毕业实践项目”“创演实践项目”“大型主题创作项目”“赛事活动项目”“课堂延伸实践项目”“社会实践项目”“校外教学实践合作交流项目”等实践平台。师生们根据年级、专业特点选择适合自己的艺术实践平台，形成了艺术实践与社会实践、校内实践与校外实践相结合的教学实践体系。2016–2019年，艺术实践项目执行子项目一百七十余个，推出了丰硕、高质的成果。仅在2019年，全校共开展各类实践活动100台，142场，共发放票数71872张，其中舞蹈剧场48台、66场，发放票数56628张，沙龙舞台30台、44场，发放票数8844张，黑匣子剧场22台、32场，发放票数6400张。

其中：我校创作作品11个入围第十一届、第十二届中国舞蹈“荷花奖”舞蹈比赛，其中《井冈·井冈》《运河船工》《墨舞留白》《玄音鼓舞》4个作品分别获得舞剧、现当代舞、中国古典舞、中国民族民间舞奖。在第十二届“桃李杯”舞蹈教育教学成果展示上，我校参与展示选手13个，作品两个，精品课两个。第十二届全国舞蹈展演，我校参展作品 9个。在国家艺术基金与北京市文化艺术基金平台项目总，我校获得5个大型项目支持，10个中小型项目支持。“井冈·井冈”获得北京市年度文化精品工程重点项目。《黄河颂》《河》连续获得“大学生艺术节”展演金奖。英国黑池舞蹈节上，我校附中、大学先后5个国际标准舞剧目获得世界团体舞，拉丁、摩登团体舞冠亚军。此外，我校还有诸多项目在北京市舞蹈大赛，华东六省一市舞蹈大赛中取得佳绩。这些成果的涌现，显示我校近年在教学实践创作方面取得的成绩，肯定了我们在艺术创作与人才培养、科学研究、社会服务、文化传承与创新等方面所作出的各项努力。

三、坚持文化自信，服务于人民，服务于社会

习近平总书记强调：“能不能搞出优秀作品，最根本的决定于是否能为人民抒写、为人民抒情、为人民抒怀。”我校新创舞剧《井冈·井冈》成为教育部高雅艺术进校园推荐巡演剧目，并成为近年第一部赴港澳台演出的红色题材作品；《梁祝》《沉香》《国风》在海外传播中华文化备受欢迎；《相和歌》多次参加重大国事活动，受到国家领导人表扬。这些都说明一个作品是否优秀的衡量标准，不仅在于其“是否获奖”，更重要的在于是否能够受到服务于国家，服务于社会、服务于人民。同时我们也要坚决反对“纯艺术论”，就是告诫广大艺术工作者，艺术的创作不能脱离人民、脱离社

会、脱离历史的“唯艺术主义”存在。

随着近年来“桃李杯”教育教学成果展示、全国舞蹈展演等平台从以往的赛事机制转变为展演机制，我们以往举全校之力以“摘金夺银”为首要任务的创作初衷，也发生了根本变化。过去几十年来，我们的创作始终引领全国专业艺术院校，各地的院校也以北京舞蹈学院的创作为风向标、教科书。然而从近年来的“桃李杯”“全国舞蹈展演”“荷花奖”等赛事活动的参加剧目中，大家也都看到了全国各地优秀舞蹈创作的兴起，当然这其中有很大一部分作品的编导都是我们学校的优秀毕业生，他们的创作理念、表演水准也大幅提升。过去我们的目标对手是民大、军艺，现在是在一个更加开放的平台上PK，那么我们在这样的环境下，能否继续保持领头羊的地位，我们需要交出怎样的作品来代表北京舞蹈学院这个品牌的权威性？

北京舞蹈学院是一所以高素质舞蹈人才培养、高水平舞蹈理论研究和作品创作为主要任务的全日制普通高等学校。我们有着明确的办学定位与人才培养目标，有着明确的学科发展方向，因此，不论是中国古典舞、中国民族民间舞、芭蕾舞、国际标准舞、现当代舞、音乐剧的实践创作，还是舞蹈考级院、继续教育学院的社会舞蹈创作，都必须与学科自身的定位以及学生的人才培养目标相结合，舞蹈理论、管理专业，设计专业也要根据自身定位，与学校的实践创作形成联动。

北京舞蹈学院舞蹈艺术“学院奖”，以及各个系部举办的大学生科研训练项目，就是要充分鼓励学生开展创演。教学实践中心成立以来，一直贯彻落实的“表演–编导–理论–设计–管理”的实践化教学体系，就是要舞蹈表演专业以舞台实践推动教学；舞蹈编导专业以剧目创作推动教学；舞蹈学、舞蹈教育专业以理论与实践相结合推动教学；设计和管理专业以项目设计推动教学。重点在于“跨专业”和“一体化”，鼓励各个专业学科通过合作创作学习和交流。同时，形成艺术实践与社会实践、校内实践与校外实践一体化的教学实践体系。

实践创作不是某个教师或专家的事情，我们的实践创作，一定是基于该学科专业的整体发展，通过创作，要达到什么样的成果，必须有清晰的目的，不能成为个别教师、个别专家自我想法的试验田，成为其个人思想的产物，要以推动学科发展为目的，推动人才培养为目的。要鼓励集体创作，鼓励学生参与创作，鼓励多学科合作创作。

近年来，在习近平总书记讲话精神的指引下，在校党委的领导下，我们已初步构建具有北舞特色的艺术实践体系。我们要继续深入学习贯彻习近平总书记关于文艺工作的一系列讲话精神，引导全校师生进一步追寻文艺工作的初心，追寻舞蹈人的初心，坚持文化自信，勇担新时代使命，服务于人民，服务于社会，立足艺术实践与“学科定位、人才培养、思政教育、立德树人”紧密结合，鼓励师生创作出无愧于伟大时代、伟大国家、伟大民族的优秀作品。

让红色种子在作品中生根发芽

万素

摘要： 以“三全育人”为范畴，以“立德树人”为主旨，从教育及艺术为一生的工作者出发，针对实际经历和理性认知，把红色主题的创作过程及教育方法进行梳理：由红色种子是精神连在血液里的事实经历，真实表述在血液里的关照并把精神联系起来；让红色种子要传播搭在艺术中，细致论述在创作中续学习，如何把作品进入美学以及受教洗礼至演出的全部，乃是红色精神的承载。从思想到认知，从创作到艺术表达，再到师生之间共同成长下的志同道合，处处显示出红色精神的力量，以及教育不可忽视的“课堂思政”和艺术必然具备的寓教魅力。

关键词： 红色精神；创作夙愿；艺术教育

序

革命、战争、红色，浴血奋战的先烈们换来了中华人民共和国的建立。父辈们的伟绩，其精神直接贴近在50-60后的教育和生活中。从儿时至青年到工作，我们都在红色环境中长大，课本、小说、舞台、电影，形象对我们来说当然是红色的；生产劳动、忆苦思甜、扫墓祭奠、英模报告，精神对我们来说必然是紧密的。红色是什么、精神是什么，已经成为生活的样式，我们这代人是唱着“东方红”，在红色海洋里畅游和追求并背负先辈理想继续前行的接班人。然而，时间飞快让空间“斗转星移”；时代变化让心灵“沧海桑田”；关于一个被教育的对象是否懂得红色对中国人意味着什么，是否依然是红色基因的传承，是否依然能构建红色环境？叩问和追问，在国家利益和教育目的中一次次被唤醒和提炼，渐渐地在这个时代更懂得为90-00后做点什么，影响点什么，就像我们的父辈对我们这代人的精神赋予。

“立德树人”是教育的根本，其方法是教育研究的人文关怀，创作红色主题的舞蹈作品，也就成为艺术的功效在教学双方的认知中共同受益。

一、红色种子是精神连在血液里

何为红色、何为种子？它是纯真之心，里面全是奉献和牺牲，无私无欲为理想有信念，形成了脱离低级趣味的纯净，成为具有高尚品格的革命。其精神是“红彤彤”的，其行为是鲜血凝成的，其普世是层林尽染的理想，在这个过程中始终是红色的道，始终有红色的种子在生长、发芽、开花、结果，满是红色延绵不断。

1.在血液里的关照

笔者创作舞蹈诗《长征——向八十年前的壮举深深鞠躬》，来自信息和动机的触动，都源于教育、家庭、情感在血液里的储存和沉浸。

长征都胜利80年了！这是第一的感触。斗转星移问东西，当时的红军为今天的幸福而战，今天幸福的人儿还会对红军感恩——由于你们才有我们！这样的呼喊会有几人，这样的追思能有几人，那样的坚忍当下还剩下几人？给出一个假设：有一辆车子跟随，里面装满了好吃好喝的，晚上可以住饭店，让自己重走一趟长征路，只是一个没有再现长征环境的“走”。嗨，走不出、也走不成呀，没有信念及勇气。笔者内心的恐惧和犹豫被反观，一个不愿意付诸实施的假设都让人毛骨悚然，长征——人性的伟大，彻底征服了笔者。

抗战都胜利70周年了！这是第二的感动。游行队伍中的老兵，那一个军礼，那些还能站起来和坐在轮椅上的军礼，让人热泪盈眶，油然的敬佩从心灵深处窜向头顶也进入了脚心，浑身上下都在默念：时间停住吧，留给英雄，下一个纪念日恐难再见他们！那些军礼中的战士，路过天安门时在想什么？不得全知，但起码不会恐惧和犹豫，定是坦荡平和的自豪！记住这个时候，理解精神、认知精神、崇尚了精神，战士——人类的精英是不朽的，永远是活生生的学习榜样。

父亲的光荣母亲沾光了！在抗日的老兵中也有笔者的父亲，因母亲是解放战争的兵便对父亲更崇拜。纪念日那天，母亲挂上父亲被政府后补的一系列的奖章，拍了照片传给笔者并附了留言："你爸的光荣没来得及拍照，我给他补上算是沾光了。别忘了，包括你母亲也是一个兵。"看着母亲的笑容，对比父亲不善言笑的脸，此时却是那样的灿烂，天堂里的他一定知道，母亲是为了他更是为了我。谁给了我们幸福，谁为了我们的幸福付出，就在身边的亲人，就是生活中处处有红色而感动。

2.把精神联系起来

笔者创作舞蹈诗《长征 —— 向八十年前的壮举深深鞠躬》，有了人文层面的触动和感动，紧接着跟进的几个信息为创作的继续生成完善了创作的条件。

《长征组歌》的魅力！当红色在血液里关照和关乎血液里的红色，被苏醒激发后，脑中相关的创作问题就一一掠过，《长征组歌》是对长征主题诠释的艺术品，他们是切身经历及近距离的艺术家，以更接近长征精神和精湛的艺术能力，体现出最具有革命精神和身心合一的创作。这样的父辈艺术家，笔者这代人无法比拟，更是无法超越。于是，《长征组歌》让笔者确定同类型题材创作的切合度：其一，当下人的音乐创作再好，也不具备红色独有的精神烙印，更不能完成具有红色独有的精神气质在艺术中的味道。其二，作为一种精神气质的味道，对于视觉艺术形象化的舞蹈，听觉上的补充和味道上的推动，实乃是"站在了巨人的肩膀上"营造红色独特的精神气质；实乃是"借用巨人的锄头"，再一次拿来为红色精神的艺术大生产，真可谓相得益彰。

"长征就是跟着走!"邓小平在一次接见会上被外国友人问及长征，想请他谈谈长征，邓小平说了这句话。一个伟人、一个经历者，没有任何渲染，没有任何华丽的辞藻，却以一个哲学的最高境界说出了人类壮举最深邃的提炼，最朴实的代言。"跟着走"，转化成笔者创作的形象思维，这个"跟着"就是精神，这个"走"就是长征的特征。于是，在作品中的每一段落的环节中"脚 — 走 — 倒立着 — 走"成为舞蹈主体元素之一，既形成舞蹈主体特性的作品形态条件，又贴切于作品主题的表意哲学性。"高人指点"才能寻求现代意识下作品的思路，它是红色与精神对"走"的理解、认知，创立不同演绎的形式，显示出今人的思考。它是当下人对红色在精神中的符号，有别于不同时间下的作品创作，建立精神联系起来的承载及传播。

向80年前的壮举深深鞠躬！笔者思考，长征壮举及故事大家都知道，但长征精神可以各种不同的认知、理解角度进行艺术创作。其精神所在：一是长征精神的本质，这是根性文化；二是创作者的文化意识和使命意识，贴合于红色精神的价值；三是何样的艺术品，以何时的艺术观念和能力，带来艺术能动性，具有现代人的审美需求，求得历史、人文、核心价值观被弘扬和延续。于是，笔者对长征主题的扪心追问，其深层的精神夙愿就是“深深鞠躬”。此一鞠，是对先烈们的深切挚爱，鞠爱之意，是后人骨子里留存的红色血液，也是先烈奋斗为之后代的厚爱；此一躬，是对红色精神的通达从自身开始，是让千千万万的后人对先烈始终至上；此鞠躬，就是一个切切的心愿，面对人类壮举和革命英烈，无须多言也无从表达，只有深深鞠躬才是最诚诚的态度，唤出在血液里的关照，换来精神联系起来的当下至永恒。

二、红色种子要传播在艺术中

何以传播、何以艺术？它是对精神延绵受益的养分，需要每一个人和一代代流连红色精神。应该说，不管再有多种方式和渠道的传播，艺术作品及艺术化的构建是最贴近人心、唤醒人心、引人注目、滋润心田的魔力。一个时代已远离我们，一种精神要贴近我们，并能起到润物细无声的作用，艺术家的责任和艺术的功能便是一种觉悟和智慧。当花花的世界已是纷扰，缤纷多彩的生活让当下的人们只爱“撞色”、只求炫耀，那么，被革命先烈浸染的“红彤彤”是否在现代人那里显得单调，不求甚解，不愿追寻历史和今人之间不可断绝的情缘。一切问题，各尽所能，艺术责无旁贷，艺术创作搭在传播红色精神之道上，种子易发芽，生长空间好，开花结果在良心之作，满载红色精神正当时。

1. 在创作中续学习

笔者创作舞蹈诗《长征——向八十年前的壮举深深鞠躬》，其动机是必然的情缘，其决定是自觉的意识，它是责任，现今的创意学院应该走在前面，为艺术、为教育，更是“立德树人”的直接运化。这是笔者该做的事，多年创作了太多的作品，但却是第一次与红色主题挂钩，除了一系列的触动、感动、联系外，更是对自身反思至觉悟，为什么会淡忘、为什么会停滞那血液中的储存，差点真会沉寂。于是，创作开始了，其创作的特点就是带领一帮学生志同道合，共同把流淌在血液里的红色迸发出来，播下这部艺术作品的红色种子。

这音乐怎么能编舞？在创作初期，当把《长征组歌》的音乐放给学生们听，并告诉他们此作品要以这个音乐为基础和主体。学生们满脸问号，大多数人没有听过，有一些人知晓一点，甚于情感、审美、意义之事，似乎离他们都太远，显然此“音乐”更是离他们遥远，不在认知的范畴和边界。笔者“傻”了，可学生们却担心这样的音乐怎么能编舞，并且有意劝说要换音乐。于是，关于《长征组歌》的一系列学习、讲解、认知成为我们创作的第一课。音乐中显示的革命精神包含了整体音乐要素的特点及精华，音乐体现出的气势，不是靠炫技能呈现的；音乐体现出的情感，不是靠造作能完成的；音乐的旋律、节奏及歌词融入一代艺术家及时代、环境赋予的一切优质性，堪称极致。学生从体会不到音乐的内涵、气质、独特性，甚至连歌词唱的是什么都全然不知，到后来对音乐有了真正的面对。其实，不一定能确保此代人有我们这代人的《长征组歌》情结，但起码他们了解了、认知了、也接受了，多听加琢磨渐渐的能与音乐融为一体，并发现它的“新”和“美”：其新在于，如果没有这个作品的创作，他们不会有意了解这样的音乐，在他们那里，这样的音乐“与我何干”。由于创作之缘，能让他们关注和认识这样的音乐，对于他们听惯了流行歌曲的一代人，确实被新鲜了，也看到了新颖。其美在于，他们听到了音乐本身的特性，认知了音乐背后的革命精神，同时也敬佩了创作者的纯真情感及艺术的高级。

从距离及无感到感动和投入，创作从拉近距离、无距离到深入进去创作，一场攻坚战开始。这不是在排舞，这是让我们能把长征精神在血液里激活并能实践出具有当代艺术作品的气息，来对应具有责任及使命的传播革命精神的实质并针对当下。这是笔者的艺术情怀和作品情结，能让一起创作的他们真正体会到“向八十年前的壮举深深鞠躬”的全部意义。其一，作为形象气质，让现代的学生具有那个年代的气质，从形象模仿上是不可能的了，但在心理上的真实度要建立起来，这是指对革命精神和英烈的崇拜和认同，对长征每一个具体的事件及政治环境和自然环境的理解、认知再到艺术上的想象，并转换为演绎的真实度：“我就是那个长征中的战士，我正在长征路上经历着长征”。其二，作为演绎气质，让人性发出坚忍不屈的光芒，从结构中体现当代性及内在美学：从长征核心动作元素“脚 — 走”，到各个战役的空间分布；从战胜恶劣的自然环境到军民鱼水之情的“人物”和“构图”；娓娓道来 — 画面运动；阴阳关系 — 气韵运程；含蓄内敛 — 散文属性；悄然布局 — 自然对比。把艺术性构建在表意中，让红色主题蕴含现代审美，使熟悉的故事在作品中新颖呈现。其三，把作品元素上“敬礼”“鞠躬”的人类行为，伴随在红纱、白衣及主体红军形象中，间隙性的搭配，关键场合的强调，只为今人的虔诚，只为今人的敬意，只为深深鞠躬的千言万语说不尽，只有深深鞠躬此时无声胜有声。

2.把作品进入美学

笔者创作舞蹈诗《长征 —— 向八十年前的壮举深深鞠躬》，是进一步的思考、完善和检验的过程。笔者以为，何为艺术的追求以及一代人要完成一代人的思考，一个时代应有这个时代下的审美，才能更好地传播看似不是当下产生的时尚精神，才能让本质精神在血液中代代流淌。

构建哲学意象及意义，此作品以长征的事件、路线作为作品结构的基本底板。其一，以《长征组歌》作为作品的听觉力量及革命英雄气概以及年代感，反射舞蹈视觉中形成“味道”的建立和空间氛围的萦绕。其二，串起长征途经地域下的民众形象线，自然快捷地担任了时空叙事性。其三，不断重合叠加、多角度阴阳关系处理下的动静之比对及含蓄，显露出舞蹈艺术特有的语言、意境感和抽象性，画面运动铺垫出长征一路的荆棘、寂静、沉默中的坚定和革命意识不可催。其四，进入陕北后重要表述众志成城。应该说，全剧的牺牲场面都是“虚”的表述，不做浓墨重彩式的构建，其目的就是真实地导向长征中的牺牲是常态特征。在到达陕北后至欢腾下，一个小号声倒下，浓墨重彩留在此刻构建，戏剧性行为产生张力和对比，寓意出革命尚未成功、为有牺牲多壮志。当小号被新的小号手接力上，慢慢托起的号手及长时间的定格，给足了时间，让观者进行前仆后继的精神联想。

化繁为简的象征载体，如果说一个场面“脚 — 倒置 — 走”；一个“开国大典”的经典画面；一个全体舞者的深深鞠躬，字幕配合性的点题。序，构建了此剧的抽象意象及简约的叙事点。那么，尾声的构建，就是在编导今人视角下的情感语言：“红纱 — 一摊血 — 牺牲 — 敬礼 — 战士符号 — 鞠躬”，今人的夙愿一连串不断的反复运用，音乐背景在有无之间的反复呈现，既是拉开环境、事件地时空距离，又是拉近英烈与今人情感和时间距离。渐渐的“血海”、寂静的“丰碑”，耸立的长征形象运动着、继续着…… 这便是“精神 — 传播”象征性的艺术语言，为全剧划下开放性的收式。

3.受教洗礼至演出

笔者创作舞蹈诗《长征 —— 向八十年前的壮举深深鞠躬》，其作品夙愿就是完成“深深鞠躬”。其实，那个正在进行着的长征，那些正在经历长征的勇士，没有人会把自己当“伟人”，没有人会觉得自己在做什么“壮举”。而是回过头来看见和感受这段历史的人们，崇拜他们，被他们的精神震撼，被他们的坚强和忍受力折服，被他们写出人性的光辉，专属于共产党人的灿烂而崇尚。

一个突发事件考验学生，首演前的舞台合成，一位学生突然倒在舞台中间，动弹不得了。合成不能继续，却没有一个人慌乱。平时喧闹的90后换了模样，静静、默默地凝视着伤者为他举起了拳头，长征舞蹈中的动作赋予情感在此刻被用上。伤者站起来的希望破天了，120急救车抬走了伤员。可是，剧中与伤者相关的重要舞段怎么办?于是，学生们现学、现顶位，动作和画面的难度都不在话下，他们成“仙”了，力度、速度、魅力无限。当时的笔者被感染，也很明白这股“仙”气就是来自长征精神，来自学生们对红军战士的崇敬，是红色主题感染和教育了他们。抢救作品的工作一夜未停，现学、现调整直至天明。第二天的首场演出，无人知道之前的合成发生了什么，因为演出完美得天衣无缝。欣慰啊，红色种子在发芽，艺术中显现革命精神，后继有人。

再次巡演的舞者，“七一”党的诞生日之际，我们有幸去国家大剧院演出，真正面对市民观众。但是，由于班级毕业的原因，需要更换部分学生，在最短的时间要复排，其人员组合本身就会出现“尴尬”的舞蹈局面。作为编导最怕这样的事情，统一一致将对每一个舞者的接受度和承受度各不相同，短时间下完成，实在有难度。但是，没想到的是，学生们的表现非常优秀，不能演出需要顶位的人，随叫随到，不仅是一对一地教，也是一遍遍地把整体的舞段跳给新顶的学生看，并不断地解读和提示，配合进度。新顶的学生，没有一个惧怕和有怨言，还有人勇敢地担当起重要舞段的领舞、角色。

再由感动变成理性思考，其一，对于作品“静”“止”部分，进行了延长和加强，这样的艺术处理，形成此作品结构方式的“点”。其二，加强艺术风格，在整个剧中的“散文”性及“诗”性由意象化的语言符号形成；“留白”和“对比”来突出编导的主观情感性的内在重合；以“空”和“含蓄”给予观众思维维度的时间性，让观众在舞蹈呈现的同时，进入自身的主观想象。此时的舞蹈景象与观众对长征的认知，形成引导的联系，每一个观众都可在身临其境中自由想象，让长征精神在每一个观众心理再次掀起波澜和提升。其三，“谢幕”的安排，为了让作品“唯有余香散不归”之艺术魅力，唤起台上台下的共鸣和心愿，带着今人的深深致敬。于是，笔者用了一首著名而非常动听的歌曲“抬头望见北斗星、心中想念毛泽东……”，这首被各种乐器、唱法演绎的歌曲，正是具有当代气息。长达五分钟的谢幕，狭义上传统意义上的谢幕仅是一个个小程序。不作为剧中的人物，进入学生自身对先烈的崇敬，加之引发观众的需求共鸣，形成剧的延伸和剧的效应，才是做这个谢幕的真正目的。果然，随着歌曲不同样的演绎，台下的观众站立合拍鼓掌，同声歌唱，那些已是白发的老观众，显然置身其中激动及尽情地随舞台一起歌唱，而一些年轻人虽然歌词唱不完全，但依然激动和尽情地身体随动于歌曲的节拍。没有人离场，谢幕把全剧再次推向高潮，对于这个高潮的构建，笔者不是希望观众赞扬这个作品本身，而是再一次地引发现场的国人，传承长征精神，向80年前的壮举深深鞠躬！

结语

让红色精神永恒，让红色主题的作品成为编导自身的人文需求和艺术修炼，这是中国创作者的特质及光荣，更是作为艺术和教育事业于一生的工作者的义不容辞的使命担当。这样的使命，就是“立德树人”；这样的担当，就是如何形成一套行之有效的教育方法，落实在课堂，落实于“课堂思政”的各个环节。只要与红色主题的创作相关，这一过程就是寓教于动、寓教于行，得到的就是红色主题教育与艺术作品构建，进而融化在学生的成长中，完成“立德树人”的培养及功效。

让红色种子在教育的课堂里扎根，让红色种子在艺术作品中传播，至当下和未来，我们始终是社会主义的接班人！

以特色实践模式搭建社会“思政大课堂”

惠彤　李媛

摘要：本文以北京舞蹈学院为例，通过分析艺术类院校大学生思想政治教育实践育人工作的必要性与特殊性，了解目前艺术类院校艺术实践育人现状及效果，进一步剖析了实现思想政治教育特色艺术实践育人路径，即实践育人实效性的取得是在社会教育、学校教育、组织教育与自我教育四个因素作用影响下，学生通过主动接收、被动影响的方式得以实现。本文最终倡导艺术类院校应该结合院校专业特点，进一步探索特色艺术实践育人的方式方法，引导大学生做有信仰、有情怀、有担当的新时代文艺工作者，创作有筋骨、有道德、有温度的文艺作品。

关键词：艺术类院校；思想政治教育；艺术实践；路径

艺术类院校肩负着为社会主义培养合格文艺工作建设者和可靠接班人的艰巨任务，其鲜明的专业特色和学生特点使其在实践育人方面可以有机地融入大量专业资源，充分挖掘艺术资源，有效搭建艺术平台，是高校思想政治教育工作的特色亮点。通过结合艺术院校学生性格特点，分析新时期艺术类院校实践育人工作的特殊性及必要性，以北京舞蹈学院为例，了解目前艺术类院校艺术实践育人现状及效果，进而对艺术类院校通过特色实践育人手段实现思想政治教育目的的路径进行剖析，推动将艺术类院校思想政治教育工作进一步做细做实，对于实现培养高水平的德艺双馨艺术事业工作者不仅仅是理论问题，更是实践问题。

一、艺术类院校大学生思想政治教育实践育人工作的特殊性与重要性

首先，艺术类院校大学生与普通大学生相比，在他们的成长过程中，不断接收来自家庭、学校或社会环境对于专业能力的着重强调，使其在文化与心理素质、学习与生活方式、行为与思维习惯等方面具有独特的个性特征。在思想政治教育工作方面：①学生对思政工作的态度颇为消极。艺术类院校一部分学生对思想政治教育的重要程度没有正确认识，不能正确处理专业能力与思想政治素质之间的关系，认为思想政治教育和专业学习无关。②学生参与社会实践的积极性普遍不高，缺乏兴趣。浓厚的兴趣是推动学生参与实践的主要动力，但是艺术类院校的学生更愿意将学习时间最大化地利用在专业技巧能力的提高上，不愿意投入时间进行实践，效果可想而知。③学生的文化基础薄弱。艺术类院校大学生从小学习专业技能，从专业教师、家长到学生本身，对专业技术水平进步孜孜以求，对文化素质重视程度不够，忽视对文化素质的要求，使得学生普遍综合素质能力偏弱，即使有心实践，也因自身条件而影响实践效果。④学生对专职从事思政教育的教师（如专职辅导员等）信任度较低。艺术类院校专业教学模式大多为“言传身教”与“小班教学”，这样特色的教学关系、高密度的排练课程使得专业课教师（通常兼任班主任）在学生面前具有更高的权威性和影响力，远远高于并不具备专业艺术能力、但有较高思想政治水平的辅导员，这就为艺术类院校学生实践育人工作带来一定难度：懂专业的老师无法在思想政治工作方面带来更有价值的引领；专职思想政治老师因不掌握专业技能而难以获得学生全面信任。因此，面对新时期、新的历史条件下艺术类院校大学生的个性特点，艺术类院校思想政治教育工作将面临新的特殊要求，如何拓宽实践渠道、结合学生性格特点与专业特点，有效调动学生主动参与实践的积极性，并在实践过程中将思想政治教育内化为学生自身价值体现，就显得尤为重要。

其次，艺术类院校大学生毕业后的就业方向大部分依然会选择文化行业，他们的思想政治状态影响了其作品的高度、广度、深度和厚度，决定了作品的核心导向是否正向，是否符合社会主义核心价值观。且目前正处于信息时代，影响一部文艺作品借助新媒体传播的速度、广度的因素并不绝对取决于作品核心质量，往往还有热度、流

量、话题等，一部作品一经传播，其产生的影响就是不可逆的。因此，广泛结合学校办学特点、学生专业特点，创新实践育人工作方法，拓宽艺术实践渠道，加强大学生思想政治教育工作实效性，引导大学生做有信仰、有情怀、有担当的新时代文艺工作者，通过创作有筋骨、有道德、有温度的文艺作品反映中国文化、弘扬中国精神、凝聚中国力量将是目前艺术类高校特色实践育人的主要任务与目标。

二、艺术类院校思想政治教育艺术实践育人现状及效果

新时期，随着“思政课程”概念向“课程思政”延伸，艺术类院校进行思想政治教育工作，不再仅仅局限于思想政治理论课的课程教学中，而是逐渐覆盖到全部授课体系中，并辐射至“全员、全过程、全方位”的育人工作新格局中。2017年，随着教育部“十大育人”体系概念的提出与艺术类院校逐渐做实落地，艺术类院校思想政治教育工作让学生从“听”到“学”的模式逐渐转化一部分为从“做”到“学”，他们更加注重结合学校定位、学生特点，不断整合艺术实践资源，拓宽艺术实践平台，让学生积极参与艺术实践。这个过程，不仅充分发挥出艺术作品的欣赏价值与社会价值，也使学生在艺术创作的实践中践行与弘扬社会主义核心价值观，最终达到将思想政治教育工作点滴渗透到学生学习、生活、实践等全过程的目的。

针对艺术类院校大学生面对思想政治教育工作的普遍特点，北京舞蹈学院结合学院人才培养目标、学生专业特点于2018年制定《中共北京舞蹈学院委员会关于加强和改进新形势下大学生思想政治工作的实施方案》。《方案》中强调，要结合学校实际，“注重发挥艺术实践育人的独特作用。系统设计实践育人教育教学体系，推进学校实践育人基地建设，探索艺术实践与社会实践相结合、校内实践与校外实践相结合“四位一体”实践育人模式。通过搭建艺术实践平台，在艺术创作和实践中坚持以人民为中心的创作导向，弘扬社会主义核心价值观，传播优秀的中华文化”。

近几年来，北京舞蹈学院积极组织学生参加国内外各项重大演出和各类艺术实践活动，他们排演原创舞蹈诗《那些故事》、舞剧《井冈·井冈》《百年正阳门》；他们参与“一带一路”国际合作高峰论坛演出任务、参加庆祝改革开放40周年文艺晚会、

庆祝中华人民共和国成立70周年系列排演等重大赛会任务；他们赴吕梁、怀柔山区等贫困地区开展引智帮扶共建活动，发挥文化在决战脱贫攻坚中的重要作用；他们先后访问日本、葡萄牙、美国等国家，为中华文化的弘扬和传播，为推动中国民族舞蹈艺术走向世界做出了年轻人应尽的贡献。北京舞蹈学院思想政治教育特色实践育人方式，充分结合学校培养目标、学生专业特点，将理想信念教育贯穿于学生的各类艺术实践过程与结果之中，不仅让学生专业技术和舞台能力得到了锻炼，也让学生的民族自信心和自豪感得到升华，让学生对于坚定艺术理想与文化自信，自觉担负起新时代中国特色社会主义文化建设的使命得到了有效的强化。

三、艺术类院校实现思想政治教育艺术实践育人路径分析

教育是“一种培养人的社会活动”，是一个过程概念，具有社会性。大学生参与艺术实践的过程中，在老师的帮助指导下，结合专业特点，潜移默化地将社会主义核心价值观等正向的思想政治品德内化于心，再经过一系列的强调与养成，形成稳定的价值趋向，最终在大学生行为习惯上加以表现，即外化于行，这便是通过实践育人实现思想政治教育的基本过程。在此过程中，实践育人实效性的取得是由社会教育与学校教育、组织教育与自我教育等因素相互作用、相互影响的基础上，通过被动影响学生和学生主动接收的方式得以实现。

1.社会教育与学校教育

教育学认为，社会教育与家庭教育、学校教育共同组成教育的三种基本形态。艺术类院校大学生在进行艺术实践时，包含了社会教育与学校两方面的教育，即将“学”实践于“用”。对艺术类院校大学生来讲，艺术实践将学生专业技术技巧与实际表演目标相结合，过程中不断调整专业知识结构，加深学生对学校教育内容的理解，使所学知识得到更新与扩充，将所学知识应用于实践。同时，由于艺术作品打磨过程的独特性与重复性，学生在进行艺术实践过程中，需要不断重复作品内容，强调作品意义，从而达到加深与强化教育效果的目的。

以北京舞蹈学院大型原创舞蹈诗《那些故事》为例，师生们根据习近平总书记讲

述的十个红色经典故事创编，分别以不同舞种表现不同作品，凸显学生不同的专业特色。排演过程中，师生们通过查阅图书、影视频资料、采取实地采风等方式，进一步了解经典故事内容，挖掘经典故事含义，结合专业技能，反复打磨，力求用艺术的方式，最精准地表达作品核心。在这个过程中，学生们既接受了社会教育，又接受了学校教育，社会教育与学校教育相互联系又相互作用，同时影响着被教育者——学生。

2.组织教育与自我教育

在管理学中，组织被理解为由若干个人或群体所组成的、有共同目标和一定边界的社会实体。艺术类院校进行艺术实践育人的过程中，各种艺术实践团队就是一种群体，即是一种组织。

第一，站在思想政治教育的角度，在进行艺术实践的过程中，组织教育的实施，主要是通过领导者（即教师）针对艺术实践的过程及效果进行计划、组织、管理、协调，通过教育、指导或引导的方式，对学生传达思想政治理念，进行思想政治教育，在此基础上，使学生践行社会主义核心价值观。

第二，在艺术实践过程中，学生个体会不自觉地与组织中的其他学生比较，分析先进学生的行为原因，模仿先进学生的行为模式，对照自身行为特点，自我反省并改变行为举止实现自我教育的目的，并进一步去影响他人，即为实现自我教育。

第三，在进行艺术实践过程中，由于目标的明确性和一致性，学生个体对于团队组织倾向于产生明显的归属感和认同感，实践团队成员之间“朝夕相处”，相互学习、影响，彼此团结、互助，促使每一个学生的自我教育时刻发生作用。

第四，进行艺术实践时，团队中或多或少会有学生党员、学生干部参与，或存在学生“意见领袖”，他们的一言一行无形中影响着他人，成为团队中的典型和学习的榜样，从而对其他学生形成正面的教育效果。

第五，受到从众心理影响，当艺术实践团队中的多数学生表现为顺应规则或表达正向的价值理念时，与团队行为不一致的少数学生则更倾向于隐藏或改变自己真实想法，“少数服从多数”，采取与团队一致的行为，从而实现自我教育与组织教育的辩证统一。

以2018年北京舞蹈学院百余名学生参加庆祝改革开放四十周年《我们的四十年》大型文艺晚会排演为例，174名学生在班主任、辅导员老师引导带领下，在校外两个多月的排演时间里，作品经无数次的重复、无数次的磨炼，最终完美呈现在全国观众面前。排演期间，174名学生自觉遵守排演日程、规划其他学习时间、形成公认的团队管理模式，实现了自我教育与组织教育的辩证与统一。

3.主动与被动接受教育

艺术类院校进行艺术实践的核心目的之一是对大学生行思想政治教育，在艺术实践过程中，教师通过或灌输或引导的教育方式，表达其正向的思想道德理念，进而对大学生产生影响，在此过程中，学生被动接受教育。另一方面，由于实践的能动性与艺术的创造性，学生在接收艺术实践理想效果的宏图后，在教师的引导下，主动分析目标、领悟作品核心、分解实践过程、创新表现方式，从而在实现实践表演效果的基础上，达到增长才干、锤炼品格的目的，这一过程即为学生主动接受教育的过程。艺术类院校思想政治教育艺术实践的过程是学生主动接受教育与被动接受教育相结合的过程。

以北京舞蹈学院艺术实践课程为例，学院坚持思想政治教育与专业教育相结合的原则，在学生培养大纲中设立2学分的《社会主义核心价值观与艺术创作思政实践课》，要求学生以社会主义核心价值观为主题，复排经典艺术作品或重新挖掘思想政治教育元素加以艺术创造、编排原创作品，并选择优秀作品在舞台上呈现，促使学生们用独特的艺术手段践行和弘扬社会主义核心价值观。截至2019年，学生团队完成151个作品，其中新创作品99个，复排作品52个，作品均以社会主义核心价值观为主题，涵盖表现了中华优秀传统文化、党和人民的革命文化、社会主义先进文化，实现了思想政治教育与艺术创作实践的协同融合、相互渗透、相互促进的同时，也实现了学生被动接受思想政治教育和主动进行思想政治教育的和谐统一。

培养什么人、怎样培养人、为谁培养人——这是我国高等教育事业发展必须回答的根本问题。本文以北京舞蹈学院特色实践育人为例，理论联系实际，浅要剖析了艺术类院校思想政治教育特色艺术实践的育人路径，简要阐述了艺术实践育人过程中思想政治教育影响学生的基本过程。笔者认为，艺术类院校应该继续探索、大力创新特色艺术实践育人的方式方法，将艺术实践活动视为艺术类大学生进行思想政治教育、社会主义核心价值观教育的重要切入点，紧抓这个切入点，培养艺术类院校大学生的民族自信心和民族自豪感，引导大学生做有信仰、有情怀、有担当的新时代文艺工作者，通过创作有筋骨、有道德、有温度的文艺作品，为实现中华民族的伟大复兴而奋斗。

参考文献

［1］张艳：《构建具有艺术院校特色的综合育人模式——思想政治理论课程建设》，载《艺术院校综合育人模式实践与探索》2020年。

［2］杜乐：《中国传统艺术精神在当代艺术类高校思想政治教育中的价值与作用》，载《艺术院校综合育人模式实践与探索》2020年。

［3］呼和：《大学生社会实践育人机制及运行机制研究》，北京科技大学博士论文。

［4］陈亚辉、杜文静：《音乐类院校大学生思想政治教育工作的创新实践与探索——以中央音乐学院为例》，载《北京教育（德育）》2019年第11期。

探索本科生导师制，推进实践育人成效走深走实

赵妍

摘要：本科生导师制是构建“三全育人”格局的必然选择，是实现“立德树人”优势互补的必要途径，是深化学年学分制教学改革的必要保障。本科生导师可以采用指导学生的艺术创作实践、艺术演出实践、社会调研实践等形式，发挥其对艺术院校大学生实践育人的优势，提升实践育人实效。学校要加强对本科生导师的选拔和管理，充分发挥本科生导师在人才培养中的重要作用。

关键词：本科生；导师制；实践育人

本科生导师制是为了深入落实立德树人根本任务，完善“三全育人”工作格局，深化人才培养模式创新，充分调动优质教学资源，发挥导师在本科人才培养中引路人的作用，进一步提高本科人才培养质量而采取的一项本科生培养模式。本科生导师制以提高学生科研创新精神和实践能力为目标，本科生导师根据学生成长发展需要选配，在学生学业规划、学习过程、科研探索以及品德素养等方面进行全方位辅导，可以与辅导员、班主任形成互动协调、相互促进的本科生教育管理局面，对提升高等院校人才培养质量具有一定的推动作用。

一、本科生导师制实施的必要性和可行性

1. 是构建“三全育人”格局的必然选择

教育部《高校思想政治工作质量提升工程实施纲要》（教党〔2017〕62号）提出要全面统筹办学治校各领域、教育教学各环节、人才培养各方面的育人资源和育人力

量，推动知识传授、能力培养与理想信念、价值理念、道德观念的教育有机结合，建立健全系统化育人长效机制，形成全员全过程全方位育人格局。本科生导师制有利于实现学科教师“教书与育人相统一，言传与身教相统一”，真正成为学生锤炼品格的引路人，学习知识的引路人，创新思维的引路人和奉献祖国的引路人。有利于充分发挥学科教师的作用，尤其是一些有名望的教授关注学生的健康成长，让教师们在指导学生科研和实践中关注学生的成长，真正使德育工作产生实效。

2. 是实现“立德树人”优势互补的必要途径

本科生导师与辅导员、班主任在育人的内容、方式方法等方面存在优势互补。本科生导师大多为学术骨干，有着丰富的科研和教学经验，对学科和专业的未来发展比较清楚，能够对学生在学业规划、学习方法、未来的职业发展等方面给予指导，帮助学生树立正确的专业学习思想，构建合理的专业知识结构。本科生导师通过个别指导和言传身教，培养学生科学探索精神、严谨治学的态度和实践创新能力。辅导员和班主任对学生的日常管理和思想教育方面比较熟悉，本科生导师则是对学生的学习、思想进行全方位个性化指导，弥补了辅导员在学科上的不足和班主任精细化因材施教的不足，因此，他们在立德树人方面既有分工又相互渗透，有利于形成“分工协作、齐抓共管”的良好局面。

3. 是深化学年学分制教学改革的必要保障

本科生导师制为推动学年学分制教学改革，培养创新型人才提供了机会。本科生导师可以指导学生了解学年学分制改革下的人才培养方案，根据学生的学习能力、兴趣、爱好指导学生树立学业理想、制订学习计划。对学生选课、学习进程安排、发展方向选择、学习方法等进行指导；引导学生了解学科发展动态以及理论与实务的最新变化，扩大学生视野；引导学生积极参与科研项目、兴趣小组、艺术与社会实践等活动，通过丰富实践内容，创新实践形式，拓展实践平台，有意识地培养和提升学生的人文素养、实践能力和科研创新能力。

二、本科生导师提升实践育人实效的途径与方法

1.指导艺术创作实践，提升学生的艺术创作水平。

为增加学生的艺术创作经验，激发学生的专业学习热情，使学生拥有从课堂到舞台的创演经验，本科生导师指导学生以艺术实践项目为依托，开展艺术作品创演活动，使学生在实践的过程中有机会从编创、排练、宣传、走台、合成到最后的演出全方位了解一个作品的创作过程，用导演的眼光去考虑舞台整体的呈现，用观众的眼睛去审视自己编创的作品。学生通过从课堂到舞台，完成从学生到演员的角色转换，通过艺术实践的实战演练全方位地增长学生的专业能力，体验未来职业对自我的要求。近年来，北京舞蹈学院设立“学院杯”舞蹈比赛，比赛采取教师指导、学生自发自创的形式，以多个不同的舞种风格进行分场比赛，在各系完成初评和推荐的前提下开展学院总决赛，每一个节目都经过层层筛选。经过比赛的锤炼，使学生们了解到自己的优势和不足，对舞蹈作品的舞台呈现有了更加深刻的认识；通过专家老师的指导点播，学生得以改进作品提升专业水平。这类校内竞技不仅丰富了我院的校园生活，还为校外的各项舞蹈比赛和艺术实践活动选拔优秀人才，给舞院学子提供了一个独创的展示自我的平台。除校内比赛外，我院学生在教师的指导下积极参加校外各大艺术赛事和展演，包括全国艺术院校“桃李杯”舞蹈比赛、全国舞蹈比赛、CCTV舞蹈大赛以及各类国际舞蹈艺术大赛等。比赛经历极大地丰富了舞院学子的艺术实践经历和比赛实战经验，既为学生带来了课堂教学所不能给予的全新经验，如舞台灯光、音响、舞美设计、服装、演出组织等，又提升了学生的专业能力、文化修养、心理素质和自我价值感，弥补教学的不足。校外艺术大赛的实践促进舞院学生自身综合素质的养成，使大批优秀的舞蹈人才得以涌现。

2.指导艺术演出实践，丰富学生的舞台演出经验。

教师带领学生在承接国家重大演出实践中淬炼高尚品格。在2019年中华人民共和国成立70周年庆典中，北京舞蹈学院众多师生参与到“祖国万岁”方阵群众游行、彩车、群众联欢等各个环节，历时近百天的排练充分彰显了他们内心“祖国荣誉高于一切”的精神品质。期间众多学生递交了入党申请书。有学生在申请书中写道：能在

现场见证祖国母亲的强大英姿，我深感荣幸，更深深体会到我和我的祖国一刻都不能分离。这是一次生动鲜活而又深刻难忘的实践活动，更是最具说服力的爱国主义教育。学生在导师的指导下申请获批首都高校双百实践项目，与中国美术馆联合开展“舞艺塑魂”《礼乐雅集》创演活动，传播中国古典乐舞艺术。在教师的指导下参加“高雅艺术进校园、进社区”“北京大学生舞蹈节艺术演出”等艺术实践活动，将高雅艺术与校园文化、社区文化建设相结合，用所学专业奉献社会、服务人民。如，走进清华大学、中国传媒大学开展实践演出，走进社区教授广场舞，走进敬老院为老人表演舞蹈等。开展“服务先锋”志愿活动，面向大众开展“舞蹈生活体验营”“筑梦-人人舞”等，使参与者感受艺术美的陶冶。面向孤独症儿童、听力障碍者开展舞蹈体验、舞蹈对话活动，运用舞蹈帮助他们与他人建立联结、释放紧张和压力等。

3.指导社会调研实践，提升学生分析解决问题的能力。

除了指导学生进行艺术创作，参加艺术竞赛外，本科生导师也可以指导学生开展关注社会关注民生的社会调研，鼓励学生参与教师科研项目，以提升学生发现问题、解决问题的能力；通过鼓励学生撰写和发表舞评及其他学术文章，提升其组织和表达自己见解的能力。以北京舞蹈学院人文学院为例，近五年来，学生参与教师科研项目“女性高端人才研究”的采访和撰写工作；在教师的指导下学生申报和完成《北京地区舞蹈事业年度发展报告》《国际芭蕾舞邀请赛赛事调研》《海淀区高校舞蹈普及情况调查》《非遗舞蹈进课堂》《舞蹈养生》等六十余项科研项目。同时，学生参与北京舞蹈学院《教学之窗》杂志编写工作，参与新剧场演出季传统舞评撰写和微舞评写作；参与国家大剧院人物专访，采访王亚彬、刘岩等人物，采访“中央音乐学院与北京舞蹈学院协同创新培养高端舞蹈创编人才计划”项目中的舞蹈和音乐编创者等。在学生的社会调研中，人文学院充分发挥专业教师的指导作用，对学生进行选题、问卷设计、数据处理和调查报告撰写等各环节进行详细和针对性的指导，从而提升学生的科研能力。在参与科学调研的过程中，学生综合实践、自主创新、人际交往，语言组织等能力均有了很大的提升。不仅如此，社会调查培养了学生科学分析的能力，通过分析、综合、比较、归纳，借以发现存在的社会问题，探索有关规律，培养学生养成科学严谨的治学态度，良好的集体意识和协作精神，在接受挑战的过程中，也增强科学研究的勇气和信心。

三、本科生导师制实践育人的机制保障

1.重视本科生导师的选拔

院系应坚持水平与责任并重的原则，聘任热爱本科人才培养工作、师德学识兼具的教师担任导师，建设一支以学生学业指导为核心，兼顾学生人生引导和科学研究指导，高水平的导师队伍。院系应对导师的任职资格进行认真筛选，聘请恪守职业道德、师德高尚、责任心强、为人正派、爱生敬业，能认真履行导师职责的教师担任本科生导师。所聘请的导师应具备较高的学术造诣，有教学和指导学生的经验，了解本科教学计划和教学要求等，对学生的学习能进行深入细致的指导。科研能力也是选聘导师时要关注的重点内容，导师通过自身的科研实践把握学科专业领域某方面最前沿的发展，才能在指导学生开展科学研究时更游刃有余。在导师的选配上，也要根据学生的成长需要，选配不同优长的教师组成学业导师团队。比如选学术能力强、专业素养高的教师组建学业导师团队，助力本科生向科研方向发展；选舞蹈创作表演能力强、社会资源广的教师组建职业导师团队，推动本科生深入行业，向创新创业实践方向发展。师生也应按照双向选择的原则，学生可根据自身的意愿、兴趣和发展选择导师；导师也可根据自身的要求选择学生。

2.加强本科生导师的管理

院系应重视本科生导师队伍建设，建立和完善导师工作机制，实施导师指导记录手册制。导师应认真履行职责，保证对学生指导的时间和效果；学生应及时记录导师的指导过程、指导内容和学习收获。导师应定期对学生进行指导，制订指导计划，主动联系学生，加强对学生的辅导。导师要在学期初、学期中及学期末加强对学生学业指导、人生引导，帮助学生制订个性化学习方案，关注学生学业以及思想发展动态，使导师与学生的交流互动成为学生学习经历中的重要组成部分。院系每学年应组织导师工作考核，通过审阅本科生导师指导记录手册、发放调查问卷、召开座谈会以及参考学生评教结果等方式，对导师进行综合考核，了解学生对导师指导工作的意见和建

议。建立导师工作评优制，每学年经院系推荐、专家评审，学校组织评选优秀导师，给予表彰和奖励。完善激励约束机制，将物质奖励与精神奖励结合起来：一方面将导师工作的考评情况与教师的报酬、职称评聘等结合起来；另一方面，通过表扬、评选优秀导师荣誉称号等方式，给予导师精神上的褒奖，以体现对导师工作成效的肯定与尊重。另外学校应以多种形式组织导师工作经验交流或开展相关培训，交流工作经验，研讨、解决工作中存在的问题，提出工作建议提升本科生导师的工作能力。

“学院奖”促进舞蹈创新人才培养

黄洒

摘要：北京舞蹈学院为培养学生自主创新的能力和检验学生对课堂所学知识的运用，学校创办搭建了一系列的教学实践平台。作为学校教学实践活动的重要组成部分之一，舞蹈艺术“学院奖”的举办，对推动本校教学实践工作起到了重要的作用。“学院奖”比赛推动了各系部、学科间的互动、学习和交流，最大限度地打破了专业间的壁垒，实现了资源共享，初步搭建了实践教学一体化平台。促进学校各学科理论水平的提高，推动了学校教学和科研的发展，有利于各学科的学科建设，为北京舞蹈学院的教育教学提供了更好的促进方式，大大提高了学生的表演实践能力以及编创水平，而且初步建立了本校舞蹈评价机制，也为学校培养出卓越的舞蹈人才提供了更加广阔的平台。

关键词：学院奖；育人；创新人才

北京舞蹈学院是新中国建立的第一所专业舞蹈学校，是中国唯一一所专门化的舞蹈教育高等学府，也是当今世界规模最大、专业设置最为齐全的知名舞蹈院校。作为传统，北京舞蹈学院一直保持着舞蹈文化的传承创新以及对外传播中国舞蹈文化的任务，北京舞蹈学院有义务、有责任，并且完全有能力代表国内最高舞蹈艺术水平展示到世界的舞台！近年来，北京舞蹈学院为全面落实和推进学校关于培养基础宽、专业精、能力强、具有创新精神的高素质舞蹈文化人才，已将发展创新，培养高素质人才放在了教学质量的第一位，明确了建立与完善艺术实践与社会实践、校内实践与校外实践的一体化实践教学机制是坚持实践主体的教学特质。

那么，具体说来，重点就是 —— 舞蹈表演、编创尖子人才和教学、研究型高级人才的培养。为培养学生自主创新的能力和检验学生对课堂所学知识的运用，学校创办搭建了一系列的教学实践平台。作为学校教学实践活动的重要组成部分之一舞蹈艺术“学院奖”的举办，对推动本校教学实践工作起到了重要的作用。

一、“学院奖”比赛的发起

为了进一步加强教学实践，不断提高我校舞蹈创作、舞蹈表演和舞蹈理论水平，秉承“艺术、创新、形象、风格”为宗旨，以学校“坚持高层次的文化追求，坚持高质量的人才培养，坚持高水平的普及教育”的总体工作目标为引领，发现并鼓励优秀编创、表演、理论人才，搭建实践教学一体化平台，拓展我校实践教学，实现各学科间的互动学习、资源共享，适应我校的艺术院校教育教学特点和人才培养模式，推动我校文化工程建设迈上新台阶；同时，鼓励全校各院系部都参与到活动中来，以常态的形式将“学院奖”筹办为一个系列型的赛事，扩大其在舞蹈界，乃至全国的影响力，打造舞蹈表演、编导、理论及艺术设计等专业的未来之星；经校领导批准，首届“学院奖”舞蹈比赛于2007年9月在学校实验剧场成功举行。此次赛事由教务处主办，艺术传播系、教务处实践设备科承办，并得到了各系的大力支持。首届“学院奖”比赛分为舞蹈剧目创演、学术论文写作两大部分。参赛作品达五十余个，涵盖中国古典舞、中国民族民间舞、现当代舞等舞种，包括独舞、双人舞、三人舞、群舞、小舞剧创演四个组别；论文参赛作品96篇，选题涉及“舞蹈作品艺术评论”“专业建设”“传媒与商业对当代舞蹈艺术创作的影响”等。

从2007年举办首届舞蹈艺术“学院奖”至今已经成功举办了七届，共产生原创剧目五百七余个，论文四百余篇，视频及图片作品千余个。它不仅仅为北京舞蹈学院的教育教学提供了更好的促进机遇，大大提高了学生的表演实践能力，以及编创水平，而且初步建立了本校舞蹈评价机制，也为学校培养出卓越的舞蹈人才提供了更加广阔的平台。

二、“学院奖”对舞蹈艺术人才的培养

“学院奖”促进了学校各学科理论水平的提高，推动了学校教学和科研的发展，有利于各学科的学科建设。“学院奖”不仅表彰优秀舞蹈人才，激励优秀学生成长，更通过各竞赛单元的赛事，全面促进师生在专业舞蹈表演、创作、教学及研究等各方面能力水平的提升。

1.培养高精尖的舞蹈表演人才

“学院奖”这一赛事对于学习表演方向的学生来说是一个非常好的展示平台，通过这个赛事可以把课堂里所学所练的成果充分地展示出来，积累自身的表演经验，提高自身的表演水平，促进表演方向的学生反思课堂学习中的不足，不断提升自己专业水平。在对表演人才的培养过程中，作为检验课堂学习成果，舞台表演是十分重要的。表演方向的学生要经历大量的剧目表演，塑造不同的人物形象，才能更好地促进学生进步，为未来成为职业舞蹈演员打下坚实的基础。通过“学院奖”这一平台，锻炼提升了我校大量舞蹈表演方向的学生。许多优秀的学生经过“学院奖”这一平台提升后代表学校在全国舞蹈比赛、“桃李杯”“荷花奖”等国家级舞蹈赛事以及英国“黑池”、芬兰赫尔辛基、瑞士洛桑等国际级比赛中获得了非常优秀的成绩，为学校争得了极高的荣誉。例如唐诗逸、朱晗、冯静雅等，如今他们都已成为活跃在国内各大艺术院团的主力演员。其中唐诗逸作为第一届“学院奖”获奖选手，现为中国歌剧舞剧院首席演员、国家一级演员，至今已主演舞剧《水月洛神》《孔子》《昭君出塞》《记忆深处》《花界人间》等十余部。作为知名的青年舞蹈家，唐诗逸正是从“学院奖”这个舞台走向了更大的舞台。现为本校青年舞团优秀青年舞者苏海陆对此也深有感触，当年在第五届“学院奖”凭借自编自演的中国古典舞作品《门神》获得了当年“学院奖”的表演、创作两个一等奖，此后代表学校参加第九届中国舞蹈“荷花奖”古典舞评奖，获得了作品银奖的好成绩。说起当年“学院奖”，苏海陆说道：“我觉得‘学院奖’给了我一个非常好的磨炼机会，对我们来说它就是一个非常好的展示自我的平台，一个作品如果不上舞台不受到专家和观众的评价，就不知道作品是否是一个成功的作品或是还有哪些不足。记得当年我是大二的学生，先是为了参加系里的一个系部

比赛，我和我的同学索晶星一起编创了《门神》这个节目，之后正好又赶上‘学院奖’比赛，为了参加这个比赛，我们必须不断去打磨提高这个节目，试图让这个作为一个我们学生的习作看起来更加的成熟。从这个过程中，我的确收获了很多，首先是对古典舞的审美认知在不断加深；其次对在节目中要如何塑造人物和编创一个节目的过程也有了自己的理解；再就是极大地丰富了自己的舞台表演经验。对于两个学生来说，除了节目本体动作的编排以外，如节目所用的音乐、服装、灯光设计等等都是我们自己琢磨设计，对于我们是一次非常有意义的锻炼和提高过程，为我今后的工作打下了一个非常好的基础，非常感谢‘学院奖’给予我们搭建的这个平台。”

2.培养创新思想的编创人才

通过“学院奖”比赛，《我和石光荣》《花朵》《泥人》《云纹》《红玫瑰与白玫瑰》《泪的印记》《如影随形》《门神》《黄河赋》《逐影寻声》等大批风格迥异、主题鲜明、时代色彩浓郁的作品相继涌现。多个优秀剧目通过“学院奖”舞台的选拔，在全国舞蹈比赛、“桃李杯”“荷花奖”等国家级赛事中斩获佳绩。其中，获奖作品《泥人》在第七届全国舞蹈比赛中获小舞剧组编创二等奖（一等奖空缺）；作品《长河吟》在第七届全国舞蹈比赛中获独舞编创一等奖；作品《我和石光荣》在第七届全国舞蹈比赛中获小舞剧组编创三等奖；作品《花朵》在第七届全国舞蹈比赛中获三人舞编创三等奖；作品《我的1937》获优秀创作奖；所有参赛演员均获文华演员表演奖。现为中国歌剧舞剧院国家一级导演、曾获“文华奖导演奖”“五个一工程奖”的李世博谈道：在他学生时代一共参加了两届“学院奖”比赛，两届比赛编创的节目都获得了创作一等奖，这对自己来说是一个非常难忘的经历，对自己在后来步入社会进入专业院团从事专业创作工作起到了莫大的推动作用。自己在学生时代能够通过“学院奖”这个平台获得好的成绩，是对自己在学生时代作品编创能力的肯定，也极大地鼓舞了自己未来从事专业编创工作的信心。

在培养舞蹈编创人才的同时，为了全面培养学生的创新能力，“学院奖”大赛还专门设置“舞蹈影像”评选，多部影像作品取得佳绩。第三届“学院奖”增加了“舞蹈图片”评选，评出了35幅以舞蹈表演为主题的摄影照片。这些奖项的设置，丰富了“学院奖”的内涵，增加了更多专业方向学生的参与性。

3.培养具有实践基础的理论人才

自2007年首届开始，“学院奖”就单独设立舞蹈论文比赛环节，紧密结合舞蹈实践与理论，鼓励师生踊跃投稿，并以“教师组”与“学生组”分别评奖。从首届以来，近400篇论文参与了评选，96篇合计76多万字的高质量文章获奖。金浩、苏娅、侯文靖等许多青年教师的论文从选题到内容都体现出了一定水准，针对当前舞蹈教学、表演、编创、作品评论做出了前瞻性的探讨，并广泛涉猎传媒、文化创意、艺术管理等多方面内容。历届“学院奖”获奖论文均会刊登在我院学报，使这些文章具有了较高的学术意义和理论价值，加强了舞蹈研究的广泛交流。作为第七届舞蹈艺术学院奖“舞蹈论文竞赛单元”教师组一等奖获得者，本校青年教师侯文靖表示：“‘舞蹈艺术学院奖’成功举办了七届，逐渐受到业内学子、学者、专家的广泛关注，现已成为一个优质的，集表演、创作、学术研究为一体的舞蹈竞赛品牌。我有幸参加了两届‘学院奖’比赛，分别获得论文竞赛单元教师组三等奖和一等奖。作为舞蹈表演与教学出身的研究者，学院奖的认可给予我莫大鼓励。同时，‘学院奖’的举办，成功促进了舞蹈教学向舞台创作、表演的转化，使学术研究与舞蹈实践更紧密地结合，形成积极互动的学术氛围，成为学院发展的重要一环。”

4.培养具有艺术管理能力的人才

“学院奖”比赛推动了各系部、学科间的互动、学习和交流，最大限度地打破了专业间的壁垒，实现了资源共享，初步搭建了实践教学一体化平台。大赛举办期间，许多赛事工作由学生志愿者担任，七届以来，以艺术传播系、艺术设计系、舞蹈学系为主的近千名学生直接参与到大赛的策划、组织、舞台监督、场务、接待、宣传等工作，每届大赛还专门增设了学生评委代表参与作品的现场评审环节。通过参与“学院奖”赛事活动的历练，学生积累了丰富的管理、运行、实施等方面的经验，使学生能够把课堂理论知识学习与实践相结合，提升学生艺术交流能力、项目策划能力、人际沟通能力及团队合作精神。对培养学生能够成为创新型、应用型、复合型的艺术管理人才起到了积极的推动作用。

三、结语

“学院奖”不仅是教学实践的途径，也与学科建设的理念完全吻合，充分发挥了学生的自主创新实践能力。他们在活动中不仅仅是参与者，更是组织者、策划者。从听从指挥的学生变成亲自策划的负责人，学生素质的提高不仅仅局限于舞台实践能力，更是一种全面的、综合的提高。参赛剧目均由学生自己参与创作、表演；或是教师日常的课堂实践编创作品。大赛更提倡学科协作的理念，并特别设立“学科协作奖”，鼓励由不同学科学生之间相互配合共同完成作品。“学院奖”的设立，为这些原本以实验性为主的原创作品提供了弥足珍贵的展示平台，更为发掘新人、扶植新作提供了良好契机，促进了教育教学成果的现实转换，活跃了校园气氛。通过这些实践锻炼，不仅增强了他们的集体责任感与主人翁精神，更促进了他们学以致用的良好能力，从而更加正确、深刻地理解舞蹈、体会舞蹈，使他们在今后能更加迅速地适应社会，在社会舞台上找到自己的位置，实现人生价值。

相信随着比赛机制、内容的不断完善，舞蹈艺术“学院奖”这一赛事活动必将为本校培养舞蹈创新人才形成更有力的推动和促进作用，从而成为北京舞蹈学院又一张社会名片。

以国家大剧院为例探索实践育人新合作模式

张昊

摘要：2008年，北京舞蹈学院与国家大剧院正式挂牌合作建立北京市高校校外人才培养基地。13年来，双方以“资源共享、双向服务、互利共赢”为方向开展了一系列基于社会服务和人才培养实践育人活动。本文系统地总结了双方在建立人才培养基地以来所进行的各类合作模式，并提出对于新时代需求下的实践育人合作探索的思考。

关键词：社会实践；育人；国家大剧院

大学生社会实践活动是指高校根据高等教育的培养目标，有计划、有目的地组织大学生深入实际、深入社会、服务社会，培养大学生综合素质的一项开放性、社会性教育活动。随着时代的迅速发展，社会对人才培养的要求也越来越高，希望更多富有创新精神和实践能力的创新型、应用型、复合型优秀人才。

高校肩负着为国家培养千百万具有创新精神和创新能力的新型人才的重任，要形成创新型复合人才培养的良好局面，现代高校必须更新教育观念，切实重视大学生创新精神与实践能力的培养。在众多社会实践的育人模式中，与成熟社会机构的合作，成为近年来培养创新人才的有效途径和重要手段。

为深化产学研合作教育，共享校外优秀教育资源以加强教育教学与生产劳动、社会实践的紧密结合，2008年，北京市教育委员会、北京市财政局联合发布了《关于实施北京高等学校教学质量与教学改革工程的意见》《关于进一步加强高等学校实践教学工作加快创新人才培养的意见》，并在其指导下，开展了北京高校市级校外人才培养基地建设点评审工作。其主旨在于引导并支持北京高校与企事业单位、社会团体等全面、深入合作，促进高校的学科专业与企业、研究院所等实现优势互补、优质资源共享，以及促进校外优质教育资源的校际共享，为高校搭建学生实习实践平台，构建有利于高素质创新人才培养的实践教学体系和实践育人的长效机制，为提高大学生实践能力、创新能力和创业能力营造良好的实践教学环境。

在相关精神指导下，2008 年北京舞蹈学院与刚刚投入运营的国家大剧院正式挂牌成为首批北京市校外人才培养基地校企合作单位。与以往单一的学生实习模式不同，人才培养基地的建立以“资源共享、双向服务、互利共赢”为发展方向，涵盖了本科生、研究生的人才实践培养，以及青年教师和管理人才的实践培训。

作为中国最高的表演艺术殿堂，13 年来，国家大剧院已成为世界一流的国家级表演艺术中心，集演出经营、剧目制作、艺术普及教育、艺术交流、殿堂经营和创意产品开发于一身，拥有最现代化的舞台设备与极高的社会知名度，并成功探索、创建了一套符合艺术规律和市场规律的科学先进的运营管理模式，成功实现了艺术和市场的统一、公益性与商业性的统一、社会效益与经济效益的统一。

因此，如何能够利用好这样优质社会机构的高平台合作，提升社会实践育人绩效，也是这么多年来北京舞蹈学院一直在探索的工作。

一、目前与国家大剧院主要实践育人的合作模式

13 年来，北京舞蹈学院与国家大剧院合作开展的各项育人实践活动多达四百多场次，主要集中在教学成果专场演出、参与艺术普及教育、参与大型剧目制作、人才培养资源的引进利用等方面。

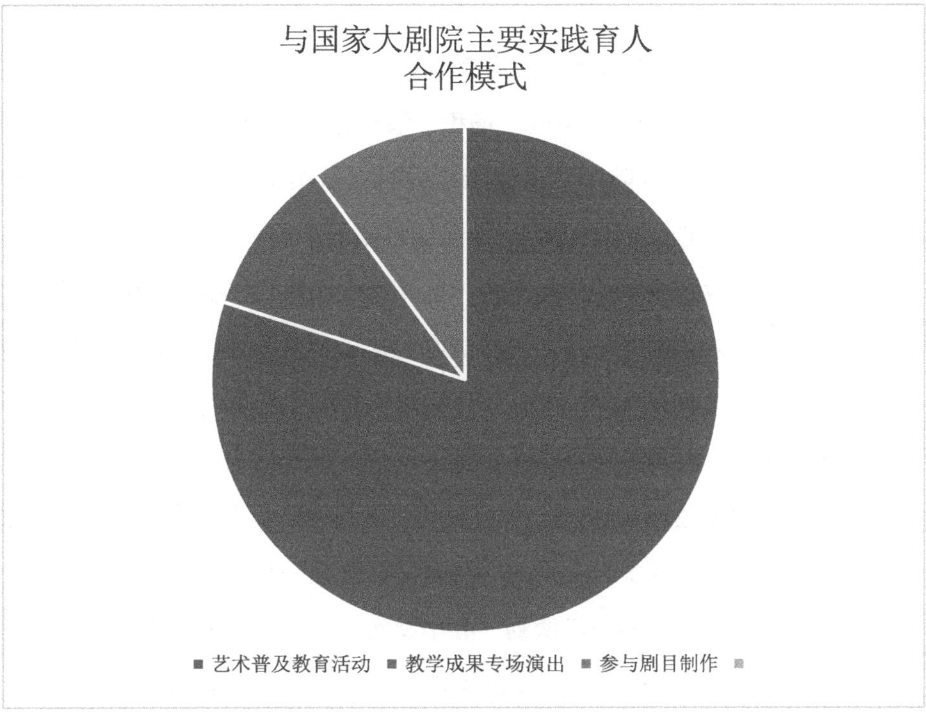

1.教学成果专场演出，培养舞台实践能力

作为以培养高精尖舞蹈专业人才为核心目标的北京舞蹈学院来说，舞台实践无疑是各专业学生，尤其是表演专业学生最基本的提升能力的平台。国家大剧院作为世界一流表演剧场，是学生进行舞台实践能力最理想的场所，国家大剧院所拥有的观众基数及社会影响力，也是在培养舞台实践能力的同时，将舞蹈学院优秀教学成果推向社会，扩大社会影响力的最佳机会。

2008 年至今，北京舞蹈学院在国家大剧院所进行的教学成果专场演出约为二十六台近四十场次，涵盖大型舞剧及专场作品会演。

虽然作为舞蹈学院校外人才培养基地，但其以演出经营为主要内容的剧院管理体系，国家大剧院的商业演出档期历来十分紧俏，所选择的商业演出剧目，除要求其高质量的艺术水准之外，对商业性票房的考量也是非常重要的。而舞蹈学院的创作实践，更多是以体现学科教学成果的“学院派”实验性剧目为主，较少地考虑其商业价值。

2008 年，“春华秋实 —— 艺术院校舞台艺术精品展演周”演出品牌应运而生，这是国家大剧院专门为专业艺术院校“学院派”艺术创作特色与人才培养而设立的演出品牌系列，于每年秋季举办。采取“场租、演出费双互免、低票价”的运营模式，将大剧院的舞台提供给艺术院校学生展示，同时以低票价形式吸引社会观众观摩。可以说“春华秋实”是创新模式联动院校谋求多赢的举措。一方面，“春华秋实”为艺术院校搭建起展示教学成果的广阔平台，为莘莘学子提供了弥足珍贵的艺术实践机会，让“学院派”的艺术创作与人才培养更好对接了观众与社会的需求，接受着市场的磨砺与检验。另一方面，“春华秋实”引入了艺术院校最具创造力的新锐资源，挖掘新人、扶植新作，为大剧院舞台注入了蓬勃朝气与青春活力，也让剧院的文化影响力辐射到了更广大的年轻观众中去。作为艺术院校的年轻学生，能有机会在国家大剧院的舞台上展示，是对自身学习成果的一种肯定，更是一种鼓舞。

时任国家大剧院副院长邓一江谈到“春华秋实”演出季在剧目选择上大剧院和院校形成了3条标准：在作品内容上，要能体现院校教学特点，有别于商业演出；在艺术质量上，要能够代表参演院校教学的最高水平，展示最好的教学成功和最优秀的人才；在观众接受上，参演作品要是观众熟悉，能接受和欣赏的。通过这样的有效合作，既加强了高校文化辐射范围和服务地方文化的能力，也有利于高校根据社会需要改革和完善人才培养模式、教学模式。

“春华秋实”展演周至今已举办12届，北京舞蹈学院连续11届参与其中，演出剧目16台二十余场，两千多名师生先后参与其中，大剧院舞台直接面对社会观众的演出实践经历，对参与台前幕后的所有师生都是难得的锻炼，也是直面社会的一次检验。

2. 艺术普及教育活动，增强为人民服务意识

国家大剧院长年持续不间断的艺术普及教育活动，把艺术普及教育摆在了突出重要的位置，体现了其植根人民、面向人民、服务人民的文化情怀。上文提到的“春华秋实”展演周活动，也是国家大剧院的艺术普及教育品牌之一。时任国家大剧院院长陈平提出“滴灌工程”的概念，希望“通过点点滴滴的艺术渗透，影响大环境，改良大土壤”。这与北京舞蹈学院常年致力于将其成果服务于社会、服务于人民的理念不谋而合。

目前，国家大剧院已经成为国内艺术机构艺术普及教育的引领者，其丰富的艺术普及推广经验，值得借鉴与学习。在艺术普及的具体形式上，大剧院探索出“讲演结合、赏析并重”的特色模式。观众在轻松愉悦的观赏中进行着系统的学习，在深入浅出的讲解中加深了观演的体验。

“经典艺术讲堂”是国家大剧院艺术普及教育品牌之一，也是北京舞蹈学院近年来参加场次最多的社会实践活动。2008–2019 年北京舞蹈学院先后参加经典艺术讲堂的各类活动 近三百场，参与师生3千余人。涉及古典、民间、芭蕾、现代、国标、音乐剧各个专业系部。参与的活动不仅有面对固定会员观众知识讲座，还有在国家大剧院空间所进行的面对大量游客观众所进行的各种“微演出”。

由于“经典艺术讲堂”面对的都是最普通社会百姓，因此提倡用最浅显易懂的语言，来阐释博大精深的艺术文化。将专业的艺术知识与丰富多彩的授课形式相结合，让广大观众在轻松愉悦的氛围中，享受专业的艺术表演，接受一流的艺术教育。

如何让普通观众在每场 90 分钟的艺术普及活动时间里获得最好的艺术体验，这对艺术院校中常年根植于专业课堂的教师来说是个不小的挑战，但同时也让许许多多专业教师真正地了解到社会普通观众最需要的艺术体验是什么，如何才能更好地将高雅艺术普及给社会大众。

刚开始参与这类活动时，有不少教师无法适应，不知道如何把这些专业知识讲解给许多平时没有接触过舞蹈艺术的普通观众。国家大剧院艺术普及教育部的工作人员就发现，在经典艺术讲堂的授课老师中，并不是级别越高的专家教授讲课的效果越好，反而一些年轻的老师，能够快速地捕捉到普通观众的需求，灵活地将专业的知识“接地气的”以浅显的形式讲解或演示，更能赢得普通观众的欢迎。所以参加这样的社会实践活动，对于教师自身教学能力的转化也是一种考验。

不仅是主讲老师，对于参与相关活动的学生来讲也是如此。经常参与“经典艺术讲堂”活动芭蕾舞系关於老师认为：“国家大剧院的艺术普及活动是让你直接近距离地去面对社会观众，这与在舞台上的表演完全不一样，学生和老师都会最直接感受到观众的反馈。”与此同时，在这样艺术殿堂里所进行的艺术普及活动，不仅给参加的观众带来体验，也在潜移默化地影响着参与活动讲授及表演的师生。关於还谈到，他曾经带领参加经典艺术讲堂示范演出的学生，毕业之后到了其他地方的工作岗位，也开始借鉴国家大剧院的形式在当地进行艺术普及活动，让大众了解及推广芭蕾艺术，这便是艺术普及这样的社会实践活动最好的育人成果体现。

综合来讲，国家大剧院艺术普及教育活动的平台，更多是与舞蹈学院的一种资源互换性合作。舞蹈学院提供专业的艺术家和优秀的表演者，国家大剧院提供一流的实践舞台和直面社会观众的具有公益性的艺术推广空间。国家大剧院需要专业且优秀的艺术资源来匹配其作为一流艺术殿堂的内容；舞蹈学院的师生也需要这样高规格的平台来推广其艺术成果，让更多的观众熟知舞蹈艺术，也让学生获得在平时象牙塔的课堂里所无法得到的社会实践育人教育。

3. 参与大型剧目制作，检验人才培养成果

现任国家大剧院副院长赵铁春认为：与参加艺术普及教育活动的互动性不同，舞蹈学院学生参与到大剧院自制或引进的各类大型剧目的制作及演出过程，更多是体现了国家大剧院作为用人单位对舞蹈学院所培养人才的育人成果检验。

艺术生产是国家大剧院剧院专业水准与核心竞争力的重要体现，也是其剧院艺术创作水平与艺术生产能力的展现。13年来，国家大剧院始终将艺术生产作为核心业务，共制作九十多部剧目，涵盖歌剧、京剧、话剧、舞剧、音乐戏剧等多种艺术门类。这些大型剧目的制作基底十分雄厚，国家大剧院本身拥有十分专业制作管理团队，并常常邀请国内外一线导演及主演，加之建制已较为成熟的国家大剧院交响乐团、合唱团，使得其自制剧目的水平在国内外都堪称一流。

与此同时，作为现今世界规模最大、现代化程度最高的艺术机构，国家大剧院也吸引着众多国际一流院团和一流剧目前来演出。这些优秀剧目的上演，不仅让舞蹈学院师生观摩到更多的名团名剧，也带来了许多可以直接参与创作、并与世界名团同台演出的学习良机。

截至2019 年，北京舞蹈学院师生参与国家大剧院各类大型自制剧目、引进剧目的演出约三十场，包括本科芭蕾舞系参与的自制歌剧《费加罗的婚礼》《参孙与达丽拉》，贝嘉舞蹈团的《波莱罗》，附中芭蕾专业学生参与的莫斯科大剧院《睡美人》

《海盗》，马林斯基剧院《舞姬》，斯卡拉歌剧院的《仲夏夜之梦》，等等，所参与内容都是完成剧中部分群舞段落的演出。

北舞附中芭蕾舞学科教师周治认为：国家大剧院这些引进剧目的参与，对平时上台演出机会不太多的附中学生来说，是非常难得的锻炼机会，而且还能得到世界名团导演的亲身指导，更会让学生的艺术之路留下宝贵的记忆财富。

参与到这些一流名团的排练和演出之中，对学生来讲除了能在专业学习上得到实践锻炼，更能亲身学习到许多平时在课堂、教室里无法获得的感受。例如在大型剧目的表演中如何与交响乐团、合唱乐团及其他演员的配合协调，导演如何把控现场的节奏，国际一线的舞剧或歌剧主演如何排练，等等。

国家大剧院剧目制作部工作人员说起这些合作项目时，也谈到有不少参与剧目演出实践的在校学生，由于长期在“象牙塔”里的学习，起初总有一种优越感，认为自己学了这么多年专业，出来就是要跳主演的，要知道这些一流名团里的主演，都是经过了多少年的摸爬滚打，才走到主演的位置，而且对于一部作品来说，在台上主演和群舞一样重要。而这些，也只有亲身参与过这些一流名团剧目排练，亲眼看到这些世界名团演员们身上付出的汗水，体会到剧目演出每一个角色的辛劳，才能让他们对舞台角色的定义有了全新的认识。而这，也正是参与社会实践育人的成果所在。

4.人才培养资源的引进利用

多年来国家大剧院所形成的以专业化经营、精细化管理和高技术保障为强力支撑的运营模式，既有中国特色又与世界接轨，既符合艺术规律又顺应市场需求。与此同时，其根据自身定位、经营目标和管理模式，还建立了一套包含演出运营系统、剧目生产制作系统、舞台管理系统等的科学的组织架构。因此，国家大剧院的众多管理人才，具有中国的剧院运营系统及艺术管理系统的最丰富的实践经验。这些实践经验对于艺术院校相关管理、传播及理论专业的学生来说都是非常难得的人才培养资源。

近年来，北京舞蹈学院人文学院已经聘请国家大剧院相关管理专业人才前来开设专门的理论课程，包括国家大剧院舞台监督李根实为本科生开设的舞台管理课程；国家大剧院前院长陈平为研究生开设的剧院运营课程；以及国家大剧院演出部项目负责人汪遇星所进行的演出项目管理讲座等等。每年相关的课程约有 50 课时以上。

人文学院教师认为，大剧院这些一线管理人才身上所具有实践经验，恰恰是学校老师所没有的，他们可以给予学生最直接的案例分析和指导，带来最前沿的管理思想、介绍最新的演出动态，能够将学生的书本理论学习和实践教育充分地结合。

与此同时，人文学院也经常性地选派优秀的学生前往国家大剧院进行艺术管理的项目跟组实习，通过全程参与大剧院剧目制作的方式学习剧目制作及管理的方方面面事务。人文学院学生李艺璇在参与了国家大剧院舞剧《天路》的制作及巡演实习工作后表示：通过这样具体的实践学习，才知道原来商业性的舞剧制作和演出管理是这样的流程和节奏，很多东西跟在学校时参加的一些剧目制作和宣传完全不同，这也是相当难得的锻炼机会。

二、合作机制的新探索

这些年来在双方合作建立校外人才培养基地的过程中，我们可以感受到，北京舞蹈学院和国家大剧院之间已经形成了非常良好且持续的实践育人互动机制，这样具有成效的校企合作，在北京市众多市级校外人才培养基地的建设中都具有示范效应。而当下，双方也一直在思考社会实践育人的新模式。

1.建立第二课堂的育人模式

2008 年，国家大剧院艺术普及教育部王大羽部长作为十多年来双方合作众多艺术普及教育项目的管理者，他谈道：艺术院校的学生需要定期到剧院去感受，这个感受不仅是舞台演出，毕竟演出的机会是有限的，而是要去感受剧院的方方面面，这样他才能对剧场对舞台形成最基本的认识，才能知道现代剧院的职能是什么。因此，最好的可能性是在学校和剧院之间建立起类似第二课堂的模式，将剧院实践的内容贯穿到学校的课程里，例如有些舞台管理之类的课程可以在剧场空闲的时候直接来大剧院里上课，请剧院的工作人员现场讲解。学生也可以定期将自己的学习成果在大剧院的各类艺术普及活动中展示，包括参加志愿者服务，参与舞蹈项目的前期策划等，这样才能把社会实践育人的外延更加充分地扩大。

北舞人文学院教师马明也认为目前双方的合作系统性欠缺，基本都是一个项目或一个活动的进行，没有很好的进行课程资源的开发，尤其是在艺术管理研究生的人才培养方面，完全可以把学生的学习和大剧院的剧目制作或演出运营结合起来，让学生直接参与进去，而不是仅仅停留在研三短暂的实习阶段。

2.课堂教学及实验剧目的人才成果展示平台

现任国家大剧院副院长赵铁春在 2009 年担任北京舞蹈学院中国民族民间舞系主任期间，曾带领他的学生为大剧院“经典艺术讲堂”的观众做了一系列关于中国民族民间舞蹈的讲座活动，他也是第一次将中国民族民间舞蹈的课堂搬到了大剧院的讲座现场。他谈道：与其他门类艺术院校不同，舞蹈学院的专业课教学具有相当的可看性，具有很强的表演性，这样的课程完全可以在大剧院的小剧场、经典艺术讲堂等场地作为艺术普及教育活动进行展示，当然，在展示过程中，教师就要充当起主讲人的角色，让观众通过一堂课就能直接去了解舞蹈的一个知识点，了解专业的舞者平时的训练过程。

这样的课堂展现方式在之前的“经典艺术讲堂”也有过类似的尝试，例如王伟教授的“中国古典舞身韵品”、邹之瑞教授的“古典芭蕾训练之谜”，等等，都是基于舞蹈课堂的训练内容进行的知识讲解，受到观众的欢迎。

所以从这个角度来看，利用大剧院平台进行教学成果的展示不仅仅是实践剧目，大量的专业课堂教学内容都可以作为艺术普及推广的形式，而且这也能培养任课教师将专业的教学转化为深入浅出的大众艺术教育的能力，更能将舞蹈学院的人才培养，通过直观且通俗的模式推广到社会。

另一方面，赵铁春院长还谈道：舞蹈学院每年有几十台的新创剧目，很多都是青年教师的实验性作品，具有很强的创新性和先锋意识，这些极具个性的作品非常受艺术爱好者的欢迎。而国家大剧院的小剧场其定位就是一个先锋性、探索性的实验剧场，目前的一些演出还不足以体现其定位特征，可以让舞蹈学院的小型试验剧目更多地在大剧院小剧场的舞台上展示，给参与创作的具有个性的青年教师和学生更大的展示机会与平台。

目前舞蹈学院每年新创的实践剧日中，在校外展示的均以较为成熟的大型舞剧为主，许多剧目属于探索性的教学实验作品，如果能利用好国家大剧院的实验性剧场给予这些剧目一定的展示空间，形成一定的创作扶持孵化机制，那么对参与创作的师生来说，也是极大的激励和鼓舞，更能促进这些青年创作人才的实验性作品进一步打磨成为优秀的佳作。

3.加强社会实践的育人实效性

大剧院艺术普及教育部部长王大羽认为：舞蹈学院学生参加大剧院的各种社会实践活动，实际上就是很好的实践育人过程。在这些活动的参与过程中，对他们的职业素养教育、道德情操教育、为人民服务的理念教育，以及更加全面的专业技能教育，都具有非常积极的作用。

而要达到社会实践育人的良好目标，就必须建立起社会实践育人的实效机制。社会实践育人实效是指社会实践的实施者通过对社会实践方案的科学设计、实践过程的合理指导以及实践结果的有效考评，使得社会实践的实际育人成效尽量达到与前期预设目标相吻合的程度，从而实现积极的社会实践育人功能。

因此对于舞蹈学院师生在国家大剧院参与的社会实践活动，应逐步建立起完善的实践育人规划体系。即首先在开展社会实践时，都应将出发点落在提升学生的综合能力上，这种能力是综合的、多样的，包括舞台表演的实践能力、团队协作的能力、艺术管理的能力、社会普及的能力、为观众服务的能力，等等。这也是真正践行“知行合一”的有效路径。

其次要结合专业，分类实施，针对不同专业、不同系部的学生需要分别设计不同的社会实践育人的目标、内容、形式和方法，有针对性地引导和实施。例如表演专业的学生更多地参与到舞台剧目表演实践的内容；艺术管理专业的学生侧重于参加到剧目制作、舞台监督管理的实际案例之中；教育专业的学生可以参与策划面对普通大众的艺术推广及教学活动等等，在具体实施的过程中，坚持“因材施教”。

最后，要注重社会实践育人的实效性，不能只重视双方共同开展实践活动的规模、形式和宣传，更应该重视社会实践的效果与收获，尤其注重是否达到与前期预设目标相吻合的程度，从而实现社会实践育人功能。此外，还要加强各类型实践项目与内容的科学设计，学院和剧院双方都要加强实践过程中的全方位的指导，建立起实践活动结束后的成果考评与反思，尤其是学生参与活动的思想总结，并且通过这些不断优化实践的内容、方式和途径，使社会实践达到预期的育人目标。

4. 合作共建国家大剧院“青年舞团”

2020年，在北京市副市长，现任国家大剧院院长王宁的倡议下，北京舞蹈学院与国家大剧院共同提出了合作建立舞蹈团的设想与计划，以期联动北京舞蹈学院青年舞团优秀舞蹈艺术家、北京舞蹈学院专业化舞蹈资源，及国家大剧院艺术生产平台为基础与优势，共同开展相关剧目生产、创作、演出等活动。

北京舞蹈学院青年舞团自1987年成立以来，已经成为北京舞蹈学院的教学、科研的研发基地；创新剧目的实验和传统剧目的示范基地；整体教学的艺术实践基地；优秀教师的储备基地。在舞团青年表演、创作人才不断涌现的当下，青年舞团也期待有更大的平台与空间。

国家大剧院一直坚持用艺术和市场的双重眼光来审视所经营和制作出品的剧目，目前已拥有自己的合唱团、管弦乐团，形成了既有中国特色又与世界接轨，既符合艺术规律又顺应市场需求的“国家大剧院运营模式”。合作建团的设想提出对于青年舞团表演与创作人才的历练培养，使其更加适应新时代下社会艺术团体的需求无疑大有裨益。

目前国家大剧院已计划在未来三年，双方合作完成原创舞剧作品一至两部，舞蹈作品晚会一至两台，以及歌剧和话剧等8部等规划。这不仅可以让青年舞团有了更为广阔的平台，更能充分联动北京舞蹈学院各院系间创作、表演方面资源与优势，使学生在校时期能有更多机会参与到高水准的生产剧目的生产创作实践之中，提升专业舞台实践能力，培养更加优秀的舞蹈艺术人才。

结语

在北京舞蹈学院与国家大剧院合作共建市级人才培养基地十三周年之际，相信随着双方在合作机制上的规模化、常态化、系统化，将深度开启专业艺术院校与社会艺术机构社会实践育人的新模式，不仅实现“优势互补、资源共享、互惠互利、共同发展”的双赢局面，更能促进新时代艺术高校大学生思想教育及实践能力建设的全面提升！

本文鸣谢：

国家大剧院　赵铁春副院长

国家大剧院艺术普及教育部　王大羽部长

参考文献

[1] 方正泉：《高校社会实践育人实效性探析》，载《学校党建与思想教育》。

[2] 北京市委高教处：《北京高校校外人才培养基地建设综述》，载《北京教育》2010年第5期。

[3] 国家大剧院品牌中心：《国家大剧院第三届“春华秋实”展演周新闻公稿》2010年11月。

[4] 载《国家大剧院数据年报》2008年-2017年。

从“大创社”看学生社团助力青年双创能力提升

郝颖

摘要：本文以“北京舞蹈学院大学生创业服务公社”为例，通过分析艺术专业大学生创新创业能力提升的价值与意义，学生社团对于艺术专业大学生创新创业能力提升的功效，思考并探究了基于社团建设的艺术专业大学生创新创业能力提升路径，以期为艺术类高校进一步优化创新创业教育活动提供思路和实践模式。

关键词：学生社团；艺术专业大学生；创新创业能力

创新是民族与社会进步的灵魂和不竭动力，创业是改善民生、推动社会经济发展的重要途径。创新是创业的基础和核心，创新创业教育是一种新型的教育模式，承担着开发和培养大学生创新精神、创业意识和创新创业能力的重要使命。

自2015年起，我国高校开始全面深化创新创业教育改革。总体目标为“到2020年建立健全课堂教学、自主学习、结合实践、指导帮扶、文化引领融为一体的高校创新创业教育体系，人才培养质量显著提升，学生的创新精神、创业意识和创新创业能力明显增强，投身创业实践的学生显著增加。”①

一、艺术专业大学生创新创业能力提升的价值与意义

北京舞蹈学院作为中国唯一一所专门化的舞蹈专业教育的最高学府，肩负着培养“基础扎实、素质全面、适应力强、具有创新精神的舞蹈文化人才”的重任，学校自

① 国务院办公厅：《关于深化高等学校创新创业教育改革的实施意见》（国办发〔2015〕36号），2015年5月4日。

2016年起开始结合专业特色、融入育人理念进行创新创业教育的实践性探索。

1. 创新创业能力的内涵

艺术类高校开展创新创业教育，提升大学生创新创业能力应当包括三个层次：一是着力于培养学生勤于思考、敢于批判、善于质疑、勇于创新的精神，激发学生的创新意识，使创新创业成为新时代艺术专业大学生共同的价值追求和行为习惯；二是开发艺术专业大学生的创业意识，即在掌握自身专业理论知识的同时，具备从事创新创业实践活动所必需的知识、能力及心理品质，提高学生创新创业的基本素质；三是有效引导艺术专业大学生走上创业之路，开发新的经济增长点，使他们能够将专业知识转化为经济财富，在职业生涯和工作岗位上创造更多的价值。

2. 艺术专业大学生创新创业能力提升的重要性

大学生创新创业能力的培养是高等教育改革的一项重要内容，是高校人才培养质量的重要指标，尤其对于艺术专业大学生提高综合素质及社会竞争力，进一步深造和将来的就业创业具有极其重要的价值与意义。

由于艺考生对录取分数要求不高，反映出大部分学生的综合素质较低，这也是每个艺术类高校普遍存在的问题。北京舞蹈学院作为中国唯一一所专门化的舞蹈专业教育的最高学府，将人才培养目标定位为：培养基础扎实、素质全面、适应力强、具有创新精神的舞蹈文化人才。然而近几年，学校在对毕业生所就职的一些用人单位进行回访及调研的过程中发现，他们选聘毕业生时除了看重艺术专业大学生的专业知识与技能，更加注重其思想道德修养、沟通协调能力、团队协作能力、语言与文字表达能力、创新能力、学习能力、解决问题的能力等综合素养。因此，学校党委对学生提出了“攀登专业高峰，全面提升素养，追求高尚境界，创造诗画人生”的成才标准，并致力于探索和研究艺术类高校的综合育人模式。

二、学生社团对于艺术专业大学生创新创业能力提升的功效

学生社团在提升大学生创新创业能力方面具有课堂教育教学所不可替代的功效，学生能够通过自主学习增强基础专业能力，通过参与学生活动提升个人职业能力，通

过社团组织管理培养团队合作能力。

1.学生社团的内涵与功能

学生社团是指学生在自愿基础上形成的各种群众性文化、艺术、学术团体，不分年级、系科甚至学校的界限，由兴趣爱好相近的同学组成，在保证学生完成学习任务和不影响学校正常教学秩序的前提下开展各种活动。目的是活跃学校学习氛围，提高学生自治能力，丰富课余生活；交流思想，切磋技艺，互相启迪，增进友谊。[①]

学生社团是课堂教学的有效衍生，是我国高校第二课堂的主战地，是大学校园文化建设的重要载体，是大学生“自我教育、自我管理、自我服务”的有效途径。社团活动为大学生的课余生活提供了一个可以展示自己、锻炼自己的理想平台。

北京舞蹈学院大学生创业服务公社是在校团委的支持和学生创业教育中心的指导下开展工作的学生社团组织。本着“顺应新时代发展，激发创业热情，成就创业人才”的宗旨，为我校大学生未来进入社会搭建实践平台，为学生创业者（团队）提供保障与支持。社团成员是由我校对舞蹈艺术创新创业有浓厚兴趣，自愿遵守社团章程，自愿加入并且有能力进行自我管理、自我教育、自我服务的大学生组建而成。

2.学生社团是艺术专业大学生创新创业能力提升的重要载体

大学生创新创业能力的提升关键在于实践性。创新精神和创业意识需要经过实践活动才能转化为创新创业能力。而学生社团丰富的实践平台和活动形式刚好与之相契合。

（1）社团活动的实践性有助于培养创新思维

学生社团是对课堂专业知识和技能学习的实践性补充，注重培养学生的批判性和创造性思维。在社团发展过程中，通过组织、参与不同层次的专题活动，可以使学生在实践中学习、在学习中思考、在思考中升华，将理论知识有效地同社会实践相联系，发现问题、分析问题、解决问题，从而实现创新创业能力的提升。

北舞大创公社协助学校创业园开发并组织了一系列品牌活动，如：创业讲堂、创业分享会、创业游学、入孵项目路演、创业“家”年会、创意集市、招新和宣讲等。

---

① 顾明远：《教育大辞典》，上海教育出版社，1998年。

通过开展品牌活动，使学生在策划、组织、实施、总结的过程中，普及了创新创业的基本知识与经验，培养了创新精神，增强了创新思维，为学生今后的创新创业实践奠定了理论基础。

（2）社团成员的多元化有助于激发创业灵感

由于社团成员来源广泛，由不同院系、专业、年级的学生自发组成，其认知水平、个性特征和兴趣爱好均不相同。大家利用课余时间相聚一起组织活动，相互沟通交流、相互学习借鉴、相互参与协作，能够碰撞出更多创新创业的火花，这有利于促进学科之间的交叉与融合，有利于学生知识的纵向拓展和横向延伸，为唤醒学生创新思维与创业意识奠定了坚实的基础。

北舞大创公社的社员主要由人文学院舞蹈学、文化产业管理专业，创意学院服装与化妆、舞台灯光设计专业，教育学院舞蹈教育专业的学生组成。近几年，社团都积极参与了“大学生创新创业训练计划立项项目”的申报并立项，如：2018年“舞蹈主题咖啡吧的市场调研与策划实施”、2019年“校园文化创意衍生品系列——盲盒”、2020年“校内便捷打印”。学生在项目研究和执行过程中，扩展了视角、丰富了学识、提升了决策力、洞察力、组织协调能力及领导能力和批判性思维等方面的综合素质，激发出创造性的思维方式，塑造了全新的创新创业意识，营造出浓厚的创新创业氛围。当这些学生真正走向创新创业之路时，在社团的经历以及学习掌握的知识与技能将成为其必不可少的助力器。

三、基于社团建设的艺术专业大学生创新创业能力提升路径

2015年国务院办公厅《关于深化高等学校创新创业教育改革的实施意见》指出：支持高校学生成立创新创业协会、创业俱乐部等社团，举办创新创业讲座论坛，开展创新创业实践。因此，加强学生社团同高校创新创业能力提升途径之间的联系，推动学生社团功能优化与艺术专业大学生创新创业能力提升双向互动良性发展，成为今后进一步促进学校创新创业教育发展的突破口。

1.明确教育理念，培养创新精神

要想真正发挥学生社团推动艺术专业大学生创新创业能力提升的优势作用，明确角色定位与教育理念是至关重要的。学生作为社团活动主要参与者与执行者，应当将社团作为实践与锻炼的平台，充分发挥其主观能动性，努力做到自我管理、自我教育、自我服务。指导教师作为社团发展的引导者，应当主要发挥思想引领与把控、后勤保障与支持的功能；鼓励并指导社团成员积极参与“大学生创新创业训练计划立项项目”的申报，培育创新创业训练与实践思维；面向有意愿有潜质的学生，制定相应的创新创业能力培养计划，打造有特色、有内涵的第二课堂活动，开展不同内容的“精确培养”。

北京舞蹈学院大学生创业服务公社是由学生创业孵化园启动初期招募的勤工助学岗位发展而来的。2017年4月，创业园开始试运行，为了对园区进行规范化、精细化管理，学生创业教育中心组建了学生管理与服务团队和学生宣传与推广团队。2018年1月，为了更加完善学生创业孵化园的内部管理机制，学生创业教育中心成立了大学生创业服务公社。公社坚持“培养学生的兴趣爱好，激发学生创新创业思维，提高艺术人才综合素养”的教育理念，致力于充分发挥社团成员专长，在学好文化知识和专业技能的同时，带动大家开展丰富多彩的校园文化活动，为学校积极和谐的社团文化增砖添瓦。

2.围绕“职业”管理理念，激发创业意识

为了突出职业特色，让社团成员通过实践活动找寻自己的职业兴趣，从而优化未来的职业生涯发展，达到提升艺术专业大学生创新创业能力的目的，北京舞蹈学院大学生创业服务公社在建设初期就确立了以“职业性”为导向的社团管理理念，确保社团工作朝着制度化、规范化、专业化的方向建设，营造职场氛围，使学生能够提前了解社会、适应社会、走向社会，提升职业竞争力。

在社团发展过程中，不断健全管理机制，将企业管理理念“引进来”。建立严格的值班制、例会制及考核制度。结合学生的不同类型及专业特性，在充分尊重学生兴趣、爱好和特长的基础上进行顶层设计，设置与创新创业服务工作相关的岗位和部门，充分调动了学生的积极性、主动性、创造性，使各社团成员的创新创业能力得到全方位提升。

3. 实施“企业”运作模式，引领创业之路

从社团建设基础条件与组织特点出发，引入企业先进的运营模式，恰当地运用到社团建设当中，促进社团企业化运作。设计相应岗位与分工，并将社团活动当作企业的产品或服务。通过模拟企业的人力资源管理、品牌战略管理、独立经济核算等管理办法，让社团成员在模拟创业的过程中获得成就感及实战经验；通过设计、组织及实施社团活动，使社团成员有更多的机会熟悉社会的运作方式，进而促进个体的社会化发展，也能让社团成员更好地了解社会与市场需求，提高个人的职业素养，增强创新创业意识与能力。

2019年11月，北京舞蹈学院大学生创业服务公社重新讨论并梳理出新的机构设置，即综合管理部，主要负责学生创业孵化园内部设施的维护与管理，各项活动和具体事宜的策划和安排；教学科研部，主要承担创新创业相关课程及科研助理工作，协助老师组织并完成各项教学任务及科研项目，协助创业园针对高等院校“双创”教育实践基地和社会机构孵化器进行了实地考察和调研，收集并归纳了其功能定位、管理机制及运行模式等方面可以汲取的成功经验和存在的主要问题；项目运营部，主要协助创业园组织学生进行“大学生创新创业训练立项项目”的申报、评审、执行、结项，打造一批各具特色的“创业苗圃”，从中选拔出优秀的创新创业项目开展创新创业训练与实践；新媒体推广部，主要负责“北舞创业”公众号、“数字北舞”中“学生工作”专栏等新媒体平台账号的运营与维护，负责创业园、学生创业团队线上与线下对外宣传与推广，负责创业园相关宣传印刷品及视频制作的监制；创意设计部，主要负责创业园海报、宣传册等宣传材料的平面设计，负责创业园文化衍生品的研发。通过加强自身内部管理，有效促进了社团朝着公司经营方向发展，为艺术专业大学生提供了企业经验管理范本，形成了一支纪律严明、奖惩分明、强有力的团队。

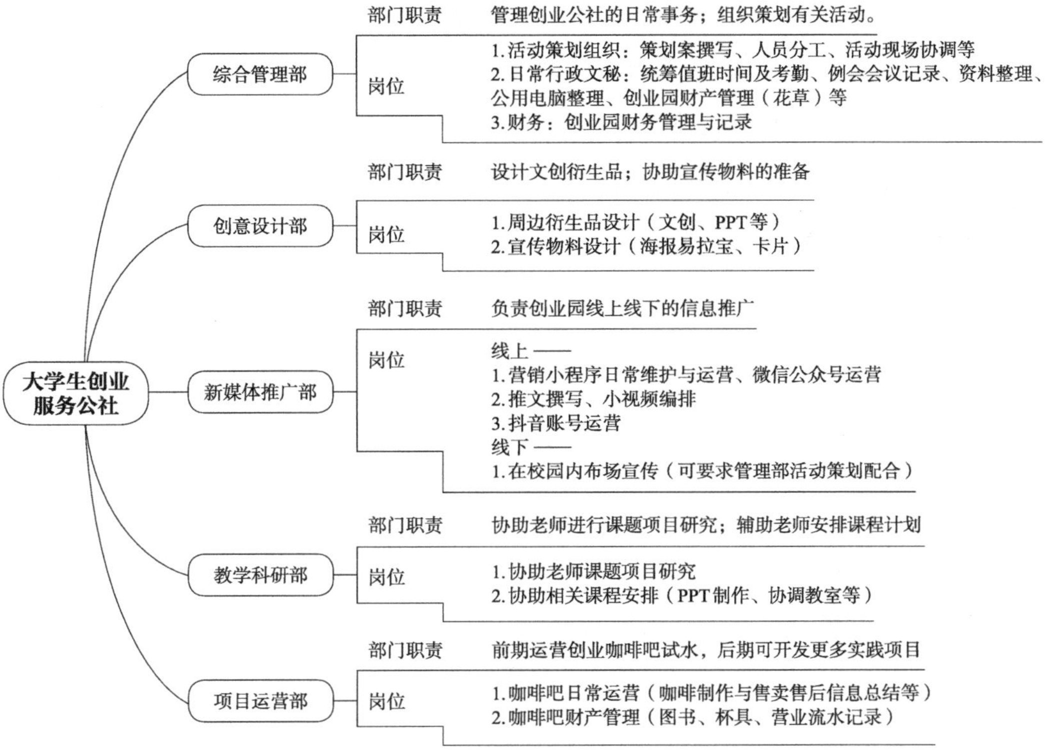

艺术专业大学生富有想象力和创造力，是创新创业的坚实有生力量。其创新创业能力的提升则是一项长期的、系统的工程，需要时间和经验的积累才能取得成效。学生社团作为高校的第二课堂，对于艺术专业大学生创新创业能力的提升具有独特的优势。因此，需要将学生社团建设成为艺术类高校开展创新创业教育、提升创新创业能力的主阵地，促进两者之间相互联系、协调发展，最终形成常态化的良性循环。

参考文献

[1] 刘平平：《思想政治教育视域下艺术院校大学生创业教育政策环境研究与实践指导》四川大学出版社，2018年第49页。

[2] 王松涛：《刍议思想政治教育对大学生创新创业能力的培养》，载《高等教育》2020年第23期。

[3] 何望、林庚：《大学生创新创业能力培养探究——以江西财经大学“大创”

项目为例》，载《科技创业月刊》2019年第10期。

[4] 杨森森、李晓书:《张影微，刘晓旭.高校创新创业类社团建设研究》，载《教育教学研究》2019年第6期。

[5] 王建芳、王茜:《刍议依托学生社团促进大学生创新创业能力提升》，载《新西部》2019年第3期。

04 文化育人篇

艺术院校助力北京文化中心建设的五个坚持

赫丽萍　苑媛

摘要：党的十九大对文化建设已作出全面部署，在建设中国特色社会主义文化强国的道路上，艺术院校作为文艺创新的中坚力量发挥了独特作用。以北京舞蹈学院作为个案，分析其在服务北京文化中心建设、推动首都文化大发展大繁荣中做出的贡献，并结合艺术院校肩负的担当使命提出艺术院校助力北京文化中心建设的五个坚持。

关键词：艺术院校；立德树人；文化引领；社会主义文化

2020年4月，《北京市推进全国文化中心建设中长期规划（2019–2035年）》（以下文简称《规划》）正式发布。展望2050年，北京将以更加昂扬的姿态屹立于世界城市之林，成为弘扬中华文明和引领时代潮流的世界文脉标志。[1]艺术院校作为文化传承与文艺创新的重要阵地，需要认真学习《规划》，深入贯彻中央指导精神，承担起坚定文化自信的神圣使命，要在做好首都文化这篇大文章上发挥其独特作用。

一、坚持马克思主义文艺理论的指导地位，打造风清气正的文艺创作环境

马克思主义理论在我国文艺理论的构建中占据主导地位，在其指导下，中国特色社会主义文艺才得以在实践中不断丰富和发展。《规划》指出，坚持马克思主义文艺观，弘扬爱国主义为核心的民族精神，唱响主旋律、讴歌新时代，用正确的历史观、民族观、国家观、文化观引领文艺创作，把书写中国精神、传播中国价值、凝聚中国

力量灌注文艺实践。[2] 近年来，北京舞蹈学院（以下简称学校）创作了中国古典舞作品《黄河》《红色恋人》，中国民族民间舞《鼓舞声声》《沂蒙母亲》，芭蕾舞《黄河赋》，当代舞《运河船工》，舞剧《红船启航》《井冈·井冈》，舞蹈诗《那些故事》《长征》《南泥湾》……众多舞蹈作品弘扬了以爱国主义为核心的民族精神，歌颂红船精神、井冈山精神、长征精神等，颂扬“红色精神”，传承“红色基因”，让革命精神在当代发扬光大。

核心价值观是一个民族赖以维系的精神纽带，是一个国家共同的思想道德基础，同时也是国家文化软实力的灵魂，文化软实力建设的重点，[3] 决定了我国文艺性质和方向。艺术院校肩负文艺创作重任，应始终坚持以社会主义核心价值观助力首都文化建设，坚持马克思主义在意识形态思想阵地中的重要指导地位。同时，在当今各种文化流派、文艺思潮互相碰撞的时代，坚持马克思主义文艺观，需要科学辨析和甄别正确的文艺主张和文艺思潮，自觉抵御虚无历史、脱离大众、脱离现实，调侃崇高、扭曲经典等创作问题，吸收优秀的文明成果和文化要素，抵制纯艺术论，抵制低级趣味和媚俗、低俗之作，为高校进行文艺创作建设优良的文化智库，营造风清气正的创作环境，不断推出文艺精品。

二、坚持立德树人，为国家和北京输送大批优秀艺术人才

艺术院校是培养艺术人才的重要基地，育人乃学校之根本。《规划》提出，要推动理想信念教育常态化和制度化。[4] 艺术院校要坚持以习近平新时代中国特色社会主义思想为指导，深入学习贯彻习近平总书记关于文艺的重要论述，教育引导学生树立正确的历史观、民族观、国家观、文化观、艺术观，增强“四个意识”，坚定“四个自信”。

北京舞蹈学院作为中国唯一一所专门化的舞蹈教育高等学府，是当今世界规模最大、专业设置全面的舞蹈知名院校，多年来充分履行舞蹈人才培养基地、舞蹈学术研究基地、舞蹈作品创作基地、舞蹈文化传承创新基地和舞蹈文化艺术智库的重要功能，为全国和北京市输送大批优秀艺术人才。学校明确建设中国特色世界一流舞蹈大

学的发展目标，坚持育人为本，把培养德艺双馨的高素质舞蹈艺术人才作为首要任务，不断深化舞蹈教育教学改革，系统推进“表演-编导-理论-设计-传播”实践化教学体系，推动师生开展艺术实践和社会实践、校内实践和校外实践。与此同时，学校围绕落实立德树人根本任务，健全完善“全员育人、全过程育人、全方位育人”体制机制，建设课程育人、科研育人、实践育人、文化育人、网络育人、组织育人、管理服务育人、心理资助育人八大育人工程，培养德智体美劳全面发展的社会主义建设者和接班人。据统计，学校毕业生每届近400人，在京工作毕业生占比多年保持70%以上，活跃在首都舞蹈艺术创作、表演、传播和教育培训的各个领域，近年来学校为北京歌剧舞剧院、中国歌剧舞剧院、东方演艺集团、中央芭蕾舞团、中央民族歌舞团等在京艺术院团输送优秀舞蹈表演人才，构成舞蹈创作表演的主力阵容。

三、坚持文化引领，用艺术精品弘扬中国精神

“文艺是时代前进的号角，最能代表一个时代的风貌，最能引领一个时代的风气。”[5]作为艺术院校要以创作优秀文艺作品来凝心聚力，为形成全国文艺繁荣的大格局添砖加瓦。《规划》提出铸就新时代社会主义文艺高峰，需要提高文艺品牌影响力、构建有利于出精品的平台机制等。学校始终将舞蹈作品质量作为创作生命线，坚持打造舞蹈精品力作。近年来，学校加大了对各类艺术实践项目的支持力度，出台《艺术创作实践项目指南》，鼓励引导师生以社会主义核心价值观为引领，以中国精神为灵魂，以中国梦为时代主题，以中华优秀传统文化为根脉，以创新为动力，深入实践、深入生活、深入群众，坚持思想精深、艺术精湛、制作精良相统一，不断创作生产舞蹈艺术作品。

党的十九大报告指出，中国特色社会主义文化，源自中华民族五千多年文明历史所孕育的中华优秀传统文化，熔铸于党领导人民在革命、建设、改革中创造的革命文化和社会主义先进文化，植根于中国特色社会主义伟大实践。[6]学校在舞蹈作品创作方面始终坚持从博大精深的中华优秀传统文化、昂扬向上的革命文化与继往开来的社会主义先进文化中汲取力量、获得创作灵感，创作了《踏歌》《相和歌》《粉墨》

《梁祝》等中国古典舞作品；民族传统乐舞集《沉香》系列；非物质文化遗产研创作品《傩·情》；舞蹈诗《中华赋》《国韵》《国风》等，在全国和世界各地巡演，弘扬和传播中华优秀文化。

习近平总书记号召文艺工作者“努力创作生产更多传播当代中国价值观念、体现中华文化精神、反映中国人审美追求，思想性、艺术性、观赏性有机统一的优秀作品”。[7]学校在“不忘初心、牢记使命”主题教育期间，创作了舞蹈诗《那些故事》，作品源自习近平总书记讲述的十个红色经典故事，通过中国古典舞、中国民族民间舞、芭蕾舞、现当代舞、国标舞、音乐剧等形式集中呈现，深刻体现了为人民谋幸福、为中华民族伟大复兴的革命初心。艺术院校是文艺作品的重要孵化基地，广大师生在中华优秀传统文化、革命文化和社会主义先进文化中汲取创作灵感，以优质作品创作为依托，将爱国主义教育和民族精神教育融入艺术创作和实践之中。

四、坚持文化担当，服务国家和北京重大活动

首都艺术院校在坚持育人担当的同时，也应在服务国家和北京重要活动中坚持文化担当和有所作为。《规划》提出，用好重大活动和重要节展赛事平台。抓住主办承办和服务保障国家级重要会议、重大纪念活动、重要国际会议、国际论坛等主场外交外宣活动契机，精益求精做好主场外宣。[8]学校师生秉承“爱国、爱校、爱舞蹈”的优良传统，以高度的政治责任感，圆满完成了2008年北京奥运会开闭幕式、2009年国庆60周年群众游行、2014年APEC迎宾晚会、2015年《胜利与和平》纪念抗战胜利70周年文艺晚会、2016年G20杭州峰会文艺演出、2017年“一带一路”国际合作高峰论坛文艺晚会、2018年庆祝改革开放40周年文艺晚会等重大演出活动，以精湛的舞蹈艺术展现了中国精神和中国气派。代表北京主办或参加“四海同春”“欢乐春节”等海外巡演，在世界各国展示中国舞蹈和中华文化的魅力。学校响应“一带一路”倡议，牵头成立中国—中东欧国家舞蹈文化艺术联盟，与联盟国在艺术教育、艺术创作、实践演出等多方面开展合作交流，取得良好效果。2019年在中华人民共和国成立70周年庆祝活动中，八百余名师生参与此次重大活动，圆满完成了群众游

行、联欢活动、文艺晚会等多项重要任务，以实际行动向新中国七十华诞献礼，作出了不可替代的北舞贡献。

作为在京艺术院校，学校积极参与国家重大活动，始终坚持与国家、首都的文化发展并行前进，将高质量的艺术精品服务于国际文化交流活动中。坚持立足建设首都、服务首都，将学校的发展定位与北京的文化社会发展需求紧密结合。与此同时，参与活动的学生们在演出活动中获得了意义非凡的实践经历，激发了强烈的爱国情怀和报国之志。

五、坚持以人民为中心，不断满足人民对美好生活的需求

作为马克思主义文艺理论的重要命题，即“为什么人的问题”和“如何服务的问题”，是我们判断文艺“倾向性”与文艺作品存在价值的重要标杆。[9]党的十九大报告指出，中国共产党人要始终“不忘初心、牢记使命”。[10]不忘初心，就是把人民谋幸福放在心中，永远把人民对美好生活的向往作为奋斗目标，始终坚持以人民为中心的基本方略。[11]学校在开展舞蹈专业教育的同时，始终坚持开展高水平的舞蹈艺术普及教育。例如：舞蹈考级院每年在海内外培训考级师资5万余人，有近五十万学生参加等级考试；继续教育学院有学历和非学历教育学生约五千余人；通过北京市教委“高参小”项目牵手11所小学、“高参高”项目为3所中学开设“高中艺术素养班”，不断推动舞蹈艺术素质教育，积极服务社会。

学校积极将优秀教学实践成果深入基层、服务社会，通过参加国家大剧院“春华秋实”展演、“高雅艺术进校园进区县”“民族艺术进校园”“国际青年艺术季”等活动，为普通民众开展高雅艺术普及系列文化惠民活动，为北京“文化中心”建设服务。学校开展“秋冬演出季”“实践教学周”等活动，2017年—2019年，校内外演出四百余场，约十八万人次观看，不断满足首都人民对美好生活的向往追求。这些项目不仅赢得了社会各界的广泛赞誉，取得了显著社会效益，更持续发挥文化育人的作用，展现出艺术院校注重社会效益，推动文化事业发展的文化担当。

作为首都艺术院校，学校以习近平新时代中国特色社会主义思想为指导，以“舍

我其谁”的使命与担当，积极服务北京“四个中心”建设。今后，学校将持续加大艺术创作项目支持力度，培育更多高水平创作人才，积极拓展校外支持平台，坚持以人民为中心的创作导向，深入实践、深入生活、深入群众，不负时代召唤和人民期待，担负起新时代的文艺使命，创作更多反映时代、彰显文化、体现民心的艺术精品，为实现中华民族伟大复兴的中国梦坚定文化自信，践行艺术院校的文化担当，为北京文化中心建设贡献更大力量。

参考文献

［1］［2］［4］［8］北京市推进全国文化中心建设中长期规划（2019年—2035年）［EB/OL］.2020-04-09［2020-05-29］.http：//www.beijing.gov.cn/zhengce/zhengcefagui/202004/t20200409_1798426.html.

［3］［9］张江：《实现新时代中国特色社会主义文艺的历史使命》，北京：中国社会科学出版社，2019年，第168页、第308-309页。

［5］［7］习近平：《在文艺工作座谈会上的讲话》（2014年10月15日），北京：人民出版社，2015年，第5页，第7页。

［6］［10］习近平：《决胜全面建成小康社会 夺取新时代中国特色社会主义伟大胜利——在中国共产党第十九次全国代表大会上的报告》（2017年10月18日），北京：人民出版社，2017年，第41页。

［11］卜宪群：《习近平新时代治国理政的历史观》，北京：中国社会科学出版社，2019年，第223-224页。

“三全育人”理念下艺术院校的文化使命与办学担当

徐顽

摘要： 新时代背景下，北京舞蹈学院（以下简称学校）作为我国舞蹈专业教育的最高学府，积极履行自身服务职能，始终把探索以文化建设发展需求为导向、增强文化底蕴、夯实文化根基的学科专业优化机制作为重要任务，用实际行动肩负起新时代赋予的使命与担当。本文从学校学科建设、人才培养、职能履行和对外交流四个方面入手，准确把握学校服务职能的内涵和特征，明确学校始终坚持以立德树人为根本任务，坚持育人为本、德育为先，立足首都定位，实现自身服务职能的履行与学科专业建设、人才培养之间的双向建构与主动对接。

关键词： 新时代；高校；社会服务；使命担当

立足67年的办学积淀，北京舞蹈学院始终以深入贯彻学校“坚持高层次的文化追求、坚持高质量的人才培养、坚持高水平的普及教育”为指导方针，多年来，紧密围绕高层次人才培养需要、舞蹈艺术人才培养特色凸显的育人途径挖掘与教育教学机制建立健全，从夯实根基、聚焦特色、深化内涵和引领方向四个方面，助力推进学校学科建设依托理论与实践互为贯通、紧密结合这一特色优势的整体提升同时，坚持以高层次文化追求引领育人方向的一以贯之，充分发挥自身对文化传承创新与社会服务的引领职能，切实将弘扬中华优秀传统文化，将办好扎根于民族传统文化，深耕中华优秀传统文化教育的大学的根本践行宗旨与人才培养，与从中如何依托学科自身专业特色寻找深度契合，实现知识传授与价值引领“同频共振”创新性人才培养路径探索紧密结合起来，为增强文化自信提供强有力的人才支撑。

一、牢记立德树人使命，培育舞蹈文化英才

面对新时代的文化发展和学科引领需要，北京舞蹈学院充分发挥自身在国内舞蹈教育领域独一无二的地位和优势，在落实立德树人根本任务，不断深化教育教学改革，把培养德艺双馨的高素质舞蹈文化英才作为首要任务的同时，明确了建设中国特色、世界一流舞蹈大学的办学定位。

1.“双一流”背景下的中国特色学科体系建设

近年来，伴随着学校正在致力于以一流学科建设为核心的办学层次提升，学校的学科建设水平不仅取得了较快的进步，学科布局日趋合理，在第四次学科评估中也获得了A-的优秀成就；通过学科特色的不断凝练，学校目前以“双一流”建设学科为核心，以优势特色学科为主体，整合相关传统学科资源，不断丰富分别体现在舞蹈表演、舞蹈教育、舞蹈编创、舞蹈学理论四个二级学科方向下的知识系统性建构、研究学理性深入，及实践应用性力度的系统建构，努力通过具有中国特色的学科体系建设，为增强文化自信提供坚实的学理基础。这也是学校自创建之初就始终不变的坚守与希冀达到的目标，即如何结合学校自身的办学特点与学科优势，通过深入、全面的实践性探索与经验性总结，搭建起优势突出、结构合理，具有专业引领性和创造性的学科体系，从而为学生奠定扎实、深厚的专业基础素养，一直以来都是学校在不断探索和发展过程中面临的问题，且始终亟待具体的改革措施和政策引导、支持下逐步提升和走向完善。

2.学科方向不断凝练

结合前述学科体系建设的目标，在学科专业方向的凝练上，学校目前也是在不断提升和增强学科方向凝聚学科特色与资源优势的“专业性”“学术性”凸显基础上，努力探索和拓展有助于分析、阐释学科视野内基础理论问题、应用实践问题和重要学术前沿问题等不同关注层面的二级学科方向设定趋向。不仅有助于填补相关研究领域的空白，为学科自身体系的稳固建构“添砖加瓦”，同时也加快推动了学科实现创新发展，能够在不断摸索和明确自身发展规律性的基础上寻找“自我”生长点，以更好地为学校学科专业布局的不断完善，及特别是从申请博士学位授予点的立项建设，直

至完善学位授权体系后的更高层次办学水平提升做足充分的学科储备。

3.人才培养成效凸显

紧密围绕“培养什么人、怎样培养人、为谁培养人”这一根本问题，学校立足67年教育教学的经验和积累，通过教育教学改革的不断深化和人才培养机制日趋完善，在舞蹈表演、舞蹈教育、舞蹈编创和舞蹈学理论等各学科领域，发展培养和输送了大量的优秀人才，且成果累累。尤其是在学生就业方面，学校毕业生活跃在首都舞蹈艺术创作、表演、传播和教育培训的各个领域：构成北京歌剧舞剧院、中国歌剧舞剧院、东方演艺集团、中央芭蕾舞团、中央民族歌舞团等在京艺术院团舞蹈创作表演的主力阵容；北京市中小学等单位对学校毕业生的录用率逐年上升，为北京市优化基础教育师资布局，改善师资队伍学缘结构，全面提高基础教育总体水平提供了人才支撑。学校师生创作的舞蹈作品在北京市和华北五省等各类舞蹈比赛中屡获奖项，为北京市文化中心的地位争得了荣誉，集中展现出了北京市舞蹈事业取得的优秀成就。

4.对接首都重大战略

伴随着高校和区域文化建设的深度融合与多样化合作路径探索，已经在北京市文化发展战略的实施中发挥着日益重要的推动和支撑作用。北京舞蹈学院作为我国舞蹈专业教育的最高学府，作为“舞蹈家摇篮”，无疑要有更高的责任感和使命感，紧密围绕自身服务职能的内涵发展和功能，不断推进改革和贯彻落实好如何对接首都重大战略与首都文化教育事业需要的育人宗旨。近年来，可以看到北京舞蹈学院正在努力从学科专业内部，寻找这种实现有效对接的现实可能性和多样化合作路径的探索，乃至开始注重从改善以往的学科专业结构入手，以更好地为服务需求对接建立起一种长效机制。

二、聚焦文化中心定位，打造首都文化品牌

明确聚焦北京市文化中心建设的功能定位。高校作为有效衔接这一功能定位实现的重要阵地，应充分发挥自身独一无二的教育教学资源优势，助力推进首都作为全国文化中心的示范作用，进一步彰显文化形象铸造、人文精神传播和文化品牌打造。

1.打造首都艺术精品

“文艺是时代前进的号角，最能代表一个时代的风貌，最能引领一个时代的风气”。学校坚持以人民为中心的创作导向，加大对各类艺术实践项目的支持力度，每年出台《艺术创作实践项目指南》，鼓励引导师生以社会主义核心价值观为引领，以中国精神为灵魂，以中国梦为时代主题，以中华优秀传统文化为根脉，以创新为动力，深入实践、深入生活、深入群众，坚持思想精深、艺术精湛、制作精良相统一，不断创作生产体现民族精神和文化诉求，具备较高审美价值的舞蹈艺术精品力作，服务首都文化建设。在这一理念的秉持与贯彻下，我校推出多部弘扬和传播中华优秀传统文化，以及歌颂和发扬革命文化与社会主义先进文化的精品力作，都是学校一直以来在不断深化实践探索，力图从中承担起时代所赋予的文化使命，并探寻直至今天，依旧贴合于当下审美表现形式的主要题材类型作品创作。从而为与首都文化中心建设需要的对接储备了丰厚的优秀作品资源，非常贴合于其建设中首先内含的一种，对中华优秀传统文化、革命文化和社会主义先进文化及民族精神，始终延续并要求体现当代价值、当代审美的文化诉求。除此之外，为充分结合北京市独特的地域文化资源优势，打造出具有浓郁北京特色的地域文化品牌形象，近几年，学校师生还创作出了多部彰显北京地域文化特色的优秀作品。

2.彰显首都文化自信

在我国日益走进世界舞台中央的新时代，如何通过与国际合作关系的建立和交流平台搭建、交流模式创新，将我国优秀的传统文化带出去，坚定文化自信、增强国际认同，是首都文化中心建设中力求实现国际交流与首都建设发展需求有机结合，彰显首都文化自信的核心目标定位。我校师生秉承“爱国、爱校、爱舞蹈”的优良传统，以高度的政治责任感，在国家和北京重大活动中勇担重任，为首都文化中心建设这一核心目标定位的实现，为积极开拓宣传北京文化、促进中外文化交流的“新窗口”，在世界各国展示中国舞蹈和首都文化的魅力，奠定了扎实的实践基础和开辟了多种合作交流路径。

3.构建首都艺术智库

本着共享学术资源的理念，为更好地将学校的学术研究转化为一种可供文化建设需求对接，完成不同模式、驱动导向转化与推广的媒介载体，北京舞蹈学院以自身丰厚的学术资源为依托，完成了若干个虚体舞蹈文化研究中心设立和人才队伍建设。力图通过将对学术研究从特定单一形态的考察，到不断依据文化建设发展需求进行内部的深化与多种形态探索；通过充分发挥现今首都文化资源优势，加大对舞蹈教育、创作和理论等各个层次、各个级别、不同领域，与首都文化中心建设、首都文化教育事业发展需求相对接的研究。

三、彰显高校辐射功能，丰富首都公共文化

作为在京艺术院校，应以更加积极主动的姿态，通过充分发挥独特育人作用和方式、方法，探索自觉融入服务北京“四个中心”尤其是“文化中心”建设，有效促进高校的辐射职能和区域的文化传播功能有机统一。

1. 丰富首都舞蹈美育

在立足首都、服务首都的发展中，为不断推进舞蹈文化的普及与传播，北京舞蹈学院在开展舞蹈专业教育的同时始终坚持开展高水平的舞蹈艺术普及教育，并力图通过规模的不断扩大，如舞蹈考级院每年在海内外培训考级师资五万余人，有近五十万学生参加等级考试，继续教育学院有学历和非学历教育学生约五千余人，充分发挥自身服务社会的示范引领作用。通过普及舞蹈教育师资队伍的不断建设和培训工作强化跟进，让专业教师在明确舞蹈普及教学理念与教学教法的基础上，注重对舞蹈美育素养的提升，摒弃以技术、技能训练为重的美育倾向，丰富首都舞蹈美育，提升未来北京市青少年整体素质和美育水平。

2. 高雅艺术深入人心

为深入基层、服务首都，充分履行自身作为高校的社会服务职能，北京舞蹈学院一方面通过学校的重要教学组织机构——舞蹈剧场的对外开放运营和线上网络平台搭建，整合学校优秀的教学实践成果和国内外丰富的演出资源、剧目资源，为首都市民亲近舞蹈、亲近舞台剧场提供观摩和体验的多种机会。尤其是在学校“秋冬演出季”“实践教学周”期间，每年实践演出超百场，2015年—2017年面向社会公众上

演352场演出，约有十万人次观看演出。既满足了人民对艺术、对美好生活的向往追求，丰富了文化产品供给，也有助于院校可以从与观众，尤其是与青年观众的互动、及时反馈中，尝试摸索和当下社会转型、人们审美心理、内心节奏相吻合的作品创作形式。

3.共享优质舞蹈教育

作为北京基础教育主动适应社会发展变革，不断对未来综合型人才培养提出新要求、新目标的重要改革举措，北京舞蹈学院近几年来，顺利开展和持续推进了北京市教委“高参小”项目、“高参高”项目和北京市中小学舞蹈教师专业培训工作。不仅为北京市中小学提供了优质的舞蹈专业教育和搭建艺术作品库，丰富了中小学学校校园文化建设的内涵发展，加强了学生除对基础知识的学习外，对艺术感知素养和文化理解素养等诸多核心素养的不断同步提升，同时也进一步推动了舞蹈艺术素质教育在实践领域内的有效形式探索，为努力把美育普及工作做出范例和标准奠定了扎实的实践基础。

作为首都艺术院校，学校将以习近平新时代中国特色社会主义思想为指导，从实现“两个百年”奋斗目标、实现中华民族伟大复兴中国梦的高度，以“舍我其谁”的使命与担当，积极服务北京“四个中心”建设。持续加大校内艺术创作项目支持力度，积极拓展校外支持平台，坚持以人民为中心的创作导向，深入实践、深入生活、深入群众，创作出更多无愧于民族无愧于时代的文艺作品，为北京“文化中心”建设贡献更大力量。

营造风清气正崇廉尚实的校园廉政文化

刘达丽　张际萍　常峰

摘要： 本文以校园廉政文化建设为核心，分析了校园廉政文化建设的意义，并分析了调查问卷和个别谈话中反映出学校廉政文化建设中的问题，列举了学校推进党风廉政建设，营造风清气正的校园廉政文化的具体举措，对加强高等院校廉政文化建设具有一定借鉴意义。

关键词： 高等艺术院校；廉政文化

一、校园廉政文化建设的重要意义

校园廉政文化是以廉政为思想内涵、以文化为表现形式的一种文化，是社会主义核心价值观的重要组成部分，是党风廉政建设在校园落地生根的具体体现，是一体推进不敢腐、不能腐、不想腐，构建风清气正的校园政治生态的重要环节，是廉洁从政、廉洁从教行为在价值追求和价值观念上的客观反映。习近平总书记强调，坚决把党风廉政建设和反腐败斗争进行到底。营造风清气正的校园廉政文化，是建设校园特色文化的一项重要内容，也是完善廉政警示教育体系、改进创新纪检监察工作的具体举措，对于推进学校反腐倡廉建设深入发展，具有十分重要的意义。

1. 营造风清气正的校园廉政文化是确保党中央重大决策部署和习近平总书记重要指示批示精神贯彻落实的关键环节

习近平总书记在十九届中央纪委三次全会上发表重要讲话，强调要继续推进全面从严治党，继续推进党风廉政建设和反腐败斗争。要贯彻落实新形势下党内政治生活若干准则，发展积极健康的党内政治文化。学校纪委感到习近平总书记关于党风廉政建设和反腐败斗争的重要论述和部署，是习近平新时代中国特色社会主义思想在反腐倡廉方面的体现和发展，表明了党中央与腐败现象作斗争的坚强决心，对全党党风廉政建设和反腐败斗争工作提出了新的更高的要求。学校廉政文化建设既是贯彻落实习近平总书记重要指示精神的重要举措，也是弘扬先进校园文化、营造健康向上环境的重要途径。

2.营造风清气正的校园廉政文化是巩固深化已有成果推动学校全面建设的重要载体

在学校开展廉政文化建设活动，是高校面向新时代加强党的建设、加强和改善党的领导的一项重要任务，是扛起“为党育人、为国育才”政治使命的政治保证。营造风清气正的校园廉政文化有助于建立健全权力约束机制，浓厚公平竞争的风气；有助于实行透明议事决策，浓厚民主公开的风气；有助于尊重师生的主体地位，浓厚廉政为学的风气；有助于实现坚持以人民为中心的创作导向，创作舞蹈艺术精品，服务群众文化需求，做好舞蹈普及教育；有助于传承学校“爱国爱校爱舞蹈”的优良传统，浓厚艰苦创业的风气，坚持高层次的文化追求、坚持高质量的人才培养、坚持高水平的普及教育，为全面履行人才培养、科学研究、社会服务、文化传承与创新、国际交流合作等重要职能，努力建设中国特色世界一流舞蹈大学不断注入生机和活力。

3.营造风清气正的校园廉政文化是巩固发展反腐败斗争压倒性胜利一体推进“三不”的重要组成部分

习近平总书记在十九届中央纪委四次全会上强调，要深刻把握党风廉政建设规律，一体推进不敢腐、不能腐、不想腐。这不仅是反腐败斗争的基本方针，也是新时代全面从严治党的重要方略。随着反腐败斗争向纵深推进，遏制腐败的政策、制度、纪律、法规固然要继续健全、完善和加强执行力度，但党员干部思想道德防线，主要还是通过扎实有效的党风廉政教育，营造廉政文化才能筑牢。需要不断增强不想腐的自觉，扎实开展有序推进校园廉政文化建设，加强理想信念教育，提高党性觉悟，夯实不忘初心、牢记使命的思想根基。做好以案明纪、释法、说责、讲德、述廉，做实同级同类干部的警示教育，能够切实增强党员干部的政治定力、纪律定力、道德定力、拒腐定力，统筹联动，增强总体效果。

二、加强校园廉政文化建设的举措

1. 坚持以教育引导为基础，切实铸牢崇廉尚廉的思想根基

开展廉政文化活动，最根本的目的是引导全体教职工树立崇尚廉洁的价值取向，自觉用廉政的理念规范思想和行为。坚持深入学习习主席关于党风廉政建设的一系列重要论述，《党章》《纪律处分条例》等党纪条规，增强法规意识，结合主题教育活动，持续开展权力观、群众观、纪律观教育，提高教职员工拒腐防变能力。开展反腐倡廉警示教育展，实现警示教育全覆盖，从“关键少数”到普通教师职工都要接受警示教育，让大家对党纪国法知敬畏、存戒律、守底线，习惯在受监督和约束的环境中工作。

2. 坚持领导干部带头，牢牢把握校园廉政文化建设的主体

加强校园廉政文化建设，领导干部是主体，开展廉政文化活动，也要突出这一主体。学校党委把廉政法规作为中心组学习的重要内容，带头学习党的领导人关于加强党风廉政建设、教育、文化艺术的重要论述，学习党中央、北京市委关于加强领导干部廉洁自律规定，学习党内监督条例、纪律处分条例等党纪条规，学习中央纪委、北京市委下发的案件情况通报。每年召开警示教育大会，党委书记总结全面从严治党工作，纪委书记通报各项警示教育活动，处级以上领导干部主动参与，不断打牢廉洁自律的思想基础。处级干部任职前，纪委书记与新任职干部进行廉政谈话，提醒强化自身修养，注重廉洁自律。

3. 坚持以制度建设运行为核心，确保营造公平公正的内部环境

坚持和完善党和国家监督体系，强化对权力运行的制约和监督，以促使权力在阳光下运行，是推进廉政文化建设的重要内容。学校党委完善《党委全委会议事规则》《党委常委会议事规则》《校长办公会议事规则》，完善“三重一大”决策制度。学校纪委注重对学校党委特别是班子成员落实党风廉政建设责任制、民主集中制和“三重一大”决策制度等情况监督，对领导干部履行职责和行使权力进行监督，强化制度建设和制度运行的监督，确保营造公平公正的内部环境。

4. 开展政治生态调研，摸清廉政文化建设底数

结合高等艺术院校特点，2019年学校纪委在二级院系中开展了政治生态调研。

调研时针对院系党风政风总体情况、院系党务系务公开情况、学校治理群众身边的不正之风、领导干部在招生考试等方面收取好处等方面，制定下发调查问卷、个别谈话，二级院系教师参与问卷调查184人，占教师总人数的86%，确保了数据真实可靠。区分党员、非党员，广泛征求意见，实现了高级职称、中级职称、初级职称人员全覆盖。

所在院系的党风、政风、教风、学风总体情况持续向好，选择较好以上的占94.86%；学校党风校风持续好转，对建设风清气正的政治生态有信心的占到89.73%；在对当前学校治理群众身边不正之风和腐败问题的评价如何的选项中，选择较好以上的占93.96%；在对当前学校全面从严治党工作是否满意选项中，选择较好以上的占95.17%。从数据上看，学校院系教师对院系的党风、政风、教风、学风比较认可，进一步表明，学校已经建立起用优良党风政风带动优良教风学风的正向循环。

5. 以执纪问责为着力点，为校园廉政文化建设提供纪律保证

执纪问责是惩治腐败和建设校园廉政文化的有效手段，是纪检监察机关的基本职责。坚持从严治党、从严治校的方针，进一步加大案件查处力度，切实维护和执行党的纪律。党的十九大以来，学校纪委处理信访举报，处置各类问题线索，根据线索情况灵活采取谈话函询、初步核实等调查方式，对查明问题按照规章制度给予党政纪处分、组织调整、诫勉谈话。在工作中坚持实事求是，宽严相济，既讲是非，也讲利害。贯通运用四种形态，对绝大多数党员干部，立足于教育、着眼于防范。坚持“一案双查”，对相关管理部门存在决策程序不规范、监管不到位等问题进行追责。以强有力的执纪问责，推动廉政文化建设向纵深发展。

三、校园廉政文化建设存在的问题、原因分析及对策打算

1. 存在的问题

廉政文化建设的主动性有待于进一步增强。从近年来廉政文化建设的实践来看，高等艺术院校最容易滋生腐败的地方在于招生和教学实践等环节，但在完成工作任务的强大压力下，这些部门大部分都是为了完成上级工作、为了参与学校廉政文化建设

活动而被动地开展工作，很少有部门能够根据自身实际情况，主动加强廉政文化建设。领导干部和教职工忽视政治学习，对自身廉政建设推一推动一动，认为廉政文化建设是给别人看的，解决不了实际问题；有的过高估计自身抵御诱惑能力，认为自己觉悟高，能够把握住“分寸”；有的认为廉政教育是“一人生病，全体吃药”，抵触情绪大，导致经不起诱惑的挑战，人生观、价值观、权力观扭曲，理想信念动摇。

廉政文化建设的针对性有待于进一步增强。有的党组织在抓廉政文化建设中，存在思想认识不到位、工作不深入的问题，对存在的苗头性、倾向性和深层次问题不了解、不掌握，对社会大环境的变化和市场经济、拜金主义对教职工思想的冲击影响估计不足。未有效区分教职工年龄大小、岗位特点、思维方式、接受能力，完成学校党委、纪委安排的任务多，自主安排的活动少；一般性、普遍性教育多，针对性教育少；政治思想教育多，职业道德教育少；平推性的教育多，重点性的教育少；针对普遍性、社会性问题教育多，针对艺术院校特点和岗位特点的教育少。

廉政文化建设的协同性有待于进一步增强。学校成立了党风廉政建设和反腐败工作协调小组，明确了要加大宣传力度和加强廉政文化建设的要求。但是抓廉政文化建设，不单纯是学校纪委的职能，也有赖于其他职能部门和各教学院系的支持配合。由于缺乏必要的约束机制，职能部门往往被动应付，没有学校纪委的督促，很少主动去抓廉政文化建设，从而造成在主动配合、齐抓共管、形成合力上还存在一定问题。

2.原因分析

思想上重视程度不够。政治站位不够高，没有从讲政治的高度、维护大局的高度来认识加强校园廉政文化建设的重要性和必要性，对廉政文化建设不够重视。有的片面认为高校是世外桃源，学校外的腐败现象和腐败文化不会反映到高校中来；有的自我感觉良好，觉得本校还没有发现腐败问题，放松警觉和要求；还有的将院系职能部门把廉政文化建设从业务工作中机械的剥离，没有纳入自己的职责范围，一起部署、一起落实。

缺少建设完善的制度。校园廉政文化建设不是一蹴而就的，而应该是反复抓、抓反复的一项任务，没有完善的制度去规划廉政文化建设就会导致就廉政文化建设抓廉政文化建设。从现实情况看，高等艺术院校的中心更多地放在了艺术表演和艺术研究上，管理思维不系统，再加上二级教学院系精细化管理和制度化管理的理念不够健全，一定程度上造成了廉政文化建设配套制度的不健全。

3.对策打算

深化认识，提高自觉性。加强校园廉政文化是保持党的先进性的基础性工作，必须作为一项长期性和经常性的工作任务。在思想认识到位上下功夫，充分认识廉政文化建设的重要性，从而提高接受教育和监督的自觉性。在组织措施上下功夫，运用综合力量，构筑廉政文化建设大格局，各级党组织将廉政文化建设纳入中心工作和总体规划，统一部署、统一落实、统一检查、统一考核，共同推进廉政文化建设的良好局面。

强化制度，提高规范性。把廉政文化建设与制度建设共同推进、互相促进，拓展廉政文化宣传教育的领域，增强影响力和渗透力。通过制度建设，提高教职工执行制度的自觉性，增强广大教职工参与监督的意识，在更大范围内建立健全监督体系，推动监督措施落实。

规范内容，提高时效性。突出重点，主要是领导干部、重要岗位和重点部门，以遵纪守法为重点进行思想建设，使他们知法懂法、遵守职业道德。善于运用正反两方面的典型提高教育的针对性和时效性，特别是用好教育、文化、高校系统的典型，积极运用广播、电视、报刊和互联网等大众传媒，既用正面典型激励，时刻鼓舞，也用反面典型鞭策，特别是用好身边人、身边事，吸取教训引以为戒。

参考文献

[1] 习近平:《一以贯之全面从严治党强化对权力运行的制约和监督 为决胜全面建成小康社会决战脱贫攻坚提供坚强保障：在中央纪委十九届中央纪委四次全会上的讲话》，载《人民日报》，2020-01-14。

[2] 习近平:《取得全面从严治党更大战略性成果 巩固发展反腐败斗争压倒性胜利：在中央纪委十九届中央纪委三次全会上的讲话》，载《人民日报》，2019-01-12。

[3] 刘妍:《高校党风廉政建设现状与对策分》，载《法制博览》2020年06月。

以礼明德：礼仪文化滋养道德情操

崔素文

摘要：在2016年12月召开的全国高校思想政治教育工作会议上，习近平总书记指出："高校立身之本在于立德树人。"加强对大学生的道德教育是立德树人的首要任务，利用多种方式对大学生进行道德教育，使他们成为有理想、有本领、有担当的新一代青年，是高校的职责与使命。"一个国家、民族的强盛，总是以文化兴盛为支撑的，中华民族伟大复兴需要以中华文化发展繁荣为条件。"礼仪文化作为中国传统文化的重要组成部分，是中华儿女世代相传的道德规范和行为准则。自古以来，礼仪文化的营造就是为了实现道德的教化，大学生学习和掌握其中的精华，对树立正确的世界观、人生观、价值观很有益处。在高校开展礼仪教育，帮助大学生了解中国传统礼仪文化，既是素质教育应有之义，也是高校开展德育工作的有力抓手。

关键词：礼仪教育；德育；高校

"德"成于中，"礼"形于外，礼仪作为以道德为精神内核的传统文化，在现代社会仍然具有重要的道德功能，是判断个人思想觉悟、道德修养、精神面貌和文化教养高低的标准。作为道德教育的重要内容，礼仪文化在道德教育中一直都占有重要地位。在高校中开展礼仪教育，培养大学生良好的礼仪行为习惯，不仅有利于大学生树立良好的外在形象，同时可以引导大学生坚持正确的价值取向，提高礼仪素养和道德品质。因此，探讨礼仪教育在大学生德育中的作用发挥，对大学生德育工作的推进意义重大。

一、礼仪教育与德育

中国的礼文化源远流长，而传统礼仪与道德的关系始终是密切相关、不可分割的。礼是根据道德理性的要求制定出来的一系列的典章制度与行为规范，德则是礼的内核与实质，是礼存在的基础，二者互为表里，构成了人格塑造的内外统一。“德辉动于内，礼发诸外”，谦恭的态度、礼貌的语言、优雅得体的举止等，本质上是人的内在道德品质、文化修养、精神气质和思想境界等的外在表现。可以说，没有对礼仪精神内涵的深刻理解和把握，就不可能产生积极的道德情感和正确的道德判断能力。

1.礼仪是道德的外在表现

礼仪本身是一种既具有内在道德要求，又具有外在表现形式的行为规范。我们强调内在美德的决定性地位的同时，不能忽视外在礼仪形式的重要作用。内在的良好道德品质、文化修养只有通过一定的外在形式表现出来，才能在现实的社会生活中具有实际的意义和作用，离开了一定的外在表现形式的抽象道德理论和思想是空洞晦涩的。礼仪教育是将道德规范由抽象的意识形态外化为人的具体言行，通过具体的礼仪行为帮助人们塑造良好形象，提升道德修养，进而完善人格。因此，从一定意义上来说，礼仪是社会生活中最基本的道德环节，是评价一个人道德修养水平和综合素养高低的重要标准。

2.道德是礼仪的深层内涵

“礼者，德之基也”，孔子把礼作为道德的根本和内在道德精神。孟子也将“仁义”作为礼仪的道德内涵。扬雄在《法言·问道》中指出：“人而无礼，焉以为德”，认为如果人没有礼，就谈不上道德修养。礼仪是内在道德的反映，它从实践出发，将礼仪认知和礼仪行为结合起来，具有较强的操作性。在传统的教育中，礼仪就是道德教化的重要内容。以孔子为代表的儒家伦理思想就指出要通过礼仪教育来规范人的道德行为，陶冶人的道德情操。

3.礼仪教育与德育的目的和作用是一致的

道德是以善恶为标准，是通过社会的或一定阶级的舆论对社会生活起约束作用的、人们共同生活及其行为的准则和规范；礼仪则是在人际交往中，以一定的、约定俗成的程序、方式来表现的律己、敬人的过程。从根本意义上说，礼仪教育的作用、目的与德育的作用、目的是一致的，都是为了帮助受教育者成为具有高尚情操和良好道德品质的人。礼仪教育和德育的内在一致性说明二者是可以相互渗透、相互结合的。

二、礼仪教育的开展符合现代社会需求，有助于德育工作的推进

党和国家十分重视礼仪的教育引导功能，颁布实施了一系列法律法规以强调礼仪的基础性地位和作用。

2001 年我国颁布的《公民道德建设实施纲要》中明确指出："在全社会大力倡导'爱国守法、明礼诚信、团结友善、勤俭自强、敬业奉献'的基本道德规范"，"明礼"被列入公民基本的道德规范，礼仪规范和礼仪行为教育成为公民道德建设的内容；2004 年，国务院在《进一步加强和改进大学生思想政治教育的意见》中强调，引领大学生自觉遵守"明礼诚信、团结友善"的道德规范，并把明礼教育作为对大学生道德教育的重要内容；2005 年，教育部颁发《高等学校行为准则》，对大学生提出了"明礼修身"的要求，提倡大学生"遵守社会公德""尊敬师长""仪表整洁""豁达宽容"等；2019年10月，中共中央、国务院印发了《新时代公民道德建设实施纲要》，并发出通知，要求各地区各部门结合实际认真贯彻落实。其中指出："充分发挥礼仪礼节的教化作用。礼仪礼节是道德素养的体现，也是道德实践的载体。要制定国家礼仪规程，规范开展升国旗、奏唱国歌、入党入团入队等仪式，强化仪式感、参与感、现代感，增强人们对党和国家、对组织集体的认同感和归属感。……引导人们重礼节、讲礼貌。"可见，随着社会的发展，礼仪已逐步成为现代人所应必备的基本素养，成为衡量个人、国家和民族文明程度高低的标准。

高校是开展德育工作的主阵地，也是进行礼仪教育的主要场所。大学生是祖国的希望和未来，更是现代化建设的主力军，将礼仪教育纳入高校德育工作，既是时代的要求，也是大学生全面发展的需要。基于此，我们应深入挖掘传统礼仪中的德育内涵，对当代大学生进行广泛深入的礼仪教育，通过对礼仪的实践，引导学生树立内心

的道德信念，逐步把社会的道德规范转化为自身的道德品质。

三、礼仪教育在大学生德育建设中的作用

1.礼仪教育为大学生德育工作提供新思路

现代社会不缺乏专业技术过硬、能言善辩的知识型人才，但从近年来用人单位对毕业生的要求来看，德才兼备、举止得体的文明人更能满足社会发展的需求。当下大学生教育通过课程体系改革等措施使学生的专业知识水平得到有效的提高，但德育工作仍缺少行之有效的方法和手段，效果不甚理想。重灌输、轻实践的传统德育方式可以让大学生成为“有道德知识的人”，却未必是“有道德的人”。德育工作在理论创新、教学内容丰富、教学方式方法改进等方面需要积极探索新思路。“行胜于言”，礼仪学科的特征之一就是实践性、实操性，它与日常生活相结合，让学生在学中做，在做中学，在掌握礼仪标准的基础上熟练运用，在身临其境中提升认识、加深感受，从而规范自身行为，对于思维活跃、注重情感体验的青年大学生来说更具有吸引力和说服力，为高校德育工作提供了新思路。

2.礼仪教育为大学生德育工作提供重要理论支撑

新时代大学生德育工作既要与时俱进，体现时代性，又要反观自身，搜寻文化的本源，回归到中国传统文化中汲取营养，解决新时期的问题。习近平总书记指出：“要认真汲取中华优秀传统文化的思想精华和道德精髓，大力弘扬以爱国主义为核心的民族精神和以改革创新为核心的时代精神，深入挖掘和阐发中华优秀传统文化讲仁爱、重民本、守诚信、崇正义、尚和合、求大同的时代价值，使中华优秀传统文化成为涵养社会主义核心价值观的重要源泉。”这是习近平总书记从源与流的高度对中华优秀传统文化与社会主义核心价值观关系的深刻概括，也是新时代如何实现弘扬传统文化与践行社会主义核心价值观相互契合与双向互动的重要遵循。

礼仪文化是中国传统文化的核心，是中华文化的精髓，也是文化软实力的重要内容。 著名史学大师钱穆先生说：“要了解中国文化，必须站到更高来看到中国之心。中国的核心思想就是‘礼’。”因此，高校应加强礼仪教育的理论研究，进一步探讨礼

仪文化、礼仪教育和中国传统文化等重要命题的内涵和外延，在完善自身理论框架的同时，加强与社会主义核心价值观、大学生德育的辩证关系研究。“温故而知新，敦厚以崇礼。”从教育的角度分析，礼仪文化自身就是一个逻辑清楚、内容丰富的教育理论体系，是现代教育理论创新的力量源泉，继续深入挖掘其理论价值，有利于丰富和完善当前大学生德育工作理论体系。为大学生德育工作提供理论支撑。

3.礼仪教育为大学生德育工作提供丰富教育资源

中国礼仪文化传承至今，积淀了丰厚的内容，通过大量经书诗文、生活习俗和人物典范等形式流传下来，不仅是中华民族的文化瑰宝，也是全世界人民的精神财富。古代圣人先贤们坚持“己所不欲，勿施于人”“严以责己，宽以待人”“君子坦荡荡，小人长戚戚”的人格教育和个人修身之道，坚持“君子义以为上”“先天下之忧而忧，后天下之乐而乐”“天下为公”的社会道德取向、责任感，坚持“修身、齐家、治国、平天下”“风声雨声读书声声入耳，家事国事天下事事事关心”“天下兴亡匹夫有责”的社会抱负和国家使命感等，这些都能够成为高校德育工作的丰富教学资源。根据大学生思想道德和学习习惯发展的规律，遵循生动具体的原则，把有深刻含义的教育观点整理为通俗易懂的故事情节，增添格言、榜样的例子，尝试融入相对枯燥的德育工作之中，做到“促其思、晓其理、激其情、导其行”，增强德育工作的生动性和感染力。

4.礼仪教育为大学生德育工作提供生动实践教学

《吕氏春秋·孝行览》说：“礼者，履此者也。”中国古代礼仪强调只有通过“礼”的践行才能培养人的高尚美德。因此，中华传统礼仪文化不仅有精深的理论和博大的体系，而且有鲜明的实践特点。基本的礼仪，道德的外化，需要不断的情境性的实践活动才能习得，礼仪教育将文明礼貌行为习惯作为道德素养的载体，注重知行合一，其有别于传统德育的突出特点就是其更偏重于实践，教育成效更为显著，更加具有实用性，远胜过偏重说教的理论知识教育。高校推行礼仪教育可从基本的言行规范入手，借助开学典礼、毕业典礼、重大节日典礼等机会对学生进行礼仪教育，除此之外，还可举办多种形式的礼仪讲座，开展多种内容的模拟训练，帮助大学生了解各方面的礼仪规范，让学生在多渠道的学习过程中潜移默化习得家国情怀和时代精神，切实增强德育工作的生动性和感染力。

总之，高校是学生步入社会的“预热”机构，在大学阶段，大学生除了学习专业知识，道德认知的提升、综合素养的形成更是重要的一课。在教会大学生为人处世、待人接物的同时，引导和帮助大学生树立正确的世界观、人生观和价值观，帮助他们加快社会化步伐，尽快适应职业生活至关重要。实践证明，礼仪教育作为大学生德育工作的抓手，确实有利于提升大学生文明行为，提高大学生综合素养，增强学生就业竞争力和适应社会的能力，最终帮助学生成长为有道德、有修养、有文化、有礼仪的符合社会发展需求的人才。

参考文献

[1](英)约翰·洛克(JohnLocke)著，杨汉麟译:《教育漫话》，人民教育出版社，2006年。

[2]陈立民主编:《高校辅导员理论与实务》，中国言实出版社，2006年。

[3]李田贵、申文杰、张玉海著:《思想政治工作模式构建与应用》，中共党史出版社，2006年。

[4]黄向阳著：德育原理，华东师范大学出版社，2000年。

[5]徐彩萍:《艺术类大学生思想政治教育研究》，苏州大学论文，2011年。

[6]周高超:《高校艺术类大学生辅导员队伍存在问题与建设对策》，西南大学论文，2012年。

“源味儿工社”以传统民俗文化启迪思想浸润心灵

杨浩

摘要：“源味儿工社”是一支将传统民俗文化作为主体创意的文化类学生社团。工社活动以探寻民族民间文化为依托，将“民俗、生活、舞蹈”有机融合，定期将具有代表性的民俗节日搬进校园，以新时代年轻人的思想解读传统背后的文化内涵，结合专业特长为全校师生再现原汁原味的民俗文化生活。社团活动在丰富校园文化、树立文化自信的同时，力求培养当代大学生综合素质能力，以新时代年轻人的思想解读传统背后的文化内涵，使历史遗存下的文化瑰宝不仅“形留”，而且“魂在”。经过5年的探索与实践，初步形成了专业教学+文化传承+校园文化+德育教育+高端体验的活动模式，成为舞院有特色的第二课堂实践活动。

关键词：民族传统文化；文化自信；以文育人

“源味儿工社”是一支于2015年11月创立的学生社团，社团成员主要由北京舞蹈学院中国民族民间舞系本科生构成，并由中国民族民间舞系对其进行日常管理和活动指导，定期在学校范围内举办相关民俗文化传承与创新的文娱活动。自2015年到2020年，“源味儿工社”经过了5年的建设已经初步形成了社团的品牌活动，依托固定的平台在校园内输出民族优秀文化。5年来，“源味儿工社”始终以培养社会主义建设者和接班人作为社团根本任务，深入落实立德树人根本任务，以培养热爱舞蹈艺术，具备良好的道德品质和较高文化素养，具有弘扬民族舞蹈文化使命感和高水平舞台表演专业能力的复合型精英人才为目标，秉持着专业教学+文化传承+校园文化+德育教育+高端体验的活动模式，持续探索有特色的第二课堂的实践活动。社团在校园内定期举办相关民族传统文化传承和展示的文化娱乐活动，以新时代年轻人的思想解读传统背后的文化内涵，结合专业特长为全校师生再现原汁原味的民俗文化生活……虽然相较很多成立时间更长以及更有传统的学生社团而言，5年可能只是一个起步，但是这5年又实实在在地成就了一个富有青春活力，致力民族传统文化传承，努力进行民族文化艺术创新的“源味儿工社”。

一、“源味儿”的思考——坚持文化自信，继承与发扬优秀传统文化

党的十八大以来，习近平总书记多次谈到中国传统文化，表达了对中华优秀传统文化的认同与尊崇。高校是中华优秀传统文化传承与创新的重要阵地。学生社团是高校学习、弘扬、传承中华优秀传统文化的重要载体。中国传统文化是中华文明演化而汇集成的一种反映民族特质和风貌的民族文化，是民族历史上各种思想文化、观念形态的总体表征，是指居住在中国地域内的中华民族及其祖先所创造的、为中华民族世世代代所继承发展的、具有鲜明民族特色的历史悠久、内涵博大精深、传统优良的文化。中国传统文化作为“文化自信”的重要内涵之一，是一个民族发展的不竭动力，是文明延续的创造力所在。只有立足于优秀传统文化之根，才能保证中华民族精神与文明的持续发展 。

中国民族民间舞作为在民间代代相传并且延续至今的文化艺术瑰宝，是由老百姓创造，并经过漫长的历史文化积淀形成的属于某一民族独特的身体文化符号，以身体言说的方式记录与承载了该民族的礼俗与信仰，精神与思考，文化与审美，劳动与生活，民俗与情感等。在我国960万平方公里广袤土地上，56个民族在历史的长河中积淀了属于自己的文化观念和价值体系，体现出中华民族世世代代在生产生活中形成和传承的世界观、人生观、价值观、审美观，其中最核心的内容已经成为中华民族最重要的文化基因。新时代的中国人也必须要学习和继承传统文化中的优质基因，这基因是民族发展中更基本、更深沉、更持久的力量。

中国民族民间舞的学子时常被大山深处的古老歌声所吸引，为老百姓悦动的舞姿所动容，被一张张质朴、真切的笑脸所感染……各民族在生活和艺术中传递出来的朴素核心价值和情感加深了学习民间舞蹈的大家对于民族文化的热爱。因此，在学习

和继承中国传统文化的感召下，有着共同的心愿和想法的学子走到了一起，希望通过对民族文化的当代解读，在校园内向广大师生展现不一样的民俗文化活动。秉承着“海纳百川，自成一脉，文化心承，民舞相传”的传承信念，“源味儿工社”希望将自己对于民族文化的感受和理解传递给每一个新时代的中国人。社团的全体社员希望在丰富和深入自我所学的基础上，一方面，以传承者的态度去理解、感悟和认知民间传统舞蹈文化以及深藏在它背后的民族故事和文化现象；另一方面，以传播者的态度融合时代精神，立足自己的专业，解读和展现民族民间传统文化内容。

二、“源味儿”的行动——立足专业特色，呈现原汁原味的民俗体验活动

2016年初，“源味儿工社”伴随着第一篇官微《年味儿》的推介，开启了在校园内再现民俗文化活动的社团工作。2016年4月，社团成功举办了第一次校园民俗体验活动——“苗族姊妹节”，从此“源味儿工社”成了民俗文化体验的校园“搬运工”，将民俗生活、节日文化、舞蹈艺术有机融合，定期将各民族具有代表性的民俗节日搬进校园，以寓教于乐的方式让参与其中的广大师生在实景体验中感悟传统民族文化的生命力。自“苗族姊妹节”的体验活动在校园内收获师生好评后，社团延续深度体验的活动方式，先后策划了“古尔邦节”“傣族泼水节”“羌族文化体验日”“藏历新年”以及“朝鲜族文化体验日”共六次校园体验活动。每一次都通过深入挖掘各民族传统文化中的节日文化、礼仪文化、服饰文化、歌舞文化、饮食文化和民族手工艺等，将该民族最宝贵的文化内核和艺术符号展示在大家的面前。

以“苗族姊妹节”为例，社团成员全体进行活动策划与讨论，从查找姊妹节的相关文化资料，到访谈在京苗族文化学者和歌舞艺人，再到跟随艺人学习活动所需要的苗族飞歌，民族手工艺以及传统美食……“源味儿”的校园活动不是草率的再现，简单的复制，而是通过对这一民族全面的文化梳理和解读，提取具备传承意义和价值的民俗事项，因地制宜地还原生活与文化场景，注重活动中审美意味和艺术养分的传递。因此，在活动筹备的过程中，大家虽然没有真的去到贵州，但是根据所学专

业知识，再通过书籍、影像、访谈等方式，在一次次的团队交流与碰撞中点燃了想要真实再现其民俗生活和艺术的激情。通过反复的推敲，“苗族”这个原本稍有些距离感的民族突然在大家的脑海里丰盈了起来。最终，工社在“苗族姊妹节”众多的民俗活动事项中，根据其节日文化的核心内容，选择了彩蛋祝福，拦门酒，长桌宴，苗族盘发与盛装展示，姊妹饭制做，苗族飞歌表演，苗族鼓舞互动体验为活动主要活动内容，生动、立体、有趣地将古老的东方情人节——苗族姊妹节呈现在了全校师生的面前。

经过了对“苗族姊妹节”完整的文化探析和再现后，在学校老师和同学们的支持与鼓励下，“源味儿”开启了一系列“校园民俗体验活动”的尝试，终于在2018年底举办的“藏历新年”活动中，迎来了与西藏大学艺术学院以及中央民族大学藏学研究院的校际合作，三所院校共同在北京舞蹈学院为广大师生呈现了原汁原味的“藏历新年”体验活动。在这次的活动中，西藏大学以及中央民族大学的藏族同学向大家展示了“藏历新年”的节日风俗，包括：五大藏区的节日祝福语，拉萨地区的堆谐歌舞，山南市的果谐歌舞，藏族不同地区的节日盛装以及那曲市的节日圈舞，完整、生动地为活动参与者展示了藏族最重要的节日“藏历新年”的人文景象。西藏大学艺术学院的教授从拉萨特意背来了节日所需的切玛、藏香、人参果、酥油、卡赛、糌粑、奶酪和风干肉……让大家体验到了来自高原的节日文化和饮食文化，看到了藏族的待客之礼和缤纷绚烂的歌舞艺术。最后，在一曲《那曲锅庄》的旋律中，活动现场的人们一同参与到锅庄队伍中，在祥和而又热烈的氛围中与藏族同胞同唱一首歌，共跳一支舞。这一刻，民族的团结与和谐，情感的交流与交融，艺术的认知与传承，都立体而生动地展现在大家的面前，引起了参与者最真实的情感共鸣。大家虽未曾到过西藏，却已然在校园中感受到了不仅“形留”而且“魂在”的藏族节日文化。

除了“校园民俗文化体验活动以外”，“源味儿工社”的另一项品牌活动是面向中国民族民间舞系本科生和研究生提升田野调查能力和传统文化保护意识的“民族传统记忆传承与保护作品大赛”。怀着对传统秩序的尊重，对一脉相承的民俗文化的真挚情感，努力建立文化自觉与自信，自2016年开始，“民族传统记忆传承与保护作品大赛”已经成功举办了六届。活动依托课堂所学的田野调查知识，引导学生利用假期深入田野，体验民间生活，深挖民族民间文化内涵，进行实地田野调查活动，最终形成创造性的影像作品和田野报告在系部内进行汇报和展示。比赛是专业基础课程“田野调查”的延续与实践，完成田野调查的基本训练，注重田野调查的规范性和技术性，鼓励大家通过田野调查获取直接经验，通过记录各民族优秀的传统民间记忆，提升同学们的问题导向意识，实践能力和创新精神，在专业内营造出能文能武的学习氛围和环境。

在已经成功举办的六届比赛中，共收到本系学生投稿的79件视频作品和采风报告。大家围绕着民间舞蹈、传统手工艺、传统美食、民俗节日以及传统服饰进行记录和解析，以新时代青年大学生的视角发现问题，提出问题并且分析问题，出现了许多有态度、有思考的田野调查成果。

三、“源味儿”的社团文化——团结、民主、同求、创新

“源”是指水流的起始之处，有源头之意，对于“源”的好奇与憧憬、求问与探索是民间舞人对于中华大地的深情厚爱。“源”还有源源不断的含义，象征着中华民族的优秀传统文化绵延不绝，接续不断，晚辈自当用心继承、爱护和延续属于中华民族共同的价值追求。“源味儿工社”的社团名称来自第一届社团成员的集体愿望和智慧，他们想去探求“文化源头的味道”，表达着有同样志趣和态度的同学们对于传承和发展民族民间传统文化的态度和心愿。

“源味儿工社”的内部组织架构为，指导教师1名：指导社团日常事务及活动。指导教师由中国民族民间舞系的党员教师担任，对社团进行思想政治教育、道德素养规范以及专业知识与技术的养成，保证社团文化的健康发展。社长1名：负责社团建设，也是活动项目的主要负责人。社长是社团内部投票选出的具备大局意识、责任意识和服务意识，并对民俗文化活动有较强策划和组织能力的骨干。秘书长1名：负责统筹协调社团内部分工，处理日常事务，是社团日常工作制度的监督者。社团成员：与其他社团各部门功能齐整不同的是，“源味儿工社”的成员们更像是一颗螺丝钉，每次活动根据创意和形式的不同，每一位社团成员所承担的工作内容是不一样的，并没有固定的创意部、组织部、宣传部等，每一位成员在每一次活动的历练中都是一次

新的尝试与挑战。

在“源味儿工社”的大家庭中，我们倡导互助、有爱、积极的工作方式，每一个人都是一颗螺丝钉，哪里需要就在哪里。尊重每一个社团成员的想法和主体地位，赞扬每一个积极努力的行为，促进社团成员之间的交流与互助，激发成员活力，调动成员积极性，保证社团文化积极健康发展。每年当“源味儿工社”完成招新工作后，都会进行社团团建活动，大家共同探讨感兴趣的民族民间文化，交流社团建设的初衷与想法，聊聊自己想做的事情，形成相互给予鼓励和建议的优良风气。通过努力建设和细致工作，“源味儿工社”的社团氛围呈现出团结、民主、同求、创新的势头，指导教师、社长和秘书长在其中充分发挥正能量作用，保证社团内部能够健康向上且稳定有序高效运作，积淀了一定的社团文化和传统。社团一切以呈现出高品质的社团文化品牌活动为出发点，营造出敢于发问，相互帮助，通力合作，互展所长的工作氛围。

由于“源味儿工社”是一支在系部管理和运行的学生社团，同时社团成员全部由中国民族民间舞系的本科生构成，因此相同的文化价值观和专业追求将大家的思想和行动联系在了一起。“源味儿工社”成为中国民族民间舞系优秀学生向往的共同学习和工作的组织，成为一种身份认同和自我实现的平台。在社团工作与活动中，指导教师与社团成员积极互动、教学相长，在专业和艺术领域共同获取新的、深层次的能量。成员们相互之间畅所欲言，交流思想，切磋想法，潜移默化地形成相互学习，相互启迪，专业知识提升的良好氛围，起到了培养热爱民族舞蹈文化，具备传承与发展使命感的高级舞蹈精英人才的目的。

四、“源味儿”的育人探索

1.培养热爱中华传统文化的舞蹈艺术人才

作为新时代高校育人体系的一部分，学生社团在凝聚、引导青年大学生方面发挥了重要的作用。“源味儿工社”的校园活动紧紧围绕育人的核心理念，充分发挥专业特色，围绕民俗文化和歌舞艺术进行创意转化，坚决落实培养社会主义的建设者和接班人。教其文舞相融，育其德艺双馨，培养勇于实现自身价值，为党和国家贡献出自己力量的新时代舞蹈大学生。

"源味儿工社"的成长是中国民族民间舞系多维度育人理念的成果，社团成员来自中国民族民间舞系的各年级的本科学生，以中国民族民间舞为专业的大家对与民族民间文化本身就具有一种独特的情感。"源味儿工社"的成长与壮大进一步地提升了大家对于传统民族民间文化的爱护之情，清醒地认识到弘扬民族传统文化和礼俗对于国家发展的重要性，培养了大家对传承各民族文化和习俗的责任感。

中国民族民间舞系以培养具有弘扬民族舞蹈文化使命感和高水平舞台表演专业能力的复合型精英人才为教育教学目标。作为新时代的精英舞蹈人才，对民间舞蹈艺术的学习不应该局限在身体和动作的训练，应该多多深入挖掘和探究其背后的深层次文化内涵，从而做到不仅在肢体上传承，更要在思想和情感上传承。我们培养的不是艺匠，而是有扎根热土和远大艺术理想追求的舞蹈艺术人才，他们一定要具备热爱这片热土的情怀，具备认知和研究传统优秀文化的能力，具备延续和发展传统文化的理想。

2.培养富有创新精神和实践能力的舞蹈艺术人才

"很多看似不可思议的成就，都来自一个疯狂的念头。"新时代大学生创新能力和精神的锻造是新时代国家发展的根本动力，也是新时代教育的根本要求。创新精神和实践能力是当今社会发展对新时代大学生提出的新要求，是衡量大学生素质的重要标准，也是国家发展对大学生提出的迫切期待。学生社团作为一个有共同志趣的，允许多样性存在和相对自主发展的团学组织，每个成员在其中的能力开发和锻造空间都是不容小觑的。

"源味儿工社"在活动组织过程中，尽可能地为成员的想法提供实现的条件，引导学生做到知行合一，鼓励学生把习得的知识转化成为校园文化活动的内容，过程中不断提高协作意识和创新能力，鼓励大家立足专业使命，深挖校园民俗活动的内涵，积极创新形式和内容，精心策划和实践，以求呈现出高品质的校园文化活动。五年来，伴随着校园民俗体验活动的持续开展，他们以青年人的视角和方式解读传统文化，并转化为可以执行和操作的文化活动，每一次刷爆朋友圈的高品质体验活动背后都汇集了全体社团成员的无限创意和努力实践。

3.助力校园文化建设，打造舞院特色学生活动

“源味儿工社”作为一支将传统民俗文化作为主体创意的文化类学生社团，一直以来立足学生课余生活，利用校园公共空间，开展丰富的民俗文化活动，助力校园文化的发展与建设。推动民族优秀传统文化在校园内有效传播，让全校师生体验到最真实的民族节日与生活，就是“源味儿工社”的初心与动力。

如今的“校园民俗体验系列”已经成了舞院有特色、有内涵的学生品牌活动。为了办好每次活动，社团上下从策划、准备到执行均历时数月，每一次的节日再现和文化体验日都为全校师生带来了跨越时空，富有永恒魅力以及具有当代传承价值的民俗文化活动，充分树立了文化自信，极大地丰富了校园文化和生活。

探寻新时代红色艺术作品的德育功能[①]

韩非凡

摘要：德育是由政治教育、思想道德教育、心理教育、法律教育等各部分组成的有机整体，在这一体系内部，各部分内涵有各自的位置和作用，应首先注重政治教育和道德教育。在不同类型的高校，德育的实施重点应有所区别，应结合自身特色和学生特点，挖掘符合学生认知、易于吸引学生的德育素材，以提升思想政治教育工作的针对性和亲和力。对艺术院校而言，从艺术作品中挖掘德育价值，是思想政治教育工作的有效路径。新时代艺术类高校德育工作的重要性不言而喻，将红色艺术作品作为德育工作的载体，一方面避免了说教式的教育方式；另一方面加强了艺术类大学生教育的针对性。在艺术作品的呈现上，应借鉴新技术、新媒体等新方法，注重从历史、现实、专业等多维度挖掘作品的德育价值。在“三全育人”工作格局的要求下，建立在艺术作品德育元素挖掘基础上的高校思政工作实践应不断完善。

关键词：新时代；红色艺术作品；德育

一、“德育”内涵之辨析

德育的内涵在历史时期经历了较为复杂的演变。在传统社会，无“德育”概念，有德育事实。“德”的基本含义是指合乎道和社会规范的内在思想感情和外在行为，

---

① 本文系北京舞蹈学院2020年校级科研项目“新时代红色艺术作品价值引领研究”的阶段性研究成果，项目号0620020/056。

“育”则指培养人的品德，即培养人的善的内在思想、感情和外在行为。在实际使用中，存在“小德育”和“大德育”的不同范畴，即狭义和广义之分。狭义的德育指道德教育，指促进个体道德自主建构的价值引导活动。广义的德育不仅包括道德教育，还包括政治教育、思想教育、心理教育、法纪教育等内容。德育概念的演化，反映出了社会进步和时代变迁的影响。1949年以后，在传统德育观念的影响之外，政治教育的加强、苏联教育模式的影响、素质教育的提倡等因素，都在不同程度助推德育概念的扩大。政治意识、道德理念、法律精神、人文情怀和文化素养等内容均已涵纳到德育过程之中。从现实层面来看，德育内涵不断扩容，带来了教育者对德育认知上的混淆，加大了德育理论发展完善的难度，也使得高校德育面临诸多实际问题，如针对性不强，实效不高等问题。因此，笔者认为，在探讨德育相关问题时，应从各自领域和研究视角出发，对“德育”的内涵做相关说明。

对于德育内涵泛化的问题，笔者认为，德育可看作是由各部分内涵组成的有机整体，在这一体系内部，各部分内涵有自己的位置和作用，应首先注重政治教育和道德教育。政治教育指向社会，道德教育指向个人，在马克思主义理论中，个人与社会的关系密不可分。“人的活动和享受，无论就其内容或就其存在方式来说，都是社会的，是社会的活动和社会的享受。”① 德育的根本目的在于指导个体自我完善、发展和超越，谋求个体特性与社会规范的统一、个人发展与社会进步的统一。

在高校具体的德育工作中，要将德育体系中的内涵要素落实到实践中去，从具体的实践中提炼政治教育和道德教育的元素，将显性教育与隐形教育相结合，在不同类型的高校，德育的实施重点应有所区别，应结合自身特色和学生特点，挖掘符合学生认知、易于吸引学生的德育素材，以提升思想政治教育工作的针对性和亲和力。对艺术院校而言，从艺术作品中挖掘德育价值，是思想政治教育工作的有效路径。艺术往往与意识形态关系密切，艺术作品在一定程度上是社会意识形态的载体，艺术类高校从自身实际出发，根据思政课的内容与要求，挖掘具有思想内涵的艺术作品，才有可能将思政课实效不断推进。

---

① 《马克思恩格斯全集》(第42卷)，北京：人民出版社1979年，第121—122页。

二、新时代发挥红色艺术作品德育价值的必要性和方法

2014年，习近平总书记在文艺座谈会上明确指出了当前文艺界的突出问题——浮躁，鲜明地反映了当前部分文艺工作者的现状，对于文艺事业急功近利的危害，我们应看到“低俗不是通俗，欲望不代表希望，单纯感官娱乐不等于精神快乐”。“文艺是给人以价值引导、精神引领、审美启迪的，艺术家自身的思想水平、业务水平、道德水平是根本。”要繁荣社会主义文艺创作、推动文艺创新，必须有大批德艺双馨的文艺名家。艺术院校培养出来的大学生成为文艺界知名人士的机会较多，社会影响力较大，更应注重在文艺创作和思想道德修养方面追求卓越，文艺工作者充分认识肩上的责任，把社会主义核心价值体现在文艺创作之中。因此，新时代艺术类高校德育工作的重要性不言而喻。“在处理艺术教育与德育的关系时，要把握好原则和尺度，既要避免艺术教育的道德缺失，又要防止德育化的艺术教育。”① 将红色艺术作品作为德育工作的载体，一方面避免了说教式的教育方式，另一方面加强了艺术类大学生教育的针对性。

“红色艺术作品的首要特征是红色基因。红色基因是中国共产党人的生命密码，记录着共产党人筚路蓝缕的来时之路，蕴含着马克思主义政党的性质宗旨，镶嵌着共产党人为之奋斗的理想信仰，集聚着中国共产党的伟大革命精神，凝结着中国共产党的初心和使命。”② 红色艺术作品的价值在于通过艺术化的表现方式，将红色基因的内涵和意义形象化地诠释，目的在于将红色基因传承好，使广大观众特别是青年一代在享受艺术的同时领悟党的宗旨、坚定理想信念、传承革命精神。对于艺术院校大学生来说，观摩、参与红色艺术作品，不仅可以得到潜移默化的政治教育，提升政治觉悟，坚定理想信念，并且可以从前辈艺术家身上表现出的专业技能和敬业精神受到艺德教育。现实生活中，艺术作品数量众多，鱼龙混杂，明确红色艺术作品的特征、特点、特色，做好鉴别、选择工作，应是艺术类高校思政工作者的任务。红色艺术作品

① 喻秋兰:《普通高校艺术教育发挥德育效应策略研究》，载《长沙大学学报》2014年，第132–136页。

② 《思政课要把红色基因传承好》，载《中国教育报》2020年8月13日。

的特征应包括并不限于以下几个方面：

1.**鲜明深刻的红色基因**。要从红色基因的挖掘出发，深刻了解作品的思想魅力，作者所持的正确立场，创作表现的真挚情感，如歌剧《白毛女》选段《北风吹》等揭露了封建地主阶级的残酷剥削，突出了中国革命的正当性，都能使学生深刻理解中国革命的对象与动力，深切体会新民主主义革命成功和新中国成立的伟大意义。

2.**扎实过硬的专业水平**。例如，芭蕾舞剧《红色娘子军》自诞生以来，以精湛高超的专业技能、明朗昂扬的艺术风格、古今中外为我所用的表现形式创造性地表现具有传奇性的革命奋斗题材，充分展现了中国芭蕾的尖端水平和民族特色，带给观众深刻的艺术审美享受和革命教育，成为中国芭蕾舞走向世界的名片。

3.**广泛持久的社会影响**。例如，1964年大型舞蹈史诗《东方红》通过歌、舞、诗三位一体的形式，展现了中国人民从苦难走向胜利的艰苦历程，穿插了各个历史时期在群众中广为流传的优秀歌曲和新编作品、新中国成立以来的优秀舞蹈曲目，当年的演出轰动全国，其规模之宏大、影响之广泛，可谓史无前例。这种舞蹈史诗的表演形式由此定型和完善成为极具中国特色的艺术形式，影响至今。一代又一代观众受到了生动的党史教育，坚定了跟党走的决心。

4.**鲜活生动的表现形式**。例如，歌曲《春天的故事》的创作者用诗画般的意境将小平同志南方谈话过程通过故事化的方式向观众娓娓道来，构思匠心独运，歌词鲜活朴实，具有极强的艺术感染力，也使得邓小平理论的巨大魅力得以春风化雨的形式为一代又一代中国人民学习、领悟，坚定了我们走中国特色社会主义道路的信心。

近年受新技术、新媒体的影响，短视频、个性化推荐日渐流行，短时间内高密度信息源更能吸引受众注意力，红色艺术作品的传播方式、教育方式也应顺应这一潮流，部分作品受年代所限，在表达方式、呈现技术上与当今大学生的认知和理解存在差异。因此，新时代背景下发掘红色艺术作品的德育价值应与时俱进，在不改变作品价值内涵的前提下，通过创新呈现手段、加入时代元素等方式，提升作品的受众范围和接受度。具体而言，借鉴短视频的模式，在完成讲解作品背景和梗概的基础上，截取红色艺术作品中最为经典的片段和瞬间，在学生注意力高度集中的时间段播放，令人印象深刻。比如，利用音乐舞蹈史诗《东方红》这一作品时，有限的教学时间中播放数小时的视频不可能实现，也不利于学生注意力的集中，较为合理的教学方法应该是，课前充分讲解作品背景，使学生了解这一作品反映的是在毛泽东思想指引下中国革命、建设的历程，并通过课下资料学习了解作品的艺术表现手段和大致内容，在课堂上，可选取其中《葵花舞》1—2分钟的经典片段，通过扇舞向葵花造型转化这一舞台表现过程，在专业上能给学生们以启迪，更形象地表达了“葵花向阳 人心向党”，表达了人民对领袖的颂扬之情。借鉴高密度信息源的方法，可在建立红色艺术作品资源库的基础上，将多种艺术作品的精彩瞬间以混剪的方式剪辑在一起进行播放，通过在线教学互动的方式，及时了解学生的兴趣和想法，进行有针对性的讲解和答疑。例如，在讲解改革开放带来的社会巨变时，可通过混剪四十余年流行音乐代表作的方式来回顾历史，每首作品仅选取几秒时间，使受众在熟悉的旋律、大量的信息中进入沉浸式的教学环境，达到情感共鸣和价值观教育的目的。

在价值取向多元化发展的当下，要使得德育工作精准有效，基于人工智能技术的个性化推荐在新时代挖掘红色艺术作品时也应发挥一定作用。

首先是充分依托技术手段，加强数据库的建设，包括学生的认知数据库和作品素材数据库。学生的认知数据库建设可伴随在线教学、混合式教学的逐步实施，将课堂、课下产生的数据及时收集、整理、分析、研判，形成对学生现有主观意识的洞察和把握，及时发现错误价值观加以引导教育。此外，德育工作不是简单的教与学的过程，更多的是对学生思想意识、价值取向产生潜移默化的影响与改造，是进入学生精神世界并发生正向教化的过程，这一过程的前提就是对学生真正地了解，特别是思想动态的了解，建立学生认知数据库即很大程度上推进了对学生的了解程度，基于此，作品素材数据库的建设才能有的放矢。新时代红色艺术作品数据库的建设，在内容选择上，不能一味复制照搬，应根据学生的主观认知现状，做相应的剪辑加工；在题材把握上，不能单一局限，音乐、舞蹈、电影、电视剧、舞台剧、绘画、戏曲等均应有所涉及，唯此才能吸引更多受教育者；在技术问题上，应壮大思想政治教育共同体的队伍，应邀请人工智能领域的研究者加入，参与数据处理过程，唯此，才有可能充分发掘精准对接学生主观认知的德育作品，提升思政工作实效。

其次是注意人工智能技术应用的限度，注重思政教育工作者在其中的引领作用。

人工智能技术的背后存在意识形态之间的价值分歧问题，对其加以合理利用离不开思想政治教育的导向与调节。德育工作的实质是追求实效，思政教育工作者应利用技术但不能完全依靠技术，要在技术应用的过程中，在教育者、受教育者、教育目标三者的互动中不断观测、调试，通过人工介入，引领思政教育正确的价值取向。

三、红色艺术作品德育价值的挖掘路径——以《奋斗吧中华儿女》为例

准确把握红色艺术作品的特征特色，有助于思政工作者筛选合适的艺术作品进行德育元素挖掘。顺应时代潮流，借鉴新技术新方法，有利于将红色艺术作品的德育价值最大限度发挥，提升思政教育工作实效。具体到内容挖掘路径上，则需要依托思政工作的教育目标，对红色艺术作品进行深入剖析，这是德育价值得以呈现的核心。下面以中华人民共和国成立七十周年之际排演的大型舞蹈史诗《奋斗吧中华儿女》为例，试析红色艺术作品德育价值的挖掘路径。

1.**从历史传承中坚定理想信念**。文艺创作不仅要有当代生活的底蕴，而且要有文化传统的血脉。音乐舞蹈史诗是中华人民共和国成立以来不断发展完善的具有中国特色的艺术形式，从新中国成立前夕初具规模的大歌舞《人民胜利万岁》，到走向定型完善的《东方红》，从改革开放启程之际的《人民胜利万岁》到建国六十周年之际的《复兴之路》，音乐舞蹈史诗这一极富共和国历史传统特色的艺术表现形式以恢宏的气势，精湛的表演，生动地再现了近代中国的磨难与困苦，表现了中国共产党领导中国革命、建设和改革的艰辛与辉煌。《奋斗吧中华儿女》继承了舞蹈史诗的价值内核，深刻表达了历史中贯穿的理想信念，正如开篇所述：实现中华民族的伟大复兴，是近代以来中华民族最伟大的梦想，中国共产党一经成立，就把实现共产主义作为党的最高理想和最终目标，义无反顾肩负起实现中华民族伟大复兴的历史使命，团结带领人民进行了艰苦卓绝的斗争，谱写了气吞山河的壮丽史诗。史诗通过浴血奋斗、艰苦奋斗、团结奋斗、奋斗吧中华儿女四个篇章，旗帜鲜明地突出了为这一理想信念不断奋斗的主线。党的十八大以来国家取得的历史性成就、发生的历史性变革，提供了丰富

的创作源泉。史诗对新时代以来的历史性成就做了艺术化的呈现，青山绿水的环保理念，精准扶贫的各项成果，强军之治的各项举措，新中国70年发展的重大成就、人类命运共同体的伟大愿景，形象阐释了习总书记治国理政的理念与实践，广大观众在艺术作品的魅力中感受到了中国共产党人始终如一的坚定信念和伟大信仰的感召力。

2. **从社会现实中践行核心价值观**。在社会主义核心价值观中，最深层、最根本、最永恒的是爱国主义。自第二篇章开始，一幕幕历史与现实的画面交融，胜利与成就的喜悦与自豪无不激起每一位观众内心深处的沸腾：毛主席站在天安门城楼上宣布中华人民共和国成立、第一颗人造卫星上天、中国恢复在联合国合法席位、中国运动健儿获得第一块奥运金牌、南极科考站建立、香港和澳门回归、抗洪救灾、加入WTO、抗击非典、首次实现载人航天、第一条高铁通车、举办世博会、蛟龙号入海、雄安新区建设启动……这些动人心弦的画面，是所有华夏儿女的光荣与梦想。作品《生死不离》中，孙俪饰演的北京奥运志愿者、黄轩等饰演的汶川地震救灾战士和当年被救起的小男孩林浩一起走上舞台，当林浩和姚明手牵手出现在北京奥运会开幕式的视频出现在大屏幕，很多观众眼中闪着泪花，成为演出中动人的一幕。《赤子》《共和国之恋》等作品，表现了共和国勋章获得者们的伟岸形象，科学家郭永怀在飞机失事之前，和警卫员紧紧抱在一起，用两个人胸膛的血肉之躯，保护装有重要数据的公文包，这种祖国利益高于一切的情怀让无数观众动容。这些史诗中激发出的爱国情怀，经过思政工作的提炼归纳，会对受教育者产生更深刻的触动和影响。

3. **从专业精神中实现集体与个体价值的统一**。此次的史诗作品规模宏大，参演人数众多，长时间的磨合和练习以及人民大会堂舞台和空间的空旷给排演工作带来许多困难，但参与的演职人员都全力配合导演安排，台前幕后数千人为演出奋力排练的场面是一堂生动的艺术教学课程。我校多名表演专业的学生参与了大会堂演出，在经历中学习各领域艺术家无私奉献的艺德，磨炼专业技能，在为祖国华诞贡献力量的同时，个人素养也得到了提升与完善。这部分内容，可通过学生讲述、视频播放、媒体评论引导等多种方式开展德育教育，使学生在涵养专业精神的同时，接受政治思想教育和道德教育。

四、“三全育人”与艺术类高校德育实践工作原则

高校德育工作的推进离不开党和国家的指导。一直以来，党和国家高度重视高等教育的德育工作，2005年，思政工作会议就提出了“德育为先”的理念，2010年，“德育为先”被写入《国家中长期教育改革和发展规划纲要（2010—2020年）》，2016年，全国高校思想政治工作会议强调要坚持把立德树人作为中心环节，2018年，全国宣传思想工作会议提出“培养堪当民族复兴大任的时代新人”。实现全员、全方位、全过程育人是新时期教育事业立德树人的根本原则，要求更加注重思政工作的系统性，在德育实效方面也有更高的要求。为此，笔者认为新时代艺术类高校德育实践工作应注重以下几点原则：

1.**教师主导性与学生主体性相统一**。高校德育工作离不开教育者的主导作用，同时应充分发挥受教育者的主体性作用，两者的统一要求德育工作实践应创设符合艺术类大学生认知水平和学习需求的教育内容，同时发挥受教育者的主观能动性和专业特长，重视朋辈引领效应，才能真正使德育内容入脑入心。

2.**德育作品艺术性与价值性相统一**。单纯的德育侧重于“理”的灌输，而艺术则侧重于“情”的感化，艺术领域的德育教育应做到“以情化理”，用艺术的形式激活人们内心的道德情感。苏霍姆林斯基说：“美妙的艺术是人们道德和智慧培养的重要手段，是人们形成美好心灵和纯洁精神的来源。”艺术类高校的德育工作应充分发扬艺术特色，其中离不开专业教师和思政教育工作者共同发力，才能将德育工作的学理上的价值内核融入其中。

3.**课堂教学线上教育与线下教育相统一**。随着人工智能技术和混合式教学模式日渐推广，教育领域第四次革命呼之欲出，德育实践工作也应顺应这一发展趋势，要将互联网资源、慕课、微课等线上资源利用好，与线下教学配合好，最大化实现德育目标。

4.**学校教育第一课堂与第二课堂相统一**。“三全育人”的工作理念，不仅指向学校内部系统化的育人，更涉及家庭、社会多个方面，要将学校的第一课堂和社会大课堂有机串联，形成内容和价值取向上的同频共振，这对思政工作者提出了更高要求，

不能仅从课本、互联网、已经成型的艺术作品发掘德育素材，应在深入了解现实社会的基础上，整合更为丰富鲜活的内容，打通课堂内外的边界，为第一课堂助力添彩。

以上所述原则的实践，无不建立在高校系统联动、制度保障和文化滋养的基础之上，需要各类高校根据实际情况有序推进，逐步完善。

参考文献

[1]赵浚:《基于德育哲学的思考：论思想政治教育的本质》，载《中国青年政治学院学报》2018年第1期。

[2]杨晓慧:《高等教育“三全育人”：理论意蕴，现实难题与实践路径》，载《中国高等教育》2018年第18期，第6-10页。

[3]袁周南:《人工智能嵌入思想政治教育：背景、依据与路径》，载《思想理论教育》2020年第8期，第94-99页。

[4]张忠华、姜黎红:《析德育概念在中国的嬗变——兼论“大德育”现象》，载《教育导刊》(上半月)，2008年。

[5]黄长安:《论艺术的德育功能》，载《求索》2011年5期，第119-121页。

认同基础上的反哺　实现校友育人功能

汪颖婕

摘要：近年来，我国许多高校在不断改进教育教学的过程中引入社会资源，充分挖掘并利用校友资源，从而产生“校友育人”这一高校教育的新理念。校友资源内涵广泛，一般包括人才、物理、信息、文化以及社会影响力等，如何将校友资源和学生教育有机结合，从而实现校友育人的实际效果是撰写本文的初衷。以北京舞蹈学院为例，主要从三方面进行分析：一是概念；二是工作理念：服务育人、思政育人和资助育人；三是实施路径，包括实现学校与社会协同育人路径、搭建校友教育平台的育人路径，实现自助、互助、助人的育人路径。

关键词：校友；校友育人；服务；思政；资助

一、新时代下迎来了校友育人工作的新契机

1. 校友及校友育人的界定

按照上级行政直管单位要求，在社团组织章程里将校友定义为：北京舞蹈学院校友（含北京舞蹈学院附中、北京舞蹈学校等院系或名称调整时）即学习或工作过的师生员工（含毕业生、肄业生、实习生、进修生、成教生、留学生或任教、任职者）及在校师生员工均可成为个人会员。①

“校友育人”关联着高校两个方面的重要工作，即“校友资源开发”与“人才培养模式”。《国家中长期教育改革和发展规划纲要（2010—2020年）》指出，“人才

① 舞友字【2017】001号+北京舞蹈学院校友会章程。

培养是我国大学的核心工作和第一要务”。而校友作为高校人才培养成果的直接体现，校友工作是基于校友与母校之间的情感联系与平台建设，实现高校、校友、社会之间的资源互通。“校友育人”的概念，强化了这两方面工作之间的逻辑联系，使双方实现效益的最大化。①

2.校友育人的必要性

将校友资源融入运用到育人工作之中，逐步成为高等教育的一项共识，充分发挥校友育人的积极作用，从而实现社会文明水平的整体提升。

构建校友育人体系为我校“双一流”建设提供了有效助力。我校每年向文艺行业，包括各院团、学校、机构、企业输送大量人才的过程，也是积累校友资源人才禀赋的重要过程，进而带动培育校友资源财力物力以及文化和社会影响力。

因此，在当下发展的语境下，“校友育人”应当成为高校育人工作的重要力量。随着知识获取形式的不断丰富，当代大学生对社会资源需求的持续上升，使构建协同视角下的校友育人体系成为人才培养工作急需的一次创新。校友育人体系，是通过高校、学生、校友三方之间相互配合，围绕共同目标，形成协同效应与资源共享。落实在高校的具体工作环境当中，则需要思想政治、教育教学、对外交流、社会实践、就业指导、奖励资助等多个方面协调配合，共同促进校友育人体系不断发展完善。

二、坚持以友为本的工作思路，完善校友育人工作理念

1.校友服务育人理念

笔者认为校友服务，即学校以校友为服务对象，以校友的需求为出发点，有针对性地为其成长、发展积极提供力所能及的专业指导和继续教育。

母校是学生们永远的家，每位校友步入社会后难免会遇到各种各样的坎坷，这需要学校时刻与校友保持联络，不断关心校友成长，做好校友职业生涯中的坚强后盾，

① 东北大学 严立宁、郑鑫、李昱颖：《构建校友育人体系必要性及对策措施探究》，载《中国多媒体与网络教学学报》（上旬刊）2018年第12期 第43–44页。

强化校友母校归属感进而激发校友再参与校友育人工作中，形成良性循环。

校友工作首先要重视服务人文关怀，坚持以校友为本，以学生为本，贯彻“教育即服务”的理念，强调变管理为服务，尝试将校友工作从管理向服务不断转化，从而培养校友对母校的尊崇感和归属感。一方面，对在校生因材施教，对贫困生予以适当帮助，对犯过错误的学生给予一定的教育与鼓励，对部分个体差异的学生，做好工作，培育学生对母校由认可、满意到感激的情感跃升，扎牢“从学生到校友”的坚实基础。另一方面，做到尊重校友，了解校友需求，维护校友的切身利益，解决校友燃眉之急，尽可能为校友开发专项平台，积极为校友服务。

北京舞蹈学院始终以“服务于校、服务于友、服务于会”为工作理念。第一，在组织机构上成立校友会志愿服务社，在校大学生积极参与，并有机会和校友建立沟通联络渠道，同时可以培养母校情怀。第二，在运行机制上通过开展各类校友交流讲座等活动，为在校生和校友搭建互动交流平台，从而为事业发展探索新的可能性。第三，在专项工作中开设以校友服务为核心的图书馆个性化信息服务。比如为校友开展个性化信息推动和信息定制服务；设定校友专属文库，分类设定校友专属文库模块；制定服务制度，设置专人专岗；提供深度服务，优化数字阅读等。①

2.校友思政育人理念

习近平总书记在全国高校思想政治工作会议上着重强调，要把思想政治工作贯穿教育教学全过程，形成全程育人、全方位育人的共识。

思想政治教育作为高校教育工作的一项重要内容不但要坚持推进，同时还应与时俱进不断创新，教化和培养学生形成符合新时代新要求的思想境界。在发挥校友育人功能的影响下，通过校友开展思政教育，可以凸显出思想政治教育的社会性和生活性，丰富和延伸思想政治教育理论内涵，改进教育内容书本化、单一化的不足。先进校友步入社会职业生涯发展过程中，通过长期工作经验积累形成了良好的心理素养和思想道德水平，具有显著的教育示范效应。因此，高校需要不断拓宽校友宣传渠道与

---

① 新涯、向晴、王莹：《以校友服务为核心的高校图书馆社会服务范式研究》，载《图书馆工作与研究》2012年第8期 第93-96页。

宣传内容，通过适当的新闻报道与知名校友专访等对优秀事迹进行宣传。

近年来，北京舞蹈学院校友会在校园文化建设工作中进行了积极尝试，坚持以理论为依托开展大量实践，从实践中得出真知，以文化人，通过校友育人引领大学生思想政治教育工作。比如“校友记”系列讲座，就是通过发挥挖掘优秀校友人才优势举办专题讲座以面对面的互动方式与在校学生分享成功经验、人生感悟等推进学生思想政治工作良好开展。

3. 校友资助育人理念

情感传递与资助育人需要通过校友帮扶工作实现。学校可以尝试增设校友专项奖助学金（可冠名）、专项捐赠项目、科研项目等，用于资助困难优秀学生、帮扶学生就业创业、支持学校可持续发展，为在校生青春指路。

校友资助帮扶计划是北京舞蹈学院校友会特别为困难校友和重病校友开展的帮扶工作。通过连接母校与广大校友的力量，为困境校友送去温暖与关怀，同时，对舞院的在校学子进行面对困难和逆境时的励志教育。第1期校友帮扶计划的对象是葛敏校友。北京舞蹈学院校友会在得知患渐冻症的葛敏校友的经历之后，第一时间开启“困难校友帮扶计划”，一方面，以学校为单位购买了葛敏校友所编著的《因为爱，所以坚持》一书，对校友给予精神和经济上双重支持；另一方面，学校将购入书籍赠送给各院系的同学们，在阅读与分享活动中学习成长。

校友在接受校友助力的过程中，充分发挥其育人功能，给予校友们同伴的温暖、群众的力量和母校的关怀，强化学生感恩意识与社会责任担当。

三、探索高质化育人工作路径，发挥校友育人长效机制

1. 聚焦校友服务教育功能，实现学校与社会协同育人路径

（1）开展全员服务在校校友工作，构建高质量校友育人队伍

首先，推进教学岗教书育人模式。教学岗位是高校进行人才培养的主阵地，学校的教学事业本着以人为本、全面发展的宗旨，以校友的可持续发展为第一要义，扎实做好教书育人基础工作。因此，高校需要切实落实并把控好以下几个重要内容：教学

教师入门关、课程设计关、讲课内容关、课程考核关、课程创新关等。激励在校教师对其授课内容进行全面化、实时化、人性化的设置，帮助学生全面发展。

其次，推进行政岗管理育人模式。在学校行政管理工作中更加关注学生，强化各项工作细节，提升在校生对母校的情感归属。这就要求我们高校的行政人员和管理人员积极采取措施，调整作风，解决问题。始终以为学生提供周到、细致、人性化的服务，为学生营造温馨、适宜的学习生活环境为出发点，让学生切身感受到母校的温暖，为他们学好专业技能、实现人生目标做好基础保障工作。

再次，推进后勤岗服务育人模式。高校的后勤服务工作触及学生在校吃住行日常的每个方面，其中的一点一滴都至关重要，马虎不得。因此，后勤工作人员应不断提升服务意识和服务效率，最大化满足广大师生合理生活需求。

最后，推进校友工作人员育人模式。校友会工作树立“服务于校、服务于友、服务于会”的宗旨，树立从在校生抓起的理念，推进校友工作不断从管理向服务转化，让校友从在校就读时期就开始树立深厚坚固的母校情。

（2）开展全过程服务校友工作，探索全程化的育人模式

校友育人工作应当贯穿于每位学子从入学到毕业的整个求学生涯中，通过“全程式”的关怀服务，培养学生爱校情感，见证校友成长。

首先，在新生入学时上好开学第一课，邀请知名校友回到母校开展讲座，帮助他们更好地开启一段丰富多彩的大学时光。

在求学阶段，首先，学校可以聘请校友导师。校友导师从专业和心理等方面指导和帮助学生，全面提升综合素质。其次，通过校友讲坛引导学生成长。为校友搭建交流沟通的互动平台，一方面主动分享优秀校友在各个领域的经验建议；另一方面为在校学生求学、工作各方面答疑解惑。最后，定期邀请设立奖学金基金的校友参加母校的颁奖典礼，通过完善的捐赠人与受赠人互动机制，培养了学生的感恩心理，树立了校友捐赠的公益典范，传播了学校的优良文化。

在离校阶段，毕业生就业情况是考核学校人才培养水平和教育成果的重要依据。如果将毕业生就业与校友资源有机结合并有效利用，不仅能使校友资源可持续发展，也能为毕业生提供良好的就业平台和机会。

一方面，发挥校友组织工作职能，为毕业生求职提供服务保障。在校级层面，可在校友工作部下设校友发展中心，并与就业指导中心建立联合机制。根据毕业生的一定比例，可以安排人员开展工作。二级院（系）层面，发挥本学院、专业校友能动性，为毕业生就业提供支持，逐步建立一个院（部）为单位，由专业校友协助开展针对性、及时性服务支持的工作机制。

另一方面，加强校友工作宣传，强化校友对毕业生的服务支持。一是全力助推学生实习。积极联络各地校友会和校友企业，充分挖掘企业资源，建立专业实习信息平台，对接好相关的对接产业、专业、领先就业、创业来为学生提供真正有价值的实习机会，提高学生创新实践能力。二是通过开展专场招聘会，促进学生就业，帮助企业发展，最终实现“双赢”。三是邀请知名校友参加毕业典礼，传达母校精神，树立专业信心，增强新校友的归属感。

（3）开展全方位服务校友工作，锁定校友育人的关键性领域

一方面，校友会可以筹办第二课堂，通过校友特别讲座、校友导师制和校友实践基地等形式，拓宽学生知识面，帮助学生树立良好正确的三观。另一方面，我们也可以设立各种教育捐赠项目，专门用于接受校友以及社会爱心人士捐赠的资金和物质材料，从而不断支持学校教育事业的发展。捐赠项目不仅能够切实解决贫困学生的现实问题，还可以在一定程度上激励学生形成尊重教师、热爱母校、努力学习，回报社会的良性循环，为促进教育事业的进一步发展产生积极作用。

（4）在全社会开展校友服务工作，聚焦、挖掘和整合校友教育资源

在北京舞蹈学院的日常教育工作中，要通过不断丰富校友平台、完善工作机制来提高校友间的凝聚力，增进校友与母校之间的血缘情谊，更好地为母校服务。在微观层面，新时代，可以通过校友平台、校友网络来建立起智能的校友服务系统。将校友未来发展的核心思路运用到校友联谊活动的过程中，不断创新服务内容、深化校友活动，从而进一步增加校友与母校之间的联系与合作。同时，不断挖掘和融合校友教育资源、人才资源、信息资源、公关资源等。在宏观层面，树立校友“命运共同体”的概念，搭建具有巨大影响力并可持续发展的资源整合平台，让校友资源产生叠加效应，通过高效合作实现共赢，从而促进“双一流”学校的建设，实现校友事业发展，

学生成长成才等战略目标。

2.聚焦校友思政教育功能，搭建校友教育平台的育人路径

（1）营造以社会主义核心价值观为指导的校友教育环境

党和国家提出，要积极培育社会主义核心价值观。北京舞蹈学院校友会工作紧随社会发展趋势，坚持在社会主义核心价值观的指导下，结合当前校园文化建设工作，贴近学生，引进校友文化，为在校生和毕业生校友进行道德和行为规范教育。校友会可以聚焦杰出校友的优秀事迹，来为一些建筑物和道路进行命名。依托有重大影响的以校友命名的标志性建筑，让校园师生都能触景生情，起到感化学生的作用。一步一景地建立起一个典型人物，作为校园文化中非常特殊的一部分，校友文化的形成是所有的老师和学生很长一段时间里积累沉淀获得的。这对于激励校友教育后代学子起到积极作用，让同门师兄弟间产生良好互动，共同取得成就。

（2）建立以成长和发展为目标的校友教育讲堂

杰出校友知识面广、个人素养好，因此，北京舞蹈学院校友会一直以来都在积极开展著名校友进入课堂讲座的活动。如：张晓龙（著名演员），王亚彬（著名的舞蹈家），以帮助学生成长为目标，以创新人才培养为理念，邀请他们前来分享自己在学习和工作生涯中或曲折或成功的经验，可以让年轻人少走弯路。对于在校大学生而言，他们就是一面引领前进的旗帜。与此同时，我们还积极邀请社会各界优秀校友作为学生在校成长的导师，根据每位校友的不同特点，结合人才培养目标，有针对性地开展“校友讲堂”。同时，不断丰富培养人才的方式方法，不断完善人才培养的途径，以更加全面多元的教育教学模式服务学生成长。

（3）以实践教育为起点，打造校友教育基地

北京舞蹈学院建校65年以来，各行各业都出现了创业风生水起的杰出校友。他们不但熟悉市场，拥有一定的实战经验，同时更是对母校的教学设置、课程特点、校园文化等方面格外熟悉，因此，他们能够基于人才培养模式等层面提出有效建议，从而让北京舞蹈学院的毕业生更能够符合社会用人单位的用人要求。因此，随着校友企业的发展和对母校的认可，校友们大都非常愿意回到母校让师弟师妹们加入自己的工作团队，同时无保留地为他们提供专业指导和能力培养。北京舞蹈学院校友会应广泛

依托创业成功的优秀校友建立校企合作关系，从而进一步发挥优秀校友的示范力量和教育作用。学生可以分到校友单位参加大学实习，不仅能提前适应社会、历练自我，还能够切身体会到创业的艰辛和不易。

3.聚焦校友资助教育功能，实现自助、互助、助人的育人路径

（1）激发“出身贫寒”校友积极“反哺”

优秀的校友群体中有不少人曾经都是来自贫困家庭的学子，在上学期间，他们曾经得到过来自国家、母校同学和社会的帮助。饮水思源，面对现如今的贫困学生，他们更能够感同身受，从而产生共鸣，出手相助。与此同时，贫困学生在获得经济和物质资助时，也会以这些优秀校友为榜样，从而自立自强，学会感恩，并将这种帮助他人的精神传递下去。校友双方拥有感情的纽带，母校可以通过开展一系列活动来进行这项工作，如开办资助专栏、举行优秀事迹上线活动等，集中精力，将宝贵的校友资源“流动”集成到精确的援助工作。

（2）扩大“校友圈”的影响范围，扩大资助团队

校友与母校两者之间的“血缘”和“学缘”[①]关系亘古不变，校友对母校有着强烈的身份认同感，母校也时刻深切地关怀着校友发展，密切地关注校友发展需求。在此基础上，高校还应积极调动各项资源，为校友搭建互惠互融互助的平台[②]，增强校友之间的满意度、亲密度，提升校友共同对母校的认可度，充分发挥校友“名片效应”，扩大辐射范围，吸纳身边更多的优秀校友加入资助“校友圈”。此外，作为校友活动组织者，高校一方面可以不断建设和完善资助组织并定期举行活动，如邀请毕业生校友返校参加为贫困学子举办的颁奖典礼等，从而激发校友助人为乐的荣誉感，形成校友与母校之间的良性互动；另一方面，高校校友会也可以利用寒暑假的时间，组织贫困学子成立实践团队，展开校友寻访工作，不仅能够让高校与许多惦念母校的优秀校友取得联系；还可以起到校友之情的作用，从而落实校友资助队伍的后续储备

---

① 李冬、刘瑞雪：《校友工作推动大学生就业途径研究——以某高校为例》，载《教育教学论坛》2018第45期第84—87页。

② 陈小腊、邵月花：《高职院校二级学院（系）校友工作探讨》，载《黑龙江生态工程职业学院学报》2018年第31卷第1期第80—81页。

工作。

（3）发展校友实践基地，强化“血型”资助功能

目前各高校的学生工作和创业课程主要由各院系的辅导员代为承担。尽管他们中的一部分老师有着非常扎实的理论基础和教学素养，但是他们缺乏实战经历，在新的时代环境下，没有实践经验就没有市场经验，然而在校生毕业后走入社会，面对的最直接的问题就是创业市场中的竞争风险，这正是目前课堂中所缺乏的。因此，学校所学知识与实际技能有断开、有错位是一大问题，也是需要校友给在校大学生的创业教育进行弥补的一大短板。校友工作在不同的地区，他们不仅可以为贫困学生提供相关的学习和实习建议，也能够为贫困学生提供更具针对性、专业性、衔接性强的实践平台，让他们有机会到企业实习，让他们在实践中碰撞出火花，以避免他们在真的步入社会后四处碰壁。因此，通过发展校友实践基地，不仅可以为校友企业提供优秀的人才，也可以为贫困生提供优质的创业资源。它可以同时解决经济问题和就业问题，从而有效落实“血型”资助功能。

校友资源是准确助力高校校友工作可持续发展的重要支持和来源。高校可以将这一“软实力”完全嵌入精准度较高的校友资助合作中，将校友提供的财产、物资、精神、信息等资源，开发更为多元丰富的资助模式，不浪费校友的宝贵资源，精神教育与经济资助两手抓。提高能力的同时，重视互助教育；在免费给予的同时，应该更加重视感恩教育，从而实现“自助、互助、帮助他人”的目标。①

① 周颖、吕冬云：《高校推动校友助力大学生精准资助的路径研究》，载《黑龙江教育学院学报》2019年8月第38卷第8期。

05 组织育人篇

谈“三全育人”如何在抽芽拔穗期的中专学子中落地生根

张立军

摘要：在“三全育人”要求下，附中积极探索行之有效的立德树人途径。树立“以育人为核心，构建育人环境一体化”和“以育人为核心，使凝聚育人合力常态化”的德育理念。在具体实践过程中，坚持党总支统一领导，调动各部门全员育人；坚持课程育人和实践育人贯穿校园教育全过程；坚持构建多元教育平台促进全方位育人。上下同心，齐抓共管，实现了良好的育人局面。

关键词：全员；全程；全方位；理念；机制

中共中央国务院《关于加强和改进新形势下高校思想政治工作的意见》提出“三全育人”的要求，即全员育人、全程育人、全方位育人。党的十九大以后，“三全育人”作为一种育人理念被赋予新的时代内涵，是党和国家推进新时代高校思想政治工作的战略性方针。这是以习近平新时代中国特色社会主义思想为引领，贯彻部署对教育的全面领导，以立德树人为根本任务而进行的对强国之伟业的深刻指导。

新时代以来，北京舞蹈学院附中紧跟时代步伐，在十三五期间，附中根据《国家中长期教育改革和发展规划纲要（2010—2020年）》《北京舞蹈学院“十三五”事业发展规划》等文件精神，深入学习贯彻党和国家的各项教育方针，遵照学院对附中“三基”定位与“瘦身精养”的办学指导思想，附中党政领导班子结合附中自身的办学实际情况，对学校在“十三五”期间的发展规模与具体任务做出了明确的规划，确定“十三五”期间附中将继续坚持以内涵建设、人才培养为中心，努力提高教育教学质量，强化党建核心地位，探索立德树人有效途径，进一步建立系统规范的制度管理体系，将学校的各项工作推向一个新的高度，继续发挥在北京及全国中等艺术教育领域内的示范作用。

学校上下深入学习贯彻落实习近平新时代中国特色社会主义思想和党的十九大精神，在“三全育人”模式下积极探索附中发展的新思路，坚持“文化引领、自主创建、以舞育人、锻造精品”的办学指导思想，扎实推进立德树人、思政课程、人才培养、德育建设等各项工作，在实践中思考，在思考中实践，探索更符合中等职业艺术院校发展的有效模式与机制。

一、附中“三全育人”德育运行理念

附中始终高举中国特色社会主义伟大旗帜，全面落实党的教育方针和文艺方针，促进舞蹈艺术教育事业的发展。遵循中等职业舞蹈教育规律，总结附中办学的精神内涵，形成办学特色，明确品牌概念，推动校园文化建设；继续深化教育教学改革，强化专业内涵建设，不断提高人才培养质量，适时探索创新人才培养模式；优化教学运行机制，打造优质师资队伍，着力产出舞蹈教育精品，继续发挥引领示范作用。在“三全育人”德育模式正在逐步推广的大环境下，附中在育人方面树立了以下两方面的思想：

1. 以育人为核心，构建育人环境一体化

立德树人，铸人铸魂。“三全育人”的核心在于“人”。如何培养人，为谁培养人，是新时期教育工作过程中思想教育的重心所在。育人要“三全”，体现了教育非单打独斗，非片面工程，体现了教育影响力的多样性。附中在践行“三全育人”的过程中，积极构建一体化的育人环境，实行原德育主任同党支部书记“双岗合一”，把抓教师思想和抓学生德育有机统一；加强基层党支部的战斗堡垒和政治保障作用，有力推进了学校各部门、各专业德育工作的实效性，建立起了多层面长效的工作机制；巩固和强化了德育工作成效，推进德育教育网络化建设；“以学生为本”，突出学生主体思想，以育人为出发点，形成上下一体的育人环境。

2. 以育人为核心，使凝聚育人合力常态化

全员、全过程、全方位育人，体现了育人核心下的合力运转。附中始终秉持“学艺先修德”的树人初心，以德育为先，德才并重为教育目标。保持高度的思想统一，常态化统筹沟通，周期性全员培训，实现各部门的层层通气，互相配合。“三全育人”要以调动一切影响学生成长的正能量为指导，凝聚家（三级家委会）、校、社会（国际、国内演出）、学生（团学组织和班委）的四位一体，充分调动一切有利于学生发展的力量，实现教育对象德、智、体、美、劳的全面发展。

从形式到内容，从局部到整体，调动各部门齐心协力，全心全意投身教育，凝聚线上线下的力量，合力形成良好的育人氛围。

二、附中“三全育人”德育运作机制

1. 党总支统一领导，调动各部门全员育人

在“三全育人”的理念下，坚定为培养党的忠实拥护者和社会主义事业的可靠接班人、社会主义核心价值观坚定践行者以及具有优秀道德品质和过硬专业素质的社会主义建设者的教育目标不动摇，就要在践行“三全育人”的过程中提升政治站位的高度，站在“为党育人、为国育才”的高度上积极开展部署各项工作。为此，附中形成了一套完整有序的育人体系，在附中党总支的统一领导下，为师生增强“四个意识”、坚定“四个自信”、做到“两个维护”，全面完善和强化各部门职责，形成由校级德育工作领导小组为统领，以学生科团委为职能管理，以各教学科为具体落实的综合管理体系。

“守好一段渠、种好责任田”，做到守土有责、守土负责、守土尽责。在具体落实推进过程中始终保持把“强意识、抓落实、保质量”九字要求作为工作思想指导。“强意识”就是在党总支的统一领导下，各党支部组织要切实担负落实各项意识形态的工作，落实主体责任，增强党员服务意识。相关党组织要把握本部门相关工作动态，积极开展行之有效的育人思路探索。常态化的党内思想政治教育要紧抓不放，党群融合不断探索，在师生互动活动中渗透思想意识教育，培养青年一代听党号召跟党走，做新时代的有用之才。“抓落实”即常态化例会召开，完善部门间的协同机制，掌握各部门工作动态，汇总问题，调查研究，围绕各个阶段、各个部门所存在的集中问题展开深入讨论研究。及时明确责任部门的相关推进，工作有下放，有回音，落地有声，育人有果。

从党领导为顶层统筹部署各项工作，制定合理科学的制度到各部门责任的积极落实，在具体开展过程中形成有效的督查机制确保工作的掷地有声，从而保证了育人过程的全员参与。在全员保持高度一致的育人目标下，各部门齐抓共管，保证教学有温度、思想有深度、育人有力度。

2.课程育人和实践育人贯穿校园教育全过程

“十三五”期间，附中的教育教学改革，以强化内涵建设为主旨，以立德树人为根本任务，聚焦学生综合素质培养，继续在深化课程体系建设、完善教学管理机制、强化实践育人手段、创新人才培养模式等方面做出了有益的探索。在全面践行“三全育人”方面，将“课程育人”和“实践育人”贯穿学校教育全过程。

课程是落实人才培养理念的主阵地。在坚守传统教育教学的基础上，附中稳中求进推行课程改革，在优化课程结构上下功夫。围绕构建学生的专业能力、文化知识、人文素养目标宗旨，着重设计和搭建符合学生成才所需的校本课程体系，为新的人才培养方案的设定奠定基础。以文化人、以文育人，在厚积学生传统文化素养方面始终不遗余力。同时，积极带领老师们探索“课堂思政”，将思想政治教育放在教育的重中之重。培养青年教师，积淀教学素养，研磨教学本领，形成薪火相传的“传帮带”教师成长模式，有效保证课程育人的扎实推进。

艺术实践是学为所用的关键环节。搭建艺术实践平台鼓励各专业创作时代性教学剧目，以期达到凝练专业学术追求，增强教师艺术实践能力，打造高水平艺术精品，以此反馈课堂教学成效，深化学校艺术实践的目的和意义。学校积极采取多项举措打造艺术实习实践平台，坚持教学过程中常规的实习实训演出活动，传承“师生同台”的传统教学相长活动，不断开拓更多渠道创造实践机会展现教学成果；组织推进高雅艺术进校园，服务首都，服务社会，让师生走向社会、走进大众，连接学校和社会、艺术与大众；组织带领学生走出国门，带着凝聚深刻的中华传统精神精髓的舞蹈艺术来到黑池、来到塞尔维亚等地，在“丝路”中传播华夏的包容，在“春江花月夜”下展示着独有的中国诗乐舞一体。文化实践积淀学生涵养，文舞相融不断探索。中职文明风采、中秋一首小诗寄中秋系列传统文化活动、校园英语配音大赛、名著阅读小报展、历史与地理文化等多样人文活动成熟成型，成为校园实践育人的重要内容。学有所用，学为所用，唯有知行合一，在具体的实践中学生真正体验着大国的文化自信，实现着艺术与文化的普及与推广的现实价值。

3.构建多元教育平台促进全方位育人

“三全育人”的有效落实需要强有力的平台来实现。因为“全员”是育人的重心，贯穿始终；而“全过程”表达的是教育过程的时间跨度，学生从入校前的家庭教育乃至毕业后的社会教育；而平台建设是为了实现“全方位育人”所要求的空间广度，调动教育主体的多元性，形成有效的运作机制，保证全员和全程线上线下的有序推进。

构建教师成长平台。好老师是学生之幸，民族之幸。给学生一碗水，教师得有一桶水。教师的终身学习终身成长是职业要求，是事业使然。新时期附中始终把打造“四有”好老师队伍作为教师成长的目标，完善科研平台，鼓励并支持老师们在教学中钻研，在钻研中总结，在总结中升华，凝结“以舞育人”的教学成果；拓展党员教师成长平台，常规的理论学习与特色活动不仅仅落实在校园、首都，还要走进红色基地，来到上海一大旧址、嘉兴红船边重温峥嵘岁月；积极为青年教师成长搭建平台，配备导师队伍，组织基本功展示，帮助他们夯实业务能力，提升职业素质；在教师队伍中的特殊群体“班主任们”，他们肩负着教学或者行政管理责任的同时，还要投身班级管理。附中为班主任队伍的专业化、智慧化努力创造条件，搭建班主任学年大会这一分享平台，促进管理经验流通；聘请校外教育名师走进班主任团队，提升理论素养，以他山之石，攻自家之玉。总的来说，就是抓好管理干部队伍、学工队伍、教科研队伍、工勤队伍的建设，以良好的教师成长平台为学生的成长成才保驾护航。

构建家校合作平台。家庭教育是学校教育重要的辅助。良好的家校沟通平台，可以将学校与家庭紧密相连，为“三全育人”提供坚实的家庭后盾。附中家校沟通平台，以学生科 — 各学科 — 各班班主任为主要联动机制，组建家长委员会，实现家校联动共育。

家委会成员的选择由家长老师共同投票选举产生，各班家委会组长形成学科家委会成员，学科家委会组长形成校级家委会成员。三级组织，层层协作，形成良好的家校沟通渠道。同时鼓励家长走进班级，借助班会等集体活动充分发挥家长的专业优势与特长，丰富班级管理的内容与方法，帮助学生拓宽知识面。这个过程也为学校和家长提供一个相互学习的机会，营造良好宽松的沟通氛围，家长们就班级和学校的建议提出有效的意见建议，学校亦能充分调动家长智慧，汇聚教育能量。

构建社会实践及网络平台。党有号召，团有行动。在附中党总支的统一领导下，各学科党组织充分发挥领导带动作用，通过党带团学等形式加强学生的思想意识形态教育和劳动实践能力。各党组织利用每月一次的党带团活动配合团组织进行深度有效的“一学一做”，激发团学组织热情，定期开展“一学一做”教育实践。团学组织是带动校园活跃的重要部分，他们是学生中的先进分子，充分发掘他们的潜力，展示他们的智慧，形成积极的“以学促学”氛围。

在校内，各学科以爱国主义为教育核心，分别由各专业承担主办，全体群策群力，连续开展全校“巍巍中华情”“含响尽天籁”等演讲、演唱比赛，搭建广阔的学生自我风采展示平台；各专业将公众号作为宣传平台，记录展示团学组织在实践育人过程中师生同心同德策划的种种活动内容，从品读爱国故事到走进红色景区，从利用专业技能服务聋哑儿童到走进社区抗击疫情、垃圾分类等多种志愿服务中，团学组织的活力和先进性被最大化调动出来，成为青春的领路人、同行者。在校内良好的实践平台的影响下，以附中党总支为统领，学生科为主力，各专业鼎力配合，搭建起走出校门的“社会研学实践平台”。无论是走进古北水镇的古长城遗址感叹文明的悠久，还是在苍莽的玉渡山深刻领会“两山论”的精髓，抑或是来到氤氲江南，在白瓦灰墙间领略徽派地理人文，在茶乡体验摘茶之乐、品茶之韵，在长安古都看盛唐古韵犹在，兵马俑间大国气象长存，社会实践让学生走出象牙塔，深刻感受自己是社会人的温度和深度。

同时，附中官微作为主力宣传阵地，通过公众号平台展示师生教学成果，促进家校信息流通。并且，在诸多过程中积极营造良好的网络氛围，培养学生的线上公德。

构建环境育人平台。良好的文化环境有助于实现“以文化人”的教育理想，附中

logo寓意小荷才露尖尖角，舞姿轻盈，历经磨炼而破茧成蝶的飞翔愿景，更包含着翩翩少年成长过程中迎风旋转青春炫丽的舞蹈生涯。各专业教学科也根据专业特点集思广益，形成了富有学科专业标志和美好期许的logo和口号。各专业学科在此基础上定制了本专业的旗帜和服装，这些生动的极具专业凝聚力的文化标识带来了学生内心独有的专业归属感和自豪感。同时，加强“书香校园”建设，从宿舍图书角到班级图书柜以及遍布走廊随处可见的阅读角，为学生成为腹有诗书的艺术者而不断铺路。在学生公寓管理方面，以“安全、温馨、整洁”为要求，制定公寓消毒、传染病管理、防火、用电、晨午检、进出登记等相关制度，推行与之相关的行之有效的方案，通过评优等方式激发学生的集体荣誉观和劳动主动性。加强公寓工作人员的培训，定期组织各级负责人走进公寓检查并汇总相关情况，及时通报，立即整改，多措并举打造文明公寓。

完善奖、助、惩平台。资助育人是学校资助工作的本质要求，是“三全育人”综合改革的重要内容。附中根据《北京市中等职业学校国家助学金管理实施办法》(京教财【2007】35号)、《关于调整二等国家助学金为每人每年1800元》(京教财【2009】09号)、《关于扩大中等职业教育免学费政策范围进一步完善国家助学金制度的意见》《关于修订实施北京市中等职业教育免学费及国家助学金政策的通知》(京财教育【2012】3118号)文件精神，制定北京舞蹈学院附中国家助学金评定方案。根据《关于免除中等职业学校城乡低收入家庭和涉农专业学生学费的通知》(京财文【2010】1247号)、《关于修订实施北京市中等职业教育免学费及国家助学金政策的通知》(京财教育【2012】3118号)文件精神，进行评定工作。最终形成《北京舞蹈学院附中国家助学金实施细则》。资助育人的内容贯穿于教育教学全程和资助工作全过程，其中各项奖惩以诚信教育为基础，全面掌握学生校内表现和家庭状况；并且以爱国主义教育为核心，以感恩教育为保障，课内课外引导学生为国为民，成长成才；在此过程中，通过励志教育和劳动教育，锤炼学生的品质和毅力，“扶志”和“扶智”相结合，使学生全面健康成长。在奖助同时，也要加强“惩戒”建设。所谓没有规矩不成方圆便是如此，对有损家国、校园、学生学习等不同程度的行为，实时分析，灵活掌控，不断修订补充有关奖惩制度，通过通报等形式有所惩戒，促进学生全面成长。

学校要在全员育人、全过程育人、全方位育人工作中抓住立德树人这一校园教育中心环节，把立德作为全员育人的核心，将课程育人和实践育人贯穿于校园教育全过程，搭建广阔的育人平台，凝聚育人力量，使“三全育人”落到实处，不仅惠及学生的现在，也为他们将来的发展提供源源不断的正能量。

参考文献

［1］刘润、王小莉:《高校“三全育人”工作路径与机制的探索实践》，载《思想教育研究》2020年6月第6期。

［2］付平:《论新时代高校“三全育人”德育模式及其运行机制》，载《创新创业理论研究与实践》2020年6月第12期。

［3］张仙智:《高校“三全育人”综合改革实践路径探究》，载《实践研究》2020年7月。

党旗插在一线：国庆70周年大型社会实践中基层党组织的育人担当

阮伟

摘要： 北舞师生圆满完成了中华人民共和国成立70周年庆祝活动，整个过程中北舞青年学子表现出了浓厚的家国情怀、强烈的使命担当和崇高的奉献精神，赢得了社会各界的肯定和赞誉。本文以北舞国际标准舞系为例，总结基层党组织如何在国庆70周年活动中发挥育人功能，探索如何在国家重大活动中从培养担当民族复兴大任的时代新人的高度提升组织育人的策略，创新组织动员、引领教育的载体与形式，增强组织的实践育人效果，发挥基层党支部战斗堡垒作用和育人保障功能，把思想政治教育贯穿各项工作和活动，促进师生全面发展。

关键词： 重大活动；基层党组织；思想政治教育；组织育人

新时代高校组织育人要紧随时代发展大势，把握自身工作的特点和着力点，不断改革创新，既要加强组织自身建设，又要凸显思想政治教育功能，整合优势，整体推进，协同发展，实现高校思想政治教育工作质量提升，推动高校立德树人根本任务的实现。本文以北舞国际标准舞系为例，总结探索基层党组织如何在国庆70周年活动中发挥育人功能，如何在服务保障国家重大活动、为国增光添彩过程中深化学校党建和思想政治教育工作，进一步探索如何在国家重大活动中从培养担当民族复兴大任的时代新人的高度提升组织育人的策略，创新组织动员、引领教育的载体与形式，增强组织的实践育人效果，发挥基层党支部战斗堡垒作用和育人保障功能，把思想政治教育贯穿各项工作和活动，促进师生全面发展。

一、提高政治站位，党组织领导干部靠前指挥，把国庆70周年活动作为思想政治教育第二课堂

进一步提高政治站位，在国庆70周年活动中北舞国标舞系领导坚持靠前指挥，亲自领队参加每一次排练和合练工作。在排练工作中充分发挥基层党组织的政治核心、战斗堡垒和共产党员的先锋模范作用，充分体现党员师生和发展对象的先进性，有力地保障工作的顺利进行。坚持不懈地做好思想动员工作，在校排练期间，系领导坚持靠前指挥，自觉同排练学生在一起，每天做好总结和思想动员工作。国庆70周年活动天然具有强烈思想政治教育功能，学校基层党组织围绕“立德树人”中心工作，充分把握重大实践活动和重大节日时机，把参与国家重大活动作为大学生思想政治教育的第二课堂，激活学生内心深处潜移默化获得的价值理念，助推学生成长，把同学们培养成德智体美劳全面发展的时代新人。

二、以国庆70周年活动为契机加强实践教育，帮助学生全面地认识社会，增强新时代青年的责任担当和家国情怀

以国庆70周年活动为契机加强实践教育，帮助学生走近社会、了解国情，在排练活动中师生共同战酷暑、斗高温，正好突出了劳动教育和艰苦奋斗精神教育。现在大学生大多数缺乏艰苦生活的锤炼，缺乏逆境、挫折的考验，以国庆70周年活动为契机，采取有效形式加强大学生劳动实践，在任务排练和展演细节中推进思想政治教育，助力学生成长成才。国庆70周年大活动使艺术性与思想性和政治性有效融为一体的，有利于将“爱国、爱校、爱舞蹈”的优良传统发扬光大。在一次次合练过程中，在学生克服身体病痛、恶劣排演天气、家庭实际困难、排练已久的节目被取消等多重困难的过程中，带队教师抓住每一个间隙，每一个细节，每一个触动心灵的事例，凝练排演过程中每一位学生的责任担当意识、顽强奋斗精神。每次演练之后，同学们又会认真总结分析、不断改进，力求在重大活动中围绕活动主题、呈现时代风貌、展示新时代青年的责任担当和家国情怀，用自身行动诠释初心与使命，在自己的生动事例

中感受爱国主义教育、集体主义教育、人生观价值观教育，激发同学们勇于担当的社会责任感和时代使命感。

三、在发挥党组织的战斗堡垒作用国庆70周年活动中，基层党组织组织力得到充分彰显

学校始终坚持在重大活动中不断加强和推进党的建设，临时党支部的设置与重大活动安排同步谋划、同步建立、同步运行，保证在重大活动中组织生活规范进行，基层党组织作用发挥在重大活动一线、组织力提升在重大活动一线、凝聚力彰显在重大活动一线。党支部充分发挥战斗堡垒作用，发挥党员“平常时看得出来，需要时站得出来，关键时豁得出来”的先锋模范作用，起到了凝聚组织、鼓舞人心，以点带面、示范引领的重要效果，基层党组织的组织力得到进一步彰显。

在国庆70周年活动中，国际标准舞系领导提高政治站位，坚持靠前指挥，领队参加每一次排练和合练工作。党支部在排练工作中充分发挥政治核心、战斗堡垒作用，党员师生和发展对象发挥先锋模范作用，有力地保障工作的顺利进行。党支部坚持不懈地做好思想动员工作，日复一日地思想动员工作让参演同学深刻认识到了，坚定理想信念是我们青年成长成才的核心灵魂，锤炼高尚品格是青年成长成才的立身之本。

四、强化责任，精心组织，以制度约束和自主管理相结合的联动机制为育人保障

制度建设是顺利完成重大任务的重要保障，不断完善重大实践活动管理机制，探索和建立健全长效的管理机制，有利于重大任务的顺利完成和立德树人事业的长远发展。在服务保障国家重大活动期间，要建章立制，充分发挥制度约束作用，使得各项工作在制度的约束下有条不紊地开展；同时，要切实加强人文关怀，激发参与活动师生的自主能动性，实现“自我管理、自我服务”的预期目标。做到管理到位、人员到

位、措施到位、思想认识到位，确保演出活动精益求精，万无一失。在国庆70周年活动排练中，国标舞系参演师生的统一管理、分级负责，形成以队长及其舞伴为核心团队的快速反应机制，随时掌握每一名参演队员的情况，形成了定时日报机制，系领导、班主任和带班老师及时掌握学生详细情况，切实履行各环节的学生日常管理工作职责。

充分发挥学生党员、入党积极分子、学生干部的作用，以学生党员、学生干部为骨干力量担任队长，建立系领导、带队老师、大队长、中队长、小队长及其舞伴日常管理体系和沟通协调机制。学生干部们工作认真、责任心强，都能各司其职，积极参与筹划和协调各种活动，并管理日常常规信息报送和组织协调工作。他们的努力使得各项工作之间有条不紊地进行。参加合练的过程中同学们同心同德，形成团结协作、拼搏进取的团队精神，这种精神激励着国标舞系同学不断向前进，形成了一股强大的凝聚力，做到了勇于担当时代责任，在担当中历练，在尽责中成长，实现中国梦的生动实践中放飞青春梦想。

五、基层党组织注重在国庆活动中不断激发了师生爱国主义情怀，促使师生勇于担当，在勤学苦练中绽放青春光芒

北舞国标舞系师生深知祖国利益高于一切，每一位同学都抖擞精神，拼尽全力，珍惜服务国家的机会，无私奉献，舍小家为大家，用实际行动献礼伟大祖国70周年华诞，在活动中表现出了高度的热情和积极的配合，充分展现出了我们北舞国标舞系同学的爱国主义情怀。

国标舞系党组织注重在国庆70周年活动中不断激发了师生爱国主义情怀，促使师生勇于担当，在勤学苦练中绽放青春光芒。在每天的实践排练中，党组织采用反复动员加及时总结的形式来增强责任担当意识，促使同学们高标准严要求，展示了我们北舞国标人的风采。他们不畏酷暑高温，坚忍不拔全身心投入到训练中，累了不泄气，伤了不放弃。最终北舞国标舞系师生勇于担当负责，积极主动作为，完全不计私利，把使命放在心上，把责任扛在肩上，为高质量地顺利完成游行任务奠定了坚实的

基础。激发北舞师生发扬着把“小我”融入“大我”，为“大我”牺牲“小我”的爱国主义精神，最终以最扎实的功底、最专业的水平、最出色的表演展示成了一道靓丽的风景，备受各级领导的不断称赞。

六、基层党组织及时总结国庆活动的政治效果、精神价值和引领作用，转化为立德树人的生动实践

蔡奇书记指出，首都北京作为庆祝活动举办地，受到的教育洗礼最直接最深刻，收获的精神财富也最丰硕最深厚。国庆70周年庆祝活动是一堂生动的新中国历史课、爱国主义教育课、新时代思政课，彰显了非同凡响的政治效果、精神价值和引领作用。基层党组织在国庆70周年结束后，深入挖掘国庆70周年活动蕴含的独特价值和意义，进一步增强“四个意识”、坚定“四个自信”、做到“两个维护”，切实把庆祝活动激发出的精神力量，转化为干事创业、担当作为的实际行动，把师生参加国庆70周年庆祝活动等重大活动展现出来的正能量转化为立德树人的生动实践。

通过及时总结国庆大活动，把北舞师生各方面智慧和力量凝聚起来团结奋斗，发掘好、利用好国庆盛典留下的精神财富，进一步推动了爱国主义教育深深植根于每一名师生的心中，使得师生更加深刻地体会到个人命运与国家民族命运紧密相连，激励师生凝心聚力自觉担当起时代赋予我们的神圣使命，努力学习，辛勤工作，创造出无愧于青春、无愧于时代的新业绩，把庆祝活动形成的宝贵精神财富转化为立德树人、教育报国的实际行动，为建设中国特色世界一流舞蹈大学而努力奋斗！为中华民族伟大复兴做出新的更大贡献！

参考文献

[1] 张丹凤、胡华荣：《习近平新时代党建思想对高校党建工作的新要求》，载《哈尔滨学报》2019年第1期。

[2] 黄海清：《基层党组织组织力初探》，载《党建研究》2018年第2期。

[3] 陈守潮：《以重大活动为契机大力推进党建工作》，《社科论坛》。

代际传承　不忘来路　浅析“关工委”育人作用

高毅军

摘要：学校广大离退休干部是学校事业建设和发展的缔造者、传承者，也是推动者、参与者，各项事业的发展都离不开广大老同志的坚定支持和模范践行。北京舞蹈学院关心下一代工作以学校老同志为主体，充分发挥他们的独特优势，紧密围绕学校中心工作关心、教育和培养青少年健康成长，切实成为学校育人工作的参谋和助手，成为联系青少年的桥梁和纽带。本文围绕进入新时代，党和国家对教育工作的新部署和新要求，学校对落实立德树人根本任务和“三全育人”工作的全面推进，对“关工委”如何继续发挥好传帮带育人作用进行思考。

关键词：关心下一代；立德树人；发挥传帮带作用

多年来，北京舞蹈学院关心下一代工作委员会（以下简称“关工委”）在学校党委的领导下，在上级关工委指导下，以学校三百多名离退休老同志这一宝贵资源为主体，充分发挥他们的独特优势，紧密围绕学校中心工作关心、教育和培养青少年健康成长，切实成为学校育人工作的参谋和助手，成为联系青少年的桥梁和纽带。随着新时代党和国家对教育工作的新部署和新要求，学校对落实立德树人根本任务和“三全育人”工作的全面推进，“关工委”如何继续发挥好传帮带育人作用，应从以下几方面入手：

一、要提高政治站位，强化使命担当

习近平总书记2015年8月作出重要批示：“做好关心下一代工作，关系中华民族伟大复兴。…… 广大老干部、老战士、老专家、老教师、老模范等离退休老同志是党和人民的宝贵财富。各级党委和政府要关心和支持关心下一代工作，支持更多老同志参加关心下一代工作，在时代的舞台上老有所为、发光发热。”2017年8月，在北京教育系统关工委成立25周年之际，市委书记蔡奇同志作出批示：“北京教育系统关工委要认真落实贯彻习总书记重要批示精神，坚持服务青少年的正确方向，做好理想信念教育、社会主义核心价值观教育，为青少年健康成长发光发热。…… 教育系统各级党委要重视和支持关工委工作，加强对关工委工作的领导，发挥好‘五老’队伍的作用，推动关心下一代事业不断发展。”

关工委要以习近平总书记对关工委工作重要批示精神和蔡奇书记的批示精神为指导，深入学习贯彻党的十九大精神和习近平新时代中国特色社会主义思想，深入学习贯彻全国教育大会、北京教育大会精神，结合学校实际，配合好学校中心工作，勇担立德树人使命，为舞蹈高等教育事业增添正能量。

离退休干部党员是党的建设伟大工程的缔造者、传承者，也是推动者、参与者，要有为党和人民的事业增添正能量的使命担当，学校的各项事业的发展都离不开广大离退休干部党员的坚定支持和模范践行。习近平总书记指出，老干部是党执政兴国的重要资源，是推进中国特色社会主义伟大事业的重要力量。在《关于进一步加强和改进离退休干部工作的意见》（中办发〔2016〕3号）文件中，把为党和人民的事业增添正能量作为老干部工作的价值取向。在《关于深入推进离退休干部为党的事业增添正能量活动的指导意见》（京组通〔2015〕38号）文件中也指出：“在离退休干部中开展为党的事业增添正能量活动，是全国离退休干部‘双先’表彰大会提出的明确要求，是站在党和国家事业发展全局的高度，立足老干部工作实际作出的重大部署，是新形势下党和国家事业所需、老干部工作所能、老同志所愿。”

二、身体力行做典范，助推学校事业发展

学校离退休干部队伍人数众多，且普遍具有较高的政治理论修养和文化艺术水平。截至2019年6月，我校共有离退休人员327人，其中离休干部 13人，退休人员

314人，与在职教职工比例达到1：1.8，是当前人口老龄化日益加深的一个缩影。离退休党总支下设3个党支部，其中离退休混编党支部1个，退休人员党支部两个，离退休党员共137人，是学校各二级党组织中人数最多的单位。广大离退休干部党员始终团结在党的周围，听党指挥、为党分忧，关注学校、关爱后辈，处处身先士卒、率先垂范。离开了工作岗位后，在围绕立德树人中心任务、服务学校工作大局中继续发挥余热，贡献力量，和普通群众接触的机会更多、相处的时间更久，对师生的影响力也更大。只有加强离退休干部发挥作用的工作平台建设，引导离退休干部党员牢记为师生服务的宗旨，始终践行合格党员的标准，不忘初心，继续为舞蹈教育事业发展作出力所能及的贡献，带头弘扬革命传统、带头践行文明礼仪、带头促进社会和谐，才能让师生从他们身上真切体会到共产党员的人格力量，进一步树牢“四个意识”，坚定“四个自信”，做到“两个维护”；才能更加教育引导青少年培育和践行社会主义核心价值观、培养德智体美劳全面发展的社会主义建设者和接班人。

初心有源，至诚不渝。2019年是深入贯彻落实全国和全市教育大会精神的开局之年，是实施“十三五”规划的攻坚之年，也是北京舞蹈学院建校65周年。北舞在党和国家亲切关怀下建立，是一所始终引领舞蹈教育事业发展的伟大学府，承载着新中国舞蹈艺术发展的一路辉煌，是享誉中外的“舞蹈家摇篮”。学校在引领全国舞蹈艺术教育改革发展过程中，在建设社会主义文艺强国、繁荣发展全国和首都舞蹈文化艺术征程中，必须立标杆、做示范，与时代发展、国家兴盛、首都建设同呼吸、共命运。在推进事业发展、深化教育教学改革过程中，不可避免地会出现一些摸索与尝试。我们的老同志由于经历的事情多、了解的情况多，始终处于党组织的教育管理之中，看事情更为客观，可以以更加积极的心态，正确看待发展变化，正确理解周围的人和事，从而起到矛盾缓冲带和润滑剂的作用。同样的话由老同志来说，大家更服气，同样的道理由老同志来讲，师生更乐于接受。因此，在传帮带的过程中，提高离退休干部党员做好社会工作、化解社会矛盾的能力，对促进学校事业发展、巩固党的执政基础和群众基础有不可忽视的重要作用。

三、建设特色育人品牌，拓宽渠道发挥作用

要继续开展具有舞院特色的主题教育活动，讲好舞院故事，让青年学生们通过与老同志交流互动，深入学习一代代舞院人的奋斗历程，树立“爱国·爱校·爱舞蹈”的信念。比如：学校邀请《红色娘子军》三代编演人员共话“初心”与“使命”，将代际传承的生动画面转化为学校推进发展的生动局面；在习近平总书记《在文艺工作座谈会上的讲话》发表五周年之际，专题学习交流总书记讲话精神，在学术研究中旗帜鲜明地用科学的马克思主义民族观、国家观、历史观、文艺观、审美观来指导对艺术作品的学术思考、观察和论证；结合庆祝中华人民共和国成立70周年、建校65周年的重要时间节点，学校各级党组织积极邀请老专家、老同志参加主题教育活动，为师生讲述新中国建设和舞蹈教育事业发展历程，引导广大师生追溯初心，继承传统，学习前辈的智慧，携手前行等等，都受到师生的好评，取得了良好的效果。

近年来，我们立足学校实际，按照自觉自愿、量力而行的原则，积极为老同志发挥作用搭建平台载体。加强老党员先锋队建设、强化工作指导、完善保障机制、增强影响力、扩大覆盖面，在学校加强党的建设和深化教育教学改革中发挥了积极作用。为一些离职不离岗的资深老教授、老专家们专门举办“导师工作坊”及讲座，为他们承担学术指导、教授课程、讲座及青年教师的培养等工作提供便利。进一步完善关工委机制建设，坚持党委对关工委的工作领导，由党委书记担任关工委主要负责人，邀请老专家、老同志党建组织员等担任成员，为学校党建和教学建言献策。以学习党的十九大精神和“纪念改革开放40周年”为契机，围绕立德树人，老专家们立足教育，面向社会和师生，相继开展了党的十九大精神宣讲导学、“艺术名家领读经典”；中国传统文化讲座；新生入学教育等活动；助力学校“‘四有’好老师、‘四个引路人’”主题教育、“中国舞蹈高等教育四十年”展览、国际芭蕾舞比赛等等一系列活动，在学校乃至社会层面都发挥积极向上的示范引领作用，产生很好的反响。在离退休干部中评选“有突出贡献的‘五老’代表”“北京教育系统关心下一代先进工作者”“乐为标兵”，推进离退休干部先进典型选树活动，弘扬党的优良传统和作风。

四、明确不足与难点，找准努力方向

结合近年来关工委开展工作的情况，我们作为艺术院校有许多突出亮点和先进做法，但是也存在一些需要加强和改进的问题。比如，关工委队伍仍面临普遍高龄的问题，现有的组织活动方式不能适应新形势下老同志的特点，不能充分满足他们发挥余热的愿望；对探索建立符合学校关工委工作实际的长效机制办法不够，导致关工委活动缺乏主观能动性，活动参与度不均衡，工作手段和方式创新不够等，需要在新形势下加以改进，找准努力的方向。

一是贯彻落实北京教育系统关工委关于北京高校二级关工委组织建设工作推进会精神，进一步加强常态化建设，推进二级关工委组织建设工作，进一步提升关工委基层组织力。并根据关工委队伍现状，积极补充年轻“五老”加入关工委工作队伍中来，做好工作服务保障。

二是坚持新发展理念，抓好关工委工作的创新。配合做好专业思政和课程思政育人工作。课程思政上在全方位全过程育人方面，积极探索发挥关工委老同志作用的有效途径。以“社会主义核心价值观与艺术创作”为抓手，探索形成舞院特色课程思政与思政课程相互融合、相互促动的课程建设格局，构建起全员育人、全过程育人和全方位育人的思想政治工作机制。

三是在组织活动上，善于利用网络和微信等新媒体平台，针对老同志居住分散、交通不便等特点，探索更灵活的学习活动方式。可以把理论学习和情况通报、形势报告、现场参观结合起来，与老干部宣讲活动结合起来，真正让老同志在持续的学习教育中保持信仰坚定、思想常新、理想永存。注意不断丰富组织活动的内容、形式和方法，探索通过组织活动与老年文化建设、老年教育相结合，不断增强组织活动的吸引力和凝聚力。

站在学校建设新的历史起点上，北舞人初心不改、使命不变。学校党委提出必须要在全校涵养热爱北舞、追随先辈的初心情怀，培育热爱舞蹈教育事业、献身舞蹈教育事业的使命担当。北京舞蹈学院关工委将在学校党委领导下，认真贯彻落实上级关工委的部署要求，引导全校离退休干部在关心下一代传帮带工作中展现新气象、树立新理念、实现新作为，更加突出政治建设、思想建设和党组织建设，夯实活动阵地，最大限度地凝聚和影响全校离退休干部，进一步加强对离退休干部的教育引导，发挥离退休干部的独特优势，为北京市和学校各项事业发展贡献力量。适应新形势，探索新路径，增强新本领，为培养新一代艺术人才贡献力量，为实现中华民族伟大复兴中国梦而奋斗。

参考文献

[1]《老干部工作文件选编》，党建读物出版社，2008年9月第1版。

[2] 中共中央党史和文献研究院、中央“不忘初心、牢记使命”主题教育领导小组办公室:《习近平关于“不忘初心、牢记使命”重要论述选编》,2019年5月第1版。

[3] 北京教育系统关心下一代工作委员会:《关心下一代工作文件选编（九）》，2019年3月。

立德树人视域下艺术院校基层党组织组织力提升

吕圆

摘要：当前中国高等艺术院校肩负着立德树人和培养德智体美劳全面发展的、担当民族复兴大任的社会主义合格建设者和可靠接班人的时代育人任务。党的十九大报告明确提出在当前高校基层党组织建设过程中，应以“提升组织力”为重点。结合艺术院校基层党组织当前的实际情况和工作特点，提出在立德树人视域下提升艺术院校基层党组织组织力五个维度的“合力”，从而加强艺术院校基层党组织育人功能。

关键词：立德树人；组织力；维度；提升路径

一、立德树人视域下的基层党组织组织力的界定

清晰地界定“组织力”概念及其内涵是研究新时代加强党的组织力的基础。党的十九大报告明确要求党的基层组织建设“要以提升组织力为重点，突出政治功能，把企业、农村、机关、学校、科研院所、街道社区、社会组织等基层党组织建设成为宣传党的主张、贯彻党的决定、领导基层治理、团结动员群众、推动改革发展的坚强战斗堡垒”。梳理十九大报告中对“组织力”的阐述，可以将基层党组织的组织力理解为：基层党组织为完成其承担的职责任务、实现党组织的工作目标而组织凝聚动员影响基层社会各方面力量的能力，是配置组织资源和实现组织目标的综合能力，是影响组织运行效率和工作效果的决定性因素。

如何理解“立德树人”视域下的基层党组织组织力？习近平总书记强调，要把立德树人的成效作为检验学校一切工作的根本标准，把立德树人内化到大学建设和管理各领域、各方面、各环节，做到以树人为核心，以立德为根本。党的基层组织是党的

肌体的“神经末梢”，是保障党的工作落地见效的战斗堡垒，高校的基层党组织必然要围绕“立德树人”中心任务发挥重要作用，必然要在实际工作中凝练提升组织力的方法和途径，也要通过提升组织力来推进“立德树人”中心任务落实落好。

二、“立德树人”视域下艺术院校院（系）级基层党组织组织力现状分析

（一）存在的主要问题

1.政治功能不够突出

院（系）级党组织是本单位发展的政治核心和领导核心，在重大问题、重要决策中应发挥主导作用。但在两次课题的调研[①]和近两年开展的校内巡察结果来看，院（系）级基层党组织围绕立德树人根本任务，政治领导作用发挥不突出。一是艺术院校院（系）级党组织虽然对强化政治功能有所认识，但在组织上、思想上、行动上缺乏有效手段和监督落实系统；二是在机制建设方面仍不够完善，在一定程度上削弱了党组织在人才培养等重要方面的决策把关作用。

2.思想政治工作引领不够精准

思想政治工作历来是基层党组织的重点工作，但从目前艺术院校院（系）级党组织工作情况来看，还存在工作方法上缺乏有效手段，工作底气不足，思考不够深入，工作成效不明显的情况。特别是对于艺术院校而言，面对师生中存在的思想问题，缺少必要的坚决的有效的思想政治教育。面对艺术创作和艺术教育方向上的一些问题，带领师生共同学习、交流、探讨还不够，在艺术作品的创作引领和“课程思政”建设中引导还不够精准。

3.凝聚师生的创新力不够明显

在艺术院校基层党组织建设工作中还存在着“不会干、干不好”的现象，基层党

---

① 《北京市属艺术院校教师党员坚定理想信念研究》北京舞蹈学院王旭东课题组，2018年《时代新人视域下北京市属艺术院校学生党员政治素养与文艺素养融合机制研究》北京舞蹈学院刘岚课题组，2019年。

书记没有足够的实践经验，在凝聚师生的具体工作中，特别是针对90后、00后新时代大学生思想状况，工作着力点和粘合度不够，缺乏创新。组织生活呈模式化、行政化倾向，内容不够鲜活，很少有贴近实际的活动，难以达到“思想上解惑、文化上解渴、心理上解压、能力上解弱”的要求。

（二）组织力的“五个维度”

以“立德树人”为主要着力点，结合艺术院校院（系）级基层党组织提升组织力的现实需求和实际发展，应从艺术院校院（系）级基层党组织职能定位、党员群体和特色资源等方面认识理解，找准内在联系和区别，可以具体从五个维度加以阐释和构建。

1.政治领导力

艺术院校院（系）级基层党组织政治领导力，即是否能够坚持正确的政治立场、政治方向、政治原则、政治道路，确保党的各项路线方针政策落实到办学治院（系）的方方面面；党组织是否能够在立德树人、学科建设、艺术创作等重要问题上发挥引导作用，党组织是否能够发挥党组织会议、党政联席会议的作用，将党组织的政治领导力体现在做决策作用上。

2.思想引领力

增强党的思想引领力是马克思主义政党建设的内在本质要求。[①] 艺术教育是党和国家进行意识形态教育的重要阵地。艺术院校院（系）级基层党组织思想引领力体现在，能否引导大学生深刻认识到社会主义艺术教育坚持马克思主义指导思想，文艺工作者牢固树立马克思主义文艺观，坚持以人民为中心的导向；能否带领师生创作优秀艺术作品，以其特有的感染力与吸引力，用人民群众喜闻乐见的文艺作品浸润群众的精神世界，在潜移默化中向人民群众传递社会主义核心价值观等主旋律，传播正能量。

---

① 左慧琴：《提升党的思想引领力的内在逻辑与实现路径大》，载《大庆社会科学》2020年2月1日。

3.攻坚战斗力

近年来，伴随国家和首都文化发展建设需要，艺术院校多次承担国家级重大活动演出任务，在完成这些国家“一号工程”的任务中，艺术院校基层党组织的攻坚战斗力体现在将党旗插在一线，将党员的先锋模范作用发挥在最前沿。以专业的态度、过硬的作风、强烈的责任，转化为艺术院校基层党组织一线育人经验，在服务国家和首都重大活动中培育和凝聚家国情怀和使命担当，在完成重大使命中提升党组织吸引力、号召力、战斗力。

4.师生凝聚力

组织力强弱最直接的表现之一是基层党组织在师生中有没有号召力和引领力，就是看党组织能否真正成为师生最贴心、最信赖的组织依靠，能否成为教书育人的坚强堡垒，能否将教师凝聚到立德树人的事业上来，能否将学生凝聚到青春奋斗的理想中来，使广大师生相信党、热爱党、跟党走，不断巩固党在高校的执政基础。

5.发展推动力

高校基层党组织组织力强弱的最终检验标准要看围绕立德树人中心工作，能否将基层党组织的组织资源转化为推动发展资源、组织优势转化为推动发展优势、组织活力转化为推动发展活力。艺术院校院（系）级基层党组织要成为本单位改革发展建设的“发动机”，这就要求基层党组织要结合事业发展特点和师生特点，从整体谋划、具体思路、品牌思维、落地效果等多方面考虑，将发展推动力贯穿组织力提升的全过程，在步步为营中将基层组织的组织力发挥在院（系）发展建设的核心领域。

以上“五个维度”共同构成艺术院校院（系）级基层党组织组织力的核心要素，政治领导力是组织力发挥作用的基础，思想引领力是组织力发挥作用的保障，攻坚战斗力是组织力发挥作用的途径，师生凝聚力是组织力发挥作用的根本，发展推动力是组织力发挥作用的效果，“五力”共同发挥作用保障艺术院校院（系）级基层党组织组织力的有效提升。

三、艺术院校院（系）级党组织组织力提升的主要路径

（一）以基层党组织政治建设任务为导向，突出政治领导力

2019年4月12日，习近平总书记对高校党的政治建设做出重要批示，要求“以钉钉子精神打好高校党的政治建设攻坚战”，这为艺术院校基层党组织政治建设指明了方向。围绕基层政治建设的主要任务，从落实立德树人根本任务的角度来看，主要应该从三个方面开展工作：

从任务目标方面来讲，艺术院校院（系）级基层党组织应以“加强和完善基层党组织在改革发展中的战斗堡垒作用”为主要目标，进一步完善加强党对事业全面领导的制度安排，促进党建与立德树人中心工作的有机融合、创新发展，发挥党组织把方向、管大局、做决策、促改革、保落实的领导作用。

从运行机制方面来讲，应保证二级党组织会议和党政联席会议为主要议事决策机构，保证党组织在重大问题、重要事项中的决策权和发挥政治把关作用，从而在运行机制和制度安排中突出艺术院校院（系）级基层党组织政治领导力。

从人员配置方面来讲，要加强基层党组织领导班子建设，按照“双带头人”要求，选优配强党组织书记，真正让政治能力和专业能力“双优”的带头人带领院（系）级基层党组织在人才培养的中心工作中发挥保障作用。

（二）以人民为中心的发展思想为指导，强化思想引领力

思想是行动的先导，思想统一是组织目标一致的前提。艺术院校院（系）级基层党组织的一个重难点工作就是要结合艺术教育工作实际，做好师生的思想引领工作，重点应从两方面入手：

初心使命引领。要坚守“为党育人、为国育才”的政治使命。艺术院校院（系）级基层党组织就是要将这种理念，通过开展主题教育、学习研讨、追溯历史传统等方式，使广大干部师生深刻领会“坚持把立德树人作为根本任务”的丰富内涵，推进育人方式、办学模式、管理体制、保障机制改革，建立促进学生身心健康、全面发展的

长效机制。

艺术方向引领。作为艺术院校基层党组织要深刻领会习近平总书记关于文艺工作的重要讲话精神，要引领广大师生作为艺术工作者，以弘扬中华优秀传统文化、革命文化、社会主义先进文化为创作源泉，以创造性转化和创新性发展为创作方法，以创作出思想精深、艺术精湛、制作精良的作品为总体目标，融艺术教育和社会主义核心价值观教育于一体，达到潜移默化、润物无声的育人效果。

（三）以服务国家重大活动为契机，增强攻坚战斗力

以北京舞蹈学院为例，2012年开始，党委开始在因公派出团队中建立临时党支部。近年来，学校相继在APEC北京峰会、改革开放40周年、“一带一路”等国家、北京市重大活动演出团队中建立临时党支部。特别是在中华人民共和国成立70周年庆祝活动中，党委根据工作需要成立了四个临时党支部。临时党支部的建立实现了在完成重大任务过程中的组织全覆盖；8名临时党支部书记带领137名党员的全方位参与实现了“战场在哪里，党旗就插在哪里，党员就在哪里”的全动员，把师生参与国家重大任务作为思想政治教育的大课堂，真正将基层党组织攻坚战斗力延伸到服务国家重大活动一线，将党组织的育人作用最鲜活展现在“国家舞台”。

（四）以“设计思维”为出发点，聚合育人凝聚力

艺术院校师生个性鲜明，这就要求院（系）级基层党组织要根据师生特点来设计和开展工作，这也是引入“设计思维”的出发点。

“设计思维”可以被描述为这样一门科学：设计师用自己的情感和方法去满足人们的需要——怎样操作在技术上是可行的，一个可行的策略可以转化为价值和机会。① 艺术院校院（系）级基层党组织运用“设计思维”的方法，可以主要利用以下特点：

“移情”是设计思维的基础，突出以人为本的设计。艺术院校师生个性鲜明，特

---

① 孙叶青：《设计思维及其对创新实践的启示》，载《中国管理信息化》2016年4月1日。

点突出，院（系）级基层党组织做好育人工作的基础是要求我们“研究学生、理解学生、尊重学生”。提升联系服务学生的能力，就要让学生真切感受到党组织站在他们的立场考虑问题和解决问题，把宏大的政策和理论变成细致的思想交流，切实地关心学生身边的事情，运用“移情”的设计思维理念，让基层党组织组织力的发挥不是在“云端”，而是真正走进学生中去、走到实际工作中去。

设计思维是一种创造性地解决问题的方法。艺术院校师生创新创造力强，艺术院校院（系）级基层党组织要充分利用师生所长，在做谋划、出主意时，注重调动师生群策群力的积极性，让党组织的建设贴近学习工作实际，师生覆盖率高，从而为组织育人共同寻找解决问题的“最佳答案”。

（五）以创建“艺术+党建”为着力点，提升发展推动力

寻找到艺术教育和基层党组织建设的契合点，是提升基层党组织发展推动力的关键。以北京舞蹈学院中国民族民间舞系党总支为例，作为基层党组织深挖艺术资源，提出“以‘党建+艺术’为主导工作思路，以特色活动助力思政教育，以丰富实践培养综合能力，党员以身示范，做有信仰、有使命、有情怀的民族文化传承者”。这就使得基层党组织工作与中心工作有了交汇，中心工作在基层党组织整体工作思路和设想下开展。

总结既往经验，艺术院校院（系）级基层党组织如何更好地提升事业发展推动力，从而寻找到“艺术+党建”的契合点，可以从以下几个方面考虑：

一是建立“大数据”的视角和思维。利用大数据对相关工作的各类数据进行分析、监测和把控，能从整体上反映各个领域和层次的现实状态，并找到以往难以发现的潜在规律，为党建工作中出现的新老困难提供有效解决的新思路，加强对全局的把握。比如通过对学生思想状况、关注的热点问题等数据的动态掌握和综合分析，及时了解学生在成长进步中遇到困惑，有针对性地制定科学合理的工作方案。

二是要积极在习近平新时代中国特色社会主义思想中找答案。习近平新时代中国特色社会主义思想中有着丰富的方法论，对于艺术院校院（系）级基层党组织建设要更多地关注总书记关于教育和艺术的讲话精神和相关论述，以此为纲，找到基层党组织育人品牌建设的切入点。

三是从党建的角度给选取的“思路、方向”等基础概念以实践场景。在这个过程中需要重点把握的，就是不能为了找概念而找概念，这个概念应该是能够把基层党组织发展目标和重点举措涵盖进去并进一步有所提升的。艺术院校院（系）级基层党组织更应侧重将党组织建设工作与教学科研重点、开展的艺术创作等人才培养任务和艺术实践任务紧密结合。

艺术院校院（系）级基层党组织组织力的提升没有休止符，要紧紧围绕立德树人根本任务，以艺术教育在党建和思政教育方面丰厚的资源为财富，以艺术院校师生特点为出发点，在助推事业发展和师生成长中奋勇争先、实干担当，努力创造经得起实践、师生、历史检验的基层党组织工作新局面。

参考文献

［1］习近平:《在中国文联十大、中国作协九大开幕式上的讲话》,《光明日报》, 2016年12月1日.

［2］左慧琴:《提升党的思想引领力的内在逻辑与实现路径大》，载《大庆社会科学》2020年2月1日。

［3］孙叶青:《设计思维及其对创新实践的启示》，载《中国管理信息化》2016年4月1日。

［4］王丽彬:《新时代艺术类高校党支部组织力提升路径研究》，载《创新创业理论研究与实践》2019年第2卷第7期第163–165页。

［5］贾梨淙:《新时代要突出高校基层党组织的政治功能》，文教资料，2018年第4期第116–117页。

第二课堂助力学生成长成才

韩林岐

摘要：为深入学习贯彻习近平新时代中国特色社会主义思想和党的十九大精神，落实全国高校思想政治工作会议精神和《中长期青年发展规划（2016年-2025年）》文件精神，落实党中央的群团工作会议、全国和北京市高校思想政治工作会议精神，落实共青团中央、教育部《高校共青团改革实施方案》工作要求，教育部发布了《高校思想政治工作质量提升工程实施纲要》，其中规划了课程、科研、实践、文化、网络、心理、管理、服务、资助、组织等"十大育人"体系的实施内容、载体、路径和方法，并以此开展了全员育人、全程育人、全方位育人，即"三全育人"的综合改革试点工作，越来越多的高校也把"三全育人"作为教育和工作的重点。高校"第二课堂成绩单"制度是高校共青团培养大学生综合素质、深度融入教育改革发展的一项重要举措。随着高校思想政治工作和人才培养方案的不断创新，"第二课堂成绩单"制度也要不断创新发展，进一步深化育人功能，重视并且加强在"三全育人"视域下的不断发展创新。"第二课堂成绩单"制度是提高大学生思想政治觉悟，培养人才，实现全过程全方位育人的重要途径之一。

关键词：共青团北京舞蹈学院委员会；三全育人；第二课堂成绩单；人才培养；综合素养

2016年12月在北京召开的全国高校思想政治工作会议上，习近平总书记指出："要坚持把立德树人作为中心环节，把思想政治工作贯穿教育教学全过程，实现全程育人、全方位育人，努力开创我国高等教育事业发展新局面。”①

在中共中央、国务院《关于加强和改进新形势下高校思想政治工作的意见》中，再次强调了全员全过程全方位育人（以下简称“三全育人”）的重要性。在习近平总书记的要求和社会各界的殷切期盼下，高校更应该重视立德树人，在专业学习之外，还要重视思想道德教育、文化知识教育、社会实践教育等各环节，在日常教学中要始终贯穿思想政治教学，深入推进课程育人、科研育人、实践育人、文化育人、网络育人、组织育人、管理服务育人、心理资助育人八大育人工程建设，培养德智体美劳全面发展的社会主义建设者和接班人。高校第二课堂成绩单制度是深入贯彻习近平总书记对于高校人才培养的要求和殷切期盼，此外，推动第二课堂成绩单制度有利于全方面培养人才，也符合现代社会对人才的要求，使学生更具核心竞争力。

北京舞蹈学院作为一所以高素质舞蹈人才培养、高水平舞蹈理论研究和作品创作为主要任务的中国唯一一所专门化的舞蹈教育高等学府，创建中国特色世界一流舞蹈大学，始终以“遵道崇德，天地人和；文舞相融，德艺双馨”的校训为引领和工作努力方向，坚持立德树人，全面履行人才培养、科学研究、社会服务、文化传承与创新、国际交流合作等重要职能，不断致力于培养基础扎实、素质全面、适应力强、具有创新精神的舞蹈文化人才。并结合本校学生发展核心素养，根据学生应具备的，能够适应终身发展和社会发展需要的必备品格和关键能力，落实立德树人根本任务，发挥高校第二课堂在思想引领和实践育人方面的作用，推进教育领域综合改革，促进学生有目的、有计划、有组织地参与第二课堂活动，提升学生综合素质。在“三全育人”的视域下，学校不断与时俱进，创新改良教学教育、人才培养等方案，积极开展爱国主义教育、党史教育、中华传统文化教育，引导广大学生参与团中央发起的线上“青年大学习”团课，并且每周在青春北舞公众号官微上发布“青年大学习”主题推文、北舞社团嘉年华、“使命在肩、奋斗有我”主题团学活动等丰富学生课余生活之余还能锻炼学生组织统筹能力的相关活动。按照团中央、教育部在全国高校中推行

---

① 中共中央宣传部：《习近平出席全国高校思想政治工作会议并发表重要讲话》，https：//www.xuexi.cn/746bd106b7d5dca0bc01f747f5bf37c0/e43e220633a65f9b6d8b53712cba9caa.html，2016-12-08.

“第二课堂成绩单”制度要求，根据所举办的各类主题教育和活动，结合我校第二课堂人才培养工作实际，开展第二课堂学生成长助力工程，以此完善第二课堂成绩单制度，为每位学生的第二课堂成绩单增光添彩。

一、贯彻“三全育人”落实立德树人

“三全育人”即全员育人、全程育人、全方位育人，这是将育人资源整合并且发挥资源最大化作用，更全面、长远培养综合素质人才，符合新时代对人才的要求。建立一体化育人体系，为培养德智体美劳全面发展的社会主义建设者和接班人贡献力量和储备人才，也是实现“立德树人”的有效途径。在实践中，“三全育人”最重要的就是贯穿在实践中，贯穿在校园生活的每一个环节，深入学生日常学习生活之中。

2020年初，一场突如其来的新冠肺炎疫情席卷了中华大地。全国防控新冠肺炎疫情阻击战打响后，北京舞蹈学院迅速响应，深入贯彻落实上级工作要求，广大团员青年积极参与“众志成城、共克时艰”“使命在肩、奋斗有我”的主题教育活动。通过线上主题教育团日活动、团日作品征集活动、团员倡议书、“第二课堂”活动等多种形式，引导广大青年科学抗疫、勇于担当、带头践行、争做榜样，充分发挥团组织的战斗堡垒作用，引领共青团员努力做好中国共产党的助手和后备军。为抗击疫情贡献出北舞学子的青春正能量。

1.服从指挥勇担当 坚定信念勤奋斗

面对肆虐的疫情，校团委坚持思想引领，凝聚团结，第一时间转发团中央关于疫情防控行动令，认真准确传达团中央关于疫情防控的思想，引导广大团员青年以科学学理性的方式应对疫情，激发广大团员的责任感和使命感，引导同学们筑牢打赢疫情防控阻击战的必胜信念。在北京市学生联合会面对全市下达倡议书后，校团委积极响应号召，转发北京市学联倡议，要求广大团员积极主动参与到疫情防控的工作中来。校团委与各院（系、部）及附中团支部上下联动，双向发力，形成防控疫情有力的屏障。

除此之外，在疫情防控的各个阶段，校团委通过官方微信公众号发布自我防护的措施及居家锻炼身体的贴士，提醒广大同学即使居家隔离也不要放松对身体的锻炼，保持充沛的活力才能以更加积极的心态抗击疫情。校团委除了关照同学们的身体健康，同样也注重同学们在疫情防控期间居家的心理问题。在学校疫情防控工作领导小组的部署下，学工部（学生处）心理中心开放咨询，校团委通过官微平台提供北京师范大学心理学部的心理咨询方式以及首都高校心理专家对于居家心理调节的建议，时刻守护同学们的心理健康，帮助同学们除去居家隔离产生的心理阴霾。通过关照身心健康以引导学生科学抗疫，坚定抗疫信念。

2.弘扬“青年大学习”筑起温暖“防疫站”

尽管在非常时期，校团委依旧不忘初心，坚持对广大团员的思想引领，深入学习贯彻习近平总书记在疫情防控工作会议上的重要讲话精神，积极主动引导广大同学参与团中央发起的线上“青年大学习”团课，并且每周在青春北舞官微上发布“青年大学习”主题推文。通过组织大家在微信群每次督学、导学，督促广大团员线上学习。在全体同学的不懈努力下，我校青年大学习参与度最高达98%，在第八季的十期中，平均参与率位居首都高校前十名。同时，在“北京青年”公众号发布的“北京高校共青团微信公众号影响力排名”中，“青春北舞”公众号在一众高校的激烈竞争中脱颖而出，位居第九位，“青春北舞”在北舞青年中的影响力与日俱增。

除了不忘初心认真学习理论知识、新思想武装自己之外，为响应国家社会号召，“青春北舞”公众号，特别推出了“防疫学习站”板块，深入贯彻和学习习近平总书记指出的“新时代的中国，更需要使命在肩、奋斗有我的精神”等。并在清明节之际，为了缅怀在抗击新冠肺炎疫情中不幸逝世的同胞和不幸牺牲的英雄，对他们表示沉痛哀悼。积极响应党中央、国务院的号召，在校党委的领导下，组织了“致敬英雄，共悼逝者”特别主题团日活动。在2020年4月4日上午10点默哀三分钟。这一活动，深切缅怀了英雄同胞，在新时代新形势下，传承了不忘苦难，奋发前进的时代精神。时刻关注习近平总书记对广大青年的勉励和要求，结合疫情发展形势，深入解读新思想的内涵，引导同学们深刻理解新思想，提高思想觉悟，了解最新形势。

3.结合专业特色 树立青春榜样

北京舞蹈学院作为中国唯一一所专门化的舞蹈教育高等学府，在特殊时期更应该充分发挥自身艺术专业优势，结合专业特色，树立青春榜样。

校团委以线上团建作为出发点，通过第二课堂平台，组织开展“众志成城，共克时艰”主题团日活动，依托优秀作品征集、知识竞赛等活动，加强校院两级团组织建设，充分发挥北舞青年学子的艺术专长，通过原创歌曲、MV、书法、海报、舞蹈、征文等形式为武汉同胞送上温暖，为湖北人民加油鼓劲。为了给战疫贡献出自己的一份力量，在校团委指导下，校学生会学习部特此策划并举办2020“以音战疫，异地而歌”线上歌手大赛，在防疫情形下引导同学们保持积极乐观的心态，丰富同学们精神文化生活。这一活动吸引了各院（系、部）同学的广泛参与，充分调动了同学们“以音战疫，以艺战疫”的热情，展现了同学们疫情期间积极乐观的良好风貌。

除了发挥艺术专业优势之外，人文素养的提升也是育人环节中必不可少的，因此“为响应停课不停学号召”校团委联合教务处及各院系、研究生部、附中推出“防疫”读书站板块，向全体同学推荐各院系老师精挑细选出来的提升综合素养的书籍，供大家学习参考。让同学们充分利用假期时间，多多阅读书籍，享受书香墨香，为自己的思想充充电。

在防控疫情阶段的种种措施只是“三全育人”的一个缩影，新时代青年要时刻牢记总书记的系列重要讲话精神，坚定理想信念，站稳人民立场，练就过硬本领，投身强国伟业，始终保持艰苦奋斗的前进姿态。青春有磨砺而出彩，人生因奋斗而升华。有责任、有担当，以民族复兴为己任，以国家富强为己命，不辜负党的期望、人民期待、民族重托，不辜负伟大时代。共青团北京舞蹈学院委员会也将继续不辱使命，明确立德树人的育人目标，为北舞青年的扬帆起航保驾护航！

二、丰富课余生活 完善第二课堂成绩单制度

习近平总书记在全国高校思想政治工作会议上还明确指出：“我国高等教育肩负着培养德智体美全面发展的社会主义事业建设者和接班人的重大任务，必须坚持正确政治方向。高校立身之本在于立德树人。只有培养出一流人才的高校，才能够成为世

界一流大学。”[①] 第二课堂作为第一课堂的延伸和拓展，是高校育人和培养人才的重要载体之一，其内容多样、涉及范围广泛、极具自主性和实践性，因此，是高校培养新时代德智体美劳全面发展人才的重要途径之一，也在一定程度上推动了思想政治的建设和“三全育人”工作的推进，丰富了学生的课余生活，满足了学生在发展过程中的需要，是高校教育不可或缺的一部分。综上，第二课堂也是“三全育人”中重要的一个环节，第二课堂成绩单在一定程度上是“三全育人”工作成果的直观展现，也在一定程度上对“三全育人”起到了补充完善的作用。

因此，学校积极开展第二课堂学生成长助力工程，推进北京舞蹈学院第二课堂学生成长评价体系建设，将符合要求的活动认定为第二课堂学生成长助力项目。围绕立德树人根本任务，结合全国教育大会提出的更好地培养学生适应时代要求、终身发展的认知能力、合作能力、创新能力和职业能力，以教育铸就更美的中国梦。为此实施第二课堂学生成长助力项目，其中包括思想成长、实践实习、志愿公益、创新创业、文体活动、工作履历、技能特长共七大类。

习近平总书记指出，思想政治工作从根本上说是做人的工作，必须围绕学生、关照学生、服务学生，不断提高学生思想水平、政治觉悟、道德品质、文化素养，让学生成为德才兼备、全面发展的人才。在第二课堂中的思想成长模块中，各类主题党团日活动、主题班会、先进人物事迹学习、朋辈分享、参观交流活动、主题教育作品比赛，如演讲比赛、征文比赛、书画比赛等都能为第二课堂成绩单积分。而这样的积分政策能促使学生积极主动参与相关活动，从而提升自身思想政治觉悟，提高理论水平，从而达到习总书记所说的德才兼备、全面发展的人才的目的。除了思想水平之外，习近平总书记还指出注重以文化人、以文育人，广泛开展文明校园创建，开展形式多样、健康向上、格调高雅的校园文化活动，广泛开展各类社会实践。为贯彻习近平总书记讲话精神，共青团北京舞蹈学院委员会为学生提供了各类相关文体活动，与此同时，此类文体活动也能在第二课堂成绩单有直观地展现。如成立各类社团、举办

---

① 中共中央宣传部：《习近平出席全国高校思想政治工作会议并发表重要讲话》，https：//www.xuexi.cn/746bd106b7d5dca0bc01f747f5bf37c0/e43e220633a65f9b6d8b53712cba9caa.html，2016-12-08.

社团文化节，丰富同学们的课余生活，加强院级之间的联系，增强院级之间的感情，为学生提供了更多的舞台。此外，在志愿服务板块，共青团北京舞蹈学院委员会青年志愿者协会带领同学立足校园，服务社会，不断开展形式多样、内容丰富、具有特色的志愿活动。北舞红十字会则秉承“人道、博爱、奉献”的红十字精神，开展形式多样、正能量满满的志愿活动，以此传递温暖。两个组织一起为校园生活增添温暖和人情，深入贯彻了总书记对青年“弘扬奉献、友爱、互助、进步的志愿精神，坚持与祖国同行、为人民奉献，以青春梦想、用实际行动为实现中国梦做出新的更大贡献”的殷切期盼。

综上所述，在“三全育人”的引领之下，第二课堂成绩单制度的制定和执行为“三全育人”工作做了补充说明以及提供了科学有效的考评机制。“第二课堂成绩单”制度是量化育人成果的重要依据。通过客观记录、有效认证、科学评价学生参与第二课堂活动的经历和成果，促进“第二课堂成绩单”制度成为学校人才培养评估、学生综合素质评价、社会单位选人用人的重要依据。

三、在“三全育人”视域下保障第二课堂制度顺利运行

“三全育人”和第二课堂成绩单制度是紧密相连、相辅相成、互补互助的，第二课堂为“三全育人”提供了直观的成绩单和考评机制，而“三全育人”也从全方位多角度保障了第二课堂的顺利运行。

第二课堂成绩单制度包含思想成长、实践实习、志愿公益、创新创业、文体活动、工作履历、技能特长共七大类。而以上七大类在共青团北京舞蹈学院委员会“三全育人”的工作中均有所涉及，为第二课堂成绩单制度的顺利运行提供了强有力的保障。共青团北京舞蹈学院委员会成立了北京舞蹈学院第二课堂学生成长助力工程指导委员会统筹全校第二课堂学生成长助力项目的设计、成长积分的管理或授权其他单位管理，评优资格第二课堂学生成长积分部分的审定，成长助力项目开展情况统计反馈，“第二课堂成绩单”认证发放，接受学生咨询和答疑及其他工作。

坚持对广大团员的思想引领，贯彻落实每一期“青年大学习”的监督和“打卡”，

开展相关主题教育活动，组织对领导人重要讲话的学习等都能为学生第二课堂成绩单中的思想模块增光添彩。共青团北京舞蹈学院委员会、北京舞蹈学院学生会以及各院系学生会都为学生提供了不少工作锻炼机会，让学生的工作履历更亮眼。校团委举办的许多活动如“以音战疫·异地而歌”歌手大赛、“一二·九”爱国朗诵会、“追梦·青春”社团文化节、“温暖送冬衣”等主题活动都为第二课堂成绩单制度中的志愿公益和文体活动模块提供了空间和机会。

另一方面，第二课堂成绩单制度也为“三全育人”工作提供了科学有效直观的数据展现，对“三全育人”工作进行了补充说明。“第二课堂成绩单”制度是共青团改革的重要内容。在深化共青团改革的背景下，学校建立的“第二课堂成绩单”制度是顺应高等教育综合改革潮流，加强学校共青团改革，融入国民教育体系和学校育人中心工作的有效载体，对形成行之有效的育人理念、育人机制和育人方法有重大意义。因此，第二课堂成绩单要按照“统一部署、逐步实施、分层管理、持续推进”的原则，积极做好各项工作，争取“第二课堂成绩单”制度全覆盖，提高工作系统化、规范化、科学化水平，全方位记录学生在学校的德智体美劳全面发展。此外，还要顺应时代发展，适应“互联网+”时代发展形势，建立相关的第二课堂信息管理及检测系统，提高第二课堂的检测、信息发布、效果评价效率，形成第二课堂大数据，让第二课堂真正切实地深入到学生的学习生活发展中。

结语

综上所述，无论是“三全育人”还是高校第二课堂成绩单制度的推进和完善，其根本还是在于立德树人，培养人才。就如同习近平总书记在谈话中指出“教育强则国家强。高等教育发展水平是一个国家发展水平和发展潜力的重要标志。实现中华民族伟大复兴，教育的地位和作用不可忽视。我们对高等教育的需要比以往任何时候都更加迫切，对科学知识和卓越人才的渴求比以往任何时候都更加强烈。党中央做出加快建设世界一流大学和一流学科的战略决策，就是要提高我国高等教育发展水平，增强国家核心竞争力。”① 培养新时代高素质、综合全面发展的人才为国家储备力量才是最根本的目的所在。因此落实立德树人是学校的根本任务，要把立德树人的成效作为检验学校一切工作的根本标准。

参考文献

[1]杨晓慧:《高等教育“三全育人”:理论意蕴、现实难题与实践路径》，载《中国高等教育》2018年第18期第4-8页。

[2]《习近平在北京大学师生座谈会上的讲话》，载《人民日报》2018年5月3日。

[3]习近平:《坚持中国特色社会主义教育发展道路，培养德智体美劳全面发展的社会主义建设者和接班人》，载《人民日报》2018年10月11日。

[4]王建国:《以十九大精神指引中国特色世界一流大学建设》，载《中国高等教育》2017年。

① 中共中央宣传部:《习近平出席全国高校思想政治工作会议并发表重要讲话》，https: //www.xuexi.cn/746bd106b7d5dca0bc01f747f5bf37c0/e43e220633a65f9b6d8b53712cba9caa.html，2016-12-08.

从主体性到融入式培养　探析学生党支部育人能效

尹茹

摘要：学生党支部作为高校基层党组织，具有发展学生党员，开展思想政治教育和党建的重要职能，直接关系着党的方针政策、重大决策部署的落实成效。学生党支部具有政治属性和育人属性，双重属性决定了学生党支部建设既要严格支部的标准化、规范化建设，强化对学生党员思想政治引领，增强“四个意识”，坚定“四个自信”，同时全面落实“三全育人”，培养学生党员成人成才。因此，本文将从支部建设、增强学生党员主体性、融入式培养等方面探索学生党支部建设路径。

关键词：组织育人；学生党支部；建设

《高校思想政治工作质量提升工程实施纲要》作为提升高校思想政治工作质量的顶层设计，明确将组织育人纳入“十大”育人体系，“把组织建设和教育引领相结合”，“发挥高校党委领导核心作用，院（系）党组织政治核心作用和基层党支部战斗堡垒作用”，就要结合具体组织形态和特征将组织育人理念落地生根，增强组织活力、凝聚力、引导力，促进学生全面发展。基于此，笔者试以学生党支部这一组织形态为出发点，从组织育人的角度探究其建设路径。

一、育人、组织育人

教育的根本目的是育人，培养什么人，是教育的首要问题。党的十八大以来，我国围绕培养什么人、怎样培养人、为谁培养人这一根本问题进行一系列的改革创新。

社会主义国家制度和全心全意为人民服务的宗旨决定了我国教育育人的社会属性，即我们的教育是社会主义教育，必须体现最广大人民的根本利益，这也回应了“培养什么人，为谁培养”的问题，为教育工作指明了方向。党的十八大报告明确指出，要“把立德树人作为教育的根本任务，培养德智体美全面发展的社会主义建设者和接班人”。立德树人是教育的初心和使命，是实现中华民族伟大复兴的基础和保障。《资治通鉴·周纪一》中说：“才者，德之资也；德者，才之帅也。”德育作为全面发展的首要任务，要求培养具有人格魅力和道德情操的社会主义建设者和接班人。加强青年的思想政治教育和价值引领是实现立德树人的重要任务。

马克思主义理论认为，人是自然属性、精神属性和社会属性的统一体。人的社会属性决定人是各种社会关系互动的结果，人具有可变性和可塑造性。组织作为人类互动的平台和载体，组织环境、组织关系以及组织内部的隐形特征等都会影响人的发展。由此可见，组织育人的必要性和可行性。通过文献了解，对组织育人的研究主要集中在组织育人的概念界定、功能定位、实践路径等三大方面。关于组织育人的概念内涵基本遵循《高校思想政治工作质量提升工程实施纲要》中对组织育人方向性界定，强调在党组织的领导下，在各类组织功能的实现基础上实现组织本身属性产生的直接育人以及挖掘组织潜在的优势实现间接育人。组织的功能定位不同，组织育人的实现路径就会不同，但是主要目的之一是意识形态价值观的引导教育。学生党支部是大学各类组织形态中特征最鲜明的存在，承担发展学生党员、开展思想理论教育和党建工作的职责。其基层党组织的特征、桥梁纽带作用以及直接育人的功能等都决定学生党支部在组织育人体系中的重要性和不可替代性。

二、学生党支部的双重属性

学生党支部作为高校党组织的基础部分，是高校党组织紧密联系广大学生群体的桥梁纽带，是把党的路线方针政策落实到高校基层的战斗堡垒。学生党支部具有双重属性，一个是政治属性，一个是育人属性。政治属性注重提升政治素养，成为合格党员；育人属性追求学生成人成才，实现全面发展。政治属性和育人属性具有天然的融合性、统一性，相互依赖相互实现，从而实现学生党支部组织育人功能。

政治属性是基层党组织首要的和根本的天然属性，是我们党作为马克思主义政党坚持全心全意为人民服务的根本宗旨决定的。《中国共产党章程》和党的十九大报告进一步明确基层党组织的属性功能和发展路径。提升组织力，突出政治功能，政治上强有力，以“钉钉子精神”“绣花功夫”落实党的全部工作。党章还明确了基层党组织的八项基本任务以及各类基层党组织的基本职责，要把政治建设摆在首位，加强理论武装，抓好党性教育，强化政治引领，确保基层治理的正确方向。《中国共产党支部工作条例（试行）》对党支部工作做出全面规范，是新时代党支部标准化、规范化建设的基本遵循，指出高校中的党支部重点任务，即“保证监督党的教育方针贯彻落实，巩固马克思主义在高校意识形态领域的指导地位，加强思想政治引领，筑牢学生理想信念根基，落实立德树人根本任务，保证教学科研管理各项任务完成”。以党章为原则，严格落实“三会一课”，开展支部主题党日活动等党支部的标准化建设彰显政治属性。学生党支部作为基层党组织，是高校党组织联系学生群体的桥梁纽带，是党的主张决定落地生花的最后一公里。学生党支部的政治性更加鲜明和重要。青年是民族复兴和国家发展的有生力量，是国家的未来和民族的希望，要将青年牢牢凝聚在党的周围，必须把握意识形态领导权、话语权、主动权，守好意识形态建设的主阵地。中华人民共和国成立70周年庆典活动中成立的学生临时党支部，学生党支部深入开展“不忘初心、牢记使命”主题教育，深化理想信念教育等正是党建和思想政治教育的鲜活、深刻载体。

高校所有工作的开展都是围绕人才培养这一中心任务，育人功能也是高校的首要和主要功能。学生党支部作为高校的基层组织必然服务于立德树人的根本任务。另一方面，学生党支部的目标对象是高校广大学生群体，学生党员既是党员也是学生，学生角色是前提和基础。通过访谈和查阅文献发现，学生党支部发展党员，考查学生入党的原则和要求中很重要的两方面是学生的学业水平和服务能力，这集中体现了学生党支部的育人属性。马克思、恩格斯指出：“作为确定的人，现实的人，你就有规定，就有使命，就有任务，至于你是否意识到这一点，那都是无所谓的。这个任务是由于你的需要及其与现存世界的联系而产生的。”学生党支部不仅是培养学生党员成长的精神家园，更有助于学生党员思想交流、互相学习、坚定信念，从而通过树立典型，发挥榜样的作用辐射到班级、年级和院系，起到育人功能。社会学家帕森斯认为，集体是一系列互动的角色组成的系统，角色是相互性的，角色之间相互期待，由此而形成社会的角色结构。学生党员分布越多的班级，学生党员和普通学生互动下越容易形成良好的班风学风，带动普通学生学榜样做榜样，促进班级整体水平的提升。

三、学生党支部建设路径

习近平指出："党的力量来自组织，组织能使力量倍增。"学生党支部作为组织育人的重要载体，政治属性和育人属性统一性决定学生党支部的建设致力于学生党员政治素质的提升和综合素养的提升，实现全面发展。因此，学生党支部应坚持以学生为本的人性化建设，不断增强学生党支部组织活力。

1.优化建设体系，严把入口关

《中国共产党支部工作条例（试行）》全面、系统地对党支部设置、基本任务、工作机制等作出原则性、程序性规定，明确了党支部建设的标准和重点，为新时代高校学生党支部加强标准化、规范化建设提供了科学路径和方法。明确党支部的组织设置，发展流程为学生党支部育人提供组织保障。在党员发展中，严格按照党员发展标准流程，把好入口关。以政治思想素质为评选标准，加强对团支部推优工作的指导，做到育优、推优、选优无缝对接。通过日常生活学习观察、师生座谈会、网络社交平台动态等全方面了解把关，综合评价。针对入党积极分子主要解决思想上入党的问题，明确其入党动机，考察其服务意识，通过组织党团活动、志愿服务活动，在实践中进一步坚定入党志愿；开展党史党情教育、形势政策教育，树立学生对党的崇高情怀。对学生党员，可通过网络学习和交流平台的建设，举办党员骨干培训，重视学生党员之间的思想交流和碰撞，激发思考，坚定信念，为学生党支部育人功能的实现奠定坚实的思想基础。

2.打破距离障碍，实现共情交流

学生党员是大学生群体的榜样和典型代表，但是学生党员也具有新时代大学生的特征，思维活跃、想法新奇、追求自由、厌烦拘束、注重自我实现等，因此传统的培养教育思维和思想政治教育方式很难得到学生党员的认同，更多的是沉默式反馈，不积极不主动。学生党支部尤其是支部书记应在坚持组织原则性的基础上走进学生党员，成为他们的“圈内人”，通过细致观察、深入交流以及对学生党员习惯心理的精准把握，逐步缩小组织与个人的距离，将支部书记和学生党员变成“我们”。社会学概念“社会距离”指由于持不同观点的群体拥有不同的社会阶层地位，因此之间的亲密程度也大相径庭。要想实现学生党支部内部的亲密无间，需要主动了解学生的想法，本着尊重和理解的原则，坚持同理心，深入了解学生方法和行为背后的原因，走进学生实现共情交流。一般可以选择关键学生入手，比如性格开朗善于表达，营造良好的交流氛围，或者选择学生党员中典型代表，具有说服力，能够对其他学生党员产生影响等。

3.挖掘内在优势，增强主体性

优势视角认为所有的个人和群体都有优势，注重从内因出发，聚焦内在的能量和优势资源，强调积极创造条件，充分发挥其个体优势和内在潜力，从而实现个体的自我控制、自我拯救和自我超越。学生党员是在大学生中优中选优的基础上培养教育的。学生党员的优势明显，学习能力强、服务意识高，能够很好地完成各项工作。学生党支部应侧重挖掘发挥学生党员的优势，发现他们身上的闪光点，将学生党员由被教育者转变为学生党支部建设和完善的主体。通过发挥学生党员的优势和内在潜力，一方面能够让学生党员更加深刻地了解到学生党支部的设置、基本任务和工作机制等，自觉维护党支部的运行；另一方面，通过发挥学生党员主人翁意识，增强主体性，在主动作为的同时转变学生党支部的态度，由组织认同转变为情感认同，增强归属感，构建从认知 — 实践 — 再认知螺旋上升的社会认同体系。

4.思想政治教育和专业学习相结合，实现融入式教育

传统的学生党支部局限于思想政治教育、文件精神传达、理论学习等等，内容单一理论性强，很容易形成机械性学习，很难真正实现政治学习入脑入心。“00后”学生普遍存在较强的功利心，而思想政治教育本就是润物细无声，注重对学生思想、理想信念的引领，很难通过具体行为表现直接展现教育成效。专业学习是大学生在大学学习的最主要目的之一，也是大学生最熟悉的领域，实现思想教育和专业学习相结合，在学生熟悉、感兴趣的领域中加强思政教育，更容易吸引学生党员的注意力。将思政教育和红色经典相结合，以“知党、爱党、跟党走”为主线，构建从感性认知 — 课程思政 — 理性升华的红色文化实践教育体系，引导学生党员在经典中感受到党的温度、党员的奋斗精神。比如，在读原著悟原理的基础上，带领学生走进红色革命遗址、红色纪念馆，熟知中国共产党艰苦卓绝、波澜壮阔的奋斗历程，坚定理想信念；成立剧本创作兴趣小组，开展红色经典剧目分析、红色剧本创作活动等。此外，推动学生党支部与学生组织、团支部、班级的协同，着力将党支部的政治优势、思想优势、组织优势转化为学生思想政治教育和管理服务的工作优势，切实发挥党建带团建、党建促班建的重要作用。

参考文献

［1］《中共教育部党组关于印发〈高校思想政治工作质量提升工程实施纲要〉的通知》，2017年12月7日。

［2］王立、郭越、阎光耀：《“三全育人”理念下高校组织育人模式创新探析》，载《教育教学论坛》2020年第17期。

［3］许君强：《马克思主义政党的根本属性》，中国社会科学网，2018年11月27日。

［4］葛畅、王丽娜、蔡豪：《新时代高校组织育人的认同建构及实践路径》，载《高校辅导员学刊》2020年第12期。

［5］习近平：《在党的群众路线教育实践活动总结大会上的讲话》，载《人民日报》2014年10月09日。

［6］陈燕玲：《新时代高校组织育人研究》，闽南师范大学论文。

［7］涂强：《组织育人功能及其实现机制研究》，载《成都航空职业技术学院学报》2019年第12卷第4页。

06

网络育人篇

探究教育机制建构　深植网络安全意识

李超

摘要：习近平总书记指出：“没有网络安全，就没有国家安全。”互联网正在深刻地影响着人们的生活、工作与学习。大学时期的大学生们也是人生观、价值观和世界观形成的重要阶段，此阶段面对充满诱惑、复杂多变的网络环境，他们最有可能成为网络安全事件的受害者。高校作为人才培养的重要基地，必须充分利用网络安全教育的契机，以“三全育人”的方法帮助青年大学生养成良好的网络行为。同时，在掌握网络安全话语权和主动权的情况下，需加强网络安全的引导和监管，增强社会主义意识形态在大学生中的凝聚力和感召力。

关键词：网络安全；大学生；互联网+；三全育人

高等教育是一个教师与学生不断进行信息交流、价值传导的过程，育人效果是课堂教育、管理教育、综合服务等因素相互作用而沉淀的体现。在社会进入工业4.0时代，在当前互联网高速发展的时期，在新媒体、自媒体、融媒体快速引爆数字经济的时候，高等教育也跟上了互联网的节奏，从人工智能研究到大数据分析，再到云计算运用，互联网像水和空气一样，已经成为我们不可或缺的必需品，随之产生的网络安全问题已经全域化，成为大学生人才培养过程中必须重视的环节。

习近平总书记在2014年中央网络安全和信息化领导小组第一次会议上说：“没有网络安全，就没有国家安全。”网络安全由此上升为国家战略。目前，大国网络安全博弈，不单是技术博弈，还是经济和人才储备的博弈。大学生作为国家未来的建设者和接班人，面临的网络安全形势越来越多地受到了市场经济条件下多元化的意识形态和价值观变化的影响，网络安全教育机制的变化和创新势在必行。

一、“三全育人”视角下网络安全教育面临的新问题

第46次《中国互联网络发展状况统计报告》显示，截至2020年6月，我国网民总规模为9.4亿，互联网普及率达67.0%，庞大的网民成为数字经济繁荣发展的助推剂。与此同时，我国在线教育用户规模达4.23亿，占网民整体的46.8%。随着“互联网+”新业态的快速发展，青年大学生的网络安全认知也在不断地受到猛烈的冲击，这种“猛烈”具有潜移默化、迷惑和不易识别的多重特点。无论哪个年代，青年大学生既怀抱各种理想和幻想，又缺乏辨析各类信息的是非曲直的准绳，这不仅仅是社会环境大趋势造成的，更是高校各种安全教育体系并未形成闭环而导致的必然结果。

1.高校网络安全教育基本都是灌输式教育

古希腊哲学家苏格拉底认为真正的教育不应该是灌输式教育，而是一种引出式的教育。目前在高校的网络安全宣传教育过程中，教育者和受教育者都是活动的主体，在双向的过程中往往只考虑了教育者的主体地位，而忽略了受教育者的主观能动性，忽略了事物变化的哲学规律，过分强调外因而忽略了内因，把双向的教育与互动过程变成了单向灌输，往往这种强制性的、教条式的教育方式只能事倍功半。

2.高校网络安全教育并未从人才培养的角度开展

目前，大部分高校的网络安全教育并未纳入通识课程当中来，往往是在某个时间节点，由学生部门或网络部门进行一年两三次、特定范围的宣传与讲解，讲解队伍以计算机老师、辅导员为主，缺乏系统性和规范性，导致宣传内容往往是局限在媒体报道知识和常规网络安全常识等范围内，缺少知识的深度与身临其境的场景再现，无法激发大学生对网络安全严重性和危害性的认知。

高校管理部门对网络安全教育重要性的认识还有待提高。目前，大多数高校并未设置校级层面的网络安全教育专职教师、没有网络安全教育的专业课程，对网络安全教育投入不足，没有形成网络安全教育的合力[1]。

3.大学生对各类信息缺乏辨析力且网络安全意识淡薄

大学生在高中时代的生活、学习都是在家长和老师的庇护下进行的，没有机会参加社会实践，提升自己的社会阅历。而步入大学后，相当于步入了半个社会，生活更

加多元化、多样化，经济也相对独立。大学时期也是大学生们价值观和世界观形成的关键时期。此时大量的信息涌入到他们的生活学习中，如同潮汐的河水如果没有成熟的过滤和吸收系统，会导致他们短期内无法辨别主流和非主流意识信息，甚至无法辨别真实信息和虚假信息，更不要说如何防范“低级红”“高级黑”。又由于自媒体应用场景的无处不在，导致大学生们往往出于个人喜好，通过评论、转发、点赞、表达自己情绪，在此情况下如果对网络方面的法律法规不了解，非常容易受人错误引导，误传不良信息，甚至违法信息，成为高校和社会的不稳定因素。

网络环境中，各种诈骗层出不穷，花样百出，而犯罪分子对大学生的诈骗又屡屡得手，这值得我们进行反思。如何提高大学生的网络安全素养，在校园营造风清气正的网络环境，这是我们教育者迫切需要解决的问题。

二、大学生网络安全教育的重要性

1. 网络安全教育是社会稳定和校园稳定的基础

青年大学生作为国家未来的主人，决定着国家的前途，民族的命运和人民的幸福。他们网络安全意识增强后才能自觉地维护国家的网络安全、社会的稳定，才能在各自的岗位上剔除糟粕，吸取精华，最大化地推动经济、文化的快速发展，使我们的国家不断地从胜利走向胜利。

2. 网络安全教育是提升大学生综合素养的基础

截至2019年末，全球互联网用户已达到35亿，数字贸易规模占全球GDP比重已超过了15%。由这些数据可以看出，各行各业都正在“互联网+”的大潮下迎风破浪、奋力前行。业内人士也普遍认为4G改变了生活，5G将改变整个社会，青年大学生已经不可避免地成为互联网世界的弄潮儿。通过网络进行生活、学习的过程中，青年大学生必须通过培养自己的信息化素养和互联网思维，提高自己的创造力和行动力，成为互联网时代的引领者，而所有互联网教育的基础工作就是互联网网络安全教育，通过网络安全教育才能帮助大学生树立正确的人生观、价值观、就业观；才能让他们游刃有余地生活在互联网的社会中，不会像无舵之舟漂泊不定；才能让他们从容地发挥着自己才能，为自己，为国家而努力奋斗。

3. 网络安全教育是高校人才培养的重要支柱

随着互联网经济（尤其是移动互联网经济）的快速发展，高校的人才培养计划需运用“互联网+”思维对知识结构和能力结构进行调整，探究人才培养新模式，以满足当今互联网时代社会对人才的新需求。随着校内“互联网+”快速应用，大学生利用网络平台进行学习、研究、生活的时间和频次也是越来越多。由于大学生缺乏社会经验，对网络诱惑缺乏有效识别和抵御，网络安全风险以几何级数的速度被迅速放大，从而频繁引发网络安全事件。因此，让网络安全教育更加科学，让其理论研究更具有思想性和引导性，进而成为高校人才培养的重要支柱，非常有必要将网络安全教育课程增设为学校必修课。

三、大学生网络安全教育机制的构建

网络信息安全和网络意识形态安全是网络安全的“鸟之两翼、车之两轮”。宏观而言，由于计算机主要核心元器件及系统全都起源于美国等西方国家，通过暴露的“棱镜”（PRISM）、“主干道”（MAINWAY）、“码头”（MARINA）等监控计划，证实一些西方国家正在利用领先的技术手段密集地活动在信息安全领域，且能量超出了世人的想象。微观而言，由于网络环境的“去中心化”和“虚拟化”，国内外很多不法分子都在利用信息技术进行诈骗、欺诈、传播不良舆论等破坏国家正常网络运行结构和社会秩序的行为。高校作为国家人才培养和文明传递的重要社会组织[2]，在网络安全教育方面担负着的历史使命在此刻凸显重要。

1. 建立健全高校网络安全管理机制

2017年国家为了保障网络安全，维护网络空间主权等合法权益出台了《中华人民共和国网络安全法》。《网络安全法》的制定为高校的网络安全管理和人才培养提供了坚实的抓手，在《网络安全法》的指导下，高校需重视网络安全管理，要建立健全学校网络安全管理统筹协调机制，打破以往分散的、各自为政的网络安全教育工作，统一在全校构筑网络安全防洪堤，通过相关技术手段对非法信息和垃圾信息进行管控和过滤，从源头肃清网络环境。

2.打造协同的网络安全教育机制

网络安全为人民，网络安全靠人民，维护网络安全是全社会共同责任。目前高校对大学生进行网络安全教育主要集中在入学教育、国家网络安全宣传周等时间节点，培训队伍也比较单一，还没有充分地发挥各院系教师、辅导员、班干部等人的工作。北京舞蹈学院目前在打造网络安全教育机制方面走在了很多高校的前列，为了更扎实、有效地开展网络安全教育，学校充分协调各院系和各职能部门中坚力量，建立动态的协调和预警机制指标体系，培养大学生的网络安全意识，传授他们网络安全知识，第一时间收集多种类、多样化的数据源，建立学生网上行为案例数据库，为解决大学生碰到的网络问题提供精准的标靶，通过齐抓共管使学校网络安全教育取得了实效。

3.将网络安全教育纳入教学计划

2015年为实施国家安全战略，国务院学位委员增设“网络空间安全”一级学科，在有条件的高校增设了网络空间安全高层次人才培养计划。借此契机，所有高校都应面向全校单独设置网络安全课程，尤其是面向大一新生的课程，结合社会热点、网络安全、网络应用等情况系统地、科学地教授网络信息安全和网络舆情安全相关知识，尤其是注重解决大学生日常生活中的常见问题。适当引入电信部门、网络安全企业的网络安全服务，可以更加专业、有针对性地将最新的、经典的网络信息安全、网络舆情安全、网络诈骗等案例在校内场景再现，使得网络安全教育入脑入心。

高校网络安全教育常态化的开展，必将潜移默化地增强在校大学生的网络安全防范能力，让网络安全知识“飞入寻常百姓家”。

4.将网络安全融入到校园活动和校园文化当中

高校校园活动是实施素质教育的重要途径和有效方式，在加强校园文化建设，提高学生综合素质等方面发挥着重要作用。因此高校要重视在适当的校园活动中融入网络安全教育因素，营造良好的网络安全宣传环境，用优秀的文化成果滋润学校网络空间。要发挥校园活动时效快，参与程度高的特点，结合高校自己的学校文化，积极探索适合开展网络安全教育的活动。在老师的指导下，发挥大学生的主观能动性和大学生群体的自我教育、管理能力，使之成为参与网络安全、体验网络安全、宣传网络安全的主力军。

5.打造高校联盟网络安全教育数据平台

繁荣的数字经济背后是暗潮涌动，尤其是信息泄露、网络诈骗、恶意营销等不良行为。各行各业都在通过大数据的收集、分析、研判进行创新和管理。各高校的网络安全管理更应该成立网络安全大数据联盟管理平台，通过数据整合建立网络安全知识、案例体系数据库，共享各个高校最新发生的网络安全事件，充分发挥大数据的优势，通过分析各种网络安全事件发生的频率以及大学生最容易中招的网络安全事件，第一时间面向全校师生进行预警和研判。

为了使大数据具有更强的分析能力和研究价值，各个高校需制定自己的网络安全蓝本，开启高校间数据动态共享进程，共同应对网络安全的新问题、新挑战，提高网络安全治理的科学性和有效性，打造高校网络安全教育共同体。

四、结语

在5G时代，互联网+、移动应用、人工智能等新技术新应用必将大大提高人类社会经济活动的质量、速度和规模，加速文明的演进。高校人才培养需跟上时代的步伐，在这场人类生态变革的过程中，网络安全教育机制需要进行顶层设计和长远规划。在掌握网络安全话语权和主动权的情况下，需再加强网络安全的引导和监管，增强社会主义意识形态在大学生中的凝聚力和感召力。

网络安全教育无穷期，网络安全教育永远在路上。

参考文献

[1] 马闯:《网络安全教育在构建网络安全体系中的作用与完善策略》，载《教育现代化》2016年第3期第213−215页。

[2] [俄] B.M.库拉金:《国际安全》纽菊生译，武汉：武汉大学出版社,2009年。

在线教育“新常态”下的舞蹈课程设计

史博

摘要： 通过教室能完成的教学活动，目前多数能够平移到线上。不过，艺术类课程尤其舞蹈专业课程的教学是个例外。舞蹈艺术的身体性、立体性、动态性等特征，使得舞蹈专业线上课程的开发面临诸多难题和困境。在教育信息化2.0时代、新冠肺炎疫情加速线上教育成为“新常态”的背景下，尽快对线上、线下舞蹈课程进行区分与定位，设计符合艺术教育规律的在线舞蹈教学新场景，构建舞蹈专业数字教育新生态，成为撬动舞蹈教育改革创新的“阿基米德点”。本文基于调研，尝试为舞蹈在线教育的布局和设计提供数据支持。

关键词： 舞蹈；在线教育；混合式教学；新常态

2020年，一场肆虐全球的新冠肺炎疫情，使得在线教育正式从“幕后”走向“前台”。争论二十余年的“有围墙的大学是否将被没有围墙的大学（网络学院）所取代”这一问题，于特有情境下成为现实。未来，“一半在网上一半在课堂”，将是一场革命[①]，融合“互联网+”“智能+”技术的在线教学，将成为世界高等教育的重要发展方向。

在线教育，又称为互联网教育、网络教育，主要使用电脑、手机等工具在网上完成授课、交流、考试等环节，其本质是教育与技术的结合，主要特点是师生空间分离。在线教育优势突出，它能够打破国际、国内教育资源不均衡现状，为人们提供随时、随地、随意，全方位的终身学习服务；其劣势在于师生之间缺乏沟通，学习效果

---

① 于春燕、郭经华：《MOOC与混合教学理论及实务》，北京：清华大学出版社，2018年第4—第5页。

往往受外在环境和学习氛围的约束，可能导致学习行为难以持续。这也意味着，在线教育对教师、课程和学习者的要求更高，它是升级版的教学，是舞蹈高等教育的质量革命。

舞蹈艺术的身体性、立体性、动态性等特征，使得舞蹈线上教学，尤其是舞蹈专业院校的线上教学相比其他课程来说，可操作性更难、面临更多的难题和困境。直面这些难题和困境，一方面必须实事求是，及时掌握学习者的心理和接受度；另一方面必须与时俱进，摒弃旧有观念束缚，遵循学习者身心特征和舞蹈教学规律，更好地驾驭先进科技手段，摸索出囊括思想、理念、内容、方法、技术、标准、评价、范式等在内的一整套改革方案。基于以上思考，我们设计了“线上舞蹈学习”调查问卷，利用互联网对全国东中西部大学生展开了调研。受访者就舞蹈线上教学的效果、哪些舞蹈线上课程更受欢迎、线上舞蹈课程满意度受什么因素影响、如何更好地开展舞蹈线上教学等问题，表达了自己的看法。本文将这些数据进行展示、分析，以期抛砖引玉。

一、在线教育新常态基本得到认同

鉴于舞蹈类在线教育资源稀少、水平参差不一，我们规定，此次调研涉及的在线课程，主要指各高校舞蹈专业疫情期间开展的网课。参与此次调研的大学生共1516人，有效问卷收回率100%；问卷中男女生分别占比24%、76%。年级分布一栏显示，本科生所占比例高达95%，其中大一学生最多，占36%；研究生占比为5%（图1–1）。此次调查的学生主要来自全国东中西部不同学校，样本数量分别为469、347、696；另有国外学校学生4人（图1–2）。按照学科分类，综合类大学、艺术类大学、师范类大学分别占比46%、39%和15%（图1–3）。从专业来看，表演专业学生594人、舞蹈编导专业学生356人、舞蹈学专业学生401人、舞蹈教育专业学生131人，另有其他专业学生33人（图1–4）。

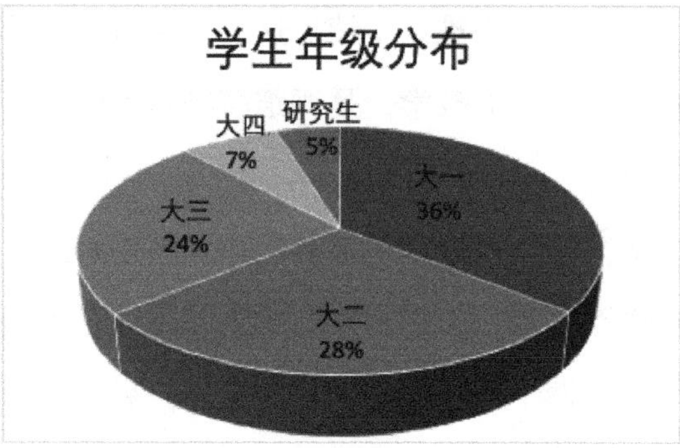

图1-1　学生年级分布

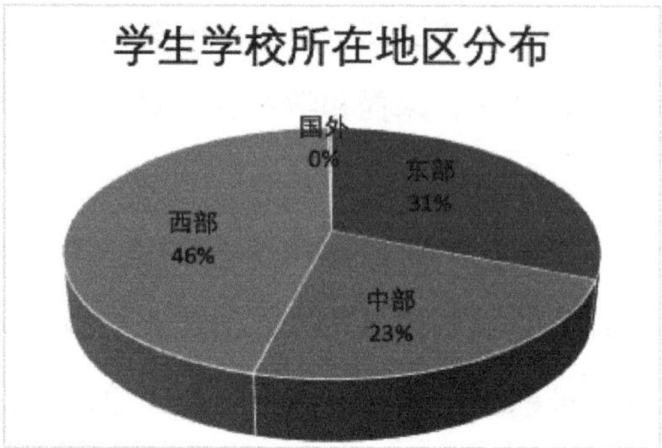

图1-2　学生学校所在地区分布

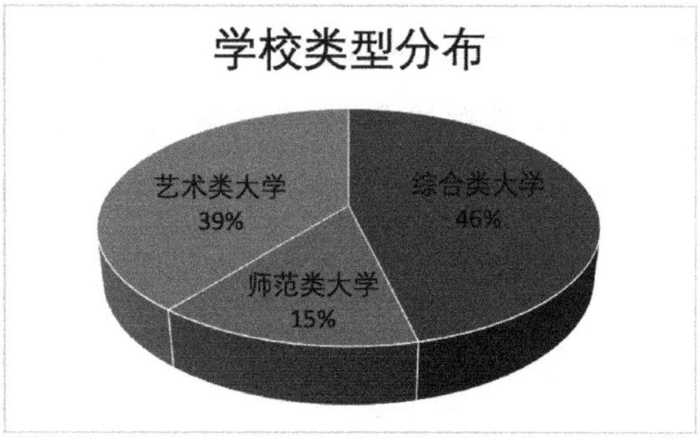

图1-3　学生所在学校类型分布

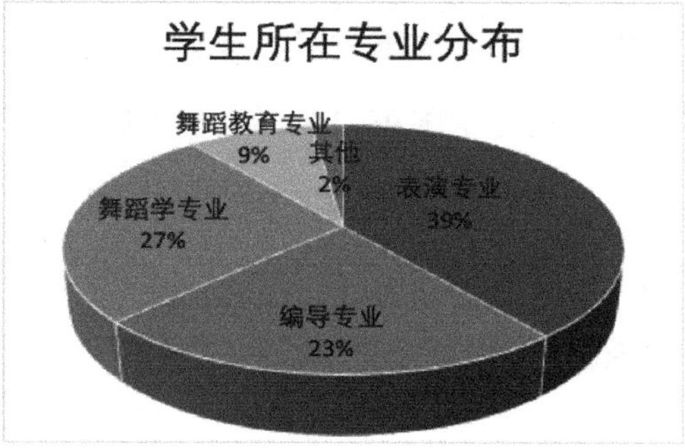

图1-4　学生所在专业分布

调研需要解决的第一个问题是学生线上舞蹈课程学习的现状。我们从总体接受度和知识点掌握程度，以及实践类、理论类课程线上学习的注意力集中情况和效果等方面加以说明。

1.超7成学生线上接受度、知识点掌握程度中等偏上

在线上学习的接受度方面，超3成学生有60—80%的接受度，近3成学生达到80—100%，1成学生能够完全接受线上学习，接受度中等偏上的学生超过7成（图2-1）。

调研显示，近4成学生线上学习知识点掌握程度为60—80%，超过2成的学生掌握程度为80—100%，7%的学生能完全掌握，知识点掌握程度中等偏上的学生超过7成（图2-2）。

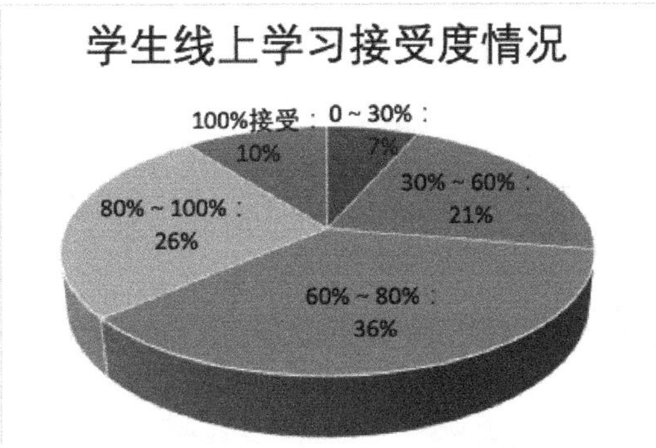

图2–1

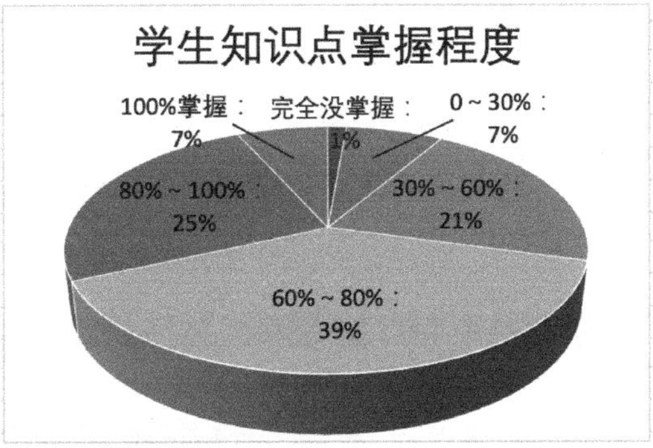

图2–2

2. 实践类课程学生注意力更集中，理论类课程线上学习效果更好

从图2–3中可以看出，将近一半的学生能够在实践类课程中保持60—90分钟注意力，一半学生能够在文化类课程中保持30—60分钟注意力。相比之下，学生对于线上学习中的实践类课程，能够保持长时间的注意力集中。

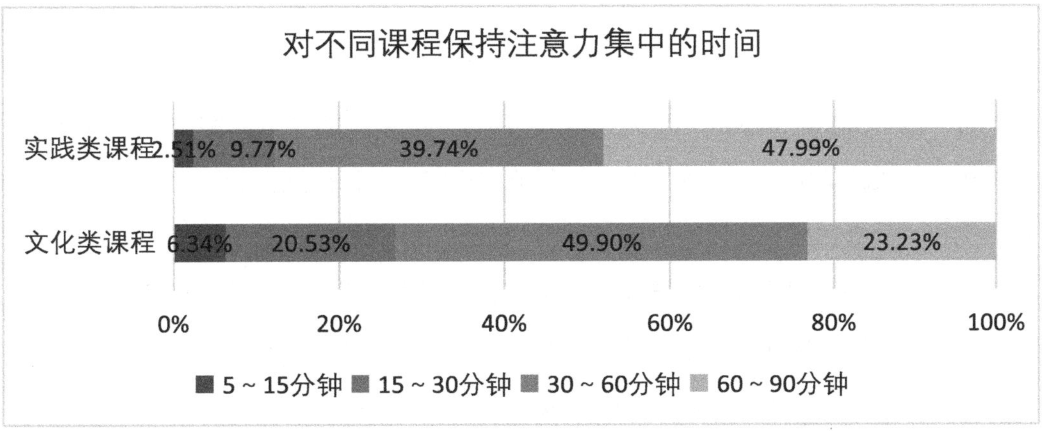

图2–3

图2–4表明，超过一半的学生认为，舞蹈实践类课程线上学习效果达到线下学习效果的60%以上；超过6成的学生认为，舞蹈理论类课程线上学习效果达到线下学习效果的60%以上。认为舞蹈实践类课程和理论类课程线上学习效果好于线下学习效果的学生，分别有2.77%和3.96%。相比之下，舞蹈理论类课程比舞蹈实践类课程线

上学习效果更好。

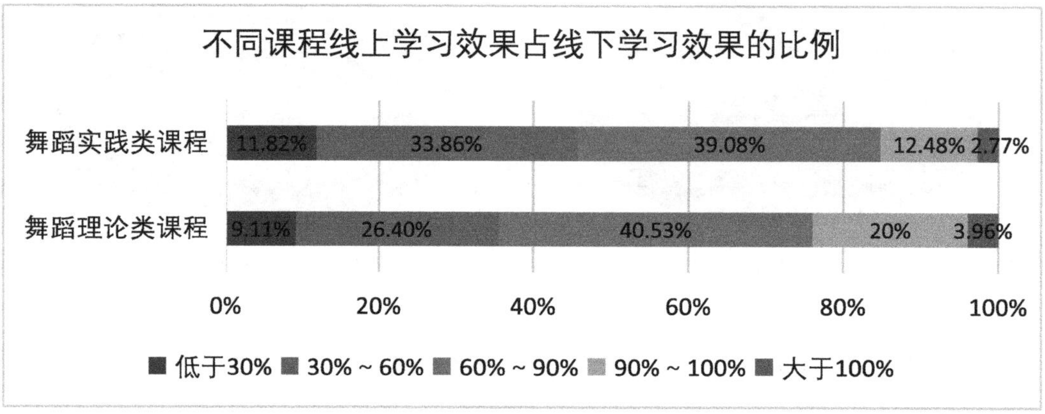

图2–4

二、舞蹈线上教学的细分

疫情期间，大部分院校和教师选用了操作相对简单便捷的“直播课”展开舞蹈线上教学，比如“视频直播＋社交软件”（腾讯会议＋钉钉、微信等）、“视频直播＋课程平台”（ZOOM＋ClassIn、雨课堂等）。还有一些院校的少量舞蹈课程，能够有效地将相关优质慕课资源运用到线上教学环节中，实现慕课的服务功能。比如，北京舞蹈学院在“学堂在线”开设的理论类课程“中国古代舞蹈史”获得了成功。目前，舞蹈实践类课程主要集中在体育舞蹈、幼儿舞蹈以及形体训练等通识类和普及类课程，真正意义上的舞蹈MOOC课程尚在摸索阶段，存在较大的发展空间。

1.线上教学方式认可度有鲜明的年级特征

“您喜欢哪种线上教学方式”是多选题①，从这个问题的回答可以看出，63%的学生喜欢线上示范式教学，55.4%的学生喜欢线上讲授式教学，43.1%的学生喜欢线上讨论式教学。喜欢线上和线下分组协作学习的学生分别占31.75%和32.08%，喜欢线

① 多选题计算百分比的方式：选项百分比＝该选项被选择次数 ÷ 有效答卷份数。百分比之和大于等于1，如果固定选项，固定为几，百分比之和就是几。举例，表3–1中，选择“线上示范式教学”的选项有955个，参加这个问题的有效作答者是1515，那么该选项百分比=955/1525=63%。此方法适用于本报告所有多选题。

下自学舞蹈视频和课后线上观看舞蹈慕课的学生分别占37.49%、32.67%。有25.81%的学生喜欢自主发现式学习。

表3–1将学生年级和喜欢的线上教学方式进行了交叉分析，从中可以清晰地看出：学生喜欢的线上教学方式具有鲜明的年级特征。大二学生在所有线上教学方式的选择上位列年级最高，这说明大二学生更喜欢多种教学方式结合。选择“自主发现式学习”的大一学生，占大一学生总数的21.3%，低于总体学生平均百分比。从中可以看出，大一学生自主学习能力不足，不适合自主发现式学习方法。选择“线上分组协作式教学”和“线下分组协作学习”的大四学生，分别占总体大四学生数的24.5%和28.2%，低于总体学生平均百分比。由此可见，大四学生比较排斥分组协作学习方式，这可能源于就业等焦虑因素。选择“线下自学舞蹈视频”和“课后线上观看舞蹈慕课”的研究生分别占研究生总数的22.5%和26.8%，低于总体学生平均百分比，这说明研究生不太喜欢通过观看视频的方式进行学习，这也符合研究生的教育规律。他们更注重理论研究和线下学习探讨，在阅读具体的出版物和与实际探讨中，思考自己的研究方向和内容。

表3–1　学生喜欢的线上教学方式的年级差异

		线上示范式教学	线上讲授式教学	线上讨论式教学	线上分组协作式教学	线下自学舞蹈视频	课后线上观看舞蹈慕课	线下分组协作学习	自主发现式学习	其他
总计	计数	955	839	653	481	568	495	486	391	51
	百分比	63.0%	55.4%	43.1%	31.7%	37.5%	32.7%	32.1%	25.8%	3.4%
大一	计数	339	299	216	160	213	181	167	115	20
	百分比	62.8%	55.4%	40.0%	29.6%	39.4%	33.5%	33.5%	21.3%	3.7%
大二	计数	300	270	208	67	178	147	162	133	7
	百分比	69.9%	62.9%	48.5%	38.9%	41.5%	34.3%	37.8%	31.0%	1.6%
大三	计数	216	182	153	107	126	111	103	91	17
	百分比	59.2%	49.9%	41.9%	29.3%	34.5%	30.4%	28.2%	24.9%	4.7%
大四	计数	60	54	42	27	35	37	31	32	3
	百分比	54.5%	49.1%	38.2%	24.5%	31.8%	33.6%	28.2%	29.1%	2.7%

续表

		线上示范式教学	线上讲授式教学	线上讨论式教学	线上分组协作式教学	线下自学舞蹈视频	课后线上观看舞蹈慕课	线下分组协作学习	自主发现学习	其他
研究生	计数	40	34	34	20	16	19	23	20	4
	百分比	56.3%	47.9%	47.9%	28.2%	22.5%	26.8%	32.4%	28.2%	5.6%

2.不同地区学生线上学习解决问题方式不同

线上学习遇到问题时，77.89%的学生希望看视频回放，66.47%的学生希望与同学交流，57.48%的学生希望私信老师，38.35%的学生希望自主探究，3.76%的学生选择“随他去吧”。

表3-2将学生所在地区和采用的解决问题方式进行了交叉表分析，从结果中可以清晰看出，79.7%和42.5%的东部地区学校学生分别选择了“看视频回放”和“自主探究”，高于总体学生平均百分比，这说明东部地区学校学生自主解决问题的意识更强。值得深思的是，尚有6.8%的东部地区学校学生选择“随他去吧”，远高于总体学生平均百分比。有59.2%和68.3%的西部地区学校学生分别选择“私信老师”和“同学交流”，高于总体学生平均百分比，西部地区学校学生更倾向于向老师、同学求助。这些数据从一定程度上表明，受限于技术和教育资源壁垒，西部地区学生更加珍惜得之不易的学习机会，由于人口密度小于东中部，他们与老师的交流可能更加顺畅。

表3–2 学生线上学习解决问题的学校地区差异

		看视频回放	自主探究	私信老师	同学交流	随他去吧	其他
总计	计数	1180	581	871	1007	57	25
	百分比	77.9%	38.4%	57.5%	66.5%	3.8%	1.65%
西部	计数	510	241	394	454	15	9
	百分比	76.7%	36.2%	59.2%	68.3%	2.3%	1.4%
中部	计数	330	159	232	284	13	6
	百分比	78.4%	37.8%	55.1%	67.5%	3.1%	1.4%

续表

		看视频回放	自主探究	私信老师	同学交流	随他去吧	其他
东部	计数	338	180	242	266	29	9
	百分比	79.7%	42.5%	57.1%	62.7%	6.8%	2.1%

3. 舞蹈教育专业学生线上学习时遇到更多客观问题

“影响线上学习效果的主要因素”分为“客观原因”和“主观原因”两道题。从图3-1可以看出，选择客观原因的学生更多，主要表现在“网络卡顿”“空间制约”“学习氛围欠缺”“交流、反馈不及时”，主观原因主要有“学习成就感低，缺乏学习动力”“自制力差”。

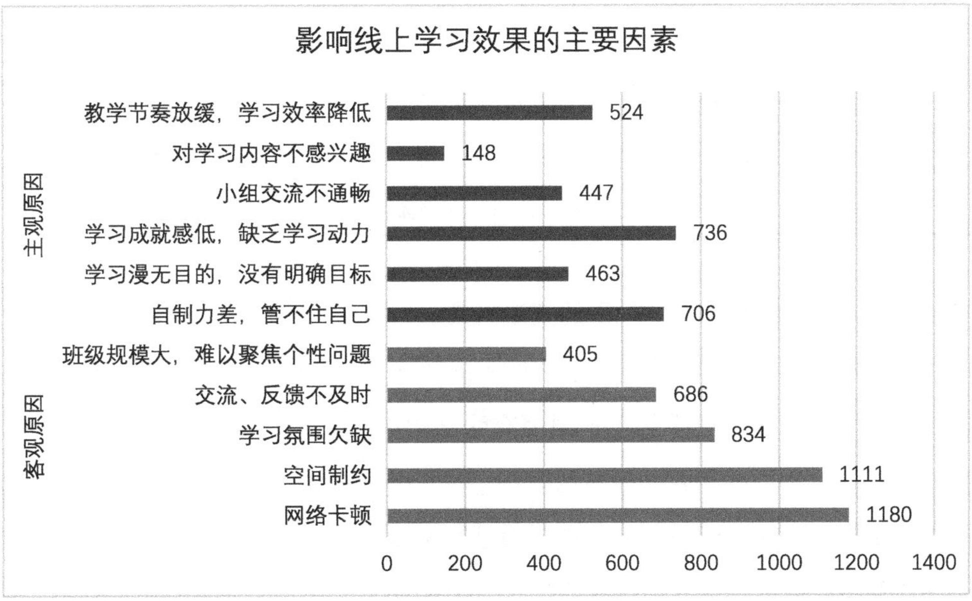

图3-1

表3-3将学生所在专业和影响线上学习效果的客观原因进行了交叉表分析，结果显示，84.7%、52.7%和38.9%的舞蹈教育专业学生，分别选择了“空间制约”“交流、反馈不及时”和“班级规模大，难以聚焦个性问题”，远高于总体学生平均百分比。这表明，舞蹈教育专业学生在线上学习时遇到更多客观问题。这些均表明，舞蹈教育

专业学生社会需求量更大，大班制教学容易遭遇技术受限，分组式在线教学是解决这类问题的关键。

表3–3　影响线上学习效果客观原因的专业差异

		网络卡顿	空间制约	学习氛围欠缺	交流、反馈不及时	班级规模大，难以聚焦个性问题	其他
总计	计数	1180	1111	834	686	405	30
	百分比	77.9%	73.3%	55.1%	45.3%	26.7%	2.0%
表演	计数	452	445	314	258	165	9
	百分比	76.1%	74.9%	52.9%	43.4%	27.8%	1.5%
编导	计数	281	254	197	146	79	4
	百分比	78.9%	71.3%	55.3%	41.0%	22.2%	1.1%
舞蹈学	计数	320	278	226	193	103	15
	百分比	79.8%	69.3%	56.4%	48.1%	25.7%	3.7%
舞蹈教育	计数	99	111	74	69	51	2
	百分比	75.6%	84.7%	56.5%	52.7%	38.9%	1.5%

4. 自制力是影响线上学习效果的直接因素

表3–4将学生年级和影响线上学习效果的主观原因进行了交叉分析，从结果中可以看出，影响线上学习效果的主观原因有明显的年级差异。53.5%和50.7%的研究生分别选择了“自制力差，管不住自己”和“教学节奏放缓，学习效率降低”，远高于总体学生平均百分比。由此可见，自制力是影响线上学习效果的重要因素，教学节奏放缓同样使得研究生线上学习效率降低。这也验证了“学习、成长是反人性的，教育必须张弛有度”的教育规律。同时，教育活动中人是主体，所谓“经师易遇，人师难得”。科技无论如何发展，线上教育都不可能完全代替面对面的“传道”。

表3-4　影响线上学习效果主观原因的年级差异

		自制力差，管不住自己	学习漫无目的，没有明确目标	学习成就感低，缺乏学习动力	小组交流不通畅	对学习内容不感兴趣	教学节奏放缓，学习效率降低	其他
总计	计数	706	463	736	447	148	524	132
	百分比	46.6%	30.6%	48.6%	29.5%	9.8%	34.6%	8.7%
大一	计数	258	195	286	166	53	186	40
	百分比	47.8%	36.1%	53.0%	30.7%	9.8%	34.4%	7.4%
大二	计数	183	103	172	111	34	147	54
	百分比	42.7%	24.0%	40.1%	25.9%	7.9%	34.3%	12.6%
大三	计数	172	117	185	108	40	111	28
	百分比	47.1%	32.1%	50.7%	29.6%	11.0%	30.4%	7.7%
大四	计数	55	34	60	42	14	37	7
	百分比	50.0%	30.9%	54.5%	38.2%	12.7%	33.6%	6.4%
研究生	计数	38	14	33	20	7	36	3
	百分比	53.5%	19.7%	46.5%	28.2%	9.9%	50.7%	4.2%

图3-2、3-3的结果表明，绝大多数学生都喜欢自己决定学习时间、学习进度、学习场所的学习方式。其中，大二学生的自控力最强。

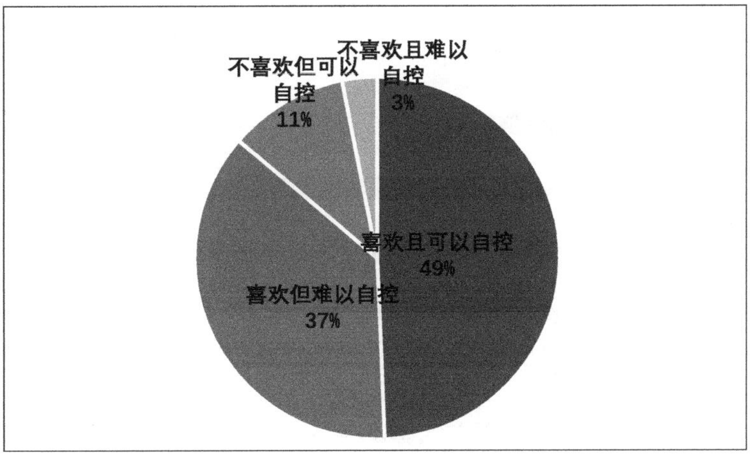

图3-2 您喜欢自己决定学习时间、学习进度、学习场所的学习方式吗？

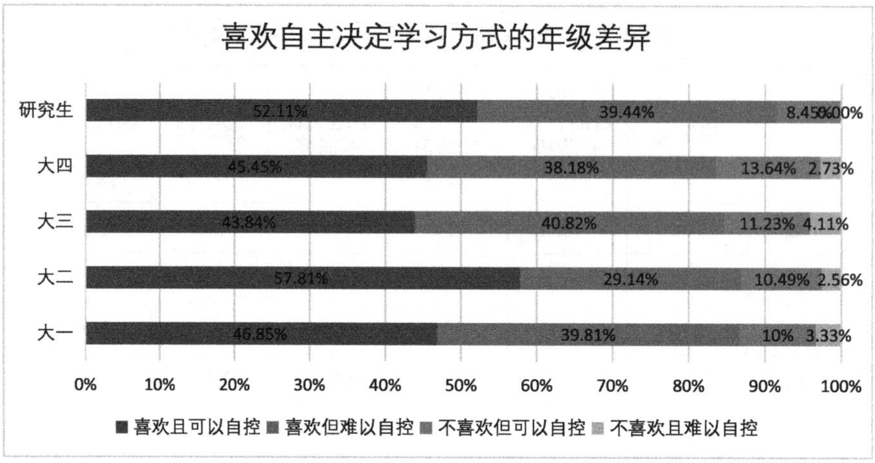

图3–3 喜欢自主学习方式的年级差异

5. 线上线下布局三七分最合理

正如人工智能不可能完全代替人，线上教育也不能完全代替线下教育。未来线上、线下结合的混合式教学是趋势。那么，针对这种趋势，线上线下如何布局才最合理呢？由图3–4可以看出，倾向三七分的学生最多，占41.72%，倾向五五分的学生占24.29%，倾向完全线下学习的学生是倾向于完全线上学习学生的3倍。学生对线下学习的认可度仍然高于线上学习，更多人倾向于线上线下结合的学习方式。

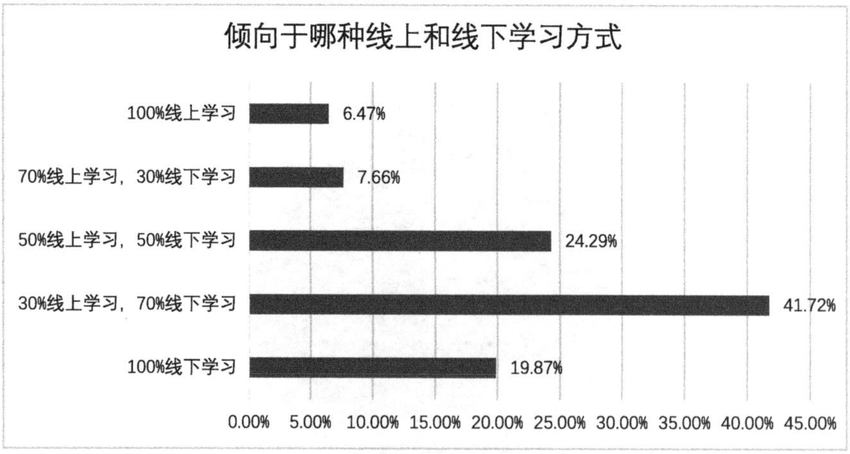

图3–4

三、线上教育未来可期

图3–5对舞蹈线上“教与学”的建议——词频分析

为了精确收集学生对舞蹈线上教学的建议，我们在进行词频分析时，为获取更多有效信息，将词频较高的“老师”“同学”“舞蹈”“线上”“教学”等背景信息词语删除，得到的词频信息如图3–5。出现比较多的关键词有课程、交流、理论、加油、动作、网络、空间、上课、视频等。进一步摘要分析后，得出以下观点：第一，线上教学主要靠模仿，而模仿是最质朴、最原始的舞蹈学习。它是比较粗略、浅显、印象型、框架式的，是针对业余爱好者和初学者而言的，低年级阶段可以采取。第二，舞蹈课程具有特殊性。“舞蹈很难用理论去学习”“舞蹈是一对一的肢体艺术，网上有网上的方式，线下有线下的办法，但线上不能完全代替线下”“舞蹈不单单是通过视频就能学会的，一些要点需要老师指出来”。由此可见，舞蹈线上学习对理论课程影响不大，但在实践课程方面存在一些不足。诸如“舞蹈实践课程进行线上教学的限制比较大”“线上课程较难及时发现问题”“线上学习比较吃力、交流不顺畅”“感觉保持现状还行但是难以进步”等呼声较高。

针对以上问题，受访学生建议师生之间应该加强交流、互动和反馈，教师在实践层面应多给予学生及时的示范和指导。“每节课后，希望能够及时解决我们的问题”“教师可以适当关注学生的学习需求和课程反馈”“线上交流还需要多多互动”“很多细节需要重视，希望老师多做示范”“需要更好的监督机制”。由此可见，因地制宜建立一套针对线上教学的科学监督和考评机制至关重要。

对于学生来说，线上学习中虽然教师与学生是两维空间，但线下教育中的交流互动依然适应线上环节，要想收获高质量的学习效果，自律和积极配合不可缺少。“只有内容更丰富有趣，学生更自律才能达到良好的效果”“多种教学方法是互相补充的，需要学生们的配合，需要学生更自律”“不论是什么样的教学方式，尤其是线上，学生要更认真地配合老师的教学”。

多数学生对线上学习的未来发展持乐观态度，“线上学习比较便利，可以随时开展学习”“线上教学能推动学生的自学能力的发展”“由于疫情原因，我们教与学才刚开始摸索与适应，相信在接下来的日子里会越来越好”。

结语

凡事预则立，不预则废。尽管慕课20世纪初就诞生，近年来的微课、翻转课堂亦不断进入人们视野，成为教育信息化领域讨论火热的话题，但它们在实际运用中仍处于“边缘地带”。此次新冠肺炎大流行，加速了教育信息化的进程。“复学之后，在线教学将从‘新鲜感’走向‘新常态’。”“我们再也不可能、也不应该退回到疫情发生之前的教与学状态。”教育部相关人士的以上判断具有扎实的数据支撑：截至2020年5月8日，全国共有1454所高校开展在线教学，103万教师在线开出107万门课程，合计1226万门次；参加在线学习的大学生共计1775万人，合计23亿人次。

“据检索数据显示，当前慕课建设主要集中分布在工学、理学、文学和管理学等学科门类，艺术类慕课数量（1298门）占总慕课数量的5.25%。舞蹈类慕课（68门）占总慕课数量的0.28%，在所有艺术类慕课中仅占5.25%。总体而言，舞蹈类课程仍处于慕课建设的起步阶段，至今大部分舞蹈专业课程还没有启动慕课建设。”[①] 构建舞

① 孟梦：《MOOC：高等舞蹈教育的又一个机遇？——由“停课不停学”现象所引发的思考》，载《舞蹈》2020年第5期。

蹈数字教育新生态势在必行。如何促进信息技术与舞蹈教育的融合发展，怎样创新教学模式，利用翻转课堂、混合式教学等优质数字资源，提高教学效率和教育效果，针对舞蹈专业教育中的“重实践轻理论”现象，如何优化线上线下教育资源配置，不同高校师资水平有差异，怎样预防在线教育带来新的不公平和不均衡现象等，都是我们需要思考的问题。这些问题的解决需要业界和学界同仁共同努力，因为它不仅是我国教育体制改革事业的重点，还是实现文化强国的重要组成部分。

“影像”媒介下的“三全育人”

谢呈

摘要：“三全育人”作为高等学校教师的教育指导纲领，在全国的高等教育中广泛开展。疫情期间，北京舞蹈学院创意学院开展线上艺术实践，以“新媒体影像”的创作形式践行“三全育人”；以“抗疫”主题出发体现“网络育人”“实践育人”“课程育人”的“十大育人体系”。学生通过独立完成艺术实践在自我创新能力方面取得了较大的收获，在人才培养方面实现了网络语境下的“艺术思政”与专业能力双提升的有效成绩。

关键词：三全育人；线上教育；人才培养；创新能力

全国教育大会上，习近平总书记指出：“培养德智体美劳全面发展的社会主义建设者和接班人，加快推进教育现代化、建设教育强国、办好人民满意的教育”[1]。“三全育人”的指导意见在高等教育中产生了共鸣与响应，课程思政、思政课程等概念的提出，都在逐渐加强与改进新形势下高校思想政治工作。在践行“三全育人”的实践中，除对纲领性文件的学习与认识共性之外，其还具有不同的实践特殊性，不同地域的高校、不同类别的高校、不同的教师教育背景、不同的生源，都影响“三全育人”工作顺利有效地进行。特别是在2020年新冠肺炎疫情的影响之下，高等教育由线下转向线上，三全育人工作也同时转向线上。北京舞蹈学院创意学院通过“影像新媒体”的形式深度实践了课程育人、实践育人、网络育人等内容。在提升学生创新能力培养上，同时兼顾“三全育人”教育理念，在线上教学过程中取得了丰富的成果。

一、疫情下的线上教育

2020年初的新冠肺炎疫情的爆发，使得全国高等院校的课业转为线上授课。艺术类院校学科的特殊性，导致了线上教育无法与普通高等院校的线上课程达到与线下无区别的状态，其需要更多的互动性、即时性、个体性。与此同时，在全面落实深化“三全育人”上则显得更加困难，虽然通过公众号软文、班会的形式在一定程度上践行着“三全育人”的各方面的要求与内容，但是在探索的初期似乎没有更加有效的措施得到两全的结果。

影像则适时地进入到线上教学中的最终艺术呈现上来，伴随着“抗疫”主题与学生的亲身经历，这一切都在艺术的表达上呈现出“三全育人”的核心与工作的落实。

1.影像新媒体

影像作为艺术的另一种表达媒介超越了现实艺术中对时间、空间、力度、形式的框架，让原本的舞台艺术出现了更多表达形式的可能性。从20世纪便携式录像机的诞生到如今手机强大影像功能的出现，都使得我们对于视觉表达艺术关注度由大屏幕转向电视、再转向手机这个媒介。影像的作用不仅仅是记录，在不同的艺术家手中则变成了超越时间、空间的艺术表达工具[2]。

动态影像艺术于20世纪中后期诞生，其伴随着索尼便携式摄像机的推出，人们可以方便地开始记录自己的生活。同时艺术家则通过这个媒体，开始用非叙事性的手法来进行艺术创作，将接受 — 处理 — 表达贯穿在便携式摄像机 — 剪辑处理 — 电视这三个媒介之上，且将其融入装置艺术的范畴，进行的叙述性与非叙事性行为表达，动态影像艺术使得运用影像进行艺术表达进入了一个发展期。

21世纪伴随科技的进步与人民生活水平的提高，智能手机的普及以及网络信息时代的来临，使得人们习以为常的传播手段从电视逐渐过渡到网络。手机作为影像新媒体的创作媒介借助网络，变成了集合接受与表达的双重属性媒介。使得对于艺术表达在时间与空间上的界限不再出现，疫情期间的艺术表达则强化了这个媒介超越时间空间的特性，同时也借助这个契机发挥出其自身能够提供艺术类学科全面实行“三全育人”的重要作用。

2.影像的使用

影像通过网络进行无接触式的一种表达形式，率先进入到创意学院的课程体系中。学生的回课作业通过影像的形式进行反馈，同时学生需要熟练地掌握影像媒体的剪辑能力与编排能力。而这样一种能力已经在前期的“混合创意课”中得到了有效的训练，这种表达的模式对于创意学院的学生而言不是陌生的表达形式而是一种成熟的表达方式。不同专业的学生都在使用影像表达的自己的专业知识，亦表达着北京舞蹈学院创意学院践行“三全育人”工作的实质。

其中线上影像新媒体的使用分别表征在两个方面：

- 作业回课（纯记录式的影像）
- 艺术作品（艺术表达式的影像）

这两类线上影像表达分别出现在：

- 线上课程
- 一堆“生蛋蛋”
- 作业回课

特别是创意学院舞蹈影像作品《一推“生蛋蛋”》，在疫情期间建设平台，让学生们可以将自己以“疫情”为主题的影像新媒体作品展示出来，其成果也显示出人才培养中对待一专多能的培养模式，其符合社会需求与时代进步的要求，作品所表现的内容亦符合新时代下的价值观与培养德智体美劳全面发展的社会主义建设者与接班人的育人要求。

以下截取部分作品的名称，从中我们可以看到学生通过影像新媒体艺术表达出的正能量以及新时代下当代新青年应有的精神面貌与三观：

《后疫情时期的难》《绿色需要守护》《向往长安之心》《安宁的生活真好》《环保很重要》《我需要一束光》《心中有希望》《想有海的胸怀》《有信念就有希望》《像石头一样坚强》《最难的时候也要坚持》《为创意而琢磨》《学习需要坚持》《正常生活开始了》《疫情期间的生活状态》《疫情被控后的生活》《踏实等待》《停课不停学之交响曲》《2020的揪心》《疫情终将会结束》等9个特辑200多部影像作品。

除此之外，线上课程回课中也有大量的影像新媒体的艺术作品在产生。特别是部分艺术设计系的同学在混合创意课后，对于“创意”主题在音乐、美术、舞蹈三个方面的学习后，统一融合进行的影像新媒体表达，不单纯在舞蹈的层面还融入了二维表达艺术的流动性表征，这些都显现出学生一专多能的复合型人才特征。

二、线上的准备“混合创意课”

疫情期间影像的使用，其源于北京舞蹈学院创意学院整合学院师资实践的“混合创意课”的前期引入。“混合创意课”于2015年作为北京舞蹈学院创意学院的必修课引入人才培养中，其所具有的跨专业、跨班级、多教师同时授课等多种属性成为北京舞蹈学院创意学院教育教学改革的成果之一。三位不同专业的教师同时进入课堂，面对不同专业属性的学生对相同的内容进行授课，从而达到“大艺术”的深度理解，不再狭隘地理解本专业的艺术观。在作业的完成上，更多地采用影像的形式进行表达。学生之间相互学习，教师之间相互学习，在不同的领域完成了对于艺术教育的深度理解，同时培养了“一专多能”的复合型人才。

混合创意课程的授课教师背景丰富，如：舞蹈、编导、灯光设计、服装设计、舞台设计、电影、音乐。每个学期进行相互的组合搭配，使得学生对于任何一种艺术形式与艺术表达都没有陌生感，为之后的独立创作疫情主题“影像表达”与“网络育人”工作奠定了基础（见“混合创意总课程模式图”）。

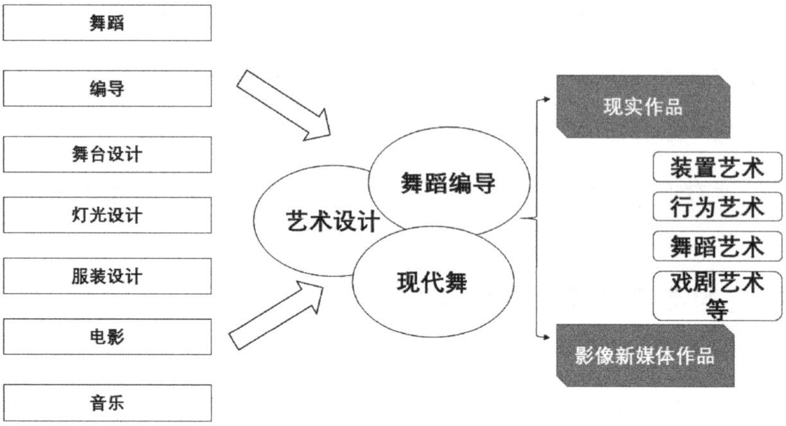

混合创意课程模式图

由于前期“混合创意课”的内容表达，学生在创造力、跨专业能力上都得到了长足的进步。在线上进行专业课程影像作业回课，亦能够很好地用身边的素材组合创造编导出更好的艺术实践作品。

特别在疫情期间混合创意课以“抗疫”为主题进行了多重的组合式授课，学生的反馈作业均大多以影像新媒体的方式表达。无论是小组合作还是个人创作，对于艺术与社会、艺术与国家、艺术与政治都有了深度的理解，同时在创作的过程中还丰富了自己的媒介表达语汇。

三、“三全育人”之网络育人

“全员育人、全程育人、全方位育人”共称为“三全育人”[3]。此概念由2018年教育部《关于开展“三全育人”综合改革试点工作的通知》中定义。自此各个高校不断掀起对于文件的学习与落实，并相应地出台了相关学校文件。在学校层面以“十大育人”体系为基础进行教育教学，在十大体系中就包含了网络育人、实践育人、课程育人。

此次疫情使得“三全育人”工作由线下转为线上，线上教学造成的距离使得艺术专业教育教学的完整性得不到满足，同时课程思政也很难做到全方位的实践。虽然网络成为连接教师与学生的唯一媒介，但对于艺术类人才培养与课程思政则显得捉襟见肘。

创意学院在应对这一情况下充分使用了十大体系的育人模式，以网络育人为媒介、以课程育人为平台、以实践育人为艺术创作的形式，伴随着“抗疫”主题的创作，学生们对逐步在使用影像新媒体表达自己关于“抗疫”的艺术表达与艺术创作。习近平总书记强调：“新时代是中国特色社会主义新时代，而不是别的什么新时代。这个新时代，既同改革开放以来的发展历程一脉相承，又体现了很多与时俱进的新特征，内涵丰富、意蕴深远。”[4]新时代下的高等艺术教育也须有与时俱进之特性，且包含丰富的内涵。在与时俱进上，网络进行的影像传播力度与创作都体现着教育与时代紧紧跟随，且其丰富的表达与其表现的新时代大学生的专业能力与政治能力都体现无遗。

例如艺术设计系李昕同学在疫情期间创作的定格动画。其以点线面为出发点，构建了一个被线束缚的白线空间，跳跃的点就如同每一个不同的人。在一个大大的白色面上，艰难地被线段束缚，最终逃脱白色的线段自由地舞动，从技法上显示出对于影像空间“点线面”的运用，但是从点线面中表达的深层次意蕴则是在疫情期间对自己的心境的表征的同时，以面表现了显性的“口罩”与隐形的中华儿女共同抗击疫情的决心。一个人的点与一群人的线束缚着进步，但是一大群人构建的集体最终挣脱了束缚带领着集体进入到一个自由且积极向上的状态。这种对众志成城、集体意识的深度理解、跨专业进行的表达等都是新时代对“线上”三全育人工作的完美诠释。现代舞班的孔佳妮创作的影像内容，不仅仅是对于舞蹈影像化的表达，而是在表述自己在疫情期间自己的生活：网络的线上课程、专业训练、阅读。通过对记录进行剪辑、调色、拼接、行为连接行为、光影的运用、对于局部的关注，都使得一切记录式的疫情生活变得充满艺术感，间接地表达在疫情时期作为一名新时期的大学生，应该做的就是学习与相信国家的信心，且严格地要求自己成为一名新时代中国特色社会主义接班人。

“互联网技术和新媒体改变了文艺形态，催生了一大批新的文艺类型，也带来文艺观念和文艺实践的深刻变化…… 加强正面引导力度。”[5]伴随着抖音、微信小视频等功能的出现，短视频的影响力逐渐在扩大。这样一种媒介的创新发展，使得信息的接收变得异常便捷，留给人们思考的时间变得少之又少，人们逐渐变成不思考的信息接收者，从而忘记了输出的本质是对信息进行处理的过程。同时艺术家在进行创意的时候必须缩短时间表达自己的艺术，这样的前提下必然导致叙事的直接化、审美的直接化。这些大量缺乏审美意趣的影像充斥着我们的世界。对于学生这个群体，在没有建立完整的世界观与价值观的时候，无疑这些影像带来的是短平快的腐朽价值观与扭曲的世界观。

教育哲学中强调两种教学模式“主动参与型学习”与“被动接收学习”。特别是在艺术教育的领域，演奏者对于演奏技能的参与可以提升艺术能力，同时观看别人的演奏能够提升自己的审美能力，这两者对于教育来说都应适当地融入教学过程。当学生在抖音等社交媒体上接收到的内容，被简单地信息化接收后，如何使学生再次进行思考成为新时代坚持“立德树人”理念的教师们的重要任务。影像的使用使得学生开始从单一的“被动接收学习”到“主动参与型学习”中，社交媒体与影像的结合促使自我思考影像信息输出的本质。同时思考自己在接收过程中与输出过程中的思维习惯，避免被外来价值观与世界观所影响。

四、结语

学生的世界观、人生观、价值观容易被表象世界所改变，对于政治信仰、家国情怀的理解容易在丰富的网络中迷失真正的自我，且是具有文化背景敏感性的自我。“三全育人”工作在进入到线上，除去其本身的在内容输入的育人方面，也让学生“主动参与型”的学习显得尤为重要。创意学院在进行“三全育人”工作，注重“主动参与型学习”与“被动接受型学习”两个方面的内容，达到对“三全育人”工作的完整深刻的实施。借用线上影像的使用，使得学生在“三全育人”工作中成为育人的一部分主体，使得网络在“三全育人”工作中发挥重要作用，高等院校应与时代发展同行，不断完善线上“三全育人”工作。

参考文献

［1］人民网，http：//scitech.people.com.cn/n/2012/1213/
c1007－19883983.html.2020.9.04

［2］孙鑫：《动态影像艺术的反叙事性研究》，东北师范大学论文，2018。

［3］《教育部办公厅关于开展“三全育人”综合改革试点工作的通知》，http：//www.moe.gov.cn/srcsite/A12/moe_1407/s253/201805/t20180528_337433.html.2020.09.02.

［4］中共中央宣传部：《习近平新时代中国特色社会主义思想》，北京：人民出版社，2019年。

［5］Roscher，Wolfgang，Polyästhetische Erziehung，Kläng－Text－Bilder－Szenen，Theorien und Modelle zur pädagogischen Prxis［M］，Köln 1976.

在校园媒体融合发展中强化学生思想引领

刘菲

摘要： 党的十八大以来，以习近平同志为核心的党中央高度重视传统媒体与新兴媒体的融合发展。党的十九大报告中更加明确提出加快推动媒体融合发展，构建全媒体传播格局的要求。在全媒体时代下，校园媒体作为推进高校文化育人，加强大学生思想引领的主战场，迫切需要与时俱进，提高政治站位，强化育人作用，在媒体融合发展中创新传播方式，利用微博、微信、抖音等被青年学生广泛接受的新兴媒介，提升学生思想政治教育的有效性和实效性，从而实现全员育人、全程育人、全方位育人的目标。本文旨在通过对北京舞蹈学院官方微信为代表的新媒体阵地建设过程梳理，进一步总结艺术院校媒体融合的有益经验，探究有艺术院校特色的新媒体宣传工作模式，拓展艺术院校大学生思想政治教育新空间。

关键词： 思想引领；新媒体；艺术院校

一、艺术院校新媒体宣传的实践经验和传播特点

高校校园媒体既包括以校报、广播站为代表的传统媒体，也包括以校园网、微博、微信、抖音等为代表的新兴媒体。这些阵地是高校宣传工作的重要抓手和开展大学生思想政治教育的利器。

为适应新媒体时代发展，提高新闻宣传工作的实效性，加强师生思想引领，提升学校的社会知名度与美誉度，北京舞蹈学院于2014年开辟了新的宣传阵地——微信公众平台（以下简称“北舞官微”）。该订阅号由学校党委宣传部负责运营和维护，旨在展示北京舞蹈学院办学特色，宣传学校教育教学成果，涵养大众舞蹈艺术美育，

服务校内师生及广大舞蹈行业从业者、爱好者。

经过六年的建设，“北舞官微”不仅得到了广大师生的普遍认可，成为当之无愧的校园网络舆论场主力军，更是凭借鲜明的艺术特色，吸引了社会公众的广泛关注，多条阅读量在10万以上的图文消息均产生了一定的社会影响力。在校内师生基数仅有三千余人的基础上，“北舞官微”目前共计吸纳用户二十余万人，单条图文消息最高阅读量近二十万，在北京高校新媒体宣传领域独树一帜。

作为学校运营新媒体“零”的突破，官微不断探索与公众“对话”的最佳方式，平衡校内舆论引导和校外新闻宣传之间的力度把握，主动学习借鉴并积累有效的运维经验，经过多年的实践，总结出以下传播特点：

1.优先校园信息发布，传播属性鲜明

“北舞官微”紧密围绕学校事业发展，发布内容主要关注本校信息，及时推送校园新闻、活动公告、校园趣事、典型人物等学校教育教学事业中的成绩与亮点，不仅彰显了学校的活力、实力和个性魅力，也带动学校精神传递和价值引领。作为外界了学校的一个重要窗口，大量本校信息的推送，在外界中起到了推广宣传作用，有利于社会公众了解学校，体现了推广宣传属性。

2.艺术特色鲜明，传播效果良好

“美”是艺术院校的共同特点，而图片和视频正迎合了现代人的信息获取习惯。数据展示，“北舞官微”发布的美图、视频类原创消息均取得了较高的阅读量，有利于打造学校自信开放、美丽精致、活力昂扬的新形象。北京舞蹈学院的演出资源得天独厚，官微借助新媒体大力开展舞蹈艺术普及，通过“微信赠演出票”的方式，让周边民众、高校大学生及社会上的舞蹈爱好者、相关行业从业者都能有机会走进舞院，观看高水平的舞蹈演出，这也是高校服务社会的具体体现。[①]

3.关注学生发展，搭建多元化展示平台

学校的主体是学生，而“北舞官微”在校内的覆盖率极高，因此官微在内容发布

---

① 刘菲：《艺术院校新媒体宣传阵地建设现状、问题与对策研究——以北京舞蹈学院官方微信平台为例》，载《新媒体研究》2018年第4卷第20期第44–45页。

上注重与学生相关信息的发布，在原创选题策划上以学生需求为出发点，同时也不忘进行推送各种接地气的实用信息，这些内容的推送增强了学生粉丝的黏性，在服务学生的同时激励学生成长，增强了学生的归属感，为学生提供了一个多元化的展示与学习平台。

二、运用新媒体进行学生思想引领的实现路径

随着新媒体阵地在全校各层级思政工作中的普遍运用，校园媒体融合呈现出了“百花齐放”的现状。以北京舞蹈学院为例，共有二十余个分级管理的新媒体阵地，阵地之间定位清晰，形成联动的校园媒体场。以2019年国庆70周年宣传为例，官微于10月1日推送《光荣使命》，二级院系微信号陆续开展自主报道，互相补充、形成合力，实现了应有的矩阵效应传播格局，凸显了党委宣传部在整合全校新闻资源、统筹全校内容策划、引领全校媒体发布方面的有效引导。

这种媒体融合的宣传合力是实现网络育人的基础和保障，加强网络育人工作，是高校立德树人的时代要求，也是大学生全面自由发展的内在要求。北京舞蹈学院的各级新媒体平台在建设之初就担负起了学生德育的职责，在近年来的实践中逐步构建了相对稳定的网络育人内容模型，以具体案例分析可做如下解读：

1. 新生入学教育

官微在新生录取之时就主动出击，利用录取通知书上印制的官微二维码，第一时间吸纳新生粉丝。新生可通过官微推送的内容，提前熟悉大学生活，及时知悉校园动态。官微还特别策划了“晒录取通知书”的互动活动，引起了新生的广泛关注，增强了新生对大学生活的美好向往和对母校的自豪感。新生入校后，官微策划了“听学长一席话”选题，各院系高年级师哥师姐具有针对性的建议对新生们适应大学生活起到了积极作用。同时官微及时推送新生军训美图、视频，全面展示一系列新生入学教育成果，向外界传达了我校新生的良好风貌，均取得了较高阅读量。

2. 爱国主义教育

在新媒体时代，爱国主义教育必须主动出击以适应新媒体的传播方式，利用新媒

体构建自身传播的新途径。官微及时抓住短视频传播优势，建立艺术院校特色视频品牌，在纪念建党95周年、国庆70年、五四运动100周年等重要时间节点，以创意快闪的方式，展示学校各院系学生的专业特色和对党对祖国的深切情感。于建党95周年前夕推送的视频《最走心生日礼物：北舞青年学子创意快闪献礼七一》，一天之内阅读量高达十余万；于国庆70周年前夕推送的《最好看的祝福！教工委领导与北舞师生“舞动梦想 歌唱祖国”》取得六万阅读量，北京市教委“首都教育”等多个政府新媒体公众号转载推荐，受到社会各界广泛赞誉。应该说，正是由于“受众在分享传播者视频时产生共鸣效应，通过不断复制和传递，这种群体性的互动交流如核裂变一样产生‘海量性’效应”①，学生既是短视频的表达主体，同时也是观看视频接受教育的受众，双管齐下形成巨大的情感互融，从而达到理想的传播效果。

3.职业素养教育

由于学校专业性较强，专业特色鲜明，对演出、赛事、学术活动的报道是官微推送的重要内容，例如在校庆60周年、国际芭蕾舞院校展演、大学生舞蹈节、“学院奖”舞蹈比赛、BDA高峰论坛等活动期间精心策划，连续高密度推送相关报道，满足学生获取行业动态的需求。同时对于学生获奖喜报进行及时宣传，为学生树立专业榜样、激励专业学习起到了积极作用。近年来学校师生多次参与国家重大演出任务，官微及时报道师生参与APEC、《胜利与和平》、G20杭州峰会、国庆70周年等重大演出新闻，树立学生专业学习的自豪感和自信心。

4.心理健康教育

在全国高校思想政治工作会上，习近平总书记强调指出要培育理性平和的健康心态，加强人文关怀和心理疏导。因此心理健康教育必须在新媒体宣传阵营里占有一席之地，运用新媒体促进心理健康教育的创新发展。北京舞蹈学院的大学生心理辅导工作具有突出的艺术院校特色，“吾·爱·舞”舞动心理工作室获批北京首批高校心理名师工作室，举办的特色活动成为新媒体宣传的品牌内容之一。官微在每年5月及时发布“吾爱舞”心理健康月活动，并通过线上报名通道征集参与“舞动治疗”的学生，

① 刘寰、关心：《挖掘微视频优势 拓展新媒体生存空间》，载《新闻传播》2013年第11期第207页。

使更多学生关注心理健康。

5.校园文化教育

新媒体是开展校园文化活动的有力平台，要强化校园主流文化，就需要利用新媒体进行鲜活的、多维度的宣传。一方面，利用校园网、各级微信公众号等平台及时宣传校园歌手大赛、演讲比赛、社团招新等活动以及“学院奖”舞蹈比赛、演出季和各院系组织的丰富多彩的校园文化活动。在弘扬传统文化，传播社会主义核心价值观的同时，加深学生对校园文化的认知与感受，营造充满活力的艺术院校校园氛围。另一方面，利用抖音短视频等热门应用，创新校园主流文化传播方式，以短视频方式直观展示学校不同舞蹈专业特色，提升学校的社会知名度和美誉度，增强学生的专业自豪感，确保校园主流文化的中心地位。

6.感恩励志教育

感恩教育具有十分丰富的内涵，是增强大学生责任意识的切入口。官微在教师节、母亲节、青年节、国庆节等节日之际，先后推出《为爱记忆：感受北舞从教30年教师的初心与坚守》《来自北京舞蹈学院的祝福：妈妈，我爱您！》等原创策划。同时在大学生中挖掘一批先进典型，大力宣传先进事迹，例如《又是一年收获季：国家奖学金代表感言》《走进军营的舞院人，你的选择没有错》等推送，将感恩励志教育分为对家庭亲人、对师长前辈、对朋辈他人、对党和国家等不同层级开展，使饮水思源、心怀感恩的情感升华为大学生的家国情怀和奋斗动力。

7.毕业离校教育

告别大学时光是人生中充满仪式感的时刻，毕业生离校前最难忘的事情之一，就是拍毕业合照作为终生的留念。官微向外界展示具有舞蹈专业特色的毕业照均能获得高阅读量，激发学生对母校的眷恋和对专业的自豪感。一年一度的供需双选会对艺术院校就业工作至关重要，做好就业服务也是校园媒体的职责所在。学校在校园网设置就业工作二级专题网站，官微提前发出通知，邀请全国用人单位参与，并在自定义菜单中设置就业栏目，方便毕业生查询招聘信息。同时及时推送留学分享会、校友经验交流会等信息，助力毕业生顺利走上工作岗位。

三、北京舞蹈学院新媒体宣传工作的关键要素

1.严把意识形态关，输出主流价值观

思想意识必须依靠媒介等有效载体来表达，因此意识形态是传媒的本质属性之一。当前，党中央提出，要通过数字化提升和改造传统媒体，重视新兴媒体的发展，目的就是为社会主义思想意识形态提供更好的载体。

在教育领域，“新媒体以其信息内容丰富、传播速度快、传播形式多样等特点影响着传统教育的内涵和形式”[①]。新媒体作为思想政治宣传阵地、信息文化传播平台，对推动学生德育工作开展和提升具有举足轻重的作用。因此，高校教育工作者要充分发挥新媒体的积极作用，确保党的意识形态工作的领导地位，确保青年学生正确的政治立场，增强青年大学生的价值判断力和道德责任感，坚定道路自信、理论自信、制度自信、价值自信，坚定对马克思主义的信仰、对社会主义的信念、对建设中国特色社会主义的信心。

以“北舞官微”为例，在意识形态把关上采取三级审核制，党委宣传部新媒体专职老师直接负责图文素材第一级审核，学生编辑负责设计排版，制作好的图文信息预览给老师进行第二级审核，党委宣传部部长负责第三级审核，最终由专职老师进行群发操作。重大内容推送还须经由校领导审核通过。

在工作的实效性方面，艺术院校师生思想较为活跃，官微针对这一特点，充分利用网络新媒体渠道，创新形式和内容，在建党95周年、党的十九大、学校第一次党员代表大会、党建评估、国庆70周年等重要时间节点分阶段、有步骤地进行推送，用鲜活的视频和美图包装内容，取得了较好的成效，巩固了马克思主义在高校意识形态领域的指导地位。

2.建立全校联动工作机制，提高教师网络育人技能

“北舞官微”在整合学校优势宣传资源的基础上，加强对各院系二级微信号的引

---

① 刘义、杨凯:《新媒体时代下高校网络育人工作困境及路径分析》，载《高教学刊》2015年第17期，第234、235、237页。

导、管理和相互配合，建立新媒体矩阵管理员工作小组，加强与学校主要信息部门和各院系之间的沟通，形成舆论矩阵合力和长效对话机制。同时与学校网络信息中心定期召开网络舆情研判会，根据学生反映的热点问题和社会舆论动向，进行有针对性的处理和反馈。

新媒体技术的广泛传播对思想政治教育工作者提出了更高的要求，因此建立一支有较高媒介素养和理论政策水平的思想政治教育工作队伍是重中之重。艺术院校新媒体宣传工作人员既要懂新媒体技术，又要懂网络传播，既要懂艺术行业动态，又要懂教育教学规律，同时要具有创新意识和奉献精神。在这方面，学校应加强投入，完善培训机制，打造一支优秀的新媒体工作队伍。

3. 重视学生团队建设，以点带面辐射群体

新媒体平台的运营离不开学生团队的助力。党委宣传部专职老师带领学生团队共同学习新媒体运营技能，从选题策划、稿件编辑、图片摄影、图文排版等各方面手把手培训学生，同时充分利用校外培训机会，先后安排学生参与首都大学生记者团暑期社会实践、北京高校大学生记者基本功比赛、北京高校新媒体联盟系列培训等，多名学生荣获“北京高校优秀学生记者”称号。大学生记者团通过参与学校重大活动新闻报道工作，充分发掘大学生自我教育的主体作用，以点带面辐射群体，形成学生在亲身参与和实践中提高综合素养的新型育人机制。同时，党委宣传部以多年的新闻宣传实践为基础，整合校内优质师资开设“新闻宣传案例教学”选修课，为在校大学生提供了学习新闻宣传实务的平台，也为大学生记者团的培养建立了长效机制。

四、结语

中共中央、国务院印发的《关于加强和改进新形势下高校思想政治工作的意见》中指出，高校要加强“两微一端”建设，运用大学生喜欢的表达方式开展思想政治教育[①]。因此，以北京舞蹈学院为代表的艺术院校要在充分认识新时代高校德育工作特

① 石婷婷:《“两微一端”建设在高校思想政治教育中的作用》，载《产业与科技论坛》2017年第16卷第24期第173–174页。

点的基础上，把握艺术类大学生成长规律和思想特点，充分运用艺术院校资源，创新网络育人方式，打造有艺术院校特点的网络文化，增强新媒体阵地的传播力、引导力、影响力、凝聚力和公信力，切实提高网络育人成效，为学校高质量的人才培养“添薪加柴”，为舞蹈教育和舞蹈艺术事业发展做出应有的贡献。

参考文献

［1］刘宁、于基伯、周红肖:《新媒体环境下的大学生思想政治教育工作》，载《文教资料》2010年第26期。

［2］王秀林:《自媒体时代高校思想政治教育研究——基于高校官方微信、微博等网络平台建设视域》，载《党建视野》2012年第5期。

［3］余源培:《新媒体与意识形态建设》，载《河北学刊》2013年第33卷第1期。

［4］刘寰、关心:《挖掘微视频优势 拓展新媒体生存空间》，载《新闻传播》2013年第11期。

［5］白龙君:《基于新媒体时代高校思想政治教育途径分析》，载《当代教育实践与教学研究》2014年第12期。

［6］王琳霖:《文化变迁对当代思想政治教育机制创新的影响——以新媒体时代思想政治教育模式的转变为视角》，载《青年与社会》2014年第6期。

［7］刘义、杨凯:《新媒体时代下高校网络育人工作困境及路径分析》，载《高教学刊》2015年第17期。

［8］吴同发:《新媒体环境下高校德育创新研究》，青岛理工大学论文，2016年。

［9］石婷婷:《“两微一端”建设在高校思想政治教育中的作用》，载《产业与科技论坛》2017年。

［10］李小梅:《融媒体视角下高校校园媒体育人功能的实现路径研究》，山东大学论文，2019年。

以舞抗疫：舞蹈影像下的家国情怀

——北京舞蹈学院创意学院的抗“疫”实例

满红阳

摘要：2020年受新型冠状病毒的影响，北京高校学生“不离家、不返京、不返校”，居家学习改变了传统的授课教学模式，学生的课堂由线下转为线上，在特殊的时代背景下，在新的教学形势下，如何创新课程形式，实现专业和思政双线并进值得深入思考。疫情暴发初期，北京舞蹈学院制定《关于新型肺炎疫情防控期间“停课不停学”的教学工作方案》，扎实推进线上教学工作。本文以学校创意学院“舞蹈影像视频”课程实践为例，从教师、学生、学校三个维度出发，研究总结疫情之下网络教学模式的成功育人经验和舞蹈艺术院校师生“以舞抗疫”的优秀成果。

关键词：舞蹈影像；以舞抗疫；思政教育；网络育人

2020年伊始，新型冠状病毒肆虐中国，以极强的传播能力从武汉迅速辐射全国，对全国人民的生产生活产生了巨大影响，是中华人民共和国成立以来我国遭遇的传播速度最快、感染范围最广、防控难度最大的重大突发公共卫生事件。为了快速打赢疫情防控阻击战，党中央统揽全局、协调各方，团结带领全国各族人民，进行了一场惊心动魄的抗疫大战，经受了一场艰苦卓绝的历史大考，许多伟大的“逆行者”闻令而动，令出随行，一批又一批“天使蓝”“橄榄绿”“守护蓝”“志愿红”奋战在抗疫第一线，为疫情防控工作做出了巨大贡献，创造了人类同疾病斗争史上又一个英勇壮举！

北京舞蹈学院积极贯彻落实上级疫情防控有关精神，迅速应对、全面部署、积极作为，扎实做好校园疫情防控工作。疫情暴发初期，学校按照中共中央对新型冠状病毒感染的肺炎疫情防控工作的指示，根据教育部《关于切实做好新型冠状病毒感染的肺炎疫情防控工作的通知》精神和北京市教委防控疫情的十项工作举措，围绕学校人才培养中心任务，本着对学生学业负责的态度，依照《北京舞蹈学院本科教学培养方案》（2016版）和《北京舞蹈学院研究生教育手册》（2018版）中关于学术型和专业学位研究生的培养方案，在新型冠状病毒感染的肺炎疫情期间组织师生以线上教学、视频教学、自学、作业、论文等方式完成停课期间教学计划。

创意学院（荣获中共北京市委、北京市人民政府表彰奖励先进集体）积极响应学校党委号召，师生共同行动，在全民抗疫的时代背景下，在学校党委“艺术助力，同心战役”“使命在肩，奋斗有我”主题教育活动的号召下，在《中共北京舞蹈学院委员会2020年关于落实立德树人根本任务 全面推进“三全育人”工作实施方案》的指导下，在学校“停课不停学”的线上教学模式下，将专业课程实践与思想政治教育巧妙融合，通过舞蹈影像创作，在提升学生专业技能认知和实操能力的基础上，激发他们作为成长中的舞蹈人的家国担当，用生动的舞蹈艺术表达将影像作品的内涵陈述辐射至社会，以舞蹈人独特的行动方式，诠释着“艺术抗疫”“舞蹈抗疫”的强大力量。党委书记巴图与学生隔空互动，点评作品，鼓励学生要珍视疫情带给学生的精神启发，时刻做好准备用臂膀扛起如山的责任，用舞蹈表达中国精神，用舞蹈引领审美风向；校长郭磊强调要以此次疫情为契机激发同学们深刻思考人与自然，人与社会的关系，敬畏自然，关爱生命，通过舞蹈艺术对人、对社会产生深刻的影响，发挥舞蹈对人类社会的重要作用。

一、领方向 疫情中厚植家国情怀的引路人

疫情的爆发让学生改变了传统的学习方式，全体学生“不离家、不返京、不返校”，上课的方式由线下转到线上。如何能够在抗疫的大背景下以互联网教学为契机，在原有课程的基础上更好地推动线上教学，实现“专业+思政”双线并进引起了创意学院领导班子的思考。创意学院院长万素倡议全院师生要认真对待舞蹈影像视频

创作这件事情，要充分调动全院教师力量助推学生在专业和思想上实现双线提升，要让学生们把从被动完成作业转换为主动研究思考。经过学院领导集体研究、召开线上教师会议广泛动员，最终创意学院以舞蹈编导+现代舞的2017、2018、2019三个年级学生为主体，其他专业学生广泛参与，共制作了9期舞蹈影像视频，包括《孤·盼》《人类的朋友 — 留住》《木卡姆会永远》《梦·游园》等作品，创作数量达到200部。“我们开始没想要做那么多期，但是在推动的过程中发现学生主动克服各种困难，参与热情很高，从创作中收获的东西也很多，所以最后一直延续做了9期，内容也从反应抗疫本身延伸到了疫情相关的人文、社会等相关内容。”创意学院院长万素说道。

对待每一个舞蹈影像视频的创作，从主题立意、元素选取、到表现手法、到叙事结构万素都会认真打磨并细致地给学生提出修改意见。她会根据不同学生视频内容、创意以及表达的相通性建议同学们组队共同完成作品的创作和输出，每一个视频的产出都要经过反复打磨、多次修改，最终结合视频的创作过程和专业表达，师生一起交流分享，进行思维的碰撞和创意的共鸣。这种教学实践模式从专业层面上极大地加强了学生合作学习的积极性，促进了创意的碰撞与融合，网络式的教学创作将剧场舞台空间拓展到了生活舞台，拓宽了学生的表达空间，用不同的表达方式输出舞蹈语言，对学生的创作思维、符号表达和共性逻辑的提升有着重要意义。从思想层面上视频的触角从前几期的抗疫相关题材延伸到后疫情时代的人文关怀、社会热点、哲学意味，让学生在创作的过程中学会认知社会、感知社会，认识到艺术要从生活出发、要回归生活，始终坚信艺术要与人的精神世界息息相关。万素说道：“我们的宗旨不是拍摄新闻片、宣传片，而是要将社会状态用艺术的方式去表达。”舞蹈影像在提升同学们专业技能和表达的同时，也创作出了生动的“思政大课堂”。

二、深耕耘 创作中感悟时代重任的新青年

“疫情暴发，许多逆行者舍小家为大家英勇奔赴一线，我们作为学生虽然能力有限，但也希望能够通过自己的专业力量，为抗疫做出微薄贡献。”这是创意学院2017级学生王钊谈到舞蹈影像创作的感悟，这也是创意学院所有参与创作的学生们共同的

心声。王钊作为一名准大四的学生在此次实践过程中共创作了三部影片，有结合疫情主题通过舞蹈影像表达呼吁号召广大人民群众静下心来安心居家，待得住就是不为祖国添乱；也有以传统文化为切入点，向受众传播更丰富的文化精神养分。他在创作的过程中对影片的镜头语言、身体语言以及信息传递的结构模式都进行了细致的打磨和认真的探索，在与老师的反复沟通下最终产出令自己满意的视频成果。他希望通过自己的视频可以让广大人民群众面对突如其来的疫情能够从容淡定，战胜疫情的决心可以更加坚定。一名来自新疆的学生谢普凯提，因为家乡网络原因，往往给老师发送一个视频需要5–6个小时甚至更长，有的时候睡觉前邮箱发送老师第二天早上才收到。他创作的三个视频来来回回修改反馈数次，但他却说没觉得这件事情麻烦，因为没把影像视频的创作当作任务，而是十分珍惜这次可以将舞蹈空间扩展到生活中的机会，十分投入、万分用心地完成每一部视频作品。他认为自己在创作视频的过程中提升了自己了解社会的认知和能力，感受到了个人由自我情怀向社会情怀融入的转变，也深刻地体会到了抗疫一线工作者的勇敢无畏、积极担当的宝贵精神。他希望自己也可以通过自己的专业能力在抗疫中贡献力量，即使现在力量有限，但希望毕业后经过知识的储备和专业的实践，在个人能力水平不断积累提升的前提下，自己的作品、创作能够更好地影响、服务社会，能够迸发出更大的能量！

视频从前几期的以疫情本体为创作主体到后期延伸至从疫情折射出的与疫情相关的人文关怀、社会热点以及生活思考，主题从号召克服烦躁情绪居家抗疫为国家减轻负担、要保护野生动物，人与自然要和谐共生到深入贫困家乡用舞蹈影像反应家乡脱贫攻坚取得显著成效和本民族悠久的、有价值的、独一无二的历史文化。每一个舞蹈影像视频的立意都凸显出了学生们的家国情怀和社会担当，在专业感知和技能提升的同时，深深地激发了新时代舞蹈专业大学生的社会责任感，在学生个人思想政治受洗礼的同时，也希望自己的微薄力量能够对社会产生影响，用舞蹈人的实际行动诠释着“艺术抗疫”“以舞抗疫”的深刻内涵，真正地将自我融入社会，励志成为担当民族复兴大任的时代新人。

三、强特色 新时代落实立德树人的践行者

习近平总书记在给北京大学援鄂医疗队全体“90后”党员的回信中提到“广大青年用行动证明，新时代的中国青年是好样的，是堪当大任的!”处于“拔节孕穗期”新时代的中国青年需要学校的灌溉栽培和教师的引路领航，作为大国的舞蹈艺术院校，北京舞蹈学院肩负着培养“文舞相融、德艺双馨”的人才的使命，始终贯彻落实立德树人根本任务，坚持为党育人、为国育才。按照习近平总书记“思想政治理论课是落实立德树人根本任务的关键课程”的要求，不断健全学校“三全育人”工作体系，“八大育人工程”齐头并进努力构建学校“大思政”工作格局，积极探索出具有舞院特色的“艺术+思政”“舞蹈+思政”的教学模式。此次舞蹈影像视频创作就是“艺术+思政”“舞蹈+思政”的生动表现，也是在特殊的时代背景下，北京舞蹈学院师生以自己的实际行动表达坚决抵制“纯艺术论”舍我其谁的担当。万素说道：“专业一定不是孤立的，专业教育和思政教育一定是相互促进相互发展的，我们的学生需要政治、历史、文化等各类社会因素来充实创作灵感，丰富创作内涵，专业学习到最后一定是用来回馈社会、服务国家。”

全国抗击疫情表彰大会上习近平总书记对新时代青年给予了高度肯定：“在这次抗疫斗争中，青年一代的突出表现令人欣慰、令人感动。参加抗疫的医务人员中有近一半是90后、00后，他们有一句话感动了中国：2003年非典的时候你们保护了我们，今天轮到我们来保护你们了。”广大的北舞青年也是2003年非典中被保护的“我们”，他们也怀揣着一份赤诚的家国情怀和勇于担当的社会责任感，虽然没有机会奔赴一线与新冠病毒“厮杀对抗”，但以创意学院为代表的北舞学子也在以其独特的方式奋战在“舞蹈抗疫”的战线上。

“青少年是祖国的未来、民族的希望。我们党立志于中华民族千秋伟业，必须培养一代又一代拥护中国共产党领导和我国社会主义制度、立志为中国特色社会主义事业奋斗终身的有用人才。”在抗击疫情的战线上，北京舞蹈学院的老师们助力领航，以线上教学为契机，不断探索适合学生线上授课模式的教学形式，推动专业课思政课双线并进，在全民抗疫的大背景下，以课堂为抓手厚植学生的家国情怀。学生积极参

与，认真对待，主动探索，在学习实践的过程中，不断受启发受教育，激发爱国主义情怀和社会责任感。创意影像视频是北舞人对抗击疫情的专业表达，也是检验我们人才培养质量的重大考验。疫情防控任重道远，我们将时刻以北舞独特的方式投入抗疫工作，发挥舞蹈对于人类社会的重要作用，激发全校师生家国情怀和民族担当，坚信在党中央的正确领导下，在抗疫英雄的无畏奋战下，在全国人民的共同努力下，胜利的曙光就在前方！

07

管理服务育人篇

以高水平的治理体系和治理能力培育艺术院校更生动的办学局面①

孙庆胜　陈玉玉

摘要：艺术院校贯彻落实十九届四中全会精神，紧紧围绕立德树人根本任务和高等教育改革发展大局，沿袭优良的办学传统，结合新的办学定位要求，丰富生动地演绎“高水平特色型”内涵，需要系统完备、科学规范、运行有效的科学治理体系、高效的制度执行机制以及高素质专业化的治理能力。推进现代治理，重点是依靠“关键少数”，加强顶层设计，厘清权力边界，探索以党的领导为核心、以师生需求为中心、以内部权力均衡为导向的改革取向。

关键词：治理体系；治理能力；实施路径

党的十九大明确提出“要实现高等教育内涵式发展”“建设高素质专业化干部队伍”。十九届四中全会提出要坚持和完善中国特色社会主义制度、推进国家治理体系和治理能力现代化。2021年5月，北京市出台了《市属公办本科高校分类发展方案》，将北京舞蹈学院等艺术院校确定为“高水平特色型大学”，目的就是进一步强化传统优势，力推学科布局在新时期的整体优化、全面升级，鼓励艺术院校在不同类型和不同领域办出特色、争创一流。这些新形势新任务新要求，对进一步完善中国特色社会主义大学治理结构，加强艺术院校领导班子建设，提升办学治校水平提供了根本遵循。

① 本文为北京高校党建研究会2020年度党建研究课题阶段性研究成果，项目名称“新时代艺术院校治理能力和治理效能提速路径研究”。

一、艺术院校推进治理体系现代化的重要性紧迫性

1. 艺术院校的特殊性和同源性要求必须推进治理体系和治理能力现代化

艺术院校是培养国家未来艺术人才和集聚文化发展建设主要力量的战略要地，是党的文艺阵地和国家治理体系的重要组成部分。阵地稳不稳，要看治理体系和治理能力是否扎实合理，是否能适应时代发展需求。艺术院校在办学层次、运行机制等方面具有较高相似性。为数不多的顶尖单科性艺术院校作为全国艺术阵营相关专业领域的一流学府，在全国教育板块中都有很强的代表性、示范性和引领性，需要匹配一流的治理体系和治理能力。

2. 新时代首都改革发展面临的新形势新任务要求艺术院校必须推进治理体系和治理能力现代化

当前，中国特色社会主义进入新时代，首都发展进入了一个新的阶段，今年也是十四五规划的谋划之年。推动习近平新时代中国特色社会主义思想在艺术院校落地生根、开花结果，形成生动实践，对艺术院校治理体系和治理能力提出了新的更高要求。

3. 建设高素质专业化干部队伍要求艺术院校必须推进治理体系和治理能力现代化

在谋划领导班子和干部队伍建设时，要充分发挥治理能力培养在干部队伍建设培养中的基础性、前瞻性作用，加强艺术院校领导干部成长规律、教育培训规律研究，围绕“相适应”“相匹配”要求做好顶层设计，为艺术院校干部队伍建设提供战略支持。

4. 扎根中国大地办好世界一流艺术类大学要求艺术院校必须推进治理体系和治理能力现代化

以党的十九届四中全会精神为指导，紧紧围绕立德树人根本任务和高等教育改革发展大局，建立健全“党委领导、校长负责、专家治校、民主管理”科学治理体系，完善高效的制度执行机制，突出提高领导干部治理能力，是坚持和加强党对高校的全面领导、构建更加有效的办学治理体系、办好社会主义文艺大学的必然要求，也是促进艺术院校深化教育教学改革，创新人才培养机制，办出特色争创一流，实现内涵发展、特色发展和可持续高质量发展的具体实践。

二、艺术院校优化治理能力方面存在的主要问题

构建新时代艺术院校现代化治理体系，突出重点是提高领导干部的治理能力。党的十九大以来，艺术院校以干部工作为抓手，围绕升级治理能力进行了积极探索，可以归结为“四个坚持”“四个强化”，即：坚持党管干部原则，强化党委的领导和把关作用；坚持用党的科学理论武装头脑，强化干部政治本领；坚持新时代好干部标准，强化正确的选人用人导向；坚持严格干部管理监督，强化风清气正政治生态。但是，工作中也存在一些需要攻坚的难点问题。

1.干部工作机制不够创新

受办学规模和传统办学思维所限，艺术院校普遍选任渠道相对封闭，跨体系引进、跨领域交流不畅，造成经验型干部多，专业型人才少，年轻干部储备机制不足。结合艺术院校实际探索建立灵活有效的干部制度体系、管理机制和激励机制不够完备；反映不同级别、不同岗位特点的绩效考核指标体系尚未建立；尚缺少落实干部队伍建设整体规划的具体举措。

2.对新形势下艺术院校人才队伍建设和干部管理工作特点规律的把握不够精准

由于艺术专业特色性、同缘性、精致性等特点，学校的行政权力与学术权力容易出现边界模糊、渗透融合的现象，专家型、大师级的管理干部不在少数。因此从党的教育事业的高度，研究新时代治理体系和治理能力现代化、落实立德树人根本任务、加强干部队伍建设、基层组织建设、学术组织建设等方面工作的前瞻性、全局性战略规划就容易不够深入。领导干部开拓创新精神和驾驭复杂问题的能力有待提高，与“敢于斗争、勇于担当、善于履职”的高校党员干部要求仍存在一定差距。

3.针对提升治理能力的培训不够有效

党的十九大指出，要建设高素质专业化干部队伍，注重培养专业能力、专业精神，增强干部队伍适应新时代中国特色社会主义发展要求的能力。习近平总书记提出，干部工作有五大体系，排在第一位的就是素质培养体系。精准科学、务实高效的干部教育培训，是干部工作的重要环节。重点就是要解决有的干部对中央和市委重大决策部署跟进学习不及时、不深入，知识更新滞后、储备不够的问题；解决有的干部

对新情况新问题主动研究不够，把工作推进慢、任务不落实，首先归咎于政策调整、体制机制等外部因素的问题；解决面对新形势、新任务，处理问题习惯现有套路，创新性不足的问题。艺术院校要适应事业发展和梯队建设需要，突出补齐短板，推进分层分类施教，充分发挥高校艺术院团优势，用好网络教育资源，开展前沿理论、专业知识、治理素养培训，丰富和开阔工作思路。

三、艺术院校落实新发展理念，升级治理能力的实施路径

习近平总书记指出，各项工作要抓出成效，就必须抓住领导干部这个“关键少数”。增强本领的途径主要就是学习和实践。坚持新时代党的组织路线，必须把提高治理能力作为新时代干部队伍建设的重大任务。

1.持续加强思想政治建设

思想政治建设是干部队伍建设的核心和灵魂。艺术院校要正确把握学习的方向，推动党员干部提高思想理论水平和党性修养。结合专项工作，紧紧围绕干部政治忠诚、政治定力、政治担当、政治能力、政治自律五个方面，探索建立重要岗位、关键岗位干部政治素质档案。建立健全经常性调研与日常考察制度，实现干部素养分析常态化。

2.做好干部队伍建设十四五规划

艺术院校在干部队伍建设上要继续加强前瞻性和预见性，着眼未来五到十年的发展需求，预先统筹考虑艺术院校战略布局和学科专业重点方向，研制《干部队伍建设十四五规划》。探索干部整体素质提升机制，持续加强干部梯队建设，打造艺术教育事业发展需要的、忠诚干净担当的高素质干部队伍。

3.着力加强干部治理能力培养

艺术院校要全面加强思想淬炼、政治历练、实践锻炼、专业训练，加强法治教育、制度教育，引导干部严格按照制度履行职责、行使权力、开展工作。坚持在重大工作、重大斗争第一线培养干部、锤炼干部，让干部在经风雨、见世面中长才干、壮筋骨。

4.落实优秀年轻干部培养措施

艺术院校要研究分析年轻干部成长规律和特点，结合岗位要求，有针对性地加强

培养。开展学校人才盘点，完善优秀年轻干部库，加大管理人才和专业技术人才储备力度。重视在实践中锻炼、在斗争中成长，有组织、有计划地放到改革发展和党的建设第一线，特别是急难险重任务中真枪真刀磨砺，增强坚守信仰、忠诚履职的定力，增强贯彻落实新发展理念、解决实际问题的能力，增强担当作为、干事创业的活力。

四、艺术院校改善治理体系，提升治理效能的十个领域

2019年12月，北京舞蹈学院党委书记巴图同志在向处级以上领导干部、党支部书记、各级工会干部、教代会代表和老干部代表宣讲党的十九届四中全会精神时，结合学校办学实际，提出了学校治理体系和能力建设要重点推进十个领域的治理任务，对艺术院校有普遍性意义。

1.完善党委领导下校长负责制的实现形式

对艺术院校来说，第一身份是扎根中国大地的社会主义大学，把党的领导贯穿于办学治校全过程、各方面，是艺术院校坚持社会主义办学方向的根本制度保证。与普通高校一样，党委作为艺术院校治理体系的顶层组织，定位于“统一领导学校工作”“发挥领导核心作用”，具有学院领导决策体系的最高身份。“校长办公会议是学校行政议事决策机构，主要研究提出拟由党委讨论决定的重要事项方案，具体部署落实党委决议的有关措施”。要以党的政治建设为统领，厘清全委会、常委会、院长办公会权责边界，规范议事规程，完善党委领导下的校长负责制制度体系及运行机制。

2.完善学校两级管理体系的运行机制

由于最初建校的专门化，艺术院校往往有其不可逾越的历史发展局限，配套的管理模式也伴随着人才培养规格的提升和办学规模的扩大，显现出不相适应的情况。因此需要以层级式、扁平化的管理思路设计校、院（系）两级的管理体系、机构设置、基本布局，完善二级单位的决策体系。

3.完善专家治学的大学治理机制

学术权力是现代大学治理体系的重要部分，也是艺术院校办出特色、争创一流的主导力量。加强顶层设计，厘清学术和行政权力边界，通过校级制度安排充分发挥在

教学科研、艺术实践中卓越师资的引领示范作用，体现专家集体智慧，通过学术、学科、学风、专业之“治”，构成艺术院校完整的学术决策体系。

4.完善依靠教职工办学的群众自治治理体系

艺术院校是师生的情感家园，校园文化形态更富感性思维和情感张力。要积极推进工会、团委、学生会、研究生会等群众自治机构在艺术院校治理体系中充满活力，与中心工作紧密结合，促进艺术院校治理体系形成可持续力量，形成艺术院校特殊的文化形态。

5.完善教学、科研、艺术实践等基本的教育教学治理体系

教学、科研、艺术实践是艺术院校的中心工作。要建构动态的、完善的、基本的教学制度，用制度的力量助推人才培养升级，完善年度科研课题指南、科研平台建设、资助体系等科研制度安排，用统一、融通的制度保障在艺术实践中实现分级决策，将课堂实践、教学实践与艺术实践相结合。尤其要注意到，艺术院校有更多机会在国家和首都重大活动中承担艺术实践任务，这是艺术院校在更高平台上实现、体验和改善教学的突出优势。

6.完善师德高尚、业务精湛、结构合理、充满活力的师资建设制度

教师队伍与干部队伍是高等教育事业发展的两支核心力量。要努力提升学校师德师风建设，构建培养体系，优化教师队伍，打造德艺双馨、以德为先的教师团队。尤其是单科性的艺术院校，往往本领域内最优秀的人才就在本校，所以要重点解决进人渠道比较封闭，跨体系引进、跨领域交流甚至是校内流转都不够通畅的问题。

7.完善师生民生保障制度

实现“高水平特色型”不仅意味着满足事业发展的客观需求，还要注意师生的主观感受，关注教师对美好生活的追求，在发展中有获得感、幸福感、使命感。不断完善学校的民生保障体系，为学校广大教职工提供强大的民生保障。推动形成共促高质量发展、共享高品质生活的生动局面，也是推进现代治理的重要目标。

8.完善艺术院校文化传承发展制度体系

尊崇传统，敬畏先贤，拾级而上，汲取民智，积极学习研究，继承发展校园文化。传统艺术学科本身是由尊师重教的师徒制发展而来，久而久之在艺术院校内部就会出现代际传承、薪火相传的发展局面。这是高等艺术院校的显著特色和传统优势，但对于治理体系治理能力现代化来说，不能不说是一个挑战。

9.积极参与和引领全国乃至全球艺术行业治理体系

按照北京市“高水平特色型”定位，顶尖的艺术院校要以国家使命和责任担当引导全国的行业发展生态，有思想、有谋略地为学生创造良好的发展环境，提升社会美誉度，在全球“艺术共同体”当中积极引领开拓。在历史参照中代表国家艺术教育的当代高度，在行业参照中代表国家艺术的教育高度，在艺术教育纵向参照中体现大学高度，在艺术高等教育参照中体现龙头院校的专业办学高度，实现错位性发展、内涵式发展、差异性发展。

10.完善从严治党、从严治教、从严治学的制度机制

要激发全面从严治党、从严治教、从严治校、从严治学的制度优势，释放制度活力，解决落实乏力现象。推动形成党委领导、协调运行的工作机制和上下贯通、执行有力的严密体系，实现党的组织和党的工作全覆盖。改善基层党组织治理形态，不断提升党组织凝聚力，发挥共产党员的先锋模范作用，让“先进少数”在学生事业发展过程中起到特殊的作用，构建健康科学、有规矩、有站位、有效果的治理体系。

中国当代高等教育强国的发展路径体现了国家特色、民族特点和文化自信，并服务于国家经济社会发展的要求[1]。艺术院校应通过构建科学合理、行之有效的艺术院校治理体系，不断提升领导干部办学治校治理水平，为建设“高水平特色型大学”，为建设社会主义教育强国、文艺强国，贡献生动鲜活、有开创性和创新性的现代大学治理案例。

参考文献

[1] 赵友良:《治理现代化语境下高校党政会议议事规则考察》，载《国家教育行政学院学报》2020年第1期第70—71页。

[2] 张炜:《大学理念的演变与回归》，载《中国高教研究》2015年第5期第15—19页。

大德之师育大德之人　探究“摇篮”师德建设实效

程宇

摘要：师德建设是落实高校“立德树人”根本任务的核心，是实现为党育人、为国育才教育使命的关键。新时代对高校师德建设提出了新的要求，指明了师德建设的方向。本文归纳了师德建设之于人才培养的重要作用，从师德建设工作的顶层设计、工作格局、制度建设、工作创新等方面，总结了新形势下北京舞蹈学院在师德建设的工作实践和成效，探索学校师德建设工作的有效途径，为高校进一步深入开展师德建设提供实践参考。

关键词：师德；师德建设；人才培养；工作实践

百年大计，教育为本；教育大计，教师为本；教师大计，师德为本。教师的师德优劣直接影响学生的健康成长。高校教师是高校的第一人力资源，是落实立德树人根本任务的直接践行者。十八大以来，以习近平同志为核心的党中央高度重视教育工作和教师工作，把师德建设作为办人民满意教育的首要任务，相继制定了一系列制度文件，提出了一系列建设标准和要求。党的十九大指出，教育要落实立德树人这一根本任务。先是立师德，然后是靠有德之师育有德之人。教师的师德培养，是关系到教育成败的关键，是实现“培根铸魂”为党育人、为国育才的关键。

一、新时代高校教师师德建设的新要求

习近平总书记在北师大师生座谈时指出，“国家繁荣、民族振兴、教育发展，需要我们大力培养造就一支师德高尚、业务精湛、结构合理、充满活力的高素质专业化

教师队伍”，提出了“有理想信念、有道德情操、有扎实学识，有仁爱之心”的好老师标准。全国高校思想政治工作会议的讲话中他提到“高校教师要坚持教育者先受教育，努力成为先进思想文化的传播者、党执政的坚定支持者，更好担起学生健康成长指导者和引路人的责任。要加强师德师风建设，坚持教书和育人相统一，坚持言传和身教相统一，坚持潜心问道和关注社会相统一，坚持学术自由和学术规范相统一，引导广大教师以德立身、以德立学、以德施教。”习近平总书记在新时期对高校教师提出的“四有”好老师标准、“四个引路人”“四个相统一”的总体要求，对推动高校教师师德建设指出了明确的方向。2018年教育部也将“师德师风是评价教师队伍素质的第一标准”明确写进教育部印发《新时代高校教师职业行为十项准则》的通知文件中。《中共中央国务院关于全面深化新时代教师队伍建设改革的意见》中亦指出：“要健全师德长效机制，推动师德建设常态化长效化。”师德建设已纳入高校教师工作的首要任务。

二、加强师德建设是培养学生成才的着力点

“教师是年轻一代的培育者，是传递和传播人类文明的专职人员，是学校教育职能的主要实施者”[1]。“教师重要，就在于教师的工作是塑造灵魂、塑造生命、塑造人的工作。”[2]教师工作有强烈的示范性，教师的观念意识、品德情操、心理性格、价值追求和文化修养都对学生具有潜移默化的重要影响，对人才培养具有决定性的作用。尤其是艺术类高校，艺术教学的规律使得艺术专业课程课时量多，且多为小班制教学，有时甚至是一对一教学，教师与学生相处的时间远高于普通高校。因此，艺术类专业教师对于学生的榜样作用更为突出，教师对学生的影响更为直接和深远。因此，教师自身优良的师德风范，对落实“立德树人”尤为重要。

1.优良的师德有助于培养学生的理想信念

思想是行动的先导，有什么样的思想就会有什么样的行动。教师的思想观念，可以通过课堂言行传递给每一位学生。大学阶段是一个人人生观、世界观、价值观定型的关键时期，而大学生又具有模仿性强，可塑性大的特点，教师可以说是学生最直接

的“镜子”，教师的品行、师德、身体力行对学生的影响胜过说教。正如习近平总书记所说：“理想信念不仅是共产党员精神上的钙，也是每一名教师的灵魂之钙，更是每一名学生急需补充的思想之钙，这个钙补得及时、适量，就会让每一名学生坚定理想信念，树立远大理想，立志报效祖国。”[3]

教师在日常生活、课堂教学、学术研究、实践创作中所体现出来的政治方向、价值引领、理想信念，对学生的价值判断能力、价值选择能力、价值塑造能力造成最直接的影响。

2.优良师德有助于培养学生良好的道德情操

“师者，人之模范也。”道德情操是教育育人的前提，教师自觉加强师德修养，自觉遵守职业道德规范，以身作则，为人师表，才能更好地尽到“传道、授业、解惑”的神圣职责，以自己良好的思想和道德风范去影响和培养学生。可以说，老师拥有高尚的道德情操，对于培养学生成为国家栋梁和道德楷模的潜在影响，绝不亚于课堂知识的传授。好老师的道德情操最终要体现到对所从事职业的忠诚和热爱上来。“执着于艺术、用心于学生、奉献于课堂”的北舞教师职业精神，终将烙印在学生生命中。

3.优良师德有助于激励学生夯实知识

鼓励教师以自身良好的思想和道德风范去影响和培养学生；大力提倡求真务实、严谨自律、勇于创新的治学态度和学术精神，团结合作、共同进步的团队精神，努力发扬优良的学术风气。坚持科学精神，遵守学术道德规范，实事求是，严谨笃学，成为热爱学习、终身学习和锐意创新的楷模。勇于探索、博学多闻的教师，不仅可以培养学生的学习兴趣，吸引学生投入到专业知识的学习之中，夯实基础知识，还有利于培养学生在面对专业困难时不畏挫折、逆流勇上，敢于攀登专业知识的巅峰。

4.优良师德有助于培养学生仁爱之心

教育是一门“仁而爱人”的事业，爱是教育的灵魂，没有爱就没有教育。热爱学生是教师厚重的职业底色。都说老师是“蜡烛”，燃烧自己照亮别人。学生在老师的奉献中，获得了关爱、感受了尊重、学会了理解、懂得了宽容，成为心中有他人、有天地的仁爱之人，更加理解了责任。

三、北京舞蹈学院师德建设的工作实践

加强师德建设是建设良好师风、校风的重要途径。学校认真贯彻落实教育部和北京市关于建立健全高校师德建设长效机制的精神和部署，坚持以“遵道崇德，天地人和；文舞相融，德艺双馨”校训为引领，传承“爱国·爱校·爱舞蹈”的舞院精神，全面加强师德建设。以提高教师思想政治素质、职业道德和学术道德水平为重点，坚持打造一支“执着于艺术、奉献于课堂、用心于学生”的德艺双馨的教师队伍。

1. 重视顶层设计，加强体制机制建设

学校党委站在构建师德建设大格局的高度上，整体规划学校师德建设工作。在领导体制和管理机制上不断完善和深化，推动师德建设常态化、长效化。学校成立了师德建设工作领导小组，形成党委统一领导，党政齐抓共管，部门各司其职，各二级单位具体落实，教师、学生、管理人员全员参与的工作格局。明确各层级各部门的责任分工，建立了“教育、宣传、监督、考核、奖惩”相衔接的工作体系。成立党委教师工作部，主抓教师思想政治教育和师德建设工作。同时，与组织部、宣传部、人事处、教务处、学生工作部、科研处、研究生部、工会、纪检监察综合办公室等有关职能部门配合联动，形成合力。在各基层党组织成立师德建设工作二级领导小组，党政主要领导共同承担师德建设工作的第一责任。

2. 完善制度体系，保障师德运行机制

不断建章立制，将师德纳入教师职业生涯全过程，学校出台了《中共北京舞蹈学院委员会关于建立健全师德建设长效机制的实施细则》《新时代北京舞蹈学院教师职业行为十项准则》《北京舞蹈学院师德考核办法》《北京舞蹈学院师德失范行为处理实施细则》《北京舞蹈学院教师学术道德规范》《北京舞蹈学院教师职务聘任工作实施方案》《北京舞蹈学院公开招聘管理办法》《中共北京舞蹈学院委员会关于落实立德树人根本任务 全面推进“三全育人”工作实施方案》等一系列文件制度，建立和规范了师德要求，切实有效地从制度层面筑牢师德建设的基础，确保师德建设有据可依，工作运行机制顺畅。

3.创新宣传教育方式，提升师德建设实效

作为艺术高校，我校结合艺术院校的实际与特点，在师德宣传教育工作中注重理念创新、手段创新和基层工作创新，多渠道、分层次地开展师德的宣传教育活动，引导教师把培育和践行社会主义核心价值观体现到教书育人全过程，以德立身、以德立学、以德施教。

（1）融入党建工作大局，提高师德宣传教育的站位

新形势下，学校不断夯实党建工作，将促进师德建设作为一项重要任务抓紧抓实。党委书记亲自部署师德建设工作，书记和校长亲自为教师做师德讲座。学校持续开展“两学一做”“不忘初心 牢记使命”等主题学习教育活动，组织广大教师深入学习习近平总书记系列重要讲话精神，结合艺术院校实际，贯彻落实总书记在文艺工作座谈会和全国文代会上的讲话、北大五四讲话、北师大教师节讲话和在全国高校思想政治工作会议上的讲话，组织教师学习党的路线、方针、政策和法规；开展社会主义核心价值观教育、理想信念教育、职业道德教育、学术道德教育、法治教育和心理健康教育等，进一步激发了教师自我提升师德修养的能动性，让师德规范成为全校教师普遍认同和自觉践行的行为准则。

（2）针对性地开展师德宣传教育，打造师德培训品牌

“传道”是教师的第一职责，只有自己明道、信道，才能成为学生的“系扣人”“引路人”。学校将师德教育作为重要内容纳入各类教师培训计划，摆在教师培训首位。在新教师入职培训中，持续开展职业道德教育、校史教育、学术规范教育、廉政教育，举行入职宣誓仪式，签订师德承诺书，增强教师职业使命感和荣誉感；举办暑期师德培训学校，赴革命老区进行现场培训，对青年教师开展理想信念教育；打造师德论坛，让青年教师分享师德感悟，在交流中深化对师德的理解。注重将师德教育与业务培训相结合，让师德教育更加入脑入心。学校注重以文化人、以文育人，在教师节、重大节日、纪念日、重大活动期间，充分利用各大宣传阵地、创新宣传手段及方式，挖掘师德先进典型、讲好师德故事，弘扬舞院精神，努力营造崇尚师德、争创师德典型的良好舆论环境和校园氛围。

（3）结合艺术学科特色，在艺术实践中开展师德宣传教育

作为党和国家兴办的专业舞蹈大学，学校始终牢记办学使命，号召教师以舍我其谁的勇气与担当，为国家文化建设和舞蹈艺术事业发展积极贡献。注重思想引领，发挥艺术实践在师德教育中的作用。通过搭建艺术实践平台，引领教师艺术创作方向。党委强调在艺术创作和实践中，要坚持以人民为中心的创作导向，弘扬社会主义核心价值观，传播中华优秀传统文化、革命文化和社会主义先进文化，关注社会、认识国情民情社情，用艺术作品讲好中国故事。教师在创作和实践中，切身感受我们党和国家的历史文化和奋斗历程，更加坚定理想信念，自觉践行师德规范，向社会展现了北京舞蹈学院教师优良的社会形象。学校引领教师以高度的责任感和使命感完成国家文化外交和服务北京“文化中心”城市定位的各项任务，投身于国家和首都建设，通过社会实践舞台，增强教师服务国家的情怀。

4. 强化监督考核，落实奖惩机制

学校全方位构建师德监督考核体系，畅通反馈渠道，同时跟进奖惩措施，较好地促进和保障了师德建设的制度落地。

（1）强化教师选聘的师德要求，把好师德入口关

把“德”作为人才引进、选人用人的首要标准，通过多种方式和渠道，全面考察候选人的学术品德和师德修养，任人唯贤，改变单一的业绩导向。

（2）坚持师德导向，完善教师考评制度

师德考核充分尊重教师主体地位，坚持公平、公开、公正原则，在学年度考核中综合评价教师的理想信念、工作态度、教书育人、学术道德等方面实际表现。将师德表现作为教师职务晋升、岗位聘用、年度考核、评优奖励等方面的必备条件和首要考察内容，实行师德“一票否决制”。考核结果存入教师年度工作档案。

（3）强化师德监督，防止师德失范行为

构建了学校、教职工、学生、家长、社会多方参与的师德监督体系，充分发挥学术委员会、教代会、工会、团学组织等各类机构在师德监督中的作用，逐步形成了由学校、学术委员会、各院（系）、各职能部门、学生等共同参与的师德建设监督网络，畅通监督渠道，设立师德失范行为投诉邮箱和意见箱，开展师德问卷调查，及时把握

教师遵守师德规范、学术规范、教书育人职责的情况。

（4）建立师德奖惩机制

将师德纳入教师考核体系，在考核结果使用中，同等条件下，师德表现突出的，在教师职务晋升、岗位聘用、晋级提拔、研究生导师遴选、人才项目推荐、公派留学进修等方面予以优先考虑。学校对在师德建设方面有显著成绩或突出贡献的部门给予奖励，坚持以精神奖励为主，精神与物质相结合的原则，引导教师提升精神境界。对师德表现不佳的教师及时进行劝诫，经劝诫仍不改正的，进行严肃处理。对有严重失范行为，给予问责，影响恶劣者一律撤销教师资格并清理出教师队伍。

四、结语

总的来说，师德建设与人才培养相辅相成，是实现教育立德树人根本任务的基石，高校须结合学校特色，制定有效措施，扎实推进师德建设，方能全面提高人才培养质量，更好地完成为国家培育高级专业人才的职能。

参考文献

[1]王道俊、郭文安：《教育学》，北京：人民教育出版社，2009年第444页。

[2][3]习近平：《做党和人民满意的好老师——同北京师范大学师生代表座谈时的讲话》，来源：新华网，2014年9月。

艺术院校阅读品牌中的动以练形，静而塑心

何群

摘要： 舞蹈高等教育的特点是动以练形，静而塑心。引导学生把阅读当成一种习惯，一种生活方式，一种社会风尚是艺术院校一项十分重要的任务。大学图书馆不仅为读者营造一个学习、研究的良好环境，而且还适时提供个性化、主动性、针对性的服务。图书馆积极开展多种形式的阅读推广活动，成为构建和优化艺术院校校园文化的重要生力军。这里，笔者提出“书舞人生”，即“阅书·阅舞·阅人生”舞蹈艺术院校特色阅读文化品牌理念。推广经典阅读，倡导主动阅读，拓展专业阅读是当前舞蹈艺术院校开展阅读活动的重要抓手。打造一座现代高校图书馆，开辟一片安静的精神栖息地，为师生提供更加人性化的服务，从而构建舞蹈艺术院校特色阅读文化是今天舞蹈教育工作者和图书馆人的重要使命。

关键词： 书舞人生；阅读品牌；经典阅读；主动阅读；专业阅读

一、阅读是“练心”的过程

我们在艺术教学中有这样的体会，技术好练，艺术难成。也就是说在教学中，技术技法是比较好教的，学生也容易掌握，但一个人的艺术的感悟力却很难教会。所以，舞蹈艺术在教育教学中，特别是大学阶段的教育教学，我们首先要面对两个核心的问题，就是“形”和“心”问题，也就是我们如何面对和处理“练形”与“练心”的关系问题。练形是容易的，呈现也比较直观；但练心就比较困难，也不是立竿见影的事情。所以，我们应该让图书馆成为学生练心的场所。只有抓住这个场所，利用好这个场所，才能够很好地完成学生从塑形到塑心的过程。

对于学习舞蹈艺术的大学生来说，养成阅读的习惯是非常重要的。由于专业训练需要占用大量的时间，他们从幼年时期到考上大学，其阅读的书籍是有限的。一个经过严格选拔的舞蹈苗子，从十岁左右进入中等舞蹈学校进行学习，要经过5年至7年每天至少6个小时以上的训练才能毕业。正因为此，相比较接受9年义务教育的普通学生来说，舞蹈专业学生的阅读习惯在中专阶段并没有全面形成，他们进入大学后，阅读养成教育将会随着他们社会化教育延长到大学毕业才能完全解决。这是舞蹈艺术教育的特点。

因此，引导学生把阅读当成一种习惯，一种自然，一种生活必需，一种社会风尚，就成为舞蹈高等教育的一项十分重要的任务。

一个国家的国民阅读能力的高低，决定着这个国家的精神力量的强弱和未来发展的趋向。现在网络中出现的大量垃圾信息、漫游、广告，甚至一些低级、庸俗的负面信息，都影响着学生的阅读质量，更不用说深度阅读、研究性阅读。学生日常通过平板电脑、手机阅读的信息，大多数是碎片式、娱乐化、功利性的。国内有调查资料显示，中国人年均读书量为4.5册，日本为40册，以色列为64册，值得我们深思。而高校大学生的阅读情况，特别是艺术院校大学生的阅读现状更不容乐观。2018年据有关艺术院校统计：近30%的学生不知道图书馆每年有开展阅读推广活动，31.8%的学生表示知道图书馆有开展此类活动但从未参加过，也就是说60% 以上的受访者从没参加过此类活动。[①] 这在艺术院校是带有普遍性的问题，不得不引起高校教育工作者足够的重视。

1995年，联合国教科文组织确定每年的4月23日为世界图书与版权日，拉开了世界阅读推广活动的序幕。2004年4月23日，全国知识工程领导小组、原文化部、中国图书馆学会和国家图书馆举办“世界读书日”宣传活动，倡导全民阅读，建设阅读社会，成为中国阅读推广活动的先声。

2009年4月23日，世界读书日，时任国务院总理温家宝深情地说，我愿意看到

---

① 胡陈冲：《美术院校图书馆开展阅读推广活动的实践与评价 —— 以天津美术学院图书馆为例》，载《图书馆学刊》2018年第7期，第93页。

人们在坐地铁的时候能够手里拿上一本书，因为我一直认为，知识不仅给人力量，还给人安全，给人幸福…… 书籍是人类智慧的结晶。读书决定一个人的修养和境界，关系一个民族的素质和能力和力量，影响一个国家的前途和命运。一个不读书的人、不读书的民族，是没有希望的。①

2014年习近平总书记在文艺工作座谈会上讲："中华优秀传统文化是中华民族的精神命脉，是涵养社会主义核心价值观的重要源泉，也是我们在世界文化激荡中站稳脚跟的坚实根基。增强文化自觉和文化自信，是坚定道路自信、理论自信、制度自信的题中应有之义。"习近平总书记提出读书"三观点"，即：好读书，读好书，善读书。2014年，习总书记要求领导干部："少一点应酬，多用一些时间静心读书、静心思考。"国务院总理李克强把"促进全民阅读""建设书香社会"写进《政府工作报告》里，提出"书籍和阅读可以说是人类文明传承的主要载体，我希望全民阅读能够形成一种氛围，无处不在"。这充分表明国家领导人大力推动和促进"全民阅读"向"书香社会"进步的愿望。

艺术高校，特别是单一学科类型的艺术院校在专业技能训练上虽然与中等专业学校有一种承接关系，体现出延续性，但是在学习的要求、内容、方法等诸多方面是不同的，其本质体现为人才培养最终的目标不一样。 就舞蹈院校而言，身体文化是一种"动"的文化，体现着"舞"的专业属性；阅读文化是一种"静"的文化，体现着"文"的人文属性。专业属性偏重技术训练，人文属性重视文化素养。对于学生来说，二者是两个相对独立的领域，如果没有某种需求的联系，它们完全可以没有交集。只有以某种特定的需求把二者结合起来，一文一舞、一静一动，相互支撑、相互依存、相互促进，才能使舞蹈大学生在大学学习期间产生质的跨越，成为专业基础扎实、人文素质全面、能够满足社会所需的高层次舞蹈人才。

① 吴晞：《图书馆阅读推广基础理论》，王余光、霍瑞娟：《阅读推广人系列教材》，北京，朝华出版社，2015年，第70页。

二、图书馆成为阅读推广的主阵地

阅读并不起源于图书馆，相反，图书馆作为阅读的附属物，最初只是存放图书的地方。随着人类知识的积累、教育的进步和社会分工精细化需求，图书馆越来越成为阅读的殿堂和开展各种阅读活动的主阵地。

高校图书馆是文献信息基地，被誉为“知识的宝库”“大学的心脏”，直接承担着培养人才的重任。它为读者提供最完备的学习条件：资源、场地、设备，读者可以长期、自由地利用图书馆进行自学，成为学校教育的重要资源之一。

大学图书馆不仅为读者营造一个学习、研究的良好环境，而且还适时提供个性化、主动性、针对性的服务。通过多种形式和手段，提高读者到图书馆学习的兴趣，引导师生有效利用图书馆，使馆藏资源得到最大限度的利用。

国内图书馆研究学者王波在其《图书馆时尚阅读推广概述》一文中对“阅读推广”和“图书馆阅读推广”给出了这样的定义：“阅读推广，就是为了推动人人阅读，以提高人类文化素质、提升各民族软实力、加快各国富强和民族振兴的进程为战略目标，而由各国的机构和个人开展的旨在培养民众的阅读兴趣、阅读习惯，提高民众的阅读质量、阅读能力、阅读效果的活动。”[①]“图书馆阅读推广，是指图书馆通过精心创意、策划，请读者的注意力从海量馆藏引导到小范围的有吸引力的馆藏，以提高馆藏的流通量和利用率的活动。”[②]实际上，作为艺术院校图书馆，目前所进行的阅读推广活动远远超出了上面“图书馆阅读推广”定义所涵盖的内容，不仅仅局限于馆藏资源的推介和读者引导，而是成为在更大范围内开展的旨在构建和优化艺术院校校园文化的重要生力军。

进入21世纪，由于信息革命带来的巨大变化，人们的阅读习惯、阅读方式产生了很大改变，社会对图书馆的依赖程度也日趋降低。美国著名学者卡兰斯特早在20

---

① 王波：《图书馆时尚阅读推广》，王余光、霍瑞娟：《阅读推广人系列教材》，北京，朝华出版社，2015年，第2页。

② 王波：《图书馆时尚阅读推广》，王余光、霍瑞娟：《阅读推广人系列教材》，朝华出版社，2015年，第6页。

世纪80年代就曾预言，图书馆将消亡。几十年过去了，图书馆不仅没有消亡，相反，因为它在超越藏书、借书、阅览、“处理机读文件”等基本功能之上，不断开拓新的服务功能，成为社会推进全民阅读、满足人们对知识和精神的高层次需求的不可或缺的重要阵地。

北京舞蹈学院于2016年启动图书馆空间改造计划和文化建设实施计划，将图书馆环境建设、馆藏借阅、读者服务、学科引导、嵌入教学、阅读推广等项目纳入学校整体校园文化建设中。在“十三五”规划中，更是明确提出将重点建设放在以下五个方面：

1.丰富馆藏数字化资源，使其成为舞蹈大学生素质教育的基础

以多媒体、数据库、远程通信和搜索引擎等先进技术为主要内容的现代信息技术极大地影响和改变着当代大学的教育模式，数字化资源建设已成为北京舞蹈学院图书馆资源建设的重要内容，它包括光盘、电子书刊、数据库、多媒体等类型。在高校计算机、网络技术全面普及的今天，把文字、图像、声音、动画等多种形式的信息存储在非纸质载体上，并通过网络通信或终端方式再现，实现信息资源查询的一体化管理。

2.开设大学生科研训练辅导工作站

大学生科研训练计划，是培养大学本科生科研素质、科研能力的重要途径，目前已广泛运用于各综合类大学，其目的是鼓励和支持达到一定条件的本科生参与教师的科学研究项目。这一训练项目可以提升图书馆的学科服务水平和能力，提高图书资源的利用率，能够在培养大学生独立思考、合作精神、创新能力等方面起到积极的作用。

3.积极开展多种形式的阅读推广活动，构建具有专业特色的阅读文化

在舞蹈与其他艺术门类中建立阅读通道，广泛开展多种形式的阅读活动。通过开办艺术展览、诵读传统文化经典、推送优秀舞蹈文献、开展宣传板报、编写图书馆使用手册、提供网上读者指南等多种形式向读者介绍图书馆的馆藏资源、最新动态、最新图书出版物、最新培训内容等等，让师生读者随时浏览、查询有关信息。

通过举办各种专题讲座和各类培训班，对师生读者进行图书信息化、数字化知识教育，指导师生掌握网络检索的技术和方法，从而提高师生使用信息的效率和效益。讲座和培训的内容包括：图书馆基本知识介绍，图书馆联机公共检索目录查询和使用，电子资源检索入门，舞蹈数据库的检索与利用，网上全文检索与全文传递服务，专题信息的获取，信息资源共享与知识产权保护等。

4.优化信息资源为师生提供需求保障

对馆藏信息资源进行深加工，编制二次文献、三次文献，编辑出版相关信息资料或刊物，为教师用户提供不同层次的信息服务。对网络资源进行深层次开发，通过网络搜索引擎寻找搜集各种信息源，查找相应信息后将检索获得的相关信息进行有序的组织，以利于师生用户方便地检索。做好重点学科专题数据库的建设。图书馆积极主动参与重点学科建设工作，紧紧围绕学校重点学科和重点专业，建立重点学科专题数据库，连续、动态跟踪重点学科的研究现状，及时把从馆藏资源、网络资源中检索到的有关该学科的信息资源进行深加工，为教师的教学和科研提供有力的信息资源保障。

5.做好信息咨询服务工作

信息咨询服务是图书馆培养和提高用户信息素养的一个重要环节。用户在自己有需求时，能不受地点和时间限制得到图书馆员的指导。图书馆员通过在网上与用户直接进行交互式回答或者通过电子邮件等方式进行交流，引导用户学习了解如何从信息需求出发，运用科学的方法获取、评价和利用所需信息，既满足了用户的信息需求，又在潜移默化中让用户接受了信息素养教育。

三、构建艺术院校阅读文化

这几年笔者在图书馆工作中感受最深的是，图书馆是艺术院校最有文化的地方，却也是最缺少特色的地方。因为缺少特色，缺少个性化的服务，老师学生就不爱来。所以构建个性化，有特色的阅读文化是十分必要的。要建立我们图书馆的特色文化，所以我在去年跟学校提出构建艺术院校阅读文化的想法，而要实现这一目标，这几年我们围绕专业属性、时代特征、雅致风格和传承精神等方面来推进阅读文化建设，取得了一些好的效果。

1. 构建艺术院校阅读文化要与学校的办学特色相符合，体现专业属性。

2017年，我们读书月的主题是“舞蹈与武术”，今年读书月的主题是“舞蹈与书法”，明年读书月我们还将推出“舞蹈与戏曲”的主题活动。中国古代舞蹈中的“健舞”“武舞”与中国武术同宗同源。今天，我们从熟知的、已经进入教材的许多舞蹈中都能见到武术的影子。“中国的舞蹈一半是武术”是著名舞蹈家吴晓邦先生的深刻感言。被人尊为“草圣”的唐代大书法家张旭，从公孙大娘舞西河剑器的表演中获得了创意的灵感。他的书法，我们可以看到其笔锋的腾挪转换，线条的出神入化，刚柔并济，一气呵成。

在中国古典舞中，有用水袖来表达复杂细腻情感的表演，那起伏跌宕的云回，纵横交错的波动，构成了袖舞独有的韵味；那飞动的线条，是表演者肢体的延伸，也是人物感情的延长。这种表现方式，恰与书法飘若惊鸿、溢越流漫的风格有着绝妙的相似之处。“挥毫落纸如云烟，心舞身韵亦化人”，这正是“书香舞院 · 书舞人生”最生动的写照。

除此而外，我们将阅读活动与学生的专业教学紧密联系起来。在大学本科公选课“舞蹈文献阅读”课和“舞蹈创作思维”课上，老师要求学生通过阅读中国古典诗歌、名著获得艺术感悟，构思、编创出符合这些名著描写的人物、情节和人文精神的舞蹈小品。

2. 构建艺术院校阅读文化要与学校的办学规模相一致，体现时代特征。

我们学校是单科类艺术院校，在校生人数两千多，包括研究生、大学本科和附中三个教学层次，是规模比较小的艺术院校。学校初建于中华人民共和国成立不久的1954年，是当时社会的需要，是时代发展的产物。在六十多年的办学历程中，我们学校一直紧紧跟随着时代步伐，成为国家对外文化交流的窗口。特别是“一带一路”国家战略实施以来，更是多次代表国家出访“一带一路”沿线国家，成为联结世界国家和人民友谊的桥梁和纽带。此前各位领导、各位老师观看的《一带一路东方舞蹈集萃展演》，是我们学校举办“2018北京国际舞蹈院校芭蕾舞邀请赛”活动的组成部分。

近几年，图书馆注重举办一些时代气息强的新书展借活动，深入到教师休息场所、走廊和学生宿舍设立读书角。2017年党的十九大召开之际，图书馆推出了“党的全国代表大会知识”宣传展板。

3.构建艺术院校阅读文化要与学校的办学环境相协调，体现雅致风格。

优雅的环境是艺术院校教育教学重要条件之一，图书馆注重环境育人，我们在阅读推广活动中注重把高尚的品格与优雅的举止相结合，力求打造具有舞蹈学院精神内涵的阅读风尚。

2016年，学校启动图书馆教育实施计划和空间改造计划，努力营造学习、研究的良好氛围，发挥图书馆提供个性化、主动性、开放性服务的教育功能。

党委书记、校长积极倡导师生阅读，老教授书写殷切寄语。通过开展多种形式的活动，增加读者到图书馆学习的兴趣，引导师生有效利用图书馆，使馆藏资源得到最大限度的利用。

学校开设“教师之家读书沙龙”，在学生中发出“多读书，读好书”的倡议，为广大教师提供休息阅读的精神栖息地，在校园的各个角落随时都能够闻到清清的书香，能够感受到它带给我们的精神力量。

4.构建艺术院校阅读文化要与学校的办学历史相融合，体现传承精神。

2019年是我们学校建校65周年，在几十年的发展过程中，学校形成了“爱国爱校爱舞蹈”的优良传统。2016年，图书馆在学校领导的倡导和支持下，完成了网络校史展的第一期的制作。图书馆每年在新生入学教育和新职工入职教育中，都在大力倡导这种精神，图书馆也成为传承学校优良传统的主阵地。

功夫在舞内，更在舞外。舞者不仅要练形更需要塑心，精神与身体并肩前行是艺术教育赋予我们必须遵循的原则。读书、阅读经典，是修炼心灵与拓宽视野的最佳选择，阅读经典，无疑使专业与人生视野变得更加开阔与深厚，这是我们构建艺术院校阅读文化，努力打造舞蹈艺术院校阅读品牌的重要使命。

参考文献

［1］王余光、霍瑞娟：《阅读推广人系列教材》，李西宁、张岩：《图书馆经典阅读推广》，北京，朝华出版社，2015年。

［2］王波：《图书馆时尚阅读推广》，北京：朝华出版社，2015年。

［3］王新才：《大学图书馆阅读推广》，北京：朝华出版社，2017年版。

［4］王余光：《让阅读成为我们生活的一部分》，载《中国图书馆学报（双月刊）》2006年第5期。

［5］王余光：《世纪之交读者阅读习惯的变化》，载《图书·情报·知识》2005年8月号。

［6］王余光：《图书馆阅读推广研究的新进展》，载《高校图书馆工作》2015年第2期。

［7］徐雁：《最是书香能致远》载《高校图书馆工作》，2016年第1期。

［8］徐雁：《书香社会的领读者》，载《新世纪图书馆》，2017年第4期。

［9］陈亮、连朝曦：《艺术院校图书馆的阅读推广探讨》，载《大学图书馆学报》2014年第2期。

公寓管理思考：紧抓艺术生特点　小集体发挥最大效能

刘新军　徐华丽

摘要： 教育部在《进一步加强高等学校学生公寓管理的若干意见》中指出：高校学生公寓不仅是学生日常生活与学习的重要场所，也是课堂之外对学生进行思想政治工作和素质教育的重要阵地。学生公寓的管理水平与服务质量，在对学生的育人过程中发挥着润物细无声的作用。而艺术类院校学生又有着不同于文化类院校学生的鲜明特点，如思维活跃、个性突出而自律能力相对不足等，这就需要我们艺术类院校学生公寓在管理服务过程中，因人制宜、突出特色。本文在对艺术类院校学生的特点进行分析和对我校学生公寓管理服务的具体措施进行总结的基础上，对艺术类院校学生公寓如何进行特色化管理服务，有效融合育人功能进行探讨。

关键词： 艺术院校；学生公寓；育人

学生公寓是高等学校的有机组成部分，来自各地的学生上课之余的大多数时间都要在宿舍度过。在这里，各种思想、信息、行为习惯发生交汇和碰撞。艺术院校学生因为由于多年的艺术的熏陶与感染，使他们具有与其他学生不同的特点。所以在艺术类院校的学生公寓里，不仅有学生之间的交汇和碰撞，还有学生与传统公寓管理思维的碰撞。在艺术类院校，若想有效发挥公寓潜移默化的管理服务育人功能，就要充分考虑到学生专业的特殊性，特色化管理与服务就显得尤其重要。

一、艺术院校学生特点

1. 个性突出，思维活跃

由于艺术类学生学习的特殊性，要求他们要具有较强的创新精神和表现力，所以艺术类学生思维都比较活跃，个性鲜明，朝气蓬勃，爱接受新鲜事物。但这也使一部分学生事事以自我为中心，自我意识十分突出，自我约束能力较弱，规则意识较淡薄。

2. 感性思维强势，敏感易冲动

艺术专业学生从小就接受艺术感染和熏陶，逐步养成感性思维优势，细腻敏感，但在考虑问题时感性思维大于理性思考，容易感情用事，遇到不顺心的事容易冲动。

3. 专业学习投入精力大，参与管理积极性不高

艺术类学生专业学习训练要投入大量时间和精力，上课、排练、演出，体力消耗很大，在有限的业余时间里，学生参与管理的积极性不足。

二、我校学生公寓管理服务育人实践

1. 完善管理体系，实现管理育人

我校学生公寓管理在组织机构、学生参与、队伍建设、建章立制等方面开展工作，充分体现了领导重视、层层把关、全员参与、齐抓共管的工作格局。

（1）成立学生公寓管理委员会，建立齐抓共管长效工作机制

学生宿舍管理不仅仅是具体的公寓管理部门的事情，而是涉及学生工作、后勤保障、院系密切配合等多部门多方面的综合性工作，离开中间哪一环节这项工作都难以正常和有序地开展。我校成立专门的学生公寓管理委员会，负责对学生公寓重大问题的决策和协调。在具体工作上，各部门及时沟通，在思想教育、奖惩措施、激励机制、硬件建设等方面对学生进行全方位的服务和引导。

（2）成立学生自律组织，发挥学生的积极主动性

学生是宿舍管理的主体，也是公寓管理工作成功与否的关键，增强学生自我管理能力和激发他们参与的热情是宿舍管理工作的重心所在。我校成立学生自律委员会，一方面通过学生参与公寓岗位实践和互动性活动，让学生加入学生管理中来，真正做到从学生中来，到学生中去，增强学生自律意识和自我管理能力，以促进宿舍管理工作的开展；另一方面充分发挥学生党员、班长、宿舍长的先进模范带头作用，同时在公寓与学生之间的双向沟通中也发挥着纽带和桥梁作用，促进了公寓管理工作的顺利进行。

（3）重视队伍建设，提高管理服务水平

管理人员的文化素质、服务态度、管理水平和工作效率是让宿舍管理工作落到实处的直接体现。辅导员既是管理者，也是教育者，他们的价值观念、思想作风和工作态度对学生有着直接的影响。我校建立了辅导员进公寓机制，深入公寓宿舍一线，经常与公寓管理人员交流学生状况，随时了解学生在公寓的动态，公寓每两周向院系发送的公寓简报，是辅导员督促学生落实整改并反馈的工作机制。宿管员是公寓日常工作的具体落实者，我校在具体人员的任用上，注重考察他们的责任心、服务意识、行为品质，在服务态度、行为作风等方面严格要求，不定期进行培训，强化责任意识，不断提高工作能力，在工作中想学生之所想、急学生之所急。

（4）加强制度建设，坚持特色化查寝

完善健全的公寓管理规章制度是做好公寓管理工作的前提和基础。我校在学生住宿、学生评价以及职工管理方面都建立了一套规范、科学的规章制度，使学生公寓管理工作有章可循、有规可依。寝室卫生与内务状况，直接决定寝室的整体面貌，是构建高雅寝室文化的基础，也是构建良好育人环境的基础。公寓定期的卫生与安全用电检查、院系领导辅导员不定期进宿舍、开展卫生内务评比是我们的重要举措，通过公示栏将检查结果及时反馈给学生以改进提高，并将检查结果与一定的奖惩措施挂钩，以提高学生搞好寝室卫生的积极性，提高安全意识。安全工作是学生公寓管理工作中的重中之重，安全工作落实不到位，其他工作也就无从谈起。我校学生公寓在做好基础性安全工作的前提下，坚持特色查寝制度，及时将晚归不归情况通报各系，使系里

及时掌握学生归寝状态，为学生的人身安全提供了有力保障。

2.倡导亲情化服务，实现服务育人

服务育人是高校学生公寓管理的一项重要功能。服务的目的是为了育人，而育人又离不开服务，二者是相辅相成、密不可分的。以服务学生，利于育人为宗旨，增强公寓服务意识，提高服务质量，在服务中体现人文关爱。以职业化、专业化服务为标准，创建“安全、整洁”的宁静港湾，通过增加人性化服务措施，为学生营造紧张学习之余的温馨家园，通过亲情化服务感染学生，使学生们有家的归属感。

（1）增加便民服务措施，为学生办实事

我校学生公寓本着“一切为了学生、为了学生一切”的服务理念，在便民服务措施上逐步完善。我校运用多种形式多种渠道了解学生需求，如通过建立宿舍楼微信群听到学生心声，通过意见箱收集意见改进服务质量，通过座谈会加强沟通，等等。例如：在公共洗漱间加装足量电吹风机方便学生吹头发；在楼内设立布置温馨的多功能室，24小时供电，内有会客区、学习区、生活区；学习区配置课桌椅、电源插座以及满足个别学生熄灯后想继续学习的需求；还配有书柜摆放着同学们捐赠的书籍，任何学生都可翻阅；生活区配置煮蛋器、煮药电锅、微波炉、挂烫机等生活小电器，小家电的配置，解决了在限电管理下舞蹈生服装熨烫、加餐增加营养、吃中药等各种实际困难；考虑到学生们练功鞋的清洗需求，增加洗鞋机；各楼配有医药箱、工具箱、公用雨伞，等等。

（2）细致入微亲情式服务，与学生共情

除了增加便民服务设施，我校学生公寓在服务过程中更加重视亲情式关怀，晓之以理、动之以情。亲情式服务能够拉近管理者与学生的内心距离，在有效提高公寓管理服务质量中起着不可估量的作用。在这个过程中，公寓宿管员扮演着师长、朋友、管理员等多重角色。宿管员经常利用巡视、查房时机深入学生宿舍，聆听学生的心声，关心学生的冷暖疾苦 ，帮助学生真心实意地解决实际困难，为学生办实事，真正做到以情感人、以情育人，让学生切身感受到家的温暖。例如：为生病的学生熬粥送药；搀扶受伤学生出入公寓；观察到个别同学情绪不对主动聊天开导；主动帮助拿大件行李的学生拖拽；有的学生遇到烦心事主动找阿姨倾诉；还有那一声声的叮咛和嘱托，无不传递着爱和对育人的担当。许多毕业生在离校时都会和宿管员依依不舍，这些都充分彰显了服务育人在学生公寓育人功能中所发挥的重要作用和广泛影响力。

3.加强住宿环境建设，实现环境育人

人创造环境，环境影响人。环境育人功能，是高校学生公寓充分发挥育人功能的基础。公寓环境分为硬环境和软环境两部分。硬环境是指生活设施，大到公寓的建筑风格、建筑规模和建筑档次，具体涉及公寓内寝室房间的大小、布局、内配套设施等。安全、舒适、便捷的公寓硬件环境能让学生安心学习，心情愉悦。软环境包括卫生环境、文化环境、信息环境等。健康、积极、向上的公寓软环境则对学生的世界观、人生观、价值观都将产生很大影响。

（1）创造人性化生活条件，推进智能硬环境建设

良好的硬件环境是学生健康成长的前提条件，我校学生公寓在硬件环境的细节建设中坚持以学生为本的理念，以为学生创造更人性化的学习生活条件为目标。在生活设施建设方面：舞蹈生经常会发生肢体伤病、行动不便，我们在卫生间加装坐便马桶；在保障安全的前提下，在有条件的公共空间安装大面玻璃镜，学生可以在此练些舞蹈。在安全设施建设方面，充分发挥科技安防的优势：考虑我校学生出去上课既拿服装又拿道具不方便带一卡通的情况，在门禁系统中使用了人脸识别和指纹识别技术，增加了学生出入公寓的选择方式；用电智能管理系统的应用，使用电管理实现了智能高效；空调用电智能识别器的安装使用，从硬件上解决了私自改用空调电的隐患；考虑到艺术生多媒体电子设备较多，各床位统一配置插线板，保质量保安全。

（2）营造温馨高雅软环境，彰显艺术特色

我校学生公寓在软环境建设上则更体现活泼、多样，贴近专业，彰显艺术气息，努力为学生营造品位高雅、文明向上、团结和谐、健康活泼的氛围，突出育人功能，彰显艺术特色。安全防范方面，在床梯上张贴“小心台阶”提示，在配电箱上张贴“勿动勿放杂物”提示，在对开窗户的边角加装护角，为铁床梯加装护脚软包等等，充分体现了温馨体贴的服务理念；在公寓公共空间的布置上，让每一面墙都会说话。走廊的专业展示墙、优秀宿舍的集体自拍照及寝室座右铭、优秀舞蹈作品剧照展、来自学生原创的宣传画等无不展现着艺术生的风貌；在宿舍门上的星级标识、党员标

识，还有每个公寓楼的宣传橱窗等，无不体现着积极、团结、向上的精神指引、行为导向。

4. 推进宿舍文化建设，实现文化育人

学生宿舍是学生公寓的基本单元，一个宿舍的文化建设能使房间内的整体布局、审美情趣、行为方式等各方面得以体现，是体现大学生精神风貌、人文气息的重要场所。对宿舍文化进行积极健康的引导，也是公寓管理体系中的一个重要的组成部分。加强寝室文化建设，营造积极、健康、有内涵的文化氛围，有助于在行为习惯、生活素养方面进行文化渗透。

艺术院校的校园文化中具有丰厚的艺术积淀和文化气息。学生在这样的环境中耳濡目染、长期学习，审美能力和艺术情趣必然有着得天独厚的条件，宿舍文化建设就应该倡导学生在广阔的艺术领域中挖掘营养来点缀生活、美化人生。我校在工作实践中一是充分调动广大同学的积极性，群策群力，给广大学生充分的思维活动空间和自由；二是鼓励学生们根据自己专业特点进行富有特色的创意设计，充分尊重学生们的创新意识；三是通过一系列的活动来激励学生们建设宿舍文化的热情，充分展现出“人无我有、人有我奇”的个性化情调和浓郁的艺术气息，建设精品宿舍文化。在开展活动中充分发挥专业优势，如开展星级宿舍展示、门标设计、系部展示墙作品征集、图书捐赠、毕业生留言、知识竞赛等丰富多彩的文化活动，给广大住宿学生提供展现自我才能的机会，让学生们树立美化宿舍、提升修养的自觉意识。这些活动参与度广泛，让他们在活动中体验成就感，体验活动带来的快乐，对于构建充满人文气息的寝室文化是非常有益的。

育人是一项综合工程，学生公寓高效的管理、贴心的服务、良好的环境、健康的文化等，就像沃土中的养料，无时不渗透于学生的成长中，对学生的身心健康成长有着重要意义。相比一般院校，艺术院校学生学习形式更多样、时间更分散、地点更多元，学生个性更突出、思维更活跃，这就决定了艺术院校学生公寓在宿舍管理工作中既要借鉴一般院校的管理经验，又要有所不同，就是要根据艺术院校学生的个性与特点来具体对待。齐抓共管、落实责任、深入宿舍、学生自治是有效工作的保障；充分发挥艺术生的审美优势，创新思路开展活动，扩大加深学生的参与度；充分了解艺术生的生活需求，抓住特性化服务这个切入点，与学生产生共情，从而实现管理育人、服务育人、环境育人、文化育人的目的。

参考文献

［1］董树安：《让学生公寓真正成为育人的重要阵地》，载《天津职业院校联合学报》2013年第3期。

［2］赵兰：《艺术院校宿舍管理的育人功能探析》，载《文艺生活》2012年第8期。

［3］王玉簪：《探索和构建艺术院校学生管理的有效模式》，载《山东青年》2015年第4期。

［4］林碧丹：《高校学生公寓管理育人功效探究》，载《高校后勤研究》2012年第4期。

高质量推进艺术院校平安校园建设

王根平　苏元振

摘要：艺术院校作为我国高等教育的重要组成部分之一，开展平安校园建设有着极其重要和积极的意义。当前，艺术院校开展平安校园建设还存在一些问题，如建设标准单一化、投入低量化、职责模糊化等，这些对于艺术院校开展平安校园建设极为不利。因此，为了更好地开展和加强艺术院校的平安校园建设，就必须尽快解决其中存在的问题，就需要尽快做好顶层设计，加强相关制度的建设，加大安全经费和软件硬件的投入，强化师生安全宣传教育及培训等。

关键词：艺术院校；平安校园；实践思考

在“总体国家安全观”大背景下，作为建设平安中国的重要组成部分，作为学校改革、发展、稳定的重中之重，平安校园建设要高标准谋划、高质量推进，积极探索新时期学校安全管理工作新模式，凝神聚力建设平安校园。新形势下高校所面临的内外部环境发生了很大变化，校内消防安全隐患、各类交通事件、校园治安刑事案件呈多发态势，大学生因心理问题引发的人身安全事件也时有发生，周边日趋复杂的治安环境对校园管理也产生很大影响。所有这些，都给高校安全管理工作带来全新的挑战。因此，只有不断健全和完善平安校园建设制度体系，充分调动学校各方力量，齐抓共管、协同一致，落实好安全管理责任，才能有效解决高校的安全问题。

一、艺术院校平安校园建设当前存在的问题

1. 平安校园建设标准单一化

在查阅相关资料后了解到，当前在我国一些地方，对于平安校园还没有统一的标准和定义。一些小的省份或者地方，还认为平安校园建设就是普通的校园安全管理，也就是我们常说的“无事即平安”。部分地方教育部门在进行“平安校园”的评比中，只是简单了解今年与往年相比有没有出现严重的安全事故，并没有真正地理解“平安校园”的真正含义。这些模糊的做法，导致一些艺术院校的平安校园建设成效普遍较差，对于平安校园的理解不够深刻，忽略了平安校园建设的真实意义。

2. 平安校园建设投入低量化

安全一直以来都是一个极为重要的话题，尤其是在校园内。校园是否平安是一所学校能否开展教学实践活动和持续发展的基本要素和重要保障，营造平安校园文化对于学生今后的发展也有着较为深远的影响。艺术院校在我国的教育事业中占据非常重要的地位，所以艺术院校更应该将平安校园建设作为重中之重，但现实情况并不像我们想象的那么乐观。在对相关艺术院校进行查询和调研后，我们发现，当前一些艺术院校对于平安校园的投入还不够重视，主要体现在以下方面：一是人员配备不够充足。艺术院校保卫部，不管是专兼职保卫干部数量还是为保安员配备的设备等，都不够充足，保安员的收入待遇和素质也普遍偏低；二是资金投入不够。艺术院校在平安校园建设的资金支持上也是不够充足的，资金问题也导致一些安全培训未能及时开展，并且现在很多艺术院校仍旧采用传统的方式方法维护校园安全，例如加强巡逻、开展安全检查等，这些方法能够找出校园安全存在的表面问题，但还不能够真正地维护校园安全。

3. 平安校园建设职责模糊化

平安校园的建设不只是学校安全部门的责任，更需要学校的各个部门之间相互配合，齐抓共管，需要我们每一位师生员工共同努力。但是在实际生活中，很多艺术院校认为平安校园建设只需要保卫部门负责就好，其他各个部门之间也没有与之认真地配合，做到“一岗双责”，真正地将平安校园建设抓起来。这也是当前艺术院校平安

校园建设出现问题的最重要原因之一。

4.信息网络时代带来诸多安全问题

大学生作为接触和运用网络较多的群体，一方面享受着网络带来的海量信息资源和沟通的便利，另一方面对电脑、手机网络的过度利用和依赖也成为影响学生学业和身心健康的社会问题。再者，网上的内容纷繁复杂，信息良莠不齐，受西方的功利主义、享乐主义、个人主义等不良价值倾向的影响，网络上充斥着大量低俗、虚假、垃圾信息，让涉世未深、单纯善良的大学生容易迷失自我、上当受骗。

二、艺术院校平安校园建设的实现路径

1.做好顶层设计，加强制度建设

要想加强平安校园建设，就必须加强制度建设。一个成熟的艺术院校，必定是一个制度完善且师生严格按制度落实的高校。艺术院校应该构建一套完整的平安校园制度体系，用来约束师生的言行，推动平安校园建设的规范化建设。同时，完善的制度体系也可以确保校园拥有有效的协调机制与风险机制，在平常安全职责的管理中也可以明确相应职责，面对突发情况可以做到各部门之间的相互配合和应急处置，尽快解决问题，恢复正常秩序。完善的平安校园制度体系，可以推动学校日常教学活动的顺利进行，对学生的道德和法治教育也有着非常积极的作用，也能够不断地提升师生对于平安校园建设的认可度和参与度。

艺术院校具备一些共性，比如校区面积普遍不大，为校园实施封闭式管理提供了更好的基础。同时艺术生颜值普遍较高，容易受到校外无关人员的关注。2017年底以来，学校探索实施校园封闭式管理，完成三个校门门禁系统安装及运行，校外人员因公来校由接待部门进行报备后入校，从而有效管控了外来人员进校，近三年来未再发生骚扰师生事件。新冠肺炎疫情暴发后，严格的校园封闭式管理也为严防疫情向校园输入扩散提供了有力安全保障。

2.加大软硬件投入，落实“三防建设”

想要开展好艺术院校平安校园建设，就要建立集人防、物防和技防于一体的、安

全保障效率高的校园安防体系，而这些都需要大量的人力、物力、财力的投入。

（1）学校应加强专职保卫干部队伍、保安员队伍和辅导员、班主任、学生骨干等信息员和安全员队伍建设。保卫干部担负着学校的治安、交通、消防及国家安全和大型活动的安全保卫任务，一支高素质的保卫干部队伍是平安校园建设的重要保障。在新形势下，要进一步强化保卫干部业务知识培训、集训、挂职和学习，使每个保卫干部都能够成为“一专多能”的综合性人才和“多面手”。要通过“走出去、请进来”等办法，全力打造一支动态的、高效的、正气的高素质保卫干部队伍。加强保安人员素质，组建一支素质高且合乎规范的保安队伍。艺术院校应该高度重视保安队伍的素质教育，加强保安人员理论素质与专业技能的提升，提高他们辨别是非的能力，提升他们的政治敏锐性。在面对突发情况时，可以做到从容面对，用专业的业务水平和快速反应解决问题。辅导员、班主任、学生骨干等信息员和安全员队伍是学校安全工作的基础力量。他们与学生接触较多，能及时掌握学生的思想动态。要让他们参与到学校的安全管理工作，让他们开展自我管理、自我约束和自我教育。发现问题苗头时，要及时和他们进行沟通交流和协调配合，为学校的安全稳定共同奋斗。

（2）安全技防设施是维护平安校园建设的基础，学校要围绕与师生员工工作、学习和生活密切相关的重点安全防范场所，加大资金、人力等多方面投入，充分利用现代化高科技手段，优化升级校园技防监控等安全防范设施，实现“科技创安”。比如，在宿舍楼安装门禁系统，在校园重要地点安装一键式报警系统，在人流量较为密集的地区全覆盖安装监控系统等，并注意及时更新维护。我校将平安校园建设规划列入学校“十三五”规划中，以推动实施平安校园建设提升工程，“基础设施改造—北京舞蹈学院平安校园综合管理智能化系统建设”项目已完成立项和项目评审工作。该项目拟按照“整合联通智能化、预警防控信息化、人防技防科学化、快速处置保安全”的顶层设计进行建设，建成后达到“综合管控、应急指挥、网格化管理、运维管理、日常办公、值班管理”六位一体，实现“整合子系统功能，图形展示功能，网格化管理，应急处置功能，数据统计分析功能，良好操作与管理功能，值班、车证、户籍、重大活动安全隐患与矛盾纠纷台账信息化管理功能，安全教育培训信息系统，自动图像识别功能”九大功能，进一步完善了校园安全管理的信息化水平和智能化程度，提供了符合校园安全管理模式的技术保障，有利于不断提高校园安全保卫工作的管理效率。

（3）校园建设还应该有完备的围墙，配齐各类安全设备器材，各门岗之间应该有防暴钢叉、盾牌、头盔等防暴器材，保安人员应该配有执法记录仪、对讲机、橡胶棍、强光手电等，各门岗也应该设有防护栏。

3.强化安全宣传教育培训机制建设，提升师生安全意识

艺术院校应该加强对师生的安全教育和心理健康教育宣传，提升学生自身的安全防护意识和行为约束能力。宣传教育是平安校园建设的重要手段，在传统宣传模式的基础上，开展形式多样、内容丰富的宣传活动，利用入学教育、班会、专题学习、心理健康课程等时机和途径做好安全法制和心理健康的宣传工作。各高校应纠正普遍存在的“校园安全是保卫部门一家之事”的片面观点，形成校园安全靠大家的思想。可以聘请专业人员、开设安全教育课程，对学生进行全方位的安全教育。比如，聘请消防人员对学生进行消防知识教育，组织消防疏散演习等；也可以将近些年热度较高的金融安全和防电信诈骗教育等也融入日常的教学活动中；体育课上也可以添加安全教育元素等。在某些节日、纪念日，可以通过条幅、微信公众号或者是主题演讲等多种形式开展安全教育活动，比如在4月15日开展“全民国家安全教育日”主题教育活动，在11月9日开展“119”消防专题活动等，为学生营造更加浓郁的安全教育氛围，加强师生对安全教育的重视程度。同时将平安校园建设与思想政治教育工作相结合，加强学生的政治素质教育、思想品德教育，提高学生的心理干预能力，让学生始终保持积极乐观的心态，防止学生出现厌学、厌世等负面情绪，保证学生的心理健康，才能更好地确保平安校园的稳定建设。此外，学校可通过官方网站、微信平台、QQ群等宣传安全知识，与学生进行互动交流；院系、班级可通过自己的网络平台传达社会正能量，通过这些潜移默化的方式激发学生主动关注自身安全的意识，逐步形成“我为自己安全负责”“校园安全人人有责”的思想观念。

在艺术院校中，因经济压力、情感压力、学业压力、人际交往压力、就业压力等而出现的心理问题，会影响到学生正常的生活和学习，可能直接引发学生复杂的思想和行为。因此，要特别关注学生的心理健康，及时开展心理疏导，正确对待心理问题，真正帮助学生“减压”并消除心理挫折。在学习生活中，班主任、辅导员以及学生干部都要主动关心学生的思想动态，积极帮助学生排忧解难，注重培养自身的亲和力，使校园形成积极向上、催人奋进的良好风气，最大限度地减少矛盾与冲突。全校师生要同心同德，共同努力，把校园建设成为平安和谐的文明校园。

三、艺术院校平安校园建设的保障机制

1.层级管理责任机制

建设平安校园的长效机制，校领导及有关部门要提高重视。学校要建立以一把手为负责人的安全工作领导小组，对于当前院校怎样更好地开展平安校园建设作出合理规划，健全完善校园内各项安全管理制度。同时对二级院系部门进一步明确和落实安全工作责任，安全责任必须党政同责、一岗双责、失职追责，院系部门内部成立安全工作小组，明确各自的职责，将责任落实到每个人身上。同时，将安全责任引入考核制度和奖惩制度，才能充分调动师生的积极性和主动性，让每一个人认识到平安校园建设的重要性。保卫部落实“5+X”工作职责，在治安、消防、交通、国安、户籍这5项主体工作责任求精抓细的基础上，X是加强对学校各二级院系部门的督查督导。

2.投入保障机制

艺术院校对于需要投入的财力、物力以及人才做到合理地评估，让每一分钱、每一份力都花到实处。在人防网络方面，加强专职保卫干部队伍、保安员队伍和辅导员、班主任、学生骨干等信息员和安全员队伍建设。其中，学生作为主体也是极其重要的，平安校园能否稳定的建设很大一部分原因也是由学生自身来决定的，这就需要学生充分发挥自身的主观能动性，将自己作为学校安全管理的重要对象和参与者，如在班级设立安全和心理委员，成立安全自我管理和心理健康知识普及的大学生社团等。技防网络方面，随着信息技术和现代科技的发展，学校应成立安全指挥中心，建立综合指挥平台为平安校园建设提供技术保障，还要结合面对的新形势新问题，定期组织人员安全培训，学会利用新科技新手段在网络上保障学生信息安全和合法权益等。

3. 服务型管理机制

管理部门高质量、高效率的服务可以促进校园的和谐稳定，只有真正地将安全和服务融合在一起，才能更快更好地实现平安校园的建设。平安校园建设服务的是师生，要提高他们的意识，让师生自觉配合、主动参与到平安校园建设管理中来。学校内部也要健全学生学业指导、就业指导、安全教育等相关服务体系，尤其是对在生活上较为困难的学生，及时进行沟通摸底，了解他们内心的真实想法，不仅能够解决他们的心理问题，同时也可以避免或减少存在的潜在风险。

艺术院校教育相比其他院校，更加侧重于培养学生的实践能力，注重培养复合型人才，开展平安校园建设，对于艺术院校的发展和国家教育事业的进步有着极其深刻和重要的意义。

参考文献

［1］曹锐捷、郭芸：《构建全方位安全体系 推动平安校园建设》，载《高校后勤研究》2020年第7期第55–56页。

［2］尹丽萍：《高校档案服务于平安校园建设之探析》，载《兰台内外》2020年第12期第62–63页。

［3］荆茂祥：《积极利用战略思维 全面提升平安校园建设质效》，载《天津教育》2020年第9期第60–61页。

［4］葛振亮、李鲁红、吴庆磊、赵利江、王强、邓昌亮：《高校学生公寓安全信息化建设的实践与探索——以烟台大学为例》，载《高校后勤研究》2020年第2期第41–44页。

［5］吕帅：《安全育人视域下的平安校园建设问题思考》，载《边疆经济与文化》2020年第1期第89–90页。

［6］张明月、董彦禄：《高校“平安校园”建设实现路径和保障机制探究》，载《中国多媒体与网络教学学报》（上旬刊）2019年第11期第109–110页。

［7］曹悦：《平安校园视域下大学校园安全危机管理研究》，长安大学论文，2016年。

[8] 潘彬:《平安校园建设视角下的高校安全教育研究》，南京信息工程大学论文，2015年。

[9] 王秀波:《基于某高校平安校园技术升级的智慧校园建设思考》，载《中国教育信息化》2019年第13期第68-69-74页。

[10] 李树德:《高职院校平安校园建设协同创新的动力机制探讨》，载《湖南工业职业技术学院学报》2019年第19卷第3期第142-144页，第148页。

[11] 黄磊:《平安校园安防系统建设初探》，载《电视技术》2019年第43卷第4期第79-82页，第90页。

[12] 罗舰:《平安校园建设探析》，载《办公室业务》2019年第5期第25页。

[13] 尹丽萍:《高校档案为“平安校园”文化内涵建设服务的思考》，载《教育现代化》2018年第5卷第37期第307-308页。

[14] 梁钰梓:《平安校园建设背景下的校园安保工作创新路径探究》，载《科技风》2018年第24期第260页。

[15] 刘琰珮:《新时期高校平安校园建设思路与对策研究》，载《价值工程》2018年第37卷第17期第217-219页。

从“青年干部管理论坛”看舞院青年干部成长的落脚点

段晓萌　俄辰

摘要：一流的高校，需要一流的人才，更需要一流的青年干部。北京舞蹈学院深入学习贯彻落实习近平总书记关于青年和青年工作的重要论述，在学懂、弄通、做实上下功夫，加强组织领导，着力创新谋划，着眼青年、关怀青年、信任青年，以立德树人为根本任务，以“关心青年成才、支持青年发展、给予青年机会、发挥青年作用”为大事，搭建“青年干部管理论坛”平台，努力建设一支素质更好、数量更足、结构更优的高校年轻干部队伍，形成人人都是育人主体、时时都是育人时机、处处都是育人载体的格局，推动学校改革发展事业取得新发展，谋划新篇章。

关键词：青年成才；关键素养；育人效度

“培养选拔优秀年轻干部是一件大事，关乎党的命运、国家的命运、民族的命运、人民的福祉，是百年大计。”[①] 以习近平同志为核心的党中央对青年干部群体给予关心厚爱和殷切期待，他强调，“要建设一支忠实贯彻新时代中国特色社会主义思想、符合新时期好干部标准、忠诚干净担当、数量充足、充满活力的高素质专业化年轻干部队伍”[②]，为广大青年干部立足岗位干事业提供了巨大的精神鼓舞。高校作为培养社会主义建设者和接班人的主阵地，加强年轻干部培养有基础、有优势，应坚持更高站位、更强担当、更大作为。

① “广大青年干部特别是年轻干部要做到信念坚、政治强、本领高、作风硬”（2019年3月1日），《习近平治国理政第三卷》，外文出版社，2020年6月第1版，第518页。

② 习近平在全国组织工作会议上的讲话（2018年7月3日）。

一、聚焦"整体格局"，着力提升青年干部管理工作的"广度"

北京舞蹈学院2019年启动"青年干部管理论坛"活动，这是学校"2016—2019"管理建设年活动的延伸，面向全校青年干部们发起"管理大练兵"的号召。论坛旨在为青年干部搭建在管理工作领域进行理论研究和交流学习的平台，鼓励青年干部在日常工作中积极思考、不断探索，提升理论水平，提高解决问题的能力，拓展职业生涯宽度和厚度，凝聚学校发展共识，推动学校管理工作向世界一流迈进。

1.强化组织领导

学校党委高度重视青年干部管理论坛工作，由学校党校办公室会同组织部联合推进此项工作，制定《北京舞蹈学院"青年干部管理论坛"工作方案》《北京舞蹈学院青年干部管理论坛选题表》等，在全校范围内利用数字校园、官网微信等平台广发"英雄帖"，鼓励学校40岁以下，非处级中青年干部，以个人独立或项目小组的形式申报论坛主持人、主讲人，每期邀请一位校领导作为点评人。在论坛主题上，聚焦立德树人根本任务，突出"全员、全过程、全方位"育人工作中青年干部的担当与作为。在学校的改革发展进程中，青年干部群体精力充沛，思维活跃，在论坛活动中表现出了正能量，这支队伍是学校发展的坚实底座和似锦未来。

北京舞蹈学院党委书记巴图对青年干部管理论坛工作给予充分肯定，他指出："在学校的改革发展进程中，青年干部扮演着生力军的角色，直接关系着北京舞蹈学院建设中国特色世界一流舞蹈大学这一战略目标的实现。"北京舞蹈学院校长郭磊强调："建设中国特色世界一流舞蹈大学，也要有一流的管理能力和管理水平。要通过广泛开展青年干部管理论坛这样的活动，有力提升学校管理水平，有效促进学校各项事业改革发展，最终推动中国特色世界一流舞蹈大学建设目标的实现。"

2.创新论坛形式

作为当今世界规模最大、专业设置全面的舞蹈知名院校，学校的专业水平已经得到了社会广泛认可，但是，学校在管理机制运行方面还存在许多不足，从2016年开始，学校力推"管理建设年"活动，希望进一步优化内部管理，完善规章制度，强化执行监督，实现合理化、规范化、科学化管理，进而全面提升学校综合管理水平。经过对“管理建设年”活动的持续推进，学校各项事业焕然一新，但仍有上升空间。学校的未来是需要撸起袖子干出来的，这就需要青年干部们切实提高管理水平，创新管理手段，以管理能力的提升为抓手，进而撬动学校的发展。本论坛策划、筹备工作全部由青年干部独立完成，充分调动了青年干部的积极性和主动性，公平地展风采、显才干、拼实力、见真章。

3. 论坛主题多样

青年人是新思想的引领者，追随年轻一代敏锐的思想、快捷的步伐是学校管理的“捷径”。截至2019年12月，“青年干部管理论坛”已邀请来自不同院系、不同职能部门的十余名青年干部进行了论坛主讲，具体内容涉及法学、美学、管理学、艺术学等多学科视域，其中涉及管理服务与管理育人的内容有：《新时代艺术类高校创新创业教育模式探究——以北京舞蹈学院为例》、“从舞蹈《千手观音》的法律纠纷看舞蹈创作的法律保护与边界”、《从演员到教师，实践育人实现路径方法探析》《融“多元角色”，合“育人力量”》《校园媒体融合初探》《学校信息化建设管理的一些跨界思考》《从学生管理到教师管理转换中的新担当与思考》《红色旗帜映照下北舞附中德育工作路径探索》《海归党员教师如何进行课程思政》等。涉及科研组织与教育教学的内容有：《审核评估视角下的教学质量保障体系构建新思考》《用专业化思维做好研究生教育的管理工作》《舞蹈音乐伴奏工作在学校教学中的变迁及发展所引发的若干思考》《创新性提升科研管理与服务水平的若干思考》等。

二、聚焦“关键素养”，着力提升青年干部管理工作的“深度”

青年干部们精力充沛，思维活跃，充满自信且魅力十足，诚如鲁迅先生所言，青年“所多的是生力，遇见深林，可以辟成平地的，遇见旷野，可以栽种树木的，遇见沙漠，可以开掘井泉的”[①]。因此，青年干部是学校的未来。习近平总书记强调，“在领导干部的所有能力中，政治能力是第一位的”。因此，论坛聚焦“关键群体”，着

① 鲁迅：《华盖集》中的《导师》，北新书局出版社，1926年。

力在以下三个方面推进青年干部管理工作。

1.青年干部要锤炼过硬的政治品格

“历史和实践反复证明，一个政党有了远大理想和崇高追求，就会坚强有力，无坚不摧，无往不胜，就能经受一次次挫折而又一次次奋起；一名干部有了坚定的理想信念，站位就高了，心胸就开阔了，就能坚持正确政治方向，做到‘风雨不动安如山’。信仰认定了就要信上一辈子，否则就会出大问题。”① 北京舞蹈学院作为中国舞蹈高等教育的探路者、践行者、引领者，担负着为国家和社会培养舞蹈高层次人才的重要使命，使命光荣、责任重大。广大青年干部在学校事业发展中发挥着生力军作用，努力实现新突破，就必须进一步提高政治站位，切实增强“四个意识”、坚定“四个自信”，把牢政治方向、站稳政治立场、坚持政治原则、坚定政治道路，不断增强以习近平新时代中国特色社会主义思想为指导，坚决提以习近平同志为核心的党中央权威和集中统一领导的思想自觉、政治自觉和行动自觉性。北京舞蹈学院的青年干部要做到“有事忙做事，无事忙学习”，把自己培养成勤于学习、善于学习、持续学习的学习型干部。在真学真信中坚定理想信念，常学常新、入脑入心。

2.青年干部要历练干事创业的担当精神

“干事创业敢担当”是“不忘初心、牢记使命”主题教育的具体目标之一。习近平总书记在2019年秋季学期中央党校（国家行政学院）中青年干部培训班上亲自讲授了“开学第一课”，这堂“开学第一课”，关键词只有一个——“斗争”。习近平总书记强调：“干事创业敢担当，重点是教育引导广大党员干部以强烈的政治责任感和历史使命感，保持只争朝夕、奋发有为的奋斗姿态和越是艰险越向前的斗争精神，以钉钉子精神抓工作落实，努力创造经得起实践、人民、历史检验的实绩。”如何干事创业、怎么担当作为，习近平总书记的重要讲话提出了明确要求，指明了方法路径。要有“没事找事做”的劲头，千万不能有“多一事不如少一事”的念头。有没有责任感，有没有担当精神，是检验一个党员干部是否切实履职的重要方面。北京舞蹈

① “广大青年干部特别是年轻干部要做到信念坚、政治强、本领高、作风硬”（2019年3月1日），《习近平治国理政第三卷》，外文出版社，2020年6月第1版，第519页。

学院的青年干部们要做“起而行之”的行动者，当攻坚克难的奋斗者，这既是义不容辞的政治责任，也是推进学校中国特色世界一流舞蹈大学的建设进程的历史使命。青年干部要进一步增强担当意识和进取意识，主动作为，攻坚克难，特别是要发挥思想活跃、敢想敢干、富有激情的特质，开动脑筋、建言献策，在北京舞蹈学院的本职岗位上做出成就。

3. 青年干部要练就过硬的业务本领

人生的黄金时期在青年。青年时期学识基础厚实与否，影响甚至决定自己的一生。青年干部要抓住黄金时期，苦练本领，增长才干。机关工作要求的能力很多，包括办文办会办事能力、沟通协调能力、分析能力、调研能力、创新能力。北京舞蹈学院的青年干部在学校的管理工作中处于“第一线”，是学校开门办学的“窗口”，承担着学校办学理念执行者的责任；同时，青年干部也是实际情况的直接见证者、参与者和反馈者，对学校的管理发挥着创造功能。这就要求青年干部要认真学习管理的基本原理、基本方法，具备从具体的、琐碎的、杂多的管理事务中抽脱出来的能力，又有着发现、概括管理一般规律，并以此规范实际工作，提升管理实践水平的能力。另外，实践证明，创新是引领发展的第一动力，必须把创新摆在学校发展全局的核心位置。广大青年干部掌握着一手的信息和素材，要在日常工作中积极思考、不断探索，提升理论水平，提高解决问题的能力，尤其是要提高创新本领，紧紧抓住牵动发展全局的“牛鼻子”，大力推进新时代学校各项事业。

三、聚焦“关键能力”，着力提升青年干部管理工作的“效度”

习近平总书记到中国政法大学考察时强调指出，中国的未来属于青年，中华民族的未来也属于青年。“培养什么人、怎样培养人、为谁培养人”是习近平总书记始终高度重视的根本问题。全国高校思想政治工作会议以来，习近平总书记提出一系列重要论断，多次强调“实现全员全程全方位育人”。这要求在培养青年干部工作上，不断深化“三全育人”改革，在育人的高度、力度、效度上下功夫，把立德树人根本任务落到实处，处处体现“三全育人”这一鲜明导向。2019年是中华人民共和国成立70周年，是全面建成小康社会、实现第一个百年奋斗目标的关键之年，是深入贯彻落实全国教育大会、全市教育大会精神的开局之年。对于北京舞蹈学院来说，是在总结建校67周年的基础上，做好十三五时期的“收官”工作和十四五时期的“开局”谋划，向着中国特色世界一流舞蹈大学这一建设目标阔步前进的关键时期。

1.要以正确方向提升育人高度

《中共中央国务院关于加强和改进新形势下高校思想政治工作的意见》全面部署了“三全育人”的目标任务，提出了“三全育人”的原则、内容、要求、方法和举措，为我们准确把握新时代高校“三全育人”的科学内涵提供了根本遵循。这项工作既涉及人的因素，包括“教育者”和“受教育者”两大主体，也涉及时空因素，包括育人的历时过程和空间方位。青年干部是学校育人队伍的重要力量，他们围绕中心、服务大局、立足本职、勤奋拼搏，为学校事业的建立和改革发展做出了积极贡献，在推进工作的过程中自身也得到了提高、成长和进步。青年干部的安身立民之本是学习能力，“玉不琢，不成器，人不学，不知义”。对从事高校管理的青年干部而言，学习是一种政治责任，一种精神追求，一种思想境界，一种现实需要。好学善学是青年干部的“定海神针”，多思考，要向书本学，虚心向老同事学，向群众学。习近平总书记强调，青年处于人生积累阶段，需要像海绵汲水一样汲取知识。作为北京舞蹈学院的年轻干部，一是学习理论，要深入学习马克思列宁主义、毛泽东思想、邓小平理论，中国特色社会主义理论体系，当前重中之重是深入学习习近平总书记系列重要讲话精神和治国理政新理念新思想新战略，尤其是习近平总书记关于教育工作的重要论述。二是要向实践学，总结北京舞蹈学院在67年发展历程中积累的宝贵办学治校财富，向历来为建设北京舞蹈学院付出的前辈们学习，通过隐性教育与显性教育相结合，运用好一切场合、一切载体、一切方式，深入持久地把青年干部育才工作贯通办学治校各方面。

2.要在常态化工作中出育人实效

落实“三全育人”，关键在于整合协同学校各项教育工作、管理工作、各项育人元素，发掘一切校内外资源，打造全方位、立体式的育人时空，形成素质修炼的“大熔炉”，切实绘好青年干部培养的施工图，系统规划、整体推进，瞄准干部培养中体制机制的顽瘴痼疾，切实形成全校上下关心关爱青年干部发展的育人合力。习近平总书记指出，青年时期是培养和训练科学思维方法和思维能力的关键时期，无论在学校还是在社会，都要把学习同思考、观察同思考、实践同思考紧密结合起来，保持对新事物的敏锐，学会用正确的立场观点方法分析问题，善于把握历史和时代的发展方向，善于把握社会生活的主流和支流、现象和本质。要充分发挥青年的创造精神，勇于开拓实践，勇于探索真理。养成历史思维、辩证思维、系统思维、创新思维的习惯，终身受用。北京舞蹈学院的青年管理干部要在掌握基本功上下功夫，每一个人都应该成为本职工作的“活字典”，对学校机构运行中的各个环节都内熟于心，外化于具体工作实践中，推动学校治理能力和治理水平迈上新台阶，以管理之力助推学校教育教学深化改革。

今天的时代是“三个时代”：一是知识的时代，青年干部的成才要靠知识的创新来推动社会、学校的发展；二是变革的时代，青年干部要在外部的宏观世界和自己的微观世界中，察变、识变、应变、求变；三是更加渴求精神、更加回归真切的时代。因此，青年干部的历练，既不拘泥于做事，更不执迷于做官，千万别误解了做人，实实在在地前行和奉献才是真实的。青年干部要做政治可靠的明白人，忠诚履职的责任人，严格管理的带头人，善学善做的有心人，正派自律的老实人。自觉践行总书记对青年干部的要求，“要树立正确政绩观，有功成不必在我的精神境界、功成必定有我历史担当，发扬钉钉子精神，脚踏实地地干”①。

参考文献

［1］《习近平治国理政第三卷》，外文出版社，2020年6月第1版。

［2］梁涛：《对话双一流：高校青年管理干部的探索与思考》，武汉大学出版社，2018年11月。

［3］倪邦文：《让青春年华在为国家为人民的奉献中焕发出绚丽光彩——学习

① “广大青年干部特别是年轻干部要做到信念坚、政治强、本领高、作风硬”（2019年3月1日），《习近平治国理政第三卷》，外文出版社，2020年6月第1版，第521页。

习近平总书记关于青年工作的重要论述》,《光明日报》，2016年5月4日。

［4］教育部党组:《深入学习贯彻习近平总书记关于青年学生成长成才重要思想大力培养中国特色社会主义建设者和接班人》,《光明日报》，2017年9月8日。

新时代视域下舞蹈教育的育人功能探析

顾连杰

摘要：在中国特色社会主义进入新时代这一历史定位的背景下，切实加强美育工作、提升立德树人实效、培育担当民族复兴大任的时代新人是新时代中国特色社会主义事业发展的迫切需求。舞蹈教育作为最具律动感的美育形式，其育人方式鲜活灵动、育人功能效果显著，是协同主渠道主阵地育人不可或缺的实践课堂。新时代视域下充分挖掘舞蹈教育独有的教育资源、发挥舞蹈教育的实践育人优势，对弘扬中华美育精神、培育时代新人具有重要作用。

关键词：时代新人；舞蹈教育；立德树人

习近平总书记在十九大报告中指出："经过长期努力，中国特色社会主义进入了新时代，这是我国发展新的历史方位。"新的历史方位指向新的时代任务，新的时代任务需要时代新人承接。习近平总书记强调新时代"教育必须把培养社会主义建设者和接班人作为根本任务，培养一代又一代拥护中国共产党领导和我国社会主义制度、立志为中国特色社会主义奋斗终身的有用人才"。[1] 育人是推动新时代中国特色社会主义事业前进发展的首要任务，接棒历史、培养担当民族复兴大任的时代新人是新时代教育的根本，而美育在育人工作中极为重要。教育部印发的《关于切实加强新时代高等学校美育工作的意见》明确提出"学校美育是培根铸魂的工作"。协同主渠道主阵地育人的实践课堂——舞蹈教育，是学校思想政治理论课不可或缺的"补充"，在弘扬中华美育精神、培育时代新人方面发挥着重要作用。

一、舞蹈教育与新时代中国特色社会主义发展同向同行

1. 舞蹈教育蕴含丰富德育资源

成之于中国社会历史发展过程中的舞蹈以其独特的律动形态生动呈现了中国各历史阶段脉络，不同时期舞蹈的发展深深地沉积在中华民族历史文化传统之中。从我国舞蹈的艺术形式上来看，它以人民群众的劳动为根基，以中华民族的农耕文明为依托；从舞蹈的艺术价值观念上来看，它融入了善恶是非的根本观念和以儒家“五伦”“五常”等为核心的道德观念；从舞蹈的艺术精神层面来看，它体现着中华文化源远流长的生命力和生命意志，蕴含着强大的生命精神；从舞蹈的美育特质角度来看，舞蹈既追求人与自然、人与社会、人与人之间的和谐之美，也追求自然意义上的健康之美以及伦理意义上的仁义之美。

可以说中华民族优秀传统文化是舞蹈教育最厚重的底蕴，舞蹈教育中蕴含着丰富的德育资源。一系列优秀传统文化素材在舞蹈中活灵活现，《逍遥游》《秦王点兵》《梁祝》《爱莲说》等系列经典剧目为中华传统文化滋养与支撑，彰显对自由奔放的追求、对家国情怀的感伤、对亲人爱人的眷恋和对红尘世界的感悟，其中的道德规范和伦理观念引人深思。除此之外，优秀舞蹈作品创作及优秀舞蹈家的艺术人生经历同样建筑了舞蹈教育的丰富德育资源。《鄂尔多斯》《鱼美人》《春江花月夜》《泪泉》《黄河》等优秀剧目的表演过程中舞蹈演员们依托剧情呈现的对党和国家、对社会主义事业、对舞蹈艺术的追求的热爱是不可多得的德育资源，戴爱莲、陈锦清、贾作光等著名舞蹈家绽放的那份坚定跟党走、扎根人民、无私奉献的艺术赤城是亿万舞蹈者追求艺术高峰的精神动力。这些德育资源中的光辉素材在舞蹈展演、舞蹈教育的过程中薪火相传并不断发扬光大，激励了一代又一代美育工作者，感动了一代又一代观众。

2. 舞蹈教育携手新时代与时俱进

舞蹈艺术作为一种社会意识，是对社会实践发展的能动反映，而以舞蹈教育为代表的艺术教育则是意识形态教育的前沿阵地。习近平总书记指出，做好美育工作，要坚持立德树人，扎根时代生活，遵循美育特点，弘扬中华美育精神，让祖国青年一代身心都健康成长。他强调：“对文艺来讲，思想和价值观念是灵魂，一切表现形式都

是表达一定思想和价值观念的载体。离开了一定思想和价值观念，再丰富多样的表现形式也是苍白无力的。文艺的性质决定了它必须以反映时代精神为神圣使命。”[2]当代舞蹈教育和舞蹈作品，必须将反映新时代精神作为价值追求。当代舞蹈教育以新时代中国特色社会主义思想为指引，与弘扬社会主义核心价值观、培育勇于担当民族复兴大任的社会主义舞蹈事业的接班人相契合，与新时代中国特色社会主义发展同向同行。

为践行“一带一路”倡议，弘扬中华传统文化，北京舞蹈学院青年舞团研创了非遗舞蹈剧《傩·情》，并进行了全国巡演，青年舞蹈家们用极富表现力的身体华彩生动演绎出一场“古老与当下，传统与现代的对话”，加深了人们对传统文化的认知，唤起了观众对中华传统文化的重视，对新时代中华优秀传统文化的传承意义重大。当代革命舞剧《井冈·井冈》，虽然以革命历史题材为舞蹈的主要内容，但却是新时代背景下对伟大奋斗精神、伟大团结精神、爱国主义精神等伟大民族精神的诠释，也是对社会主义核心价值观的有效弘扬。

二、舞蹈教育与“主渠道”“主阵地”育人交相呼应

教育部印发的《高等学校课程思政建设指导纲要》中明确提出，要“使各类课程与思政课程同向同行，将显性教育和隐性教育相统一，形成协同效应，构建全员全程全方位育人大格局”。舞蹈教育作为一种文艺实践活动，是隐性思想政治教育的一种重要开展方式，也是培养时代新人不可或缺的教育手段，是“主渠道”“主阵地”育人的重要补充。作为美育教育的重要内容，舞蹈教育在落实立德树人根本任务、满足学生成长的多样化需求、陶冶学生美育精神、塑造学生美丽心灵方面作用重大。

1. 满足青年学生多样化发展需求，提升获得感

经济的发展和社会的进步，使得人民群众的需求日益多样和复杂，在物质需求日益丰富的同时，人们的精神需求也愈益凸显。随着中国特色社会主义进入新时代，我国社会主要矛盾已经转化为人民日益增长的美好生活需要和不平衡不充分的发展之间的矛盾。包括青年学生在内的人民群众对美好生活的需要和向往是多元的，不仅仅停

留在物质的满足层面，精神的愉悦同样重要。“美好生活需要”不仅包括既有的“日益增长的物质文化需要”的“硬需求”，更包括在此基础上衍生出来的获得感、幸福感、安全感以及尊严、权利等更具主观色彩的“软需求”。舞蹈教育是社会主义新时代能够让青年学生的学习过程更为轻松愉悦、生活更加丰富美好的重要内容和环节，能够让青年学生收获更多的获得感。在极具律动的舞蹈教育过程中，广大青年学生体质不断增强，美感不断提升，心智不断成熟，心灵日益完善。

2.实践育人，实现思想政治教育理论性和实践性的统一

思想政治理论课是施行思想政治教育、提升教育对象政治素养、促进教育对象成人成才的关键课程。培育担当民族复兴、耀我中华的时代新人要持续推进思想政治理论课与时俱进、改革创新，不断增强思政课的思想性、理论性、导向性和亲和力、针对性、价值性。舞蹈教育作为学校思想政治理论课不可或缺的实践课堂，对促进思想政治理论课的改革创新、增强思政课的亲和力与针对性意义重大。习近平总书记强调，推动思想政治理论课改革创新，要坚持理论性和实践性相统一。舞蹈教育作为一种实践活动和实践教育，与学校思政课的理论教育相辅相成。舞蹈教育作为一种艺术教育，坚持以人民为中心的创作导向，从人民群众的生活和生产实践中获取创作灵感和素材，并通过艺术性和形象化的肢体语言将蕴含其中的情感与价值观念传递给青年学生，从而以其特有的感召力和感染力吸引青年学生透过舞蹈动作去了解表演者所讲述的故事、所表达的情感、所传递的核心思想与价值观点。故而，舞蹈教育能够实现教育的实践性和人的本质的社会性的有机融合，实现思想政治教育理论性和实践性的统一，从而发挥出实践育人的强大功能，助力青年学生成长成才。

3.文化育人，增强思想政治教育的实效性

“舞蹈艺术是中国特色社会主义文化的重要组成部分”[3]，舞蹈教育能够以其丰富的文化资源和亲和力、感染力等以文化人的方式，增强思想政治教育的实效性。舞蹈教育不仅有着中华优秀传统文化的底蕴，也有中国革命文化以及社会主义先进文化的根基，舞蹈艺术家可以根据时代背景和现实生活创作出富有感染力的舞蹈作品，通过塑造各种各样的人物形象、故事情节、活动场景等，引发青年学生更深层次的共鸣，提升他们的代入感，使学生们对舞蹈艺术背后所蕴含的优秀文化价值观念产生认同，从而起到丰富学生的精神世界、增强学生的精神力量、促进学生全面发展的作用。可见，舞蹈教育中，舞蹈作品的创作立足群众、立足实践，从人民群众的生活中汲取创作的原料和养分，并以中华民族悠久的文化底蕴为支撑。创作者通过创造性的劳动，为人民生产出观念形态的舞蹈作品，丰富人民的精神世界和文化生活。由于舞蹈作品的创作并没有脱离群众和社会实践，从而不是毫无生气的空中楼阁；由于舞蹈艺术又是高于生活的，有其独特的典型化的形象表演，并能将教育寓于其中，寓于娱乐之中，从而实现舞蹈的娱乐作用和教育作用相统一，实现舞蹈教育艺术性与思想性的辩证结合，使得广大青少年在舞蹈教育中坚定文化自信，在寓教于乐中增强思想政治教育的实效性。

三、新时代舞蹈教育育人功能实现路径

舞蹈教育以舞强魂、以美育人，在培育德智体美劳全面发展的时代新人工作中发挥着重要作用。新时代视域下充分发挥舞蹈教育的育人功能、切实普及并扎实推进以舞蹈教育为代表的美育发展是新时代高等教育发展的重要任务。

1. 丰富舞蹈教育内容“深度”

切实发挥舞蹈教育育人功能首先要丰富舞蹈教育内容“深度”。舞蹈教育内容的深度决定着舞蹈教育育人功能的成败。舞蹈教育的内容并非全是简单地动作技巧传授，舞蹈教育内容的真谛在于通过舞蹈理论讲解、舞蹈技巧传授、舞蹈作品创作、舞剧打磨展演、舞蹈艺术鉴赏等将舞蹈中蕴含的“真”“善”“美”加以弘扬传播，让受教者通过舞蹈这一律动性的美育形式加深对美好世界、美丽国家、美妙人生的体验感悟，从而达到塑造美丽心灵的目的。新时代高校推进舞蹈教育在将舞蹈教育纳入立德树人工作顶层设计过程后要优先并且慎重筛选舞蹈教育内容。要在习近平新时代中国特色社会主义思想的指导下，深入挖掘中国传统文化中的舞蹈教育厚重底蕴，在中国共产党团结带领各族人民赢得新民主主义革命胜利、建立新中国的革命历程中汲取红色基因，从“站起来”“富起来”到“强起来”两次伟大飞跃过程中凝练时代发展印记，通过不同历史阶段的经典舞剧和系列舞蹈大家的艺术人生将舞蹈德育资源加以串联并

丰富升华，从而不断满足时代新人对美好舞蹈教育的需求。

2.提升舞蹈教育形式“亮度”

作为“主渠道”“主阵地”教育的第二课堂，舞蹈教育具有先天的律动性、趣味性等优势。新时代在做好舞蹈教育课程设计和育人体系建设、构建“大思政”格局“三全育人”体系的前提下，进一步提升舞蹈教育形式“亮度”是高校开展舞蹈教育、深化美育教学改革的重要举措。这要求在继承传统舞蹈教育理念、形式的前提下，立足当代、扎根实践，不断创新舞蹈教育方式方法。一方面，自媒体时代可以借助各种网络平台渠道如微信、抖音、快手、慕课等开展线上教育，突破时间空间局限，利用数字媒体手段对舞蹈教育加以时空延展，提升舞蹈教育便捷性。另一方面，可以创新舞蹈作品赏析课程、舞蹈训练课程和舞蹈展演课程形式，打破教育地点局限于教室和练功房的传统，走进大剧院、走进社区、走进演播厅等，推进“全校舞动”校园文化建设，浓郁校园舞蹈教育氛围。

3.强化舞蹈教育师者“美度”

舞蹈教师是实施舞蹈教育育人的主体，优秀的舞蹈教师队伍是确保舞蹈教育育人功能充分发挥的关键。新时代视域下强化舞蹈教育师者“美度”、建强舞蹈教师队伍是推进美育工作的重要一环。舞蹈教师是舞蹈教育对象的领航人，决定着舞蹈育人的方向和成效，因此要强化舞蹈教师马克思主义理论培训，不断坚定舞蹈教师共产主义信仰和以人民为中心的教育理念，牢固树立“四个意识”，在习近平新时代中国特色社会主义思想指导下传道授业解惑。与此同时，舞蹈教师担当合格的“护渠者”和“守田人”要身先示范，扎根人民，坚持正确的舞蹈创作方向，以高质量的舞蹈教育和舞蹈创作等现实实践感染学生，“哺育”学生，潜移默化引导舞蹈教育对象自觉向其对标看齐，真正成为塑造学生美丽心灵的美育工程师。

培养时代新人是党和国家在新时代的历史节点上做出的新的人才战略选择。“新时代”成为我国当前发展的新的历史坐标，新时代所要培养的时代新人是德智体美劳全面发展的社会主义建设者和接班人，故而要五育并举以服务于立德树人的根本任务和目标，大力推进以舞蹈教育为代表的美育发展。舞蹈教育以其善于抒情、长于写意等特性成为美育的重要组成部分和教育形式，我们要充分挖掘舞蹈教育的思想政治教育资源，充分发挥其立德树人的功能，助力德智体美劳全面发展的时代新人的培育。

参考文献

［1］习近平:《坚持中国特色社会主义教育发展道路 培养德智体美劳全面发展的社会主义建设者和接班人》，载《人民日报》2018-09-11（1）。

［2］习近平:《在中国文联十大、中国作协九大开幕式上的讲话》，载《光明日报》2016-12-01（1）。

［3］刘岚:《新时代舞蹈特色德育资源开发利用的实践与思考》，载《北京舞蹈学院学报》2018年第5期第51页。

艺术专业法律教育助推学生法治素养提升

张松

摘要：党和国家对艺术人才培养提出了更高要求，艺术院校应通过加强艺术专业法律教育，对传统优势学科进一步补强和升级，这是落实全面依法治国、培养高水平艺术人才、补充大学生法律基础教育、保障学科和行业创新发展的必然要求。对于艺术院校而言，重视程度不够、师资保障不足、培训体系不健全是主要障碍，艺术院校应当通过强化组织领导，做好顶层设计，引导学生规范使用学校无形资产，开设专业法律课程，举办学术交流活动等途径，不断提升学生的法治素养。

关键词：艺术人才培养；知识产权；法治素养

新时代，党和国家对艺术人才培养提出了新的要求，落实到高校工作中，就是要以党的艺术教育方针为核心，培养大批思想积累丰富、知识储备充足、文化修养深厚、艺术训练扎实的高水平艺术人才。近年来，艺术文化市场不断繁荣，在网络新媒体环境下，舞蹈等艺术作品传播速度快、途径广，侵权现象时有发生，知识产权保护工作形式愈发严峻，亟须在高等艺术教育中普及知识产权法律知识，提升学生的法治素养。

长期以来，在国内艺术专业院校的教育教学体系中，除具有通识性的大学生法律基础课程外，专业法律教育相对不足，学生法治素养有待进一步提高。

一、随着高等教育内涵化发展要求不断提升，在大学教育体系中逐步增加法律教育内容，尤其是与艺术专业相关的法律教育，显得尤为重要

1.是落实党中央关于全面推进依法治国决定的应有之义

十八届四中全会是中国共产党历史上第一次以全会的形式专题研究部署全面推进依法治国，会议作出了全面推进依法治国的决定，开启了新时代中国法治建设的新篇章。会议要求，要把法治教育纳入国民教育体系。青年时期是一个人世界观、价值观、人生观形成的关键时期，在大学教育这个关键阶段，专业的法治教育不能缺失。大学生的法律素质不是与生俱来的，不但需要在大学的课程体系中不断地教育和培训，还需要在艺术实践中培养和形成。在艺术院校加强法治教育，使学生掌握系统的法律知识，树立法治观念，具备良好的法律素质，培养成为具有艺术专业素养和实用法律技能的综合应用型人才，是补足艺术教育知识短板，落实中央全面依法治国决定的应有之义。

2.是培养高水平艺术人才的必然要求

大学教育，归根结底是要培养社会主义事业的建设者和接班人。在我国社会主义建设和发展的不同时期，对人才培养的要求也在不断变化，随着我国社会经济发展水平不断提升，社会对专业人才的要求不断提高。大部分青年学子毕业后都将投身到社会主义市场经济建设当中，而社会主义市场经济本质上是法治经济，它要求各参与主体遵纪守法、敬畏规则，在法律规则的范围内活动。因此，大学培养的艺术专业人才如不学习和掌握与自身专业密切相关的法律知识，很难满足社会主义市场经济条件下对人才的要求。

3.是大学生法律基础教育的必要补充

大学生法律基础教育属于法律的通识教育，侧重点在帮助学生了解社会主义法律体系的概貌，认识中国特色法治道路的历史必然性，帮助学生从法律制度层面建立道路自信、理论自信和制度自信。从目前大学生法律基础的教育教学内容看，重在法律意识的激发和培养，轻于法律规则的学习和应用。在大学教育中增加与专业相关的法律课程的学习，不仅是法治信念和意识形态的思想教育，更是学以致用并服务专业的

规则教育，不仅要让学生被动守法，更是要让学生们在自身合法权益受到侵害的时候，可以拿起法律武器维护自己的合法权益。

4.是学科和行业创新发展的有力保障

随着信息化时代全面到来，大数据、物联网、人工智能等技术深度融合，各个学科和行业面临转型升级。新的技术条件塑造了新的生产和消费关系，各个专业和学科需要在时代发展中不断进步，需要就某一具体领域的法律问题进行深入探讨和研究。艺术各专业学科也不例外，例如，网络技术的广泛应用使得艺术作品知识产权的保护难度不断加大；短视频的异军突起，需要重新考量著作权法中的“舞蹈作品”的内涵和外延。法律仅仅依靠原则性、一般性的规定，很难满足艺术行业发展需要，需要行业与法律之间的深度融合，培养一批跨学科专业的复合型人才，为学科和行业的创新发展提供有力保障。

为避免高校盲目追求层次全、规模大的现状，北京市教育行政部门今年制定了《市属公办本科高校分类发展方案》，引导学校合理定位、各司其职、走特色化发展之路。方案将北京舞蹈学院等艺术院校确定为“高水平特色型大学”，就是要以社会经济发展和人才需求为导向，对传统优势学科进一步补强和升级。

二、对于艺术专业院校而言，补强艺术法律教育也存在不小的障碍和挑战

1.对艺术法律教育重视程度有待提高

在过去的艺术教育教学体系中，专业法律教育长期处于空白状态。近年来，随着国家不断加大知识产权保护力度，艺术领域法律纠纷逐渐增加，艺术院校对法律教育的重视程度正逐步提高，但与全面依法治国时代下，推动教育高质量、内涵化发展的总体部署还有一定差距。当前我国正处于民族复兴的关键时期，艺术文化产业是代表国“软实力”重要因素，加强知识产权保护，是激励艺术创新、繁荣文化市场的重要制度保障。艺术院校作为高水平艺术人才的培养基地，必须加强艺术法律教育，特别是知识产权法的普及，提高学生的产权保护意识，促进艺术文化市场创新发展、良性

发展。

2. 艺术院校法律教育师资保障不足

总体看，我国专业院校法律教育师资队伍现状不容乐观，理工、医学等专业院校法律教育师资队伍发展较快，艺术院校相对缓慢，存在专业教师数量不足、来源单一等问题。首先，教师数量不能满足需求，甚至有的艺术院校根本没有法律专业的教师，现有的法律专业教师，绝大多数处于超负荷工作状态，无暇通过更高层次的学习来进行知识更新；其次，在大部分艺术专业院校，法律教育师资以思政课教师为主体，兼有相关行政教辅老师和校外法律专家组成，教师队伍来源相对单一，不能满足艺术专业学科需求。

3. 师资培训体系不健全，专业性不足

在法学的教育教学体系中，并没有设置艺术法这个专业，在知识产权法中，舞蹈著作权问题也是一个较小的研究领域，而艺术专业的实践需求，与著作权法、行政法、合同法、劳动法等多个部门法都密切相关，需要精通多个法学专业的综合性人才。因此，即便是法学专业院校培养的教师，也需要进一步学习提高。另外，从舞蹈《千手观音》的一系列法律纠纷看，在涉及舞蹈作品实质性相似判定等复杂问题时，需要法学和舞蹈学两个学科领域深入交流，群策群力，才能公平公正化解矛盾纠纷。目前艺术专业法治教育师资培训体系不健全，各高校主要靠教师自学，在艺术院校和法律院校之间，尚未搭建起高水平的师资培养和进修体系。

三、近年来，北京舞蹈学院在舞蹈高精尖学科的建设和实践中，紧密围绕艺术院校知识产权保护的理论与实践开展教学和学术研究，不断倡导创新文化，并采取一系列措施，强化知识产权创造、保护和运用，在维护舞蹈知识产权中提升学生的法治素养，促进高精尖学科建设和育人水平的提升

1. 强化组织领导，做好知识产权保护教育的顶层设计

为切实提高和运用法律手段维护师生权益的专业水平，有效打击和遏制侵权行

为，依据《深入实施国家知识产权战略行动计划（2014–2020年）》《关于完善产权保护制度依法保护产权的意见》等文件精神，学校于2017年成立了知识产权工作领导小组。小组在校党委的领导下，负责贯彻执行有关知识产权保护的法律、法规，研究制定和实施学校知识产权管理的重大政策与对策。

学校将法治教育纳入“三全育人”工作体系，以提高人才培养质量为中心，结合艺术院校实际全面深化教育教学改革，充分发挥艺术院校专业优势，结合院系专业特点，将法治教育与学校特色有机结合，进一步完善法治育人的工作格局，开展富有艺术院校特色的实践探索。

2.加强学校商标管理，引导创业学生规范使用学校无形资产

北京舞蹈学院作为唯一一所专门化的舞蹈教育高等学府，在六十多年的办学历史中，坚持高层次的文化追求、坚持高质量的人才培养、坚持高水平的普及教育，在行业内形成了良好的口碑，积累了一批重要的商标，如“北舞”“BDA”“北京舞蹈学院考级”以及校徽、系徽等。为加强无形资产保护，学校制定了商标管理办法，对一些重要商标进行了注册，学校活动中统一使用注册商标，并聘请法律服务机构展开专项保护攻坚行动。

在维权过程中，针对不同情况分别处理。对于其他培训机构未经授权恶意使用学校商标的侵权行为，及时函告制止，侵犯学校名誉权的，采取法律措施追究责任。对于学校支持的大学生创业项目，学校积极引导创业学生规范使用学校商标，学生在创业中，经常在服饰设计、图片视频、广告宣传中使用学校注册商标，为此，学校不断强化服务理念，创新工作方法，在大学生创业中心积极开展商标法律教育，制定了一批权利义务设置相对平衡的格式合同，将知识产权法律教育普及到大学生创业活动当中，指导学生在正确的法治理论引领下，边学习边实践，推动大学生创业良性发展。

3.开设知识产权法课程，建设课程育人质量提升工程

学校在本科全校通选课中增加舞蹈著作权法课程，建立艺术院校法治教育的主阵地。在艺术院校开设专业的法治教育，首先要合理设定教学目标。与专业法律院校课程不同，艺术院校法治教育课程是针对艺术学科的普法性专业课程，课程首先必须坚持贯彻马克思主义法学思想和中国特色社会主义法治理论，让学生了解马克思主义法学的基本观点，认识中国特色社会主义的法律体系，既要提高学生的法学知识水平，也要培养学生的法律实践能力。课程目标是掌握我国著作权相关的法律、法规、司法解释的基本精神和主要内容，重点培养和训练学生运用法学的思维方法解决艺术专业领域法律问题的能力，引导学生把学习同思考、观察同思考、实践同思考紧密结合起来，学会用正确的立场观点方法分析问题。在课程内容设计上，要与舞蹈学、舞蹈表演、舞蹈编导、舞蹈设计等专业紧密结合，与学生的知识结构相适应，在了解舞蹈专业学科和舞蹈编创过程的基础上，针对性地展开教学。在教学方法上，要符合教学规律的要求，以案例教学为主，知识灌输为辅，结合聚焦学生关注的热点问题，选取舞蹈领域有影响的重要案件，将法学理论和真事案例贯穿融入课堂当中，进一步提升课堂效果和学生实际获得感，从而达到最佳的教学效果。

4.举办学术交流活动，提升师生的科研素养

在大学的教育教学体系中，学术交流活动是师生了解领域前沿、分享研究成果、启发科研思路的重要途径。作为培养舞蹈领域高级研究人才的摇篮，在学校举办的高端学术论坛中，都将舞蹈著作权保护作为重要议题纳入其中，邀请校内外相关领域的专家学者分享真知灼见。论坛全程对学生开放，广大同学积极提问、深入思考，汲取精神财富。

在科技日新月异的信息时代，新的媒体传播技术、新的声音影像技术对舞蹈等艺术行业的影响愈发明显，培养学生运用新科技解决专业问题的能力至关重要。学校在论坛中，有针对性地邀请相关领域专家，拓宽学生视野。例如，在信息极易修改删除的网络时代，面对舞蹈作品侵权，取证工作成本高、时间长，成为维权工作的一大障碍。论坛邀请知识产权数字认证专家分享在大数据、区块链技术的帮助下，如何简化取证流程、降低取证成本、增加证据可信度。学生在高水平的学术交流中，拓展学术视野，激发学术灵感，创新科研思维，提升科研素养。

当下，中国高等教育正处在内涵化发展和提升的关键时期，艺术院校应以习近平新时代中国特色社会主义思想为指导，深入贯彻党中央关于强化知识产权保护的战略部署，深化教育教学体系改革，不断加强专业法治教育，补强传统优势学科，为党育人、为国育才，培养高素质、高水平艺术人才。

08

心理资助育人篇

愈心育志：舞动治疗的应用现状及发展前景

顾丽

摘要：2014年，舞动治疗（Dance/Movement Therapy，DMT）开始较为系统地进入大学生心理健康教育体系中。为了把握舞动治疗在大学生心理健康教育中的发展前景并发挥更积极的作用，本文在论述舞动治疗在大学生心理健康教育中适用性的基础上，就舞动治疗的应用领域、平台和效果进行阐述，并提出舞动治疗在大学生心理健康教育中的应用前景。

关键字：舞动治疗；大学生；心理健康教育；应用前景

舞动治疗（Dance/Movement Therapy，DMT）是一种心理治疗与咨询方法，是表达性艺术治疗中的一种，它以身体舞蹈与动作作为干预媒介，实现人的生理、情绪、认知和社会性的整合，是一个创造性的过程。舞动治疗起源于“二战”之后的西方国家，目前在美国、英国等国家均有行业协会、行业杂志、培训体系与认证标准，既用于精神疾病、神经症的治疗，也用于健康人群的心理咨询与心理发展。

近十年来，我国引入了美国、德国的舞动治疗培训系统，培养出了中国第一批取得国际认证的舞动治疗师，包括笔者在内的两位在大陆高校系统工作，同时也有高校教师接受了舞动系统训练。

2014年，借助于北京首都大学生“5.25大学生心理健康节”平台，北京舞蹈学院申报并承办了“吾·爱·舞”舞动心理工作坊，正式将舞动治疗较为系统地引入高校心理健康教育工作中。舞动治疗在大学生心理健康教育中的应用还处于初期探索的阶段，取得了一定的工作成果，还有诸多需要完善的地方。

一、舞动治疗在大学生心理健康教育中的适用性

1.舞动治疗与大学生精力充沛的特点匹配

大学阶段是一个人精力最充沛、能量最饱满的阶段，舞动治疗配合音乐引导大学生整合身心参与其中，有助于彰显和释放体内充足的能量与活力。我国教育相对轻视体育类课程，这类课程大都是主科之外的副科，大学之前和大学阶段均存在一定程度的身体能量被压抑的状态。目前大学生广泛存在抑郁等相关情绪问题，抑郁情绪的主要表现是情绪低落、无动力、无兴趣、自我价值感低等，舞动起来可以增加大学生体内多巴胺的分泌，缓解情绪低落，启动内在动力与兴趣，恢复朝气和活力。

2.舞动治疗关注身体，注重大学生认知、情绪和社会性的整合

动作是个体发展的重要领域，它与个体情绪、认知和社会性各方面的发展密切相关。我国大学生进入高等教育之前，所接受的小学、中学教育普遍注重智力与认知能力的发展，忽略情感教育与人际教育；注重知识传递与应试能力，忽略创造力与发散思维的培养；注重头脑，忽视身体与动作。在舞蹈院校附中接受专业教育的学生，则注重舞蹈训练，相对忽视文化课学习，舞蹈院校的高考文化录取分数普遍低于其他本科院校。身体、动作与头脑、认知教育存在一定程度的分裂。

舞动治疗以身体舞蹈与动作作为干预媒介，让大学生连接、觉知身体，更加感知并接纳自身活生生的存在，更加身心整合，这拓展了他们连接自身、他人与世界的通道。内在的心理状态与人格特点会呈现在舞蹈动作上，而舞蹈动作的身体使用、空间使用、舞蹈动作动质感的改变，也会带来人的生理、情绪、认知与社会性各方面的改变与发展。

在原始社会，舞蹈最初存在的时候，是人与他人、自然和宇宙沟通的工具。舞蹈与动作是一种非语言沟通的方式，舞动治疗先驱强调舞蹈即沟通，以舞蹈动作建立咨询师与来访者之间的关系，并引导大学生以非语言的方式探索人际互动的各种可能性，能帮助大学生建构与他人、与世界的和谐关系。

二、舞动治疗在大学生心理健康教育中的应用领域

目前，舞动治疗在大学生心理健康教育的各个领域得到了广泛的应用，并具有相关的应用平台，以北京为例,2014年以来，北京首都大学生“5.25大学生心理健康节”平台每年均设置舞动工作坊及相关活动；2019年3月，北京舞蹈学院“吾·爱·舞”心理工作室作为首批辅导员工作室成立。2019年底，作为北京高校首批心理名师工作室：北京舞蹈学院顾丽“吾·爱·舞”舞动心理工作室成立，此工作室致力于整合舞动资源，进行舞动理论研究，并广泛开展服务于高校师生的舞动实践。

1. 团体辅导与工作坊

舞动团体辅导是舞动治疗在大学生心理健康教育中应用最广泛的领域，结合大学生的实际特点与需要，舞动治疗一次性团体、连续性团体与工作坊在北京高校广泛开展，主题包括：爱、新生适应、人际互动、情绪管理、压力释放、职业发展与规划、自我成长与发展、团队建设、凝聚力提升等各个内容，群体涉及本科生、硕士与博士研究生，包含挂科生、心理委员等学生干部、党员、新生与毕业生等。2014年—2017年，北京舞蹈学院承办、联合承办首都大学生心理健康节“吾·爱·舞”舞动工作坊系列活动4次，主题分别为爱、新生适应、人际关系与青春，累计服务北京市高校百余场，服务高校大学生超过3000人次。

疫情期间，北京舞蹈学院顾丽“吾·爱·舞”舞动心理工作室针对疫情期间大学生面临的学习方式的变化带来的扰动，存在焦虑、抑郁、不确定、亲朋间的冲突等心理困扰，开展了限制中的自由、从焦躁到平和、靠近“死”更懂生、由冲突到和谐、失控中的“锚”定和低落中的能量六个主题的一次性舞动线上团体，全国高校近200人次大学生参与其中，他们对带领老师的满意度（1–5分评级）平均分为4.48，80%的学生表示愿意将工作坊中介绍的方法应用于工作和生活中。笔者在2020年7–8月参与兰州大学公益项目，为全国高校研究生开展了身心平衡舞动连续性团体，团体每次两个小时，共6次，支持存在亚健康状况的研究生们。

2. 个体咨询

舞动治疗也被应用于个体咨询领域，被运用于来访者常见发展性问题及各种障碍

的辅助性咨询工作中，目前比较多的是将舞动元素加入传统的谈话治疗中。舞动元素的加入，让大学生来访者可以更好地通过连接身体、释放与整合内在。举例来说，压力是来访者经常会遇到的问题，在咨询过程中会问来访者在身体的什么地方可以感受到压力，然后配合音乐以扔掉、推开、甩掉等动作隐喻将其释放；在有关与同学相处心里有不舒服但不能表达拒绝的情况，会用绳子围成圈表示她自己的边界和界限，咨询师模拟情境、侵入她的界限，让她体验自己的感受，并调动身体的能量以推开的方式感知力量、守护边界，并在咨询室里模拟练习如何沟通与表达，等等。

2020年以来，高校心理健康教育工作中开始进行线上个体咨询并开通心理热线，在其中舞动的元素可以加入运用。比如，在线上视频个体咨询中，来访者说还是挺无助无奈的，但每天每个时间点做点什么就会觉得踏实，问他在身体的什么地方可以感觉到踏实，他说脚，引导他把踏实的感觉带到全身更多的地方，注意到他身体的紧张，让他在踏实的身体感觉里加入放松，进行舞动，之后播放音乐，并将之前咨询中曾提到的对自己的祝愿“愿我更坚强、更强大”舞动出来，结束后分享了他的意象，并说身体放松也更有力量。

3.心理健康教育活动

2018年，北京舞蹈学院联合中央音乐学院承办2018年首都大学生心理健康节的“吾·爱·舞：共舞心健康”比赛，邀请全市各高校大学生，以北京舞蹈学院心理教师顾丽作词、中央音乐学院学生制作的音乐《春之舞》进行集体编舞、跳舞，共有18个高校、28个舞蹈作品，五百余名大学生参与其中。2019年，北京舞蹈学院承办2019年首都大学生心理健康节的“吾·爱·舞：舞动梦想”比赛，邀请北京各高校大学生选取能表达梦想的音乐，以梦想为主题进行集体编舞、跳舞，活动共有19所高校参与，收到舞蹈作品39个，其中专业组作品3个，非专业组作品36个，共计六百余名大学生参与了本项活动。活动的成功开展激发了大学生以音乐、舞蹈的艺术形式激发大学生感知自我与梦想的内心能量，培养了其创造力与团队合作精神，有效引导了大学生们以自尊自信、积极阳光、理性平和的心态健康成长，展现了新时代大学生舞动梦想的青春身姿。

2020年，北京舞蹈学院“吾·爱·舞”舞动心理工作室发起舞动作品征集活动，分为“人人跳”“舞动生命、祝福祖国”“舞动战‘疫’身心笔记”三个篇章，面向高校舞蹈专业师生、高校舞蹈爱好者等群体征集舞蹈作品与生命故事。征集活动共计收到二十余个舞动作品，“北舞 舞动 心理”公众号分五期进行了择优推送，创造了在艰难时刻以舞动互相支持、健康身心、携手同行的平台，表达了以舞蹈对生命与祖国的祝福。

此外，舞动治疗还应用在了大学生心理健康课程建设中，比如说以《艺术心理学》《心理行为拓展》等名字开设的选修课程，有全部和部分的舞动治疗的内容，实质上是体验和成长性质的课程。同时，危机干预中也有舞动的元素加入。

三、舞动治疗在大学生心理健康教育中的应用效果及前景

1.舞动治疗在大学生心理健康教育中的应用效果

目前，大学生舞动治疗团体辅导的效果的实证和量化研究较多，研究结果显示：舞动治疗团体辅导能显著增强大学生对事物的积极建构，降低大学生的抑郁水平，提高大学生的总体生活满意度；能够有效提高大学生的身体自我概念和自尊水平；能有效改善大学生一般自我效感和自我接纳；以舞动心理为主的团体辅导对大学生社交焦虑具有积极干预效果；可以帮助大学新生发掘资源，寻找每个人自己的发展方向，转化和处理那些阻碍自己的情绪和想法，促进大学新生适应。舞动个体咨询效果及舞动治疗在大学生其他领域的应用鲜见实证研究。

2.舞动治疗在大学生心理健康教育中的应用前景

（1）建立高校舞动心理辅导师培训标准与体系，培养一批合格的师资队伍

心理工作要求心理工作者具有专业胜任力，必须经过受训才能开展相关工作。舞动治疗在大学生心理健康教育中的规范有效的高质量应用，必须建立在具有合格的师资队伍这一基础上。目前从国外引进的受训系统花费高、时间长，高校心理教师在费用、时间、精力上均有困难，如何适应高校心理教师的特点及需求，建立高校舞动心理辅导师培训标准与体系，是保证更多的大学生可以从舞动中受益的重要环节。

高校舞动心理辅导师培训标准与体系的建立是一个在国内外都没有先例的新事

物，需要在调研、研讨的基础上探索的一个创造性工作，也是舞动治疗在大学生心理健康教育中发挥更大作用的基础保障。如何整合国内外经验丰富的舞动治疗师资源，如何吸收国外先进经验又整合中国的舞蹈、传统文化资源，如何让舞动治疗可以契合大学生心理健康教育的需求等，都是构建高校舞动心理辅导师培训标准与体系需要考量的内容。

（2）拓展应用领域和应用平台，助力舞动治疗在大学生心理健康教育中发挥更大的作用

舞动治疗作为一种整合语言与非语言沟通的咨询和治疗方法，运用于危机干预、严重精神和心理问题的辅助咨询上均有其独特的价值，目前在该领域应用得相对较少。舞动治疗产生之初，其中一个应用领域就是“二战”之后受到严重创伤的士兵，无法用语言与他们交流，但是可以以舞动的方式慢慢进入其内心世界并进行干预。

目前，在北京市有一个整合资源的工作室平台，全国性的高校舞动平台还没有建立，在今后的发展过程中可以寻找合适的契机。线上舞动的可能性也为这样平台建立之后全国师生的互相合作和交流提供了便利。

（3）深化理论研究，为舞动治疗在大学生心理健康教育中的科学应用提供支撑

目前国内舞动治疗在大学生心理健康教育中的量化研究几乎都是针对舞动团体心理辅导开展的，运用的研究工具大都是问卷和量表，实验设计大都是对照组、实验组的前后测设计，鲜见利用脑科学相关研究方法开展研究的。深化这个领域的研究，拓展理论研究领域，是在理论支撑下开展舞动治疗实务的必经之路。

结语

目前，舞动治疗在高校大学生心理健康教育中的应用处于不断探索与积累的阶段，很多高校师生甚至没有听说过这个名词，一个新鲜事物的出现特别需要人们怀着好奇之心了解和支持。高校舞动心理工作者们会在已有工作积淀的基础上，在这个领域不断努力、孜孜以求，在专业上精益求精，更好地支持学生的心理成长与身心整合，努力在大学生心理健康教育中不断发挥积极的作用。

从身心发展规律出发探索艺术院校特色大学生心理健康教育

贾秋月

摘要：本文在艺术类院校心理健康教育工作现状和实践基础上，结合教育部关于高校学生心理健康教育工作的相关指导性文件，就当前形势下，如何改进和完善艺术院校心理健康教育工作服务体系，具体包括心理健康教育三级工作网络、队伍建设、网络信息化平台、条件保障、制度建设等进行了探讨和思考。针对艺术院校实施学生心理健康知识教育、宣传活动、咨询服务、预防干预等四项主要任务的过程中，怎样根据艺术类学生身心发展规律以及心理健康教育的总体目标，提高学生心理健康教育的科学性、针对性、实效性，本文尝试性地给出了一些建议，供学校相关部门参考。

关键词：艺术院校；心理健康教育；工作服务体系；实践与思考

我国大学生心理健康教育起步于20世纪80年代，随着高等教育的发展及社会各界的高度重视，各高校对心理健康教育不断探索，也从理论和实践等方面实时改进和深化。艺术类院校是高等教育体系中的特殊群体，与普通高等院校学生有共性，同时也具有艺术专业的特殊性。2018年7月教育部印发了《高等学校学生心理健康教育指导纲要》，结合《纲要》的基本要求，以及艺术类学生身心发展规律、心理健康教育基本原则和总体目标，针对性开展心理健康教育工作，建设完善心理健康教育工作服务体系，推动“教育教学、实践活动、咨询服务、预防干预”“四位一体”的心理健康教育格局在艺术类院校落地，积极有效引导艺术类大学生身心全面健康成长。

一、心理健康教育工作服务体系的建设与完善

艺术院校心理健康教育取得了积极的进展，也面临发展不平衡不充分的问题，还需要从体制机制、队伍建设、网络信息化平台建设、基础条件保障、文件规范性等方面加以完善。

1.建立健全学校三级心理健康教育工作网络

2011年教育部出台《普通高等学校学生心理健康教育工作基本建设标准（试行）》指出："高校应有健全的校、院（系）、学生班级三级心理健康教育工作网络，各级各部门应有明确的职责分工和协调机制。"目前，艺术院校一级心理健康工作机构大部分设立在学工部，负责全面开展学校的心理健康教育工作。二级工作站一般由本院（系）分管学生工作的院（系）领导和辅导员、班主任为主，配合一级网络开展各项工作，掌握学生心理动态，组织协调院（系）开展结合学院学生特色的针对性心理健康教育活动。三级由班级心理委员和热心班级心理健康工作的学生组成，配合院（系）在班级开展心理健康教育活动，对本班同学存在的心理困扰及时提供支持和帮助。分工明确、职责清晰、相互配合的校、院（系）、班级三级心理健康教育工作体系，是有效的校园心理健康教育支撑系统。

2.心理健康教育队伍建设

按照教育部2018年7月印发《高等学校心理健康教育指导纲要》的通知，每校至少配两名心理健康教育专职教师，积极开展师资队伍培训，充分调动全体教职员工参与心理健康教育的主动性和积极性，重视对班主任、辅导员以及其他从事高校思想政治工作的干部、教师开展心理健康教育知识培训。艺术院校对班主任、辅导员的心理健康教育知识培训相对较弱，特别是在专职心理健康教师配备不足的情况下，需要将辅导员纳入院（系）二级心理辅导队伍中。辅导员与学生接触多、相处时间长、了解面广，具有连续性和全面性，再加上年龄优势，易于与学生沟通，可以帮助解决新生适应问题和学生人际交往、学业、家庭情感、就业等方面的一般性问题，帮助学生走出困境。辅导员处在学生教育与管理的第一线，在开展心理健康教育及宣传活动、心理普查、同辈心理辅导、心理危机干预中也不可缺少。因此，艺术院校急需将辅导员

纳入心理健康教育体系中，定期开展心理健康教育知识和能力的培训，切实提高辅导员的心理健康教育能力，充分发挥他们的岗位优势。同时，参与心理健康教育的工作者自身的心理保健工作也值得各方重视。

3.心理健康教育网络信息化平台的建设

在高校心理健康教育领域开发应用信息技术和信息资源管理系统，为高校心理健康教育的改革和发展提供了最佳选择，也为不断提升心理健康教育科学化水平奠定了基础[1]。艺术院校大学生心理健康教育信息平台的建设，以北京舞蹈学院为例还有一定的提升空间，特别是在新冠疫情发生后，传统的心理健康教育方式受到了限制，不能满足学生心理健康指导需求，更需要构建现代化、系统化的集管理、教育教学、心理健康服务为一体的网络平台，借助这样的平台，可以使师生不受时空限制，任意时段和地点登陆平台进行操作。依托平台进行部门机构管理、人员信息管理、在线心理健康教育教学、普及心理知识测评管理、数据统计分析、档案保存、心理咨询预约、在线咨询、咨询记录电子化，上传心理健康教育文章，普及心理知识等，甚至可以开展在线朋辈交流互助和在线课堂。统筹协调，充分发挥心理健康教育网络信息化技术的灵活性、及时性、自主性、自助性、动态性、安全性等优势，创新丰富优化学校心理健康教育方式和策略，拓展心理健康教育工作的内涵与外延，保证心理健康教育方式的多样性，提高心理健康教育的实效性[2]。这样，三级心理健康教育工作网和心理健康教育信息综合平台结合起来，构成了心理健康教育立体化模式，让心理健康教育工作更加顺畅有效。

4.心理健康教育条件保障

心理健康教育和咨询场地的建设应符合大学生心理健康教育工作的特点和要求，能够满足学生接受心理健康教育和咨询指导的需求。心理健康教育和咨询场地包括预约等候室、个体咨询室、团体辅导室、心理测评室等，同时应配备必要的办公设备，常用心理测量工具、统计分析软件和心理健康类书籍。

5.完善学校心理健康教育机构制度建设

相关管理制度包括工作职责及内容、工作流程、工作规划制定、工作量计算、考核办法、培训以及功能室使用、咨询室管理、学生的转介制度、档案管理保存等，需要进一步规范完善。

二、做好推进“知识教育、开展宣传活动、强化咨询服务、加强预防干预”四项任务落地

1.推进心理健康知识教育

目前大部分艺术院校将心理健康教育课程纳入学校整体教学计划中，实现了心理健康教育全覆盖，目的是将心理健康教育工作“前置”，对高校学生心理问题做到提前预防，防患于未然。但就实施情况来看，多停留在传统理念和形式上，通常情况下心理健康课多为大班授课。艺术类学生感性思维强，自我意识突出，富有创造性，比较追求个性。他们专业情节强，在专业课学习上倾注了大量时间和精力。而且小班额教学也是艺术教育的独特模式。实践中发现，传统的大班额授课方式在教学过程中调动不了艺术类学生学习心理健康知识的积极性，课堂教学质量和效果不佳。其实，《纲要》明确指出应开发建设“大学生心理健康”在线课程，丰富教育教学形式。创新心理健康教育教学手段，有效改进教学方法，通过线下线上、案例教学、体验活动、行为训练、心理情景剧等多种形式，激发大学生学习兴趣，改善课堂教学效果，不断提升教学质量。作为艺术院校，应该在以上各方面更有优势探索、研究与尝试。蒋慧君、陈征等开展了艺术院校大学生心理健康课程评价标准的研究。调查研究数据表明，艺术院校大学生不喜欢传统的授课方式，更喜欢通过游戏、情景模拟、角色扮演等互动方式参与到教学中来[3]。所以要达到心理健康课程预期的教学目的，必须开展形式多样的教学方法，提高心理健康教育的有效性。有关艺术类院校团体辅导在心理健康教育课程中的应用研究也较多，研究表明，相比传统的教学方法，团体辅导的方式教学目标更容易实现，有效提高了学生的课堂学习与教学互动的积极性，教学效果更好[4]。我们也可以探索尝试将艺术教育和心理教育有机整合，这对艺术教育是功能的提升和扩展，对心理教育而言，也是提供了一种新的价值视角。绘画、音乐、舞蹈、表演、制作等都可以成为心理疏导和心理分析的媒介。如现代校园情景心理剧深受学生喜爱，它将日常学习生活中的常见心理冲突通过排演过程和舞台再现让

学生获得冲突体验，在解决冲突中学会换位思考，情感得到升华、心理得到疏解和安慰[5]。

2.开展心理健康宣传活动

艺术院校主要通过举办心理健康教育月、“5·25”大学生心理健康节这样的主题活动来宣传教育略显单一，需要利用艺术院校的优势，发挥艺术类学生主体作用，支持学生心理健康教育社团，组织开展心理健康教育活动，拓展传播渠道，创新宣传方式，普及心理健康知识，充分调动学生自我认识、自我教育、自我成长的积极性与主动性，提高大学生心理健康意识。至于如何拓展、如何创新才能增强学生心理健康意识，普遍提升心理调适能力，需要在实践中进一步交流借鉴探讨。

3.强化心理健康咨询服务

就目前艺术院校的心理咨询服务预约体系来看，尚未建立科学、合理、有效、动态的心理咨询服务平台，新冠疫情防控常态化下，更加凸显了传统预约咨询体系的局限性。因此，要推进心理咨询服务体系的网络信息化平台建设，也可以将这个平台作为心理健康教育网络信息综合平台的一个子平台。利用这个平台可推行在线预约、在线咨询，向学生提供经常、及时、有效的心理健康指导和咨询服务。这样也可以方便心理辅导老师在线记录辅导过程，实现心理咨询档案的信息化管理。当然，传统的个体咨询、团体辅导方式和电话咨询方式将发挥其不可替代的优势，与此相配套的硬件建设还需加强，比如应有单独的心理发展辅导室（也称之为个体咨询室）、团体活动室。关于硬件设施建设，可以参考其他院校心理健康教育机构的建设，并根据本校实际加以优化。

4.加强心理危机预防与干预

为了把握学生的心理变化规律，确定预警范围和对象，每年10月学校将《中国大学生心理健康量表》作为测评筛查工具，进行新生心理测评。根据测评分析结果进行约谈，实现新生心理健康问题的早识别、早干预。但也存在缺乏连续性、动态性的问题，还需引进心理测评管理系统，用于心理健康普查、日常心理测试。在不同时期、不同人群、不同状态下有针对性地投放《心理健康测评指定量表》，对测评结果进行统计分析，筛查出可能有异常心理的学生，及时给予关注和心理辅导，也为学校危机干预提供参考依据。

根据《纲要》的相关要求，应该建立心理危机预防和快速反应机制，建立艺术院校学校、院系、班级、宿舍“四级”预警防控体系，完善心理危机干预工作预案，做好对心理危机学生的跟踪服务，注重做好特殊时期不同季节的心理预防与干预工作，定期开展案例督导和个案研讨，不断提升心理危机干预专业水平，为出现心理危机学生提供专业、及时的心理援助，减少出现突发事件，维护校园稳定，保证正常的教学生活秩序。当然，还应该建立心理危机干预转介诊疗机制，及时转介疑似患有严重心理或精神疾病的学生到专业机构接受诊断和治疗。在高校危机干预的实践过程中，大家也在不断探索更完善更系统的危机干预体系，并结合互联网、大数据、人工智能等现代信息技术提供的方法，助力高校学生的心理健康危机干预。

三、结语

综上，艺术院校学生心理健康教育与普通高等院校在心理健康教育工作服务体系的建设和四项主要任务方面有共性，但也有其特殊性。根据教育部《高等学校学生心理健康教育指导纲要》的要求，艺术院校应该建立并完善三级心理健康教育工作网络，把辅导员纳入心理健康教育体系中并重视辅导员的心理健康教育知识和能力的培训。要构建心理健康教育网络信息化综合平台，并与三级心理健康教育工作网络形成立体化心理健康教育模式，加强相应的硬件保障以及组织机构管理制度建设，以此推进艺术院校心理健康教育科学化、规范化。根据艺术类学生身心发展特点和心理健康教育目标，优化心理健康教育课程，开展形式多样的教学方法，提高心理健康教育质量。拓展心理健康知识传播途径，创新宣传方式，普遍提升学生的心理调适能力。积极开展线上线下等多种形式个体咨询和团体辅导，向学生提供经常及时有效的心理健康指导。在心理测评方面除了每年大学生心理健康筛查外，还应该引进心理测评管理系统，根据不同季节和特殊时期（比如新冠疫情期间），有针对性地投放《心理测评量表》，及时掌握学生的心理健康状况，筛查出有进行心理辅导的学生，也为学校危机干预提供参考依据。

参考文献

[1] 罗锐:《我国高等院校心理健康教育信息化发展研究》，载《中国教育信息化》第43页第20期第5-7页。

[2] 周伟、赵岩、左振朋:《论高校心理健康教育信息化平台模式构建》，载《通化师范学院学报》2014年第67期第91-93页。

[3] 蒋惠君、陈征:《基于艺术院校健康课程调查构建大学生心理健康教育课程评价标准研究》，载《科教文汇》(下旬刊) 2019年第5期第49-55页。

[4] 赵喜恒:《高职院校心理健康教育课程教学实践中应用团体辅导效果研究——以江苏工程职业技术学院艺术设计学院为例》，载《辽宁丝绸》2017年第3期第56-58页。

[5] 庄丽:《发展取向的高校艺术心理教育模式探究》，载《黑龙江教育学院学报》2017年第36卷第10期第93-96页。

做大学生贴心人：辅导员工作方法探析

李岳

摘要：党和国家对青年学生工作非常重视，高校辅导员群体是贴近学生工作一线的重要成员，做大学生的贴心人已成为辅导员顺利开展工作的必要认识。为了更好地成为大学生贴心人，高校辅导员应该掌握科学的工作方法、熟知学生需求和痛点、积极帮助学生解决问题、加强制度设计保障，围绕学生、关照学生、服务学生，努力让学生成为德才兼备、全面发展的人才。

关键词：高校辅导员；思想政治教育；工作方法；贴心人

高校辅导员是开展大学生思想政治教育的骨干力量，是高等学校学生日常思想政治教育和管理工作的组织者、实施者、指导者。做大学生的贴心人，辅导员自身要有正确的是否观念和判断标准，时刻弘扬正能量。辅导员与大学生之间，不是简单的发号施令与承接命令的关系，只有让大学生真心相信辅导员、依靠辅导员，他们才愿意听从辅导员的思想和建议，跟着辅导员走。这就需要高校辅导员以大学生为工作对象，综合施策、多措并举，加强思想引导，解决实际困难，在学生成长成才过程中，时刻做到让大学生想得起、找得到、靠得住。

一、辅导员要牢记使命意识和工作职责

从辅导员的诞生、发展和工作要求看，牢记使命意识一直是辅导员工作的根本。1952年底，清华大学建立学生政治辅导员制度，担任思想政治教育方面工作和职责；1961年，党中央提出在各高校设立专职政治辅导员；进入新时代，教育部于2017年

颁布修订后的《普通高等学校辅导员队伍建设规定》，进一步规定了辅导员的工作职责。这些文件中都要求辅导员要牢记使命意识，恪守工作职责，应当努力成为学生成长成才的人生导师和健康生活的知心朋友。

1.辅导员要具有较高的政治素质和坚定的理想信念

大学生处于社会经验少、思想较为单纯的特殊时期，正确的思想引导对其健康成长具有极为重要的作用，因此辅导员要具有较高的政治素质和坚定的理想信念，才能保证把学生带领在正确的认知轨道上，避免错误的发生。辅导员的正确引导，极大影响学生对国情、世情和基本认知观念的形成。辅导员工作最重要的就要讲政治，带头遵守法制法规和基本道德观念。高校招聘辅导员时，很多要求政治面貌是中共党员，从中可以看出高校对辅导员的政治素质高度重视。在与学生的交往过程中，辅导员要积极引导学生深入学习党和国家的理论和政策，树立爱国报国思想，将所学理论联系生活实际，认识到实践的重要意义。要把学生努力培养成为又红又专、德才兼备、全面发展的中国特色社会主义合格建设者和可靠接班人。

2.辅导员要恪守自身工作职责

辅导员有思想理论教育和价值引领、学风建设、心理健康教育与咨询等九大工作职责，恪守自身工作职责，是辅导员做大学生贴心人的底线。辅导员对自身工作职责，应有清楚的认识和对应的工作方法，对学生在辅导员工作职责内的事项，要足够了解，知无不言。对职责外的学生需求，也应得出基本判断，予以引荐给专业教师，尝试性解答相关要求与步骤，帮助学生尽快解决问题。辅导员可以梳理学生疑问、不良信息和优秀经验，提前做好工作计划，不断总结学生问题的类别和解决方法，在容易犯错的重点时间段予以提醒，在新生入学和日常教育中不断传播优秀经验做法，帮助学生避开易错点，主动引领学生顺利成长成才。

二、辅导员要熟知学生需求和痛点

辅导员想成为大学生的贴心人，就要熟知学生的需求和痛点，如果连学生想什么、做什么、喜欢什么、关注什么都不清楚，辅导员就很难抓住学生的心，更不用说贴近学生的心。在学生的众多需求中，最值得关注的就是学生需求中的痛点，把这些顽疾挖出治好，才能让学生信赖辅导员、依靠辅导员，把辅导员当作真正的贴心人。

1.辅导员要综合施策了解学生需求

了解学生需求的渠道有很多，辅导员要深入基层，多听多看多问，通过综合搜集到的所有信息，来对学生需求进行判断和分类。学生需求主要分为共性和个性两种。共性需求即是大多数学生共同拥有的需求，包含生活、学习、个人发展、人际交往等方面。共性需求的拥有者通常也是同一类群体，如在年级或专业上，呈现比较趋同的需求特征和人群特征。在获取共性需求时，辅导员要不断深入基层，在学生寝室、课堂、社团活动中，加强和师生的交流，对合理的需求可以给予科学合理的解决。个性需求的探索相对更难，每个学生都不一样，综合来看往往与学生家庭背景、财务状况、情感关系等关系密切，除了学生主动寻求帮助外，辅导员还可以通过问卷、咨询其他师生等方法，准确掌握学生的个性需求，有针对性地开展帮助和服务。

2.辅导员要深挖学生思想、学习、生活中的痛点

在学生众多需求中，最主要关注的应该是学生思想、学习、生活中的痛点。痛点指的是学生在发展过程中，学校和社会不能充分满足，而学生有较强需求和改进的地方。当代大学生思维活跃，富有创新精神，是吸取各方面信息的黄金时期，辅导员应紧抓有利契机，重视学生思想引导，让学生在正确的思想轨道上实现自己的青春梦想。在专业学习上，很多辅导员不是所在院系专业出身，但是也要求辅导员勤问专业课教师，对学生所学专业有一定了解，以便在学业辅导和职业规划上，对学生有充分的说服力。在日常生活方面，辅导员要严格区分学生的抱怨和真正的问题，对于抱怨要疏解学生不良情绪，摆正学校是学习之所的根本定位，激励学生将精力放在学习上；对于真正的问题，辅导员要予以充分重视，充分发挥密切接触学生的优势，及时协调相关部门工作，对学校发展建言献策。

三、辅导员要掌握科学的工作方法

工欲善其事，必先利其器，辅导员要想成为大学生贴心人，就要掌握科学的工作方法，帮助自己更好地与学生谈心、交心，让他们暖心。作为一名思政工作者和青年工作者，辅导员应掌握的工作方法有思想政治教育方法、社会学理论与方法、心理学知识和沟通方法等。

1.辅导员要掌握基本的思想政治教育方法

作为专业的思想政治教育工作者，不论所学专业是哪类，辅导员都应掌握基本的思想政治教育方法。辅导员应将想要传达的思想融入日常生活中，将教育的内容和学生的日常生活密切结合起来，春风化雨、润物无声地滋养学生。注意诱导式和启发式教学，激发学生能动性，避免产生逆反心理。对每位学生定期谈话，分门别类地设置《特殊群体学生工作记录册》，详细记录每一次与学生及家长的访谈、电话沟通和教育管理跟踪情况，并随时分析工作效果和学生的进步情况。充分利用网络思政贴近学生、利于传播的优势，引导学生树立正确的理想信念，在学校里努力学习，积极作为。辅导员做的是人的工作，要有充分的人文关怀，对学生的生活和学习嘘寒问暖、精确指导，营造良好的生活氛围。

2.辅导员要掌握常用的社会学理论和方法

辅导员做的是人的工作，而社会学是系统研究社会行为与人类群体的学科，所以辅导员要掌握常用的社会学理论和方法，尤其是与大学生群体有关的知识，可以让自己的工作事半功倍。辅导员应掌握教育社会学、青年社会学、社会心理学等理论，常用的社会学方法主要有社会调查法、个案研究法。社会调查法即是通过调查搜集资料来考察社会现象的科学活动，可以分为普查、抽样调查和典型调查，通常情况下，为了平衡效率与准确，采用抽样调查的形式较多。个案研究法是对少量社会单位，进行长期、深入的考察，了解其详细状况和发展过程的方法。针对个别重点关注学生，辅导员要长期观察他们的学习方法、生活习惯和家庭情况等信息，科学合理地评判他们的想法和做法，给予特殊关照和沟通。

3.辅导员要掌握简单的心理学知识和沟通方法

刚入学时，大学生多数处在青春期，这是指由儿童逐渐发育成为成年人的过渡时期，他们精力旺盛，头脑活跃，身高和体型逐渐发育完全，但是在社会经验和心理成熟程度上比较欠缺，这就需要辅导员掌握简单的心理学知识和沟通方法，在校园中帮助他们营造相应的社会环境，促进他们的身心成长。辅导员应该掌握的有发展心理学、学习心理学、人格心理学、认知心理学等，帮助教师更好地理解学生心理变化、掌握学习进度、营造学习氛围、建立终身学习的理念和认知。在沟通过程中，辅导员应该尊重家长、懂得倾听，多与家长沟通学生的异常状况，对于重点关注的学生，辅导员要定期与家长通话、添加微信或其他通信工具，随时与家长保持联系。对于家庭经济情况较差或者少数民族学生家庭，辅导员应制定家访方案，选取重点学生进行家访，了解学生成长环境和生活习惯。辅导员应添加自己负责学生的微信、QQ等网络应用，及时与学生沟通交流，成为学生们无时不在、无话不说的朋友。

四、辅导员要善于解决学生的问题

辅导员经常参与学生活动，与学生在一起，能让学生有困难第一时间找得到辅导员，但是要想真的让学生信得过辅导员，主动找辅导员寻求帮助，将辅导员当作贴心人，却需要有较强的解决问题的能力，善于解决学生遇到的各类问题。

1.辅导员要正确看待学生在校产生的问题

学生工作牵涉大学生自身利益，一直以来备受学校、教师、家长、学生的重视，出现的矛盾和问题，也经常是学生围绕这几个群体的关系展开。首先，辅导员应正确看待学生在校产生的问题。要想帮助学生解决问题，最重要的就是坚持原则，无论是学生、师生、校生，还是家长与学生的矛盾，辅导员都应坚持以国家法律法规和校规校纪处理问题，保持公平公正的立场才能让各方信服辅导员的所作所为，将辅导员当作贴心人。其次，是要态度和蔼、积极沟通。辅导员不能以自己是成年人、学校教师的身份压制学生，不让学生说话和申诉，应该兼听则明，换位思考，既要保持做事的“力度”，也要存留待人的“温度”，在现有“法度”基础上加强人文关怀。辅导员也应该清楚，学校是公共生活和学习空间，学生来自五湖四海，众口难调是客观存在的，学生不可能对学校的每个做法和角落都完全满意，面对学生的过高要求时，辅导员要注意安抚学生情绪，开解思想症结，将主要精力放在个人成长和学业进步上，提供必要的获取学习资源的渠道和方法，促进学生思想成熟和能力提升。

2. 辅导员要发挥自身优势帮助学生解决问题

辅导员是离学生最近、处理学生问题经验最丰富的高校教职工群体，同时也是思想进步、踏实肯干、乐于奉献的进步职业，具有与学生接触密切、年龄较为接近、专业能力和管理能力较强等自身优势。在与学生沟通中，大家说的语汇相同，生活年代相近，没有明显代沟，部分辅导员还与学生有一样的母校环境，师生共同语言很多。多数辅导员在学生时代就是品学兼优、成绩优秀的学生干部，对于学生工作已积累较为丰富的工作经验，辅导员可以发挥这些优势，积极帮助学生解决问题。打铁还需自身硬，辅导员自己就应该发扬职业精神，把自己的工作作为一项事业来进行经营，带动学生一起成长和进步，在与学生接触中不断地完善自己，做一名与学生心贴心的辅导员。

五、学校应加强制度设计和保障

良好的制度设计是辅导员做好大学生贴心人的坚实保障。制度设计包含两个方面，一方面是建立健全辅导员工作评价体系，督促辅导员将工作重心和工作方向放在做好大学生贴心人上；另一方面是高校应建立完善“三全育人”工作制度，协同促进教职工共同做好大学生贴心人。

1. 学校应针对辅导员工作设定健全的评价体系

学校应将做好大学生贴心人当作辅导员评价体系的一部分，多角度考评辅导员工作，引入学生评价和专家评价，将评价体系设定完善。针对入职年龄较长的辅导员，学校要重视工作品牌的创建，聚焦一个主题创立辅导员工作坊，把实际工作中积累起来的经验进行创新和推广。学校可定期举办学生工作论坛、辅导员论坛等活动，组织辅导员、主管学生工作领导、专家等对学生个案进行分析、讨论，对已有工作中的特色经验加以推广，对暴露出来的问题给出建设性的意见。可以建立以全体学生满意度测评为基础，辅导员日常基本工作、工作室建设、科研申请与论文发表、辅导员风采展示等相结合的全过程考核体系，全面考察和衡量辅导员的工作业绩。学校要健全辅导员日常基本工作标准，将谈心谈话记录、进宿舍和教室记录、重难点思考记录、为学生办好事记录等数字化，定期做好检查工作，以备更好检索和理论转化。

2.完善的制度有助于辅导员做好大学生贴心人

辅导员大多具有严谨的工作风格和热情对待学生的态度，但仅凭辅导员一个工作群体的良好状态是不够的，辅导员作为学生最容易想到和找到的教职工，学校应依托他们这一有利优势，积极营造“三全育人”校园工作格局，将辅导员做好大学生贴心人制度化。围绕学生关心和突出反映的问题，学校应建立安全稳定工作联席会、教学服务联席会、后勤保障联席会等联络机制，多部门定期联合办公，提供有效支撑，有效沟通各部门和学生之间的分歧，为学生在校学习与生活答疑解惑。线上沟通具有不受时空约束、便于操作的特点，学校可以建立微信群、小程序、客户端等线上沟通机制，各部门设立网络信息员，定期对学生的提问予以解答，对学生关心的信息予以通报。在这个过程中，辅导员既可以成为网络信息员，也可以依托这些平台，加强网络思想政治教育，引导学生树立“不信谣、不传谣”的网络信息传播精神，理性看待生活、学习中遇到的坎坷和困难，利用正规渠道反映学生合理诉求。

“亲其师而信其道”，辅导员成为大学生贴心人，既是作为思想政治教育工作者，加强立德树人和人才培养质量的必备要求，也是辅导员顺利开展工作，促进师生关系，帮助学生更好成长成才的必要条件。因此各高校应高度重视这项工作，理清思路、多措并举、形成合力，加强制度设计和保障。辅导员要牢记使命意识和工作职责，熟知学生需求和痛点，掌握科学的工作方法，善于解决学生的问题，真正成为学生可以依靠的贴心人。

参考文献

［1］麻秋娟、纪永升、刘庆普、文柱、潘聪洁：《如何做好高校班主任工作的思考》，载《教育现代化》2019年第6卷第66期第170—171页。

［2］郑备：《强化思想政治引领　当好女大学生的引路人贴心人知心人》，载《中国妇女报》2019-05-17（004）。

［3］路遥：《新媒体情境下大学生社会主义核心价值观培育路径浅析》，载《开

封教育学院学报》2016年第36卷第12期第176-178页。

［4］张晓敏、姚波:《构建和谐师生关系中对高校辅导员工作的思考》，载《中国校外教育（理论）》2008年第3期第57页。

［5］谢红雨:《辅导员与大学生信任关系构建研究》，重庆工商大学学位论文，2018年。

以资助学　志智双育

方涛

摘要： 北京舞蹈学院资助育人体系的建立，始终遵循以学生为主体，基于国家与北京市政府以及社会给予学生的全方位资助，结合学校实际，为学生提供高效、快速的资助渠道，使每一位学生得到有效的帮扶。在资助的过程中，始终坚持以社会主义核心价值观固本，培养有担当、有责任感的时代新人。坚持以社会主义核心价值观引领学生成长，既融入课堂教学，增强学生对社会主义核心价值观的认同，又融入学生日常生活的方方面面，培养学生自觉践行社会主义核心价值观的良好行为习惯。

关键词： 三全育人；资助帮扶；资助渠道；资助体系

一、全面构建北京舞蹈学院“三全育人”资助体系

“三全育人”即全员育人、全程育人、全方位育人，是中共中央、国务院《关于加强和改进新形势下高校思想政治工作的意见》提出的坚持全员全过程全方位育人（简称“三全育人”）的要求。

学校在全面落实“三全育人”精神指引下，大学生资助管理中心全方面考量艺术类院校的资助特点，不断完善资助的体系建设，在建构和培养学生“爱国、爱校、爱舞蹈”的思想意识方面起到了潜移默化的参与作用。主动加强资助工作的顶层设计，完善各项资助管理办法，构建资助对象、资助标准、资金分配、资金发放协调联动的精准资助工作体系。一是健全困难学生认定工作机制，精准认定家庭经济困难学生，采用定期家访、数据分析、谈心谈话等方式，摸排困难学生家庭情况，确定资助等级。二是坚持资助育人导向，在奖学金评选发放环节，全面考查学生学习成绩、创新

实践、社会实践及道德品质等方面的综合表现；国家助学金发放环节，开展励志教育和感恩教育，培养学生“爱国、爱校、爱舞蹈”、爱社会主义意识；助学贷款办理发放环节，开展诚信教育，培养学生法律意识和契约精神；勤工助学开展环节，侧重帮扶家庭困难学生，着力培养奋斗精神、进取精神；应征入伍学费补偿代偿环节，继续坚持“接兵送兵”仪式，培养学生树立正确的成才观和就业观。三是创新资助育人形式，开展“助学·筑梦·铸人”主题教育活动，组织国家奖学金获得者担任“学生资助宣传大使”。

1. 指导思想

坚持以习近平新时代中国特色社会主义思想为指导，全面贯彻党的教育方针和文艺方针，坚持和加强党的全面领导，充分发挥中国特色社会主义教育的育人优势，以立德树人为根本，以理想信念教育为核心，以社会主义核心价值观为引领，以全面提高人才培养能力为关键，强化基础、突出重点、建立规范、落实责任，构建内容完善、标准健全、运行科学、保障有力、成效显著的大学生思想政治工作教育体系，形成全员全过程全方位育人格局，切实提高工作亲和力和针对性。弘扬学校育人传统，抓住文化繁荣的历史机遇，在学校“双一流”建设中，努力构建新时代大学生思想政治工作特色平台，着力培养文舞相融、德艺双馨的中国特色社会主义合格建设者和可靠接班人，不断开创新时代大学生思想政治工作新局面。

2. 国家对于大学生资助体系的制度建设

国家在高等教育阶段建立起国家奖学金、国家励志奖学金、国家助学金、国家助学贷款、师范生免费教育、退役士兵教育资助、学费补偿助学贷款代偿、勤工助学、学费减免等多种形式有机结合的高校家庭经济困难学生资助政策体系。家庭经济困难学生考入大学，首先可通过学校开设的“绿色通道”按时报到。入校后，学校对其家庭经济困难情况进行有效的核实，采取不同措施给予资助。其中，解决学费、住宿费问题，以国家助学贷款为主，以国家励志奖学金等为辅；解决生活费问题，以国家助学金为主，以勤工助学等为辅。此外，国家还积极引导和鼓励社会团体、企业和个人面向高校设立奖学金、助学金，共同帮助高校家庭经济困难学生顺利入学并完成学业。

3.北京舞蹈学院大学生资助机制的建设

我校对学生资助工作高度重视，严格落实国家及北京市的相关资助文件精神，狠抓落实。从2007年开始，学校通过校级党委会议，组建成立资助管理中心领导小组及资助管理中心，办公室设在学生处，统一管理本科生的助学贷款、奖助学金、勤工助学、临时性困难补助、学费减免补偿代偿等资助育人的各项工作。

目前，学生资助管理中心由学生处处长直接负责，配备1名专职工作人员专门负责本科生资助管理和育人工作，配备人员与在校生数之比约为1∶1317。各院系配备学生资助工作人员，负责监督和管理所在院系的日常资助工作；各院系成立了专门的资助工作评审小组（书记任组长，辅导员、班主任、班干部任组员），形成从学校到班级分工明确的资助工作组织领导机构，健全了四级贫困生认定机制，为学生资助工作规范高效开展提供了有力的组织保障。另外，为保证资助工作和人员的稳定性，我校自2007年9月至2017年3月，学生资助专职工作人员一直保持不变。因此，目前仅有两位专职人员在资助岗位上工作过，平均工作年限达到五年以上。2018年4月至今学校配备了专职资助管理科，正科级管理人员一名。我校学生资助管理中心办公场所设在主楼409办公室，配备了完善的办公设备。我校将学生资助工作经费纳入部门预算，有单独经费专项管理，分别为提取学费10%、财政专项、代管款项。学生资助工作的专项经费来源是每年按比例足额提取学费收入的10%及中央奖补资金。专项经费的合理使用，保证了我校资助工作的顺利开展。

我校领导高度重视资助体系对受助学生及其家庭的帮助作用，资助育人体系不断深化，希望通过资助来帮助贫困家庭的学生取得优异成绩，帮扶学生塑造人格和品格，在磨砺中成才和发展。2018—2019年，资助中心每年组织一次外地学生家访的行动，分别前往了广东省深圳市和海南省儋州市。通过家访活动的开展，更加熟悉和了解困难学生家庭的基本情况，并带去关怀送去帮助，学校用实际行动关怀和鼓舞着每一个学生。

二、艺术院校的资助特点，以北京舞蹈学院为例

1. 基数少，效率高

专业艺术院校因专业课程要求，培养的是国家需要的顶尖艺术人才，所以在人数上会有一定的限制，每年每届的学生都有一个总体的规划，导致学校一个显著的特点便是人员基数少。人数少有一个关键的论点是效率高，教师在突发事情时能够第一时间掌握学生的情况。例如之前有一个民间舞系的男学生因打热水被大面积烫伤，班主任在第一时间给予了帮助和上报，为时不超过24小时学校领导便迅速了解情况并给予一定的帮助和心理咨询。了解到学生不愿及时治疗的原因是家里经济条件有限，支付学费后，不足以支撑昂贵的医药费。另外一个原因是不愿意缺课怕身体机能无法迅速恢复。学校明确原因之后迅速在民间舞系进行沟通，直接通过学校资助部门支付学生的所有医药费并进行学生心理疏导和关怀。

以北京舞蹈学院的专业为例，因主专业是舞蹈专业，所以经常会出现受伤的情况，所以学校在医疗方面的建设和资助的建设都会给予很大的关注，如何让学生在突发事情下第一时间得到有效且高质量的帮助，如何让学生学习和生活得到基本的保障，这些是学校一直在努力完善的问题。这一事例体现了北京舞蹈学院一直遵从“以学生为本”的职业道德和“高效率，高质量”的办事水平，也从不同角度显现了专业院校人数少，学生需要帮助时学校能够及时地给予资助和关怀，使学生生活和学习都有了安全保障。

2. 帮扶无缝隙连接，熟悉化程度高

因时代在进步，生活节奏加快，学生面临的挑战、压力和困难也在不断地增加，所以根据情况北京舞蹈学院建立了大学生心理辅导中心，每学期都会有心理咨询的课程和交流。这使学生和学校建立了一个很好的沟通渠道和平台，双方能够无缝连接并快速熟悉了解。

有的学生家庭经济困难，但又因为自尊心无法开口向学校进行求助，这时学校会根据学生的资料进行私下交流，在相对保密的状态下既保证了学生的隐私权和自尊心，又提供了无缝隙帮扶，支持学生得到更好的帮扶和心理疏导。

北京舞蹈学院会在每年进行学生家访，海南省有四个学生因家庭经济困难无法保障学生的学费，学校得知后便到学生家里进行情况了解。位于海南省儋州市农场的四个男孩家庭非常困难。学校根据多方面了解到的学生从小的习舞经历，迅速地给予经济上的帮扶。后期长时间追踪，经常与辅导员、班主任沟通学生的情况，并给予合理建议，并通过学校资助部门给学生提供勤工助学的岗位。这样学生的生活费用也有了来源且锻炼了学生自强自立的意志和信念。

3. 艺术传播中体现资助育人的精神

2018年，为贯彻落实党的十九大精神，积极响应习近平总书记视察山西重要讲话精神，依托我校艺术资源优势，充分发挥社会服务职能，推动吕梁文化艺术事业发展，为老区培养更多舞蹈艺术人才，由校长郭磊带队，学生工作部部长惠彤、中国古典舞系主任庞丹等一行赴山西吕梁开展文化扶贫战略合作交流，中国古典舞系2015级学生为革命老区人民献上一台高品质的专场演出《国舞风·吕梁情》，得到当地观众的好评。

座谈会上，郭磊院长简要介绍了我校历史沿革、专业特色和发展情况。他说，吕梁是革命老区，为党和国家做出过巨大贡献，北京舞蹈学院将积极响应党中央精准扶贫号召，把帮助吕梁老区打赢脱贫攻坚战作为义不容辞的责任，在师资培养、学科建设等方面给予吕梁帮助，为吕梁文化事业繁荣发展贡献力量。

李俊平副市长对我校一行的到来和对吕梁的关心支持表示感谢，并简要介绍了吕梁基本情况。他表示，吕梁十分重视文化在脱贫攻坚工作中的重要作用，迫切希望与北京舞蹈学院这样的顶尖艺术院校在艺术人才培养、舞蹈创作等领域开展深度合作。同时，吕梁革命老区真诚欢迎北京舞蹈学院把吕梁作为大学生社会实践和艺术创作基地，加强艺术合作交流。

排演之余，师生们来到位于临县的中共中央西北局旧址参观学习，重温抗战历史，缅怀革命先烈，接受革命传统教育，让学生不仅在艺术上进行渗透并在精神上有了更崇高的信仰和理念，潜移默化的参观和交流使学生认识到应当肩负起新时代青年的担当与责任。

为深入学习贯彻习近平新时代中国特色社会主义思想和党的十九大精神，庆祝中华人民共和国成立70周年，纪念五四运动100周年，结合“不忘初心，牢记使命”主题教育和“我和我的祖国”爱国主义主题教育，我校师生于5月24日赴怀柔区宝山镇道德坑村开展引智帮扶共建活动。在“我和我的祖国”爱国主义主题教育“学起来”“讲起来”活动中，师生们参观弘德烈士陵园展馆，祭奠先烈，了解到道德坑村感人至深的红色革命故事，感受到当地的淳朴民风和独具特色的红色文化资源，在学习和接受教育的同时，深深体会到高校参与脱贫攻坚工作的重要意义。

我校将积极响应党中央精准扶贫号召，发挥文化在决战脱贫攻坚中的重要作用，利用艺术教育优势资源推动农村文化和教育事业发展。相信在党的坚强领导下，在高校积极参与社会服务的助推下，社会主义新农村建设和脱贫攻坚工作一定会取得更大成效。

三、建立资助育人的畅通渠道

1.聚合育人资源，体现协同性

“三全育人”中的“全”是关键。实施“三全育人”综合改革，必须聚合校内外各类育人资源，实现育人主体、时间、空间三个维度的有效协同，形成人人、时时、处处育人。

建强主力军，推进校级资助管理与三级管理队伍的协同。一是要注重交流合作，由辅导员或班主任作为学生的联络人与倾听者，建立日常的深度辅导和交流；二是要注重培训指导，通过开展集中培训，促进资源共享、同心同向；三是注重实践研究，搭建协同育人的项目平台，融合两支队伍开展实践探索和理论研究，形成成果。

畅通主渠道，推进思政课和专业课协同。高校要不断加强思政课程的创优创新，实施思想政治理论课创优行动计划，倾力打造学生真心喜欢、终身受益的思想政治“金课”；要挖掘专业课中的思政元素，推动课程思政落实落地，强化专任教师的育人职责，提高育人能力，确保课程育人效果。

2.资助体系全面体现社会主义核心价值观

2020年1月以来中国抗击新冠肺炎疫情的伟大实践，成为大学生践行核心价值、强化责任担当的生动课堂。高校要把握好这一教育契机，引导大学生在奋斗和奉献中找寻人生的价值和意义。

用社会主义核心价值体系教育引导学生是高校思想政治教育的本质要求，是培养大学生健康成长的需要。随着高校资助工作的开展，高校贫困生核心价值观的培养越来越受关注。从当今社会主义核心价值观的重要性人手，并在此基础上提出对高校资助体系构建的一些启示，强调高校应坚持用社会主义核心价值体系教育引导高校学生树立正确的人生价值观以及投身社会实践。

我校夯实主阵地，随着高等教育体制改革不断深化，我国高等院校学生贫困生总数也变得越来越多，急剧膨胀的经济社会变化对贫困学生的价值观产生了一定的负面影响，这使得高等院校资助工作难度变得更大。我校建立的心理辅导部门和资助部门分析了贫困学生的价值观构成，以及当前高校资助体系与社会主义核心价值观之间的冲突表现，进而提出了以爱国主义精神和改革创新精神为核心的价值导向，对贫困生进行诚信教育、感恩教育和励志教育，重视社会实践。线上线下进行双管齐下的课程输入，让学生在潜移默化中掌握并运用学校的资源进行更好的学习和探索。

参考文献

[1] 蔡颖：《高校学生资助工作队伍建设研究》，载《当代教育理论与实践》2014年第7期。

[2] 莫云仙：《高校资助工作队伍建设存在的问题与对策》，载《广西教育》2014年第3期。

[3] 张涛：《大数据时代高校精准资助新模式初探》，载《科教导刊》(中旬刊)，2017年第4期。

[4] 吴朝文、代劲、孙延楠：《大数据环境下高校贫困生精准资助模式初探》，载《黑龙江高教研究》2016年第12期。

[5] 李成飞：《大数据背景下高校贫困生资助工作精准化研究》，南京邮电大学论文，2017。

资育同行：探索艺术院校勤工助学模式

古丽切合热·艾斯卡尔

摘要：勤工助学作为高校日常生活中加强劳动实践教育的最佳平台，以及作为高校资助的重要部分，需要积极发挥资助与育人的双重作用，从而树立学生劳动实践观念，同时培养学生的感恩意识。本文在调研艺术类院校资助育人工作中勤工助学现状的基础上，通过对勤工助学发挥实践育人作用的分析，探索优化勤工助学模式的新思路，把勤工助学与学生素质教育、能力培养教育、专业教育、感恩教育有机结合起来，实现勤工助学工作的新突破。

关键词：勤工助学；优化；资助育人

高校勤工助学是“大学生个人或团体，以获得或改善学习条件为基本目的，将教育与学生社会实践紧密结合，全面培养学生素质和能力而进行的教育经济活动”。随着我国教育的不断投入以及资助体系的完善和健全，社会经济快速发展对人才素质提出的新要求，人才培养环境和教育模式相应发生了改变，勤工助学也从纯粹的“经济资助功能”向“人的全面发展的教育功能”转变，勤工助学作为大学生思想政治教育和实践育人的有效载体发挥越来越重要的作用。近几年来，参加勤工助学的不再局限于贫困生，而且也不再以单纯获取经济利益为目的。更多积极参加勤工助学的学生将以此作为提升自己的社会实践活动，作为在校期间增加社会经验、锻炼工作能力的重要形式。作为艺术类院校资助管理中心的工作人员，在开展具体的勤工助学工作中，深刻意识到勤工助学发挥着资助与育人的双重作用，进而引发了笔者对优化我校勤工助学模式的探索性思考，同时也深刻认识到，要使勤工助学工作能在立德树人的根本任务下长期而健康地发展，其管理工作的创新是非常必要的。

一、艺术院校勤工助学模式的探索背景

1.探索背景

笔者通过查阅文献资料，发现目前国内外研究学者对于大学生勤工助学方面的研究，大多集中在制度保障、参与对象的认定、固有机制运行等内容上，而对于勤工助学作为资助育人方式如何发挥实践、助人自助、育人机制、模式以及实效性等方面的内容研究很少。在查阅很多文献资料的基础上，笔者访谈了其他综合类高校以及艺术类高校的资助中心管理者、本校参与过勤工助学的学生，通过对资料的梳理、分析、总结，发现了所有高校普遍存在的问题，以及艺术类高校不同于其他综合类高校的问题。主要包括：

（1）工作人员配备不足。据统计，目前很多高校专人负责勤工助学的管理者少之又少，特别是艺术类高校，由于资助中心专职人员只配备了1—2名，几乎都是“奖、助、勤、贷、补”一把抓，由一个人全权负责，勤工助学工作也是工作职责之一，这种情况下很容易没有精力再去深挖勤工助学内涵以及背后的育人机制。

（2）勤工助学目标过于单一。学校设置勤工助学机制仅仅局限在资助贫困生，完成资助工作中“勤”的部分，在具体工作安排上存在重使用、轻培养，不太重视对学生综合能力的培养。参与勤工助学的学生本人“只求经济回报，不求锻炼提升”，无论是学校还是学生，都缺乏勤工助学作为资助育人手段的意识。

（3）招聘方式简单。在实际的访谈中笔者发现学校虽然明确了勤工助学岗位以招贫困生为主，但是大多数贫困生没有勤工的想法，导致很多岗位招不到学生，其他非贫困学生想参与勤工，但是不知道具体的申请渠道。部分学生反映自己参与的勤工都是通过其他同学得知的，学校很少公开招聘信息和方式，应该在资助网站上及时发布勤工助学的岗位招聘信息，规定岗位招聘贫困生和非贫困生的比例。

（4）岗位形式单一，内容繁杂。笔者在访谈中了解到勤工助学岗前培训几乎没有，一般情况下参与勤工的学生会被立刻分配到具体的工作，由岗位老师在实际工作中指导为主，基本没有系统的培训。缺乏培训是岗位形式单一、内容繁杂所致。部分学生反映勤工助学工作内容大部分都是体力活，与岗位名称不符，这就导致学生渐

渐失去积极性，有的同学甚至做完一个学期就不再参与勤工。

（5）缺乏育人环节与实效。学校不够重视勤工助学实践性的育人功能，缺少勤工助学过程中对学生的诚信、责任心、感恩、奉献等方面的教育。在访谈中，笔者了解到部分学生并没有达到自己预想的对自己能力的提升，认为校内勤工助学的管理制度不合理，不同岗位勤工学生甚至出现了攀比酬金的现象，削弱了他们工作的积极性。

综上所述，当前很多高校包括艺术类高校都在延续过去的校内勤工助学的模式，没有真正地把"资助育人""实践育人"融入这项工作的开展中，目前勤工助学模式优化探索之路还存在诸多问题，勤工助学育人实效性亟待加强和提升。

二、艺术院校勤工助学模式的探索意义

1.教育部于2018年8月20日发布了《高校勤工助学管理办法（2018年修订）》，在新的勤工助学管理办法中，教育部对学校的职责、勤工助学岗位的设置及报酬等内容进行了全新的调整，在经济快速发展的新时代背景下，勤工助学作为高校学生锻炼实践的有效平台，优化勤工助学模式，科学设置勤工岗位，发挥其育人功效，全面为学生服务是十分有必要的。

2.贯彻落实全国教育大会精神，让勤工助学成为劳动实践教育的重要平台，成为学校协同育人的重要载体。全国教育大会上习近平总书记强调坚持中国特色社会主义教育发展道路，培养德智体美劳全面发展的社会主义建设者和接班人。习近平总书记强调要在学生中弘扬劳动精神，教育引导学生崇尚劳动、尊重劳动，而勤工助学作为最佳的实践平台，是实现劳动教育、培养劳动精神的最佳途径。优化学校勤工助学模式，为学生提供勤工助学岗位，在人才培养目标中发挥着重要作用，让勤工助学服务于学校的同时，形成"资助 — 自助 — 助人"的育人模式是目前新时代下迫切探索的问题。

三、优化艺术院校勤工助学模式的思路与建议

虽然目前艺术类院校校内勤工助学在发挥育人作用方面存在一些问题，但这些问题的存在对进一步加强优化校内勤工助学模式有着重要的促进作用。本人在查阅资料和访谈的基础上，结合笔者在校勤工助学管理的实际工作经验，在发现问题并分析问题的基础上试着探索目前艺术类高校校内勤工助学模式的优化思路和途径，并就此给出以下几点建议。

1.提高对勤工助学育人功能的重视程度

当前随着时代的发展以及高校大学生就业创业实践的深入开展，社会对全面发展的复合型人才需求日益增长，校内勤工助学育人功能的地位日益凸显。在发挥勤工助学“助学济困”功能的基础上，还要在学生适应融入社会中发挥重要作用，已成为提高学生综合素质、促进大学生社会化的一条有效途径，增强在实践育人和资助育人中的重要作用。高校相关工作人员和学生两方面都应该重视校内勤工助学的育人作用，转变思想认识，高校不要仅仅把它认为是经济资助的一种手段，要认识到高校校内勤工助学在提升学生实践能力方面的重要作用，对学生成长成才的重要意义。高校校内要积极利用重要时间节点，如新生报到，每学期开学、结束和学生毕业之前等，大力宣传各项资助政策，使学生全面了解资助政策的内容，并明白资助的目的在于助困育人，让他们牢记自身肩负的社会责任，坚定心中理想信念。

2.提升勤工助学育人目标的高度

在高校人才培养目标中，勤工助学作为高校资助政策措施之一，应该以形成“解困 — 育人 — 成才 — 回馈”的良性循环为目标。因此高校校内勤工助学工作形式和内容上的设置要服务于大学生成长成才，要为培养中国特色社会主义合格建设者和可靠接班人添砖加瓦。有了正确的思想认识，有了明确的育人目标，高校相关工作人员就要拓展和优化勤工助学的模式，以保证育人目标高度。具体措施如下：

一是在提高勤工助学岗位质量方面，相关资助管理部门尽量控制校内各部门常规工作数量，多鼓励部门设置一些有质量、高质量的能够让学生产生成就感和能力有所提升的工作岗位，或者对原来的岗位进行改进，充实内容和提高质量。

二是在和学生本专业相结合方面，加强学生对专业的实践活动。建议校内整合各专业特色、专业实践育人资源，积极推动校内勤工助学与创新创业工作相结合，尽量创造和设置一些专业性强的勤工助学岗位，为学生提供勤工助学平台，使得学生的勤工助学岗位工作贴近本人的专业，发挥学生主体性，锻炼学生理论联系实际的能力，挖掘他们在其他方面的潜在能力。让学生在勤工助学实践活动中获得专业的价值认同，加深对专业的了解，激发学生的工作热情和学习热情，这比院系在新生入学教育中邀请相关专业专家讲解专业价值和导向来得真实而有效，也能够让学生的实践能力得到切实锻炼。

三是在和学生就业目标相结合方面，更有导向性地在勤工助学岗位上锻炼学生的职场能力。校内勤工助学可以和校内的创新创业教育有效结合，在学生进行勤工助学工作中引导学生确立正确的就业观，提高他们的就业意识，及时进行职业生涯规划。学生通过参加勤工助学活动，产生自己是职场人的责任感，“自己动手、丰衣足食，踏实做人、诚实劳动”，以自身的付出赚取合理的劳动报酬，树立正确的人生观和价值观，合理规划自己的职业生涯。

四是在校内科研活动相结合方面，多鼓励学生积极参与到校内的各项科研工作中，激发学生的学术热情。特别是在艺术类高校，艺术类大学生在科研及撰写学术论文方面能力较弱，这方面的能力更需要锻炼，勤工助学管理工作可以将培养学生的科研学术能力作为优化模式的一项创新方式。校内勤工助学管理部门可以鼓励学生进行学术研究，将勤工助学中的各项活动作为研究对象，进行相应的基于社会科学理论的科学研究。与此同时，高校还应在资金和场地上努力支持学生的科研活动，尝试应用学生的部分科研成果，巩固勤工助学这一实践平台，形成良好的互动。

五是在优化勤工助学模式中结合校内实际岗位，加强对各部门勤工助学岗位的管理。实行“老师指导，以老带新，认证上岗，学分制度”的方法，建立起一套完善的技能培养、考核制度，保障学生对工作的需要及情感与归属的需要，通过培养学习更多的技能，提升学生个人能力，调动其积极主动性，实现技能上和思想上的双重育人效果。建立规范健全的管理制度。严格管理的前提是流程管理，针对勤工助学岗位设立、学生申请与岗位管理、考核与工资发放、离职手续等制定流程；让用人部门和学生能够遵守相应的规章制度，提高执行效率，明确奖惩措施。同时勤工助学岗位需签订工作协议，以此督促各方遵守相关的规定，保证计划实施。

3.在勤工助学工作中融入诚信、感恩等教育

在开展勤工助学工作中融入对学生的诚信、责任心、感恩、奉献等方面的教育是非常有必要的，这些育人内容能够有助于培养学生自立自强、励志成才和奉献社会的能力。加强中华民族传统美德中自强不息精神教育，使学生不断克服经济上的困难和精神上的贫困。校内要积极拓展勤工助学岗位，为学生提供自立自强、励志成才和奉献社会的教育平台，群策群力拓展更多岗位，尽量让有志于参加勤工助学的学生都有机会得到实践锻炼。在这一过程中，他们通过劳动赚取生活费，从而体会到父母的不易，感受到生活的艰辛，帮助他们克服等待依靠等不良心理，也培养了他们吃苦耐劳、勤俭节约的良好品质。开展感恩教育，让学生明白国家和学校设立勤工助学岗位的根本目的在于在经济上帮助学生，精神上鼓励学生，能力上锻炼学生，从而让学生感受到社会主义制度的优越性和大家庭的温暖，培养他们热爱劳动、热爱国家、热爱人民的品质，鼓励学生爱岗敬业，引导他们树立无私奉献的服务意识，摒弃仅仅为了获得报酬的功利思想，增强他们勇于担当的社会责任感。

4.坚持“扶困”与“扶志”相结合促进学生身心健康

指导学生正确认识面临的问题和困难，客观评价和正确定位自身，鼓励学生克服自我封闭、焦虑、偏激的个性缺陷，磨炼意志，锻炼人际交往能力和心理承受能力，提升学生主动适应、融入社会的能力，从而形成乐观自信的人生态度。学生在勤工助学过程中，体验承担不同的社会角色、工作和职责，不断地认识自我，完善自我，加速了自身的社会化进程。与此同时，减轻了他们的经济压力和原本沉重的心理负担，也提高了他们的心理承受能力。在这一过程中，管理人员要及时关注学生心理动态，及时地进行沟通和疏导，使学生能够在参与中获得自我调节的能力，能够正确面对生活中的困境与挑战，能够及时排解他们的心理困惑，促进学生健康成长。

四、结语

高校作为一个育人重地，所有工作都要围绕落实“立德树人”根本任务，对高校校内勤工助学实践育人实际情况进行调研，建议深入一线岗位、深入实际，多层次、多方位、多渠道地调查了解岗位情况和学生实践锻炼情况，整合从实际岗位、学生和社会方面调研得来的信息，围绕实践育人的要求，紧随时代对学生综合素质的高要求，对原有的高校校内勤工助学模式进行优化和创新，以提升高校校内勤工助学实践育人实效。努力从各方面拓展其实践育人的路径，提升高校校内勤工助学实践育人功能。

参考文献

[1] 教育部、财政部:《关于印发〈高等学校学生勤工助学管理办法〉的通知》http：//www.gov.cn/gongbao/content/2008/content_901296.htm

[2] 游敏惠、袁晓凤:《高校实践育人的传统文化渊源及其启示》，载《重庆三峡学院学报》2013年第4期第134–137页。

[3] 习近平:《习近平在北京大学考察时强调 抓住培养社会主义建设者和接班人根本任务 努力建设中国特色世界一流大学》，载《新华网》2018–5–2。

[4] 任子雄:《高校勤工助学育人功能探析》，载《高校辅导员学刊》2014年第6卷第3期第69–71页。

[5] 邓基泽、姜峰、邓颖华:《论勤工助学教育功能的创新》，载《中国青年研究》2006年第12期。

[6] 李菲:《浅谈勤工助学在高校资助育人工作中的重要作用》，载《网友世界》2012年第17期第48–50页。

[7] 赵贵臣:《高校学生资助育人方式创新研究》，载《思想教育研究》2012年第8期第94–96页。